Bilanzanalyse

Von
Universitätsprofessor
Dr. Heinz Rehkugler
und
Universitätsprofessor
Dr. Thorsten Poddig

4., völlig überarbeitete und
erweiterte Auflage

R. Oldenbourg Verlag München Wien

Die Deutsche Bibliothek - CIP-Einheitsaufnahme

Rehkugler, Heinz:
Bilanzanalyse / von Heinz Rehkugler und Thorsten Poddig. - 4., völlig überarb. und erw. Aufl. - München ; Wien : Oldenbourg, 1998
ISBN 3-486-24078-1

Rosenheimer Straße 145, D-81671 München
Telefon: (089) 45051-0, Internet: http://www.oldenbourg.de

Gedruckt auf säure- und chlorfreiem Papier
Gesamtherstellung: R. Oldenbourg Graphische Betriebe GmbH, München

ISBN 3-486-24078-1

Vorwort zur vierten Auflage

Die weiterhin erfreulich gute Aufnahme des Buches motiviert uns, auch in der vierten Auflage die bisherige Grundkonzeption beizubehalten. Dennoch hat das Buch eine Vielzahl von Umstrukturierungen, Ergänzungen und Aktualisierungen erfahren. Die Einleitung ist komplett neu gefaßt worden. Das Kapitel zu Finanzflussrechnung ist ausgebaut und anders strukturiert worden. Vor allem ist den aktuellen Entwicklungen in Richtung eines Cash Flow Statement Rechnung getragen worden. Deutliche Erweiterungen erfuhr das Kapitel zur Kennzahlenanalyse, in dem stärker als bisher auf gängige Wirkungshypothesen und die (Problematik der) Aussagekraft der Kennzahlen eingegangen wird. Bei den empirisch-statistischen Methoden galt es, die neueren Entwicklungen, vor allem die Fortschritte im Einsatz Neuronaler Netze zur Bonitätsprüfung, einzubauen. Daher hat auch dieser Teil erheblich an Umfang gewonnen.

Unseren bisherigen Leserservice zum Bezug der Begleitprogramme und Beispieldaten behalten wir weiterhin bei. Wir bieten nunmehr zwei Übungsdisketten an: Die erste Übungsdiskette enthält das vereinfachte Bilanzanalyseprogramm mit allen zugehörigen Dateien, die Quellcodes und einige schon erfasste Jahresabschlüsse. Die zweite Übungsdiskette enthält die für den zweiten Hauptteil notwendigen Dateien, einschließlich eines einfachen Simulators für das benutzte Künstliche Neuronale Netzwerk. Die Übungsdisketten sind **gegen die Einsendung einer entsprechenden Anzahl vorformatierter Disketten** (eine Diskette, wenn nur eine Übungsdiskette gewünscht wird, anderfalls zwei; Format 1,44MB (3,5 Zoll)) **und eines frankierten und adressierten Rückumschlags** erhältlich. Die Bezugsadresse lautet:

Prof. Dr. H. Rehkugler
Lehrstuhl für Finanzwirtschaft und Banken
Universität Freiburg
Platz der Alten Synagoge
79085 Freiburg

Wir haben aber die enge Anbindung des Textes an das Übungsprogramm deutlich gelockert, um den Lesern das Durcharbeiten zu erleichtern, die nicht mit dem Programm arbeiten wollen. Daher haben wir auch den Quellcode nicht mehr mit abgedruckt. Er ist ohnehin auf der Übungsdiskette verfügbar.

Bei der Erstellung dieser Auflage haben uns mehrere Mitarbeiter unterstützt, denen wir auch auf diesem Wege danken möchten. Herr Dipl. Wirtsch.-Inf. Matthias Kerling und Herr Dipl.-Kfm. Dirk Jandura haben uns technische Hilfestellung geleistet und mehrfach Korrektur gelesen. Bei den Aktualisierungen zu den Neuronalen Netzen hat uns Herr Dipl.-Kfm. Erward Arz unterstützt. Frau Isabelle zu Sayn-Wittgenstein hat uns die gesamte Mühe der Textformatierung und der Layout-Gestaltung abgenommen. Nicht zuletzt gebührt unser Dank Herrn Martin Weigert vom Oldenbourg-Verlag, vor allem für seine Geduld gegenüber den Autoren, die immer wieder gegebene Terminzusagen nicht eingehalten haben.

Freiburg

Thorsten Poddig Heinz Rehkugler

Vorwort zur dritten Auflage (Auszug)

Die vorangegangenen Auflagen der "Bilanzanalyse" sind auf erfreuliche Resonanz gestoßen. ...

Die bisherige "Bilanzanalyse" bildet in der vorliegenden dritten Auflage den ersten Hauptteil. Aufgrund der vielen positiven Kritik der Leserzuschriften haben wir diesen Teil weitgehend unverändert aus den vorangegangenen Auflagen übernommen. Die Überarbeitungen betreffen in erster Linie Ergänzungen und Berichtigungen. Mit diesem Vorgehen konnte somit eine gewisse Kontinuität zu den vorangegangenen Auflagen gewahrt bleiben. Aus diesem Grund haben wir ebenfalls auf eine "Aktualisierung" der Fallstudie verzichtet. Im Sinne einer exemplarischen Fallstudie spielt das analysierte Unternehmen und Geschäftsjahr keinerlei Rolle. Ihre Anpassung wäre daher für den Erhalt der Kontinuität zu früheren Auflagen kontraproduktiv gewesen.

Der zweite Hauptteil behandelt moderne Verfahren der Jahresabschlußanalyse, wobei wir unter "modern" den Einsatz von Klassifikationsverfahren im weitesten Sinne verstehen. Andere Autoren würden diesen Teil vielleicht abweichend als "Methoden der empirischen Bilanzanalyseforschung" bezeichnen. Da diese Entwicklungsrichtung der Bilanzanalyse jüngeren Datums ist, bezeichnen wir sie verkürzt als "modern", ohne damit ein Werturteil gegenüber dem bisherigen Instrumentarium der Bilanzanalyse zu verbinden.

Bereits jetzt signalisieren die derzeit laufenden Forschungsvorhaben, dass auch in der Bilanzanalyse in der Zukunft eine neuartige Technologie, die "Künstlichen Neuronalen Netzwerke", Einzug halten wird. Aus diesem Grund behandelt der zweite Hauptteil nicht nur den Einsatz der multivariaten Diskriminanzanalyse, sondern auch beispielhaft den Einsatz eines bestimmten Künstlichen Neuronalen Netzwerks. Das zum eigenständigen Nacharbeiten erforderliche Programm befindet sich ebenfalls auf der Übungsdiskette.

Bamberg

Thorsten Poddig Heinz Rehkugler

Vorwort zur ersten Auflage

In einer zentralen Vorschrift des HGB, der Generalnorm für Kapitalgesellschaften, heißt es: "Der Jahresabschluß der Kapitalgesellschaft hat unter Beachtung der Grundsätze ordnungsmäßiger Buchführung ein den tatsächlichen Verhältnissen entsprechendes Bild der Vermögens-, Finanz- und Ertragslage der Kapitalgesellschaft zu vermitteln" (vgl. § 264 Abs. 2 Satz 1 HGB).

Wird auch viel über den Aussagegehalt des Jahresabschlußes gestritten, so steht doch zunächst eindeutig fest, dass der "nackte" Jahresabschluß (unter Jahresabschluß wird im folgenden, soweit nicht anders vermerkt, stets Bilanz, GuV und Anhang verstanden), kaum etwas für den oben genannten Zweck zu bieten hat. Erst durch Anwendung der Methoden der Bilanzanalyse und -kritik auf den vorliegenden Jahresabschluß lässt sich ein solches Bild herausarbeiten. Dennoch stehen die Bilanzanalytiker dem sich so herausformenden Bild noch mit einer gewissen Vorsicht gegenüber, während Kritiker sogar soweit gehen, die Fähigkeit zu irgendeiner Aussage gänzlich in Frage zu stellen. Dies hat nach Ansicht der Verfasser im wesentlichen zwei Gründe:

Zum ersten kann jede Analyse nur so gut sein wie das zugrundeliegende Ausgangsmaterial, womit sich die Frage nach der generellen Aussagefähigkeit des Jahresabschlußes stellt. Dies ist eine Frage der Bilanztheorie und kann hier nicht weiter verfolgt werden.

Zum zweiten sind bis heute viele, meist sehr aufwendige Methoden zur Bilanzanalyse entwickelt worden, wobei nur ihr kombinierter Einsatz das gewünschte Bild hinreichend zuverlässig entstehen lässt.

An der generellen Aussagefähigkeit des Jahresabschlußes kann auch diese Arbeit nichts ändern. Hier ist und bleibt der Gesetzgeber gefordert. Mit dem zweiten Punkt verbinden sich eher praktische Probleme: Eine sorgfältig durchgeführte Bilanzanalyse bei Einsatz der aussagekräftigsten (und damit aufwendigsten) Methoden erfordert viel Zeit und Mühen. Die daraus verständlicherweise oftmals resultierende Beschränkung auf einfache, aber kaum aussagefähige Methoden gibt letztlich nur den Kritikern der Bilanzanalyse recht.

Um den Analyseaufwand zu verringern, liegt es nahe, rechnergestützte Verfahren zu verwenden. Dieser Weg stand bis vor einiger Zeit nur Institutionen offen, die mit dem dafür notwendigen Gerät und Personal ausgestattet waren. Mit dem gewaltigen Preisverfall, begleitet von einer zunehmenden Leistungsfähigkeit der Mikrocomputer steht es nun praktisch jedem offen, der über ein solches Gerät verfügt, eine rechnergestützte Jahresabschlußanalyse durchzuführen.

Aber auch in anderer Hinsicht sind Änderungen eingetreten: Mit der Verabschiedung des BiRiLiG ist es ab 1988 für alle Kapitalgesellschaften zwingend geworden, ihren Jahresabschluß oder Teile davon zu veröffentlichen. Damit wird das Informationsmonopol der Banken aufgehoben, die bisher allein über den Zugang zu einer Vielzahl von Jahresabschlüssen verfügten. Schätzungen sprechen von einer Größenordnung im Bereich von 300.000 Jahresabschlüssen, die bald öffentlich zugänglich sind, verglichen mit ein paar tausend Unternehmen, die nach bisherigem Recht zur Publizität verpflichtet waren.

Mit diesem Buch verfolgen wir zwei Ziele. Erstens möchten wir ein Lehrbuch vorlegen, welches insbesondere demjenigen, der sich noch nicht mit der Jahresabschlußanalyse beschäftigt hat, einen ersten, anwendungsbezogenen Einstieg bietet. Dabei orientieren wir uns ausschließlich an den neuen Jahresabschlussvorschriften. Mit konsequenter Orientierung an einem Beispielfall wird in wesentliche Grundlagen und Techniken der Jahresabschlußanalyse eingeführt. Damit hoffen wir, den Leser in die Lage zu versetzen, anschließend selbständig derartige Analysen durchführen zu können. Ein Werk mit umfassendem theoretischen Hintergrund können und wollen wir nicht vorlegen. Der an weitergehenden Fragestellungen interessierte Leser wird auf die im Anhang angegebene Literatur verwiesen.

Als unser zweites Ziel behandeln wir alle noch vorzustellenden Verfahren und Methoden auch unter dem Gesichtspunkt, sie später in ein Programm umzusetzen. Damit soll - neben dem Lehrbuch - gleichzeitig ein Konzept dargestellt werden, wie sich die Verfahren und Methoden praktisch einsetzen lassen. Während die Darstellungen im Lehrbuch recht allgemein sind, wird im Anhang das Konzept unseres Programms näher erläutert.

Das Programm selbst ist in einer höheren Programmiersprache geschrieben, und nicht - wie so häufig - in einer Tabellenkalkulation. Dies hat für den Anwender konkrete Vorteile:

- Das Programm ist selbständig ablauffähig. Es muß nicht das teuere, zugehörige Tabellenkalkulationsprogramm gekauft werden, um damit arbeiten zu können.

- Es sind keinerlei Vorkenntnisse, wie etwa die Bedienung eines Tabellenkalkulationsprogramms, erforderlich.

- Das Programm konnte kompromisslos an der Problemlösung orientiert werden und unterliegt nicht dem schwerfälligen Gerüst und Ballast einer Standardanwendung (wie z.B. Datenbankprogramme, Tabellenkalkulation).

Die Auswertungen unseres Beispielfalls sind mit diesem Programm erstellt worden. Sollte an dem Programm selbst Interesse bestehen, kann es über die Autoren bezogen werden. Unter Umständen stellen wir auch den Quellcode zur Verfügung. Insgesamt hoffen wir damit, einem breiten Anwenderkreis einen ersten wichtigen, insbesondere praxisorientierten Einstieg in die Thematik der Jahresabschlußanalyse zu bieten.

Unser besonderer Dank gebührt an dieser Stelle Herrn WP, StB Günter Poddig für die vielen, langen Diskussionen und praxisorientierten Vorschläge und Frau Heidrun Schieber für ihre Anstrengungen beim Schreiben des Manuskripts.

Bremen

Thorsten Poddig Heinz Rehkugler

Inhaltsverzeichnis

Abkürzungsverzeichnis

a.a.O.	am angegebenen Ort
Abs.	Absatz
AG	Aktiengesellschaft
AK/HK	Anschaffungskosten/Herstellungskosten
AktG	Aktiengesetz
AV	Anlagevermögen
BA	Bundesanzeiger
B.Bl.	Betriebswirtschaftliche Blätter
BB	Betriebs-Berater
BFuP	Betriebswirtschaftliche Forschung und Praxis
BilRiG	Bilanzrichtliniengesetz
BiRiLiG	Bilanzrichtliniengesetz
bzw.	beziehungsweise
ca.	circa
CF	Cash Flow
c´t	Magazin für Computertechnik
d.h.	das heißt
DB	Der Betrieb
DBW	Die Betriebswirtschaft
DM	Deutsche Mark
DVFA	Deutsche Vereinigung für Finanzanalyse und Anlageberatung
EDV	Elektronische Datenverarbeitung
EE-Steuern	Steuern vom Einkommen und Ertrag
EK	Eigenkapital
etc.	et cetera
FASB	Financial Accounting Standards Board
F & E	Forschung und Entwicklung
f.	folgende
ff.	fortfolgende
FK	Fremdkapital
GK	Gesamtkapital
GL	Gesamtleistung
GuV	Gewinn- und Verlustrechnung
GVR	Gewinn- und Verlustrechnung
HFA	Hauptfachausschuss
HGB	Handelsgesetzbuch
HR	Handelsregister
Hrsg.	Herausgeber
hrsg.	herausgegeben (von :)
i.d.R.	in der Regel
i.e.S.	im engeren Sinne

IAS	International Accounting Standards
IASC	International Accounting Standards Committee
i.V.m.	in Verbindung mit
IdW	Institut der Wirtschaftsprüfer
KNN	Künstliche Neuronale Netze (Netzwerke)
LK	Langfristige(s) Kapital
LV	Leistungsvermögen
LVQ	Learning Vector Quantizer
MDA	Multivariate Diskriminanzanalyse
MLP	Multilayer-Perceptron
Mio.	Millionen
Nr.	Nummer
o.g.	oben genannte
S.	Seite
SFAS	Statement of Financial Accounting Standards
SG	Schmalenbach-Gesellschaft / Deutsche Gesellschaft für Betriebswirtschaft e.V.
s.o.	siehe oben
s.u.	siehe unten
TDM	Tausend Deutsche Mark
u.ä.	und ähnliche
u.a.	unter anderem
u.E.	unseren Erachtens
u.U.	unter Umständen
usw.	und so weiter
UV	Umlaufvermögen
vgl.	vergleiche
WiSt	Wirtschaftswissenschaftliches Studium
WPg	Die Wirtschaftsprüfung
z.B.	zum Beispiel
ZfB	Zeitschrift für Betriebswirtschaft
ZfbF	Zeitschrift für betriebswirtschaftliche Forschung

1. Einleitung: Zwecke und Methoden der Bilanzanalyse

1.1. Zwecke und Interessenten der Bilanzanalyse

Eigen- und Fremdkapitalgeber von Unternehmen haben ein **berechtigtes Interesse**, über die **wirtschaftliche Situation** und die **Entwicklungsperspektiven** des Unternehmens informiert zu sein, dem sie ihr Geld überlassen haben oder zu überlassen beabsichtigen. So wollen Eigenkapitalgeber wissen, wie erfolgreich das Management gearbeitet und wieviel „ihr“ Unternehmen im vergangenen Jahr an Überschuss erwirtschaftet hat. Für die Entscheidung über das Eingehen oder das Auflösen einer Beteiligung sind möglichst präzise und plausible Prognosen darüber nützlich, welche Ertragsentwicklung das Unternehmen in der Zukunft zeigen wird und wie sich diese auf den Wert der Eigenkapitalanteile auswirken wird. Die Bewertung von Gesellschaftsanteilen ist z.B. wichtig

- im Rahmen eines Übernahmeangebots,
- bei einem Ausscheiden oder Neueintritt von Gesellschaftern,
- bei der Ausgabe neuer Gesellschaftsanteile, insbesondere auch beim Gang an die Börse.

Auch Analysten und Anlageberater werden zur Ableitung von Kauf- und Verkaufsempfehlungen maßgeblich auf fundamentale Unternehmensdaten zurückgreifen. **Kreditgeber** sind vorrangig an der **finanziellen Solidität** interessiert. Sie wollen möglichst sicher gehen, dass das Unternehmen in der Lage sein wird, vertragsgemäß Zins- und Tilgungszahlungen zu leisten. Ebenso haben Lieferanten und Kunden, nicht nur, wenn sie auch als Kreditgeber auftreten, ein verständliches Interesse, die wirtschaftliche Potenz ihrer Geschäftspartner und damit die Dauerhaftigkeit und Attraktivität der Geschäftsbeziehung einschätzen zu können. Nicht zuletzt benötigen auch die Arbeitnehmer und ihre Interessenvertretungen verlässliche Informationen über die aktuelle und künftige wirtschaftliche Lage des Unternehmens.

Die angesprochenen Informationsbedürfnisse sind überwiegend auf **die künftige Unternehmensentwicklung** gerichtet. Adäquate Informationsinhalte wären dafür z.B. die erwartete Gesamtmarkt- und Branchenentwicklung, die Wettbewerbsposition und die geplanten Marktstrategien, die Investitionspläne, die Forschungs- und Entwicklungsaktivitäten des einzelnen Unternehmens etc.

Auch die Beurteilung der Qualifikation und (charakterlichen) Qualität der Unternehmensleitung sowie Umfang und Qualität verfügbarer Personal- und Sachsicherheiten zur Absicherung von Fremdkapitalansprüchen stellen wesentliche Informationsfelder dar. Ebenso kann die Beobachtung des Zahlungsverhaltens und der Kontobewegungen zusätzliche Einblicke in die Liquiditätssituation bieten. Soweit wie möglich werden damit solche Datenquellen in die Unternehmensanalyse einbezogen werden.

Für viele der genannten Interessentengruppen stehen aber derlei Informationen gar nicht oder nur partiell zur Verfügung, so dass sie nicht ausreichen, daraus ein verläßliches Urteil abzuleiten. Zusätzlich ist zu bedenken, dass es sich teilweise um „weiche" Daten ohne präzise Meßgrößen und ohne eindeutige Wirkungshypothesen handelt, die zudem möglicherweise nicht den tatsächlichen Gegebenheiten entsprechen, und dass sich bekanntermaßen Prognosedaten oft ex post als fehlerhaft erweisen.

Daher liegt es nahe, sich zur Analyse von Unternehmen zumindest zusätzlich einer **gesetzlich normierten Datenquelle** zu bedienen, deren wesentlicher Zweck die Rechenschaftslegung der Unternehmensleitung gegenüber den Kapitalgebern ist: des handelsrechtlichen Jahresabschlusses. Für Kapitalgesellschaften ist in § 264,2 HGB gefordert, dass der Jahresabschluss „unter Beachtung der Grundsätze ordnungsmäßiger Buchführung ein den tatsächlichen Verhältnissen entsprechendes Bild der Vermögens-, Finanz- und Ertragslage der Kapitalgesellschaft zu vermitteln" hat. Vor allem im angelsächsischen Raum und bei der Diskussion um eine internationale Harmonisierung der Rechnungslegung wird diese Informationsfunktion des Jahresabschlusses unter dem Gesichtspunkt der „decision usefulness" (Glaum/Mandler 1996, S. 28; Haller 1995, S. 9) hervorgehoben. Deutsche Quellen vermeiden zwar meist den expliziten Bezug auf die Entscheidungsunterstützung, sprechen aber implizit das Gleiche an. So werden von Coenenberg mit Bilanzanalyse "...Verfahren der Informationsgewinnung und -auswertung bezeichnet, mit deren Hilfe aus den Angaben des Jahresabschlusses ... Erkenntnisse über die Finanz- und Ertragslage der Unternehmung gewonnen werden" [Coenenberg 1994, S. 481]. Etwas allgemeiner meint Leffson: "Bilanzanalyse besteht im Zerlegen von Jahresabschlüssen in seine Komponenten und aus einer Beurteilung der Unternehmung anhand der auf diese Weise erlangten Informationen" [Leffson 1984, S. 3]. Damit wird deutlich, dass sich der Begriff "Bilanzanalyse" auf die Analyse des gesamten Jahresabschlusses bezieht, nicht nur auf die Bilanz. Konsequenterweise sollte daher von einer „Jahresabschlussanalyse" gesprochen werden. In Literatur und Praxis sind inzwischen beide Begriffe zu Synonymen geworden, weshalb auch wir im folgenden nicht mehr beide Begriffe unterscheiden werden. "Bilanzanalyse" meint also "Jahresabschlussanalyse".

Damit ist der mit der Analyse des Jahresabschlusses verfolgte **Zweck** klar umrissen: Sie soll **Entscheidungsträger befähigen** oder wenigstens unterstützen, ein möglichst **verlässliches Urteil** über die **Attraktivität finanzieller Engagements** bei einem Unternehmen zu gewinnen (siehe auch [Born 1994, S. 487]). Die eingangs genannten Interessentengruppen werden also Jahresabschlüsse zur Beurteilung von Unternehmen (und Unternehmensleitungen) heranziehen, soweit sie über andere Informationsquellen nicht verfügen oder diese für die Ableitung eines Urteils nicht für ausreichend erachten und soweit sie überzeugt sind, dass der Jahresabschluss brauchbare Informationen über den interessierenden Sachverhalt enthält.

Neben der (sicher dominierenden) Funktion der Unterstützung externer Interessenten gilt es zu beachten, dass vor allem für kleine und mittlere Unternehmen die Analyse des Jahresabschlusses auch für die interne Steuerung des Unternehmens und für Schwachstellenuntersuchungen eine bedeutende Rolle spielt, weil oft nach wie vor keine detaillierteren und zeitnäheren Informationsinstrumente eingesetzt werden. Zumindest kann in Krisensituationen die Jahresabschlussanalyse Ansatzpunkte für eine tiefergehende Ursachenforschung liefern. Das Interesse der Unternehmensleitungen und vor allem der Kontrollgremien von Unternehmen an der Analyse ihrer Bilanzen wird nicht zuletzt dadurch dokumentiert, dass die Prüfungsberichte der Wirtschaftsprüfer, den übereinstimmenden Forderungen der Literatur folgend [vgl. z.B. WP-Handbuch 1992, S. 910 ff.], in aller Regel ausführliche Teile mit einer Analyse der Vermögens-, Finanz- und Ertragslage des Unternehmens enthalten.

Eine solche interne Bilanzanalyse basiert aber typischerweise auf besseren Informationen als externe Analysen. "Interne Bilanzanalysen stützen sich auf die kompletten Bilanzunterlagen; sie werden entweder von Betriebsangehörigen oder vom Abschlussprüfer und anderen Personen ausgeführt" [Mayer/Mayer 1970, S.17]. Externe Bilanzanalysen sind dagegen auf die "jedermann" zugänglichen Informationen, also den veröffentlichten Jahresabschluss beschränkt. Interne Bilanzanalysen sind somit von Natur aus zuverlässiger und weitreichender; der Zugriff auf sie ist jedoch nur einem eingeschränkten Personenkreis vorbehalten. Dieses Buch nimmt ausschließlich die Position des externen Bilanzanalysten ein. Wer mehr und bessere Informationen hat, kann sie problemlos zur Stärkung oder Korrektur der Aussagen der externen Analyse heranziehen.

1.2. Was kann die Bilanzanalyse leisten (zur Kritik der Bilanzanalyse und ihrer Berechtigung)

Soll die Jahresabschlussanalyse den angestrebten Zweck der Entscheidungsunterstützung erfüllen, so müssen zwei Bedingungen erfüllt sein:

- die Analyse muss notwendig sein, d.h. andere Informationsquellen dürfen die Analyse nicht überflüssig machen;

- die Analyse muss fruchtbar sein, d.h. der Jahresabschluss muss relevante Informationen für die zu unterstützenden Entscheidungen enthalten. Da sich Entscheidungen über Kapitalengagements auf die Zukunft beziehen, bedeutet dies, dass die Jahresabschlussdaten Prognoseaussagen über die künftige Entwicklung des Unternehmens enthalten müssen.

Beides wird verschiedentlich, mit ernst zu nehmenden Argumenten, bestritten. Eine erste Argumentationsschiene setzt an der mangelnden Qualität der Jahresabschlussdaten an.

Das Datenmaterial ist unbrauchbar

Dabei wird hauptsächlich auf folgende Schwachstellen der Bilanzanalyse hingewiesen:

a) Die Daten und ihre Analyse sind **vergangenheitsorientiert**, d.h. sie zeigen nur, was im abgelaufenen Geschäftsjahr **war**.

b) Die Daten sind zum Zeitpunkt der Analyse **veraltet**. Es ist z.B. keine Seltenheit, dass zwischen Bilanzstichtag und dem Veröffentlichungszeitpunkt des Jahresabschlusses viele Monate liegen. Kreditinstitute beklagen vor allem bei kleinen Unternehmen, dass die Jahresabschlüsse oft erst mit einem Nachlauf von weit mehr als einem Jahr verfügbar sind.

c) Man arbeitet bei der Bilanzanalyse immer mit **unvollständigen** Informationen, d.h. dass sehr viele Bilanz- und GuV-Positionen recht pauschaler Natur sind und wichtige Details verdecken. Insbesondere kommen die für die Einschätzung der Ertragsentwicklung wesentlichen Faktoren wie die Branchenkonjunktur und die strategische Wettbewerbsposition, wenn überhaupt, in den Jahresabschlussdaten nur unzulänglich zum Ausdruck.

d) Bilanzen sind **"manipulierbar"**, d.h. die Ausnutzung von Bilanzierungs- und Bewertungswahlrechten und/oder sog. Maßnahmen der Sachverhaltsgestaltung wie z.B. sale-and-lease-back, kurzfristiges Erhöhen der Kassenbestände zum Bilanzstichtag usw. bieten die Möglichkeit, das "wahre" Bilanzbild in nicht unerheblichen Ausmaß zu verzerren, ohne dass der externe Analyst in der Lage wäre, die Art und die Erfolgswirkungen dieser bilanzpolitischen Maßnahmen (vollständig) zu erkennen und zu neutralisieren.

Der Katalog der Mängel ist noch erheblich erweiterbar, aber schon die genannten Kritikpunkte lassen die Frage nach dem Nutzen der Bilanzanalyse berechtigt erscheinen. Eine damit zusammenhängende, aber noch grundsätzlichere Kritik bezweifelt die Sinnhaftigkeit der Bilanzanalyse generell und kann auf den Nenner gebracht werden:

Die Bilanzanalyse ist unfruchtbar

Insbesondere D. Schneider hat sich mehrmals [Schneider 1985; 1989; 1992; 1997, S. 218 ff.] sehr kritisch zur Ableitung von Bonitätsurteilen und Insolvenzprognosen aus Jahresabschlüssen geäußert. Seine theoretischen Ableitungen belegen, dass kein (gesicherter) kausaler Zusammenhang zwischen historischen Jahresabschlussdaten und künftiger Unternehmensentwicklung nachweisbar ist und folglich die gängigen Wirkungshypothesen nicht haltbar sind. Ohne solche gesicherten Zusammenhänge seien aber Ableitungen von Aussagen über künftige Unternehmensentwicklungen aus Jahresabschlüssen theoretisch unzulässig und praktisch unnütz. Trifft diese Kritik zu, so wäre die Nützlichkeit der gesamten in diesem Buch angestellten Überlegungen in Frage gestellt.

Die Kritik an der Bilanzanalyse kann aber auch aus einem sehr viel allgemeineren und umfassenderen Ansatz geführt werden, in dem sich die vorangegangenen Kritikpunkte leicht integrieren lassen. Dabei wird allgemein gefragt, in welchem Umfang aktuelle Marktpreise für Unternehmensanteile verfügbare Informationen über das betreffende Unternehmen reflektieren. Damit werden auch Aussagen über die Prognosekraft von Jahresabschlussdaten getroffen. Der Ansatz findet Ausdruck in den **Thesen zur Informationseffizienz** von Finanzmärkten [vgl. Fama 1970]:

Strenge Informationseffizienz: **Alle** Informationen sind unmittelbar im Marktpreis abgebildet.

Halbstrenge Informationseffizienz: Alle **öffentlich verfügbaren** Informationen sind unmittelbar im Marktpreis abgebildet.

Schwache Informationseffizienz: Alle Informationen über **vergangene Marktpreise** sind unmittelbar im Marktpreis abgebildet.

Keine Informationseffizienz: Es gilt **keine** der drei vorangegangenen Thesen.

Je nach der Gültigkeit einer der vier Thesen ergeben sich gewichtige Implikationen für die Sinnhaftigkeit von Finanzanalysen (und damit für Bilanzanalysen). Die These der **strengen Informationseffizienz** erlaubt keinem Marktteilnehmer einen Informationsvorsprung, da ja alle Informationen (auch die sog. "Insiderinformationen") unmittelbar im Marktpreis abgebildet sein sollen. Damit reflektieren die Marktpreise die Erwartungen aller Marktteilnehmer, eine Finanzanalyse erlaubt keine systematischen Übergewinne.

Die **halbstrenge Informationseffizienzthese** spricht dagegen nur von öffentlich verfügbaren Informationen. Wer also über nicht öffentliche Informationen verfügt (z.B. "Insider" wie etwa Vorstandsmitglieder), kann diesen Vorsprung systematisch nutzen. Dagegen ist die Analyse öffentlich verfügbarer Informationen mittels öffentlich verfügbarer Analyseinstrumente nutzlos; diese Informationen sind bereits im Marktpreis abgebildet. Damit würde jede Form der Bilanzanalyse keinen Sinn ergeben, der aktuelle Marktpreis des Unternehmens ist in diesem Fall der beste Indikator für dessen augenblickliche Lage.

Die **schwache Informationseffizienzthese** verneint dagegen nur die Sinnhaftigkeit von Analysen vergangener Marktpreise (z.B. Zeitreihenanalysen von Aktienkursen). Andere öffentlich verfügbare Informationen (z.B. Geschäftsberichte, Pressemitteilungen) sind danach allerdings nicht abgebildet; ihre Analyse kann folglich systematische Zusatzgewinne bringen. Erst in diesem Fall ist also eine Bilanzanalyse sinnvoll und kann zusätzliche Erkenntnisse verschaffen.

Gilt keine der Informationseffizienzstufen, so kann darüber hinaus auch die Analyse vergangener Marktpreise systematische Übergewinne erlauben.

Welche der vier genannten Stufen der Informationseffizienz nun tatsächlich gilt, ist umstritten. In der Vergangenheit wurden zahllose empirische Tests aller vier Stufen durchgeführt mit äußerst widersprüchlichen Ergebnissen [Fama 1991]. Eine eindeutige Aussage ist daher nicht möglich, jedoch zeichnen sich gewisse Tendenzen ab. So wird die strenge Informationseffizienzthese weitgehend abgelehnt. Hinsichtlich der halbstrengen Informationseffizienzthese ist das Meinungsbild weit weniger eindeutig, jedoch scheint sie ebenfalls tendenziell abgelehnt zu werden. Am stärksten wogt der Streit um die Gültigkeit der schwachen Informationseffizienzthese. Hier sprechen Indizien für deren Gültigkeit, ohne dass damit eine abschließende Einschätzung verbunden ist.

Rechtfertigung der Bilanzanalyse

Was rechtfertigt angesichts so geballter und vielfältiger Kritik, dennoch der Nützlichkeit und Unverzichtbarkeit von Bilanzanalysen das Wort zu reden?

Ein eher schwaches und formales Argument ist der Verweis auf **gesetzliche Vorschriften**. So haben nach § 18 KWG Kreditinstitute sich bei Krediten von über 500 000 DM an einen Kreditnehmer dessen wirtschaftliche Verhältnisse, insbesondere durch Vorlage der Jahresabschlüsse, offenlegen zu lassen. Im Bereich der Kreditwürdigkeitsprüfung wird daher Bilanzanalyse zumindest in großem quantitativem Umfang betrieben.

Gewichtiger ist die Auseinandersetzung mit den obigen Kritikpunkten. Die angesprochenen Schwächen des für die Analyse verfügbaren Datenmaterials sind zwar ohne Zweifel gegeben. Sie erschweren es auch beträchtlich, zu zuverlässigen Aussagen über die vermutliche künftige Entwicklung von Unternehmen zu kommen, aber sie machen sie, wie noch zu zeigen sein wird, nicht unmöglich.

Dies gilt in gleicher Weise für die Fundamentalkritik von D. Schneider. Aus der durchaus zutreffenden Beschreibung des Forschungsstands, dass bislang eine Theorie der Bilanzanalyse (noch) nicht vorliegt, als **keine eindeutigen** Ursache-Wirkungsketten aus bestimmten Datenkonstellationen des Jahresabschlusses abgeleitet werden können, folgt nicht notwendig, dass **gar keine** praktisch verwertbaren Aussagen möglich sind.

Im Regelfall sind die wirtschaftlichen Entwicklungen im Unternehmen längerfristig angelegt. So "sterben" z.B. Unternehmen i.d.R. langsam, d.h. die Insolvenz trifft sie nicht "wie der Blitz", sondern ihr geht ein oft jahrelanger Überlebenskampf voraus. Auch wenn sich die Kausalität des Prozesses im einzelnen nicht beschreiben lässt, so zeigen sich doch häufig typische Indizien einer Verschlechterung oder Verbesserung der wirtschaftlichen Lage in Jahresabschlussdaten. Trotz all der Kritik an der Bilanzanalyse reicht es also, sie zu begründen, wenn sie in der Lage ist, solche Krisensituationen erkennen zu lassen. Insbesondere die empirische Forschung der letzten Jahre zeigt, dass sie durchaus ein geeignetes Mittel ist, Existenzgefährdungen schon einige Jahre vor dem tatsächlichen Zusammenbruch zu erkennen.

Auch die Kritik der Bilanzanalyse aus der These der Informationseffizienz trifft nicht voll. Auf die grundsätzliche Kritik an diesem Konzept, die vor allem die mangelnde Testbarkeit der Hypothesen [vgl. z.B. Schneider 1992, S. 541 ff.] und das Informationsparadoxon [vgl. Grossman/Stiglitz 1980] betont, sei hier nur hingewiesen. Zum ersten scheinen die empirischen Untersuchungen, wie oben schon angedeutet, tendenziell eher gegen die Gültigkeit der halbstrengen

These und damit für die Sinnhaftigkeit von Bilanzanalysen zu sprechen. Zum zweiten geht die These der Informationseffizienz vereinfachend davon aus, dass die jedermann zugänglichen Informationen auch von jedem in der gleichen Weise verstanden und interpretiert werden. Dies übersieht, dass die Anstrengungen der einzelnen ja gerade darauf gerichtet sind, durch Einsatz besonders geeigneter Methoden der Analyse präzisere Urteile abzuleiten als die übrigen, sich also gleichsam zum „Methodeninsider" zu machen.

Darüber hinaus ist zu bedenken, dass der Ansatz der Informationseffizienz auf an organisierten Märkten gehandelte Unternehmensanteile (z.B. Aktien) abstellt. Da aber nur für einen zahlenmäßig unbedeutenden Anteil aller Unternehmen ein organisierter Handel der Unternehmensanteile stattfindet, ist dieser Ansatz, selbst wenn er insoweit zutreffen sollte, in seiner Reichweite stark eingeschränkt. Für die vielen nicht börsengehandelten Unternehmen ist sie nicht anwendbar. Der Markt nimmt dem Interessenten die Arbeit der Jahresabschlussanalyse hier nicht ab.

Ein weiteres Argument für die Sinnhaftigkeit von Bilanzanalysen lässt sich aus der **Agency-Theorie** ableiten, für die wir kurz ein wenig ausholen müssen [vgl. ausführlicher Schmidt/Terberger 1996, S. 381 ff.]. In einer Finanzierungsbeziehung überlässt ein Kapitalgeber einem Kapitalnehmer Mittel, die er nicht selbst "unmittelbar" investieren kann oder möchte. Der Kapitalnehmer soll dies für ihn erledigen. Der Kapitalgeber beauftragt also als Herr ("Principal") den Kapitalnehmer als Agenten ("Agent"), in seinem Interesse tätig zu werden. Man spricht hier von einer sogenannten "Principal-Agent-Beziehung". Als Finanzierungsbeziehung besitzt diese folgendes Dilemma: Der Agent (Kapitalnehmer) besitzt bezüglich der durchzuführenden Investitionen über wesentlich bessere Informationen und Handlungsmöglichkeiten als der Principal (Kapitalgeber). Dieses Ungleichgewicht der Informationen und Handlungsmöglichkeiten kann der Agent in verschiedenen Phasen der Finanzierungsbeziehungen zum Schaden des Principals und zum eigenen Vorteil ausnutzen: **Vor** (und auch nach) dem Zustandekommen der Finanzierungsbeziehung kann er ihn gezielt mit falschen Informationen über das Investitionsvorhaben täuschen oder wichtige, für den Principal negative Aspekte verschweigen (man spricht daher von **hidden information**). **Nach** dem Zustandekommen der Finanzierungsbeziehung können die Handlungen des Kapitalnehmers zumeist nicht exakt überwacht werden, wodurch er sich anders als vereinbart verhalten kann, d.h. z.B. riskantere Investitionen vornehmen oder im Extremfall das Kapital veruntreuen (man spricht hier von **hidden action**). Diese **asymmetrische Informationsverteilung** (streng genommen auch asymmetrische Handlungsmöglichkeitenverteilung) ist dem Principal bekannt.

Eine einfache Konsequenz könnte nun darin bestehen, grundsätzlich niemanden Kapital zu überlassen. Allerdings wird dadurch der für beide Seiten mögliche

Kooperationsvorteil aufgegeben, was somit keinesfalls eine sinnvolle Lösung darstellt. Die Lösung, durch Erhebung eines allgemeinen Risikoaufschlags diesem Problem entgegenzutreten, kann zum Prozess der **adverse selection** führen: Ehrlichen Kapitalnehmern erscheint der Aufschlag zu hoch; sie verzichten auf ihr Investitionsvorhaben oder aber sie werden von unehrlichen, gar betrügerischen Kapitalnehmern in der Konkurrenz überboten. So werden zunehmend die "guten" Risiken aus dem Markt gedrängt, während die "schlechten" verbleiben. Die Kapitalgeber sehen sich nun verstärkt Kapitalverlusten gegenüber. Konsequenterweise erhöhen sie ihren Risikoaufschlag, was die Spirale nur beschleunigt. Am Ende kann es zu einem **Marktversagen** kommen.

Um dieses Problem zu entschärfen, könnten zunächst die "guten" Kapitalnehmer versuchen, sich durch Aussenden diskriminierender Signale (z.B. Einhalten bestimmter Normen bei Bilanzkennzahlen) von den "schlechten" zu unterscheiden ("**signaling**"). Auch die Übererfüllung gesetzlicher Publizitätsnormen kann ein sinnvoller Weg sein, Informationsasymmetrien abzubauen und die eigene Bonität hervorzuheben. Auf der anderen Seite kann der Kapitalgeber durch genaue Analyse des (potentiellen) Kapitalnehmers (z.B. durch eine Bilanzanalyse) versuchen, selbst "gute" von "schlechten" zu unterscheiden ("**screening**"). Damit schließt sich der Kreis, muss der Kapitalgeber doch dabei unterstellen, dass er durch diese Analyse brauchbare Informationen über sein Kapitalengagement gewinnen kann.

Damit stehen wir zusammenfassend vor folgendem Problem: Verschiedene Interessentengruppen benötigen zur Fundierung ihrer Entscheidungen über die Aufnahme oder Fortführung von Geschäfts- und Kapitalbeziehungen Informationen über die künftige Entwicklung von Unternehmen. Die dafür eigentlich relevanten Daten sind häufig nicht verfügbar oder werden als nicht verläßlich eingeschätzt. Daher wird, als Ausweg oder Ergänzung, auf Jahresabschlussanalysen zurückgegriffen. Dies macht nur Sinn, wenn diese vergangenheitsbezogenen Daten Prognosekraft haben bzw. in den Jahresabschlusszahlen künftige Entwicklungen angelegt sind. Aufgrund der mangelnden Qualität des Datenmaterials und des fehlenden Nachweises eines theoretischen Zusammenhangs zwischen Jahresabschlussdaten und Unternehmensentwicklung ist dies keineswegs gesichert.

Ein denkbarer, aber **zu radikaler Schritt** wäre daher, auf die **Analyse von Jahresabschlüssen** gänzlich zu **verzichten**. Die hier gewählte Alternative dazu ist, sich bei der Durchführung der Jahresabschlussanalyse und vor allem der Nutzung ihrer Ergebnisse zur Fundierung von Entscheidungen ihrer **Schwächen** stets **bewußt** zu sein. Den Wissenschaftler mag dabei frustrieren, dass er sich auf so dünnem theoretischen Fundament bewegen muss und nur höchst unpräzise Aussagen liefern kann. Dies teilt er allerdings mit den meisten Fachkollegen aus anderen betriebswirtschaftlichen Funktionsbereichen. Dem Praktiker mag missfallen (aber auch er ist das aus anderen Entscheidungsproblemen gewöhnt), dass ihm die Jahresabschlussanalyse keine einfachen, exakten Techniken zur Unternehmensbeurteilung offeriert, auf die er sich im Einzelfall verlassen könnte, sondern dass er auf hauptsächlich lediglich empirisch/heuristisch gestützte Regeln und Vorgehensweisen beschränkt bleibt, die oft zu Fehlurteilen führen und nur nach dem Gesetz der großen Zahl tendenzielle Hilfestellung bieten können. Das Urteil über den Einsatz eines so in der Leistungsfähigkeit beschränkten Instruments wie der Bilanzanalyse wird durch die verfügbaren Alternativen bestimmt. Das Motto kann dabei nur lauten: Besser wenig als nichts.

1.3. Schritte der Bilanzanalyse

Bilanzanalyse ist zunächst ein Prozess der Informationsgewinnung, der im **Sammeln**, **Zerlegen** und dem anschließenden **Neuordnen** der im Jahresabschluss enthaltenen Informationen besteht.

Erkenntnisziel ist die Erlangung eines den tatsächlichen Verhältnissen entsprechenden Bildes der Vermögens-, Finanz- und Ertragslage, welches die Beurteilung der Unternehmung in ihrer Gesamtheit ermöglicht. Dies enthält den wertenden Schluss, also die **Interpretation** der gewonnenen Informationen. Mitunter wird in der Literatur die Interpretation der gewonnenen Informationen gesondert als "**Bilanzkritik**" bezeichnet. Dies ergibt nach Ansicht der Verfasser keinen Sinn, denn - wie sich noch zeigen wird - lassen sich zerlegte und neugeordnete Informationen nur sinnvoll interpretieren, wenn das zugrundeliegende Verfahren bekannt ist. Mit Auswahl und Anwendung eines Verfahrens findet daher schon eine implizite Interpretation statt, so dass schon dem Analyseverfahren i.e.S. ein wertender Schluss innewohnt. Der diesem Buch zugrundeliegende Begriff "Bilanzanalyse" umfasst daher auch die Interpretationen auf allen Stufen.

Damit lassen sich grob drei Phasen der Bilanzanalyse unterteilen:

- die Vorbereitungsphase,
- die Auswertungsphase,
- die Interpretationsphase.

Vorbereitungsphase:

Zur Vorbereitungsphase ist zunächst das Sammeln und Sichten des zur Verfügung stehenden Informationsmaterials als erster Schritt der Bilanzanalyse zu zählen. Hierbei sollten zusätzlich zum betrachteten Jahresabschluss alle mit vertretbarem Aufwand erhältlichen Informationen eingeholt werden, darunter insbesondere die Jahresabschlüsse der letzten 3 - 5 Jahre und Vergleichsdaten. Mit "Vergleichsdaten" sind in erster Linie Jahresabschlussinformationen von Konkurrenzunternehmen sowie der gesamten Branche gemeint, aber auch allgemeine Hintergrundinformationen wie Branchenkonjunktur, Markt- und Konkurrenzsituation, Auftragslage usw.

Woher lassen sich die benötigten Informationen beschaffen? Der Jahresabschluss eines börsennotierten Unternehmens ist am leichtesten zu erhalten. Mögliche Bezugsquellen sind

- das zu betrachtende Unternehmen selbst,
- Kreditinstitute,
- (Universitäts-)Bibliotheken,
- der Bundesanzeiger
- das Handelsregister.

Bei nicht börsennotierten Kapitalgesellschaften verbleibt höchstwahrscheinlich nur das **Handelsregister** als Anlaufstelle. Nach § 9 HGB ist die **Einsicht** in das Handelsregister **jedem** ohne den Nachweis besonderen Interesses **gestattet**. Damit sind auch die Jahresabschlüsse von Konkurrenzunternehmen, so sie publizitätspflichtig sind, grundsätzlich über diese Quelle zugänglich. Es ist die sicherste Informationsquelle, da alle Kapitalgesellschaften (je nach Größenklasse) hier ihren Jahresabschluss oder Teile davon einzureichen haben. Trotzdem stellt diese Art der Informationsbeschaffung zugegebenermaßen kaum den bequemsten Weg dar. Ferner ist leider darauf hinzuweisen, dass sich nach wie vor ein sehr großer Teil der an sich publizitätspflichtigen Unternehmen der Pflicht zur Einreichung ihrer Jahresabschlüsse zum Handelsregister gesetzeswidrig entzieht [Hilke 1995, S. 19].

Eine wahre "Fundgrube" für Vergleichsdaten sind die **Monatsberichte der Deutschen Bundesbank**. Sie geben in kurzen Berichten Auskünfte über aktuelle Entwicklungen und Zustände in der Wirtschaft. Für den Bilanzanalytiker sind insbesondere die detaillierten Jahresabschlussanalysen mit ihrem umfangreichen Datenmaterial von besonderem Interesse. Es sind vornehmlich die November-Berichte mit dem Artikel "**Ertragslage und Finanzierungsverhältnisse der Unternehmen im Jahre 19XX**". Aber auch in den anderen Monatsberichten finden sich häufig interessante Analysen. Weiterhin erscheinen bei der Deutschen Bundesbank in unregelmäßigen Abständen Sonderdrucke mit speziellen Analysen von Jahresabschlüssen.

Kreditinstitute als „professionelle" Bilanzanalysten verfügen durch die regelmäßig eingeforderten Jahresabschlüsse ihrer gewerblichen Kreditkunden über ein zahlenmäßig sehr umfangreiches Datenmaterial, aus dem sich sowohl Branchen- und Unternehmens- als auch Zeitvergleiche ableiten lassen. Auch über zentrale Buchführungsdienste wie z.B. die DATEV werden große Mengen an Jahresabschlüssen gesammelt, die es auch kleineren Unternehmen gestatten, die eigenen Bilanzdaten mit dem Durchschnitt von Unternehmen der gleichen Branche, Größe und Rechtsformen zu vergleichen. Außerdem stellen Datenanbieter im Internet vereinzelt Jahresabschlüsse zur Vetrfügung.

Auswertungsphase:

Die sich an die Vorbereitungsphase anschließende Auswertungsphase stellt zumindest in verfahrenstechnischer Hinsicht das Kernstück der Bilanzanalyse dar. Sie enthält insbesondere den zielgerichteten Einsatz des bestehenden Instrumentariums und der zur Verfügung stehenden Methoden. Aus diesen Gründen konzentriert sich die Literatur fast ausschließlich auf diese Phase. Auch unser Buch beschränkt sich im weiteren Verlauf auf diesen Punkt, da nur dieser Teilabschnitt einer formalen Beschreibung und damit der Möglichkeit einer Automatisierung des Prozesses, d.h. einer Umsetzung in ein Programm, zugänglich ist.

Zunächst ist zwischen aufbereitenden und analytischen Methoden zu unterscheiden. Die **aufbereitenden** Methoden bestehen im **Zerlegen** und **Neuordnen** der im Jahresabschluss enthaltenen Angaben im Hinblick auf einen bestimmten Analysezweck. Ziel ist es, auf diese Weise Zustände, Strukturen und Bewegungen klarer herauszuarbeiten, als sie im Ausgangsmaterial enthalten sind. Dazu zählen in dieser Arbeit die

- Strukturbilanz,
- Veränderungsbilanz,
- Strukturveränderungsbilanz,
- Bewegungsbilanz,
- Strukturbewegungsbilanz,
- Strukturerfolgsrechnung,
- Wertschöpfungsrechnung,
- Kapitalflussrechnung,
- Fondsrechnung.

Die hier aufgezählten, aufbereitenden Methoden stehen in einem engen, logischen Zusammenhang, wie es die nachstehende Abbildung verdeutlicht:

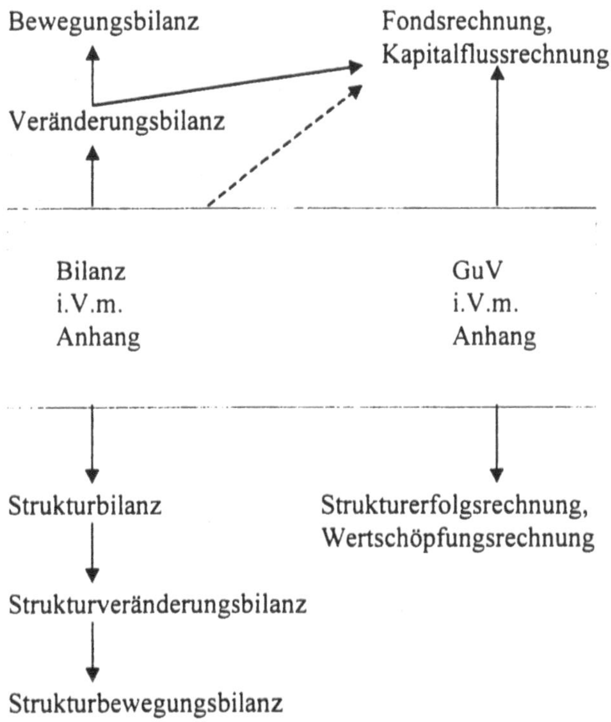

Abb. 1.3.-1.: *Inhaltlicher Zusammenhang der aufbereitenden Methoden*

Damit wird ersichtlich, welches Verfahren sich aus dem Vorhandensein der Bilanz oder der Bilanz **und** GuV anwenden lässt und welches Verfahren auf welchem anderen aufbaut.

Zu den **analytischen** Methoden wird die Kennzahlenanalyse gezählt. "Jede Größe aus dem Geschehen einer Unternehmung und damit auch jede Größe des Jahresabschlusses, z.B. die Höhe des Umsatzes, beschreibt einen Tatbestand. Einzelne absolute Zahlen vermitteln aber noch keine wesentlichen Informationen. Die Bedeutung der Größe wird erst erkennbar, wenn sie zu einer anderen Zahl in Beziehung gesetzt wird" [Leffson 1984, S. 46]. Diese Aussage lässt sich gut mit einem Beispiel unterlegen: Betragen etwa die Personalaufwendungen 20, so beschreiben sie eine Größe des Jahresabschlusses, ohne dabei wesentliche Informationen zu vermitteln. Erst wenn sie zu anderen Größen in Beziehung gesetzt werden, z.B. zu dem Umsatz, der 100 betragen möge, lassen sich die Personalaufwendungen richtig einschätzen.

Wenn oftmals in Theorie und Praxis Bilanzanalyse mit Kennzahlenbildung oder -analyse gleichgesetzt wird, so mag dies auch an dem geringen Stellenwert liegen, der den aufbereitenden Methoden zugemessen wird, zumal gerade sie die aufwendigsten sind. Andererseits vermögen sie wiederum Einblicke in die Unternehmensgebarung zu liefern, wie es eine isolierte Kennzahlenbildung nur schwerlich vermag. Insbesondere die **Finanzanalyse** ist ohne die (aufwendige) Kapitalflussrechnung und Fondsrechnung wenig sinnvoll. Andererseits bildet eine sachgerechte Aufbereitung die Grundlage für die sich anschließende Kennzahlenbildung.

Interpretationsphase:

Zweifelsfrei ist die Interpretationsphase im Rahmen der umfassenden Beurteilung, mithin der eigentlichen Erkenntnisgewinnung bezüglich des betrachteten Unternehmens, die wichtigste Phase. Doch aufgrund der fehlenden theoretischen Basis sind hier in erster Linie Erfahrung, Fingerspitzengefühl und Sachverstand notwendig, um zu einer "richtigen" Beurteilung der zugrundeliegenden Sachverhalte zu gelangen. So bemerkt auch Hoffmann: "Wie ein Skalpell nur in die Hände eines erfahrenen Chirurgen gehört, so erfordert das Arbeiten mit Kennzahlen umfassende betriebswirtschaftliche Erfahrung" [Hoffmann 1977, Umschlagseite]. Infolgedessen kann sich die Literatur nur auf allgemeine Hinweise zur Interpretation beschränken, da sie letztlich zu sehr vom konkreten Einzelfall sowie von dem gesamten Datengefüge an sich bestimmt wird. Somit bleibt dieser Punkt einer formalen Beschreibung entzogen. Erst in letzter Zeit versucht die betriebswirtschaftliche Forschung durch Einsatz mathematisch-statistischer Methoden, auch diese Phase zu formalisieren.

1.4. Zum Aufbau des Buches

Wie bei der Darstellung der Schritte der Bilanzanalyse angesprochen, kommt der korrekten Aufbereitung der Jahresabschlussdaten erhebliches Gewicht für die Qualität der anschließenden Auswertung und Interpretation zu. Daher wird im 2. Kapitel die Aufbereitung des Basismaterials, der Bilanz und der Gewinn- und Verlustrechnung, ausführlich behandelt. Sie liefert die Grundlage für die Auswertungsverfahren. Als traditionelle Methoden der Auswertung gelten die Finanzflussrechnungen, die Wertschöpfungsanalyse und die Kennzahlenanalyse. Ihre Darstellung erfolgt im 3., 4. und 5. Kapitel.

Die Diskussion und Kritik ihrer (mangelnden) Aussagefähigkeit wird den Boden bereiten für die Auseinandersetzung mit Weiterentwicklungen bilanzanalytischer Ansätze. So wird im 6. Kapitel u.a. der erzielbare Erkenntnisgewinn durch die zusätzliche Einbeziehung qualitativer Jahresabschlussdaten anzusprechen sein. Im Mittelpunkt des 7. Kapitels stehen allerdings neuere Verfahren, die auf empirisch-induktivem Weg aus Jahresabschlussdaten Urteile über die erwartete Unternehmensentwicklung abzuleiten versuchen. Neben der (multivariaten) Diskriminanzanalyse gilt hier die besondere Aufmerksamkeit den Neuronalen Netzen, die offensichtlich der Diskriminanzanalyse überlegen sind und sie zu verdrängen beginnen.

1.5. Zusammenfassung

- Die Hauptanwendungsgebiete und Hauptzwecke für Bilanzanalysen sind Beurteilungen der Vorteilhaftigkeit von Kapitalengagements durch Eigen- und Fremdkapitalgeber, also für die **Kreditwürdigkeitsprüfung** und **Fundamentalanalyse**. Auch für Fragen der **Unternehmensbewertung** sind sie von besonderem Interesse.

- Auch die Unternehmen selbst führen aus verschiedenen Gründen Analysen ihrer eigenen Abschlüsse durch. Solche **internen** Analysen sind von der **externen** Analyse zu unterscheiden. Sie basieren in aller Regel auf verlässlicherem und dem Analysten in seiner Entstehung bekanntem Datenmaterial.

- Das Erkenntnisziel der Bilanzanalyse besteht darin, einen "Eindruck" über das betrachtete Unternehmen zu erhalten, d.h. die Erlangung eines den tatsächlichen Verhältnissen entsprechenden Bildes der Vermögens-, Finanz- und Ertragslage.

- Die Bilanzanalyse weist schwerwiegende theoretische Mängel auf, die ihre Aussagekraft erheblich beeinträchtigen.

- Ein allgemeinerer Ansatz zur Frage nach der Sinnhaftigkeit von Bilanzanalysen stellt die Frage nach der **Informationseffizienz** von Märkten dar. Nur bei **fehlender** oder **schwacher** Informationseffizienz ist eine Bilanzanalyse überhaupt sinnvoll. Allerdings ist dieser Ansatz auf Unternehmen beschränkt, deren Anteile auf organisierten Märkten gehandelt werden.

- Aus dem Ansatz der **Agency-Theorie** heraus lässt sich die duale Notwendigkeit von Bilanzpolitik durch die Unternehmen (**signaling**) und Bilanzanalyse durch die Kapitalgeber (**screening**) begründen.

- Praktische Erfahrung und empirische Forschung legen den Schluss nahe, dass das mit der Bilanzanalyse verfolgte Ziel der Grobklassifikation von

Unternehmen nach ihrer Kreditwürdigkeit in den meisten Fällen erreicht wird.

- Die Bilanzanalyse lässt sich als ein Prozess der Informationsgewinnnung beschreiben, der im **Sammeln**, **Zerlegen**, dem anschließenden **Neuordnen** und **Bewerten** der im Jahresabschluss enthaltenen Informationen besteht.

- Die Bilanzanalyse lässt sich in die folgenden drei Phasen unterteilen, und zwar in die

  - Vorbereitungsphase,
  - Auswertungsphase,
  - Interpretationsphase.

- In der Auswertungsphase bedient man sich der

  - aufbereitenden und
  - analytischen

  Methoden. Die **aufbereitenden** Methoden können als Prozesse des **Umordnens** der im Jahresabschluss enthaltenen Informationen beschrieben werden, während bei den **analytischen** Methoden verschiedene Informationen zueinander in Beziehung gesetzt werden (⇒ Kennzahlenanalyse).

1.6. Übungsaufgaben

1) Kann die Bilanzanalyse für **Arbeitnehmer** von Interesse sein? Wenn ja, warum und für welche Fragestellungen?

2) Welche Bedeutung besitzt die externe Bilanzanalyse für das Unternehmen im Bezug auf den **eigenen** Abschluss?

3) Welche Strategien zur Informationsbeschaffung verfolgen Sie, sofern Sie beabsichtigen,

   a) ein börsennotiertes Unternehmen,

   b) eine nicht börsennotierte Kapitalgesellschaft,

   c) eine Personenhandelsgesellschaft, die nach **Handelsrecht** ihren Abschluss nicht zu veröffentlichen braucht, zu analysieren?

4) Nennen Sie weitere, theoretische Mängel der Bilanzanalyse!

5) Diskutieren Sie mögliche Ursachen, warum die theoretischen Mängel aufgrund praktischer Erfahrung doch nicht so schwerwiegend sind, wie es den Anschein hat!

2. Die Aufbereitung des Jahresabschlusses

2.1. Die zur Verfügung stehenden Daten

Der Bedarf zur Aufbereitung des Jahresabschlusses ergibt sich aus dem jeweiligen Analysezweck. Die Möglichkeiten der Aufbereitung variieren mit der Verfügbarkeit der Daten und damit mit der Rechtsform und der Größe des zu untersuchenden Unternehmens. Personengesellschaften sind zwar nach § 242 HGB zur Aufstellung des Jahresabschlusses verpflichtet, müssen ihn aber nicht veröffentlichen. Lediglich aufgrund der Vorschriften des Publizitätsgesetzes ergibt sich für „große" Personengesellschaften die Pflicht zur Offenlegung.

Für Kapitalgesellschaften existieren größenklassenabhängige Offenlegungspflichten: Kleine Kapitalgesellschaften brauchen nur die Bilanz und einen verkürzten Anhang offenzulegen, während mittelgroße und große Kapitalgesellschaften auch die GuV offenzulegen haben.

Die Einordnung von Kapitalgesellschaften in die Größenkategorien **klein**, **mittel** und **groß** ist aus dem nachfolgenden Schema ersichtlich. Maßgebend für die Zuordnung zu einer der drei Kategorien ist dabei, dass an zwei aufeinander folgenden Abschlussstichtagen mindestens zwei der in Abb. 2.1-1. genannten Merkmale über- oder unterschritten werden:

	klein	mittel	groß
Merkmal	kleiner/ gleich	kleiner/ gleich	größer
Bilanzsumme	5,31 Mio	21,24 Mio	21,24 Mio
Umsatzerlöse	10,62 Mio	42,48 Mio	42,48 Mio
Arbeitnehmer	50	250	250

Bilanzsumme und Umsatzerlöse in DM;
Arbeitnehmerzahl im Jahresdurchschnitt;
vgl.: § 267 Abs. 1 bis 3 HGB

Abb. 2.1.-1.: *Einordnungsschema für Kapitalgesellschaften*

Die sich aus den Größenklassen ergebenden **Aufstellungs- und Offenlegungspflichten** sind der nachfolgenden Abbildung zu entnehmen:

	klein	mittel	groß
	Aufstellungspflichten		
	Bilanz, GuV, Anhang, Lagebericht		
	Offenlegungspflichten		
Bilanz	verkürzt im HR	verkürzt im HR	vollständig im HR und BA
GuV	nicht erforderlich	verkürzt im HR	vollständig im HR und BA
Anhang	verkürzt im HR	verkürzt im HR	vollständig im HR und BA
Lagebericht	nicht erforderlich	vollständig im HR und BA	vollständig im HR und BA

BA = Bundesanzeiger, HR = Handelsregister
vgl.: § 264 HGB, §§ 325 ff.

Abb. 2.1.-2.: *Aufstellungs- und Offenlegungspflichten*

Liegt also der Analyse der Abschluss einer kleinen Kapitalgesellschaft nur in dem vom Gesetz zur Veröffentlichung geforderten Umfang zugrunde, so muss sie sich ausschließlich auf die Methoden beschränken, die mit der Bilanz auskommen. Dies sind im Rahmen der aufbereitenden Methoden die:

- Strukturbilanz,
- Veränderungsbilanz,
- Strukturveränderungsbilanz,
- Bewegungsbilanz,
- Strukturbewegungsbilanz,
- Fondsrechnung.

Insofern beschränkt sich, mit Ausnahme der Fondsrechnung, der folgende Abschnitt auf die o.g. Methoden. Liegt zusätzlich die GuV vor, so ist die Anwendung der Strukturerfolgsrechnung, der Wertschöpfungsrechnung und der Kapitalflussrechnung möglich.

2.2. Aufbereitung der Bilanz

2.2.1. Das Bilanzgliederungsschema

Den Ausgangspunkt für die Aufbereitung der Bilanzzahlen bildet das Bilanzgliederungsschema des § 266 Abs. 2 und 3 HGB. Es wird auch bei dem Programm die Benutzerschnittstelle bilden, d.h. die einzugebenden Daten müssen sich in das Bilanzgliederungsschema einfügen. Das gesetzliche Gliederungsschema ist nachstehend wiedergegeben (vgl. § 266 Abs. 2 und 3 HGB):

(2) Aktivseite

```
A. Anlagevermögen:
     I. Immaterielle Vermögensgegenstände:
             1. Konzessionen, gewerbliche Schutzrechte und ähnliche
                Rechte und Werte sowie Lizenzen an solchen Rechten
                und Werten;
             2. Geschäfts- oder Firmenwert;
             3. geleistete Anzahlungen;
    II. Sachanlagen:
             1. Grundstücke, grundstücksgleiche Rechte und Bauten
                einschließlich der Bauten auf fremden Grundstücken;
             2. technische Anlagen und Maschinen;
             3. andere Anlagen, Betriebs- und Geschäftsausstattung;
             4. geleistete Anzahlungen und Anlagen im Bau;
   III. Finanzanlagen:
             1. Anteile an verbundenen Unternehmen;
             2. Ausleihungen an verbundene Unternehmen;
             3. Beteiligungen;
             4. Ausleihungen an Unternehmen, mit denen ein Beteili-
                gungsverhältnis besteht;
             5. Wertpapiere des Anlagevermögens;
             6. sonstige Ausleihungen.
B. Umlaufvermögen:
     I. Vorräte:
             1. Roh-, Hilfs- und Betriebsstoffe;
             2. unfertige Erzeugnisse, unfertige Leistungen;
             3. fertige Erzeugnisse und Waren;
             4. geleistete Anzahlungen;
    II. Forderungen und sonstige Vermögensgegenstände:
             1. Forderungen aus Lieferungen und Leistungen;
             2. Forderungen gegen verbundene Unternehmen;
             3. Forderungen gegen Unternehmen, mit denen ein Beteili-
                gungsverhältnis besteht;
             4. sonstige Vermögensgegenstände;
    III.Wertpapiere:
             1. Anteile an verbundenen Unternehmen;
             2. eigene Anteile;
```

3. sonstige Wertpapiere;
IV. Schecks, Kassenbestand, Bundesbank- und Postgiroguthaben, Guthaben bei Kreditinstituten.
C. Rechnungsabgrenzungsposten.

(3) Passivseite

A. Eigenkapital:
I. Gezeichnetes Kapital;
II. Kapitalrücklage;
III. Gewinnrücklagen:
1. gesetzliche Rücklage;
2. Rücklage für eigene Anteile;
3. satzungsmäßige Rücklagen;
4. andere Gewinnrücklagen;
IV. Gewinnvortrag/Verlustvortrag;
V. Jahresüberschuss/Jahresfehlbetrag.
B. Rückstellungen:
1. Rückstellungen für Pensionen und ähnliche Verpflichtungen;
2. Steuerrückstellungen;
3. sonstige Rückstellungen.
C. Verbindlichkeiten:
1. Anleihen,
davon konvertibel;
2. Verbindlichkeiten gegenüber Kreditinstituten;
3. erhaltene Anzahlungen auf Bestellungen;
4. Verbindlichkeiten aus Lieferungen und Leistungen;
5. Verbindlichkeiten aus der Annahme gezogener und der Ausstellung eigener Wechsel;
6. Verbindlichkeiten gegenüber verbundenen Unternehmen;
7. Verbindlichkeiten gegenüber Unternehmen, mit denen ein Beteiligungsverhältnis besteht;
8. sonstige Verbindlichkeiten,
davon aus Steuern,
davon im Rahmen der sozialen Sicherheit.
D. Rechnungsabgrenzungsposten.

Trotzdem ist das Schema des § 266 Abs. 2 und 3 HGB nicht vollständig. In verschiedenen Paragraphen sind weitere Posten erwähnt, die bedarfsweise in die Bilanz einzufügen sind. Teilweise sind die für die Analyse interessierenden Positionen, vor allem bei Aufgliederungen, allerdings nur unter Zuhilfenahme der Angaben im Anhang zu ermitteln und für die Bilanzaufbereitung von dort zu übernehmen.

- Nach § 272 Abs. 1 HGB sind die ausstehenden Einlagen auf das gezeichnete Kapital auf der Aktivseite vor dem Anlagevermögen auszuweisen; die davon eingeforderten Einlagen sind zu vermerken (vgl. die beiden Arten der Darstellungen des noch nicht voll eingezahlten Eigenkapitals in Kapitel 2.2.3.2.3.).

- § 269 HGB erlaubt den Ausweis eines Postens "Aufwendungen für die Ingangsetzung und Erweiterung des Geschäftsbetriebes". Er ist vor dem Anlagevermögen auszuweisen.

- Wird die aktivische Steuerabgrenzung nach § 274 Abs. 2 HGB in Anspruch genommen, so ist dieser Posten gesondert auszuweisen.

- § 268 Abs. 3 HGB i.V.m. § 250 Abs. 3 HGB verlangt die gesonderte Angabe eines in Anspruch genommenen Disagios.

- Ist das Eigenkapital durch Verluste aufgebraucht und ergibt sich ein Überschuss der Passivposten über die Aktivposten, so ist dieser Betrag am Schluss der Bilanz auf der Aktivseite gesondert unter der Bezeichnung "Nicht durch Eigenkapital gedeckter Fehlbetrag" auszuweisen (§ 268 Abs. 3 HGB).

- Gemäß § 268 Abs. 1 HGB darf an die Stelle der Posten "Jahresüberschuss/Jahresfehlbetrag" und "Gewinnvortrag/Verlustvortrag" der Posten "Bilanzgewinn/Bilanzverlust" treten. Dies erweist sich für bilanzanalytische Zwecke als sinnvoller. Warum das so ist und wie zu verfahren ist, wenn die vorliegende Bilanz nicht derart aussieht, wird später erläutert.

- Ein etwa auftretender Sonderposten mit Rücklageanteil ist nach § 273 HGB auf der Passivseite vor den Rückstellungen auszuweisen.

Ferner gilt nach § 268 Abs. 4 HGB, dass bei den Forderungen der Betrag mit einer Restlaufzeit von mehr als einem Jahr bei jedem gesondert ausgewiesenen Posten anzugeben ist. Weiterhin müssen gemäß § 268 Abs. 5 HGB i.V.m. § 285 Nr. 1a HGB bei den Verbindlichkeiten die Beträge mit einer Restlaufzeit von mehr als fünf Jahren und die mit weniger als einem Jahr bei jedem gesondert ausgewiesenen Posten angegeben werden. Zusätzlich sind die größenabhängigen Erleichterungen des § 266 Abs. 1 HGB zu beachten.

Aus all diesen Vorschriften lässt sich nun das folgende, allgemein gültige Bilanzgliederungsschema entwickeln, das Basis des weiteren Vorgehens ist. Es fasst die wesentlichen Angaben in der Bilanz und die des Anhangs, soweit sie sich auf die Bilanz beziehen, in einem Schema zusammen. Den einzelnen Bilanzpositionen haben wir fortlaufende Nummern zugeordnet, die dazu dienen sollen, sie später in Kurzform benennen zu können. Außerdem sind diese Positionsnummern im dem dieses Buch begleitenden Auswertungsprogramm bei der Erfassung der Eingabedaten zu verwenden. Es ergibt sich folgendes Bilanzgliederungsschema, das im Zusammenhang mit den Erläuterungen gelesen werden sollte, die unmittelbar anschließen:

Bilanzposition	**AKTIVA**
	Fortlfd. Nummer
Ausstehende Einlagen	1
- davon eingefordert	2
Aufwendungen für die Ingangsetzung und Erweiterung des Geschäftsbetriebes	3
Anlagevermögen	4
Immaterielle Vermögensgegenstände	5
Konzessionen, gewerbliche Schutzrechte und ähnliche Rechte und Werte sowie Lizenzen an solchen Rechten und Werten	6
Geschäfts- oder Firmenwert	7
geleistete Anzahlungen	8
Sachanlagen	9
Grundstücke, grundstücksgleiche Rechte und Bauten einschließlich der Bauten auf fremden Grundstücken	10
technische Anlagen und Maschinen	11
andere Anlagen, Betriebs- und Geschäftsausstattung	12
geleistete Anzahlungen und Anlagen im Bau	13
Finanzanlagen	14
Anteile an verbundenen Unternehmen	15
Ausleihungen an verbundene Unternehmen	16
Beteiligungen	17
Ausleihungen an Unternehmen, mit denen ein Beteiligungsverhältnis besteht	18
Wertpapiere des Anlagevermögens	19
sonstige Ausleihungen	20
Umlaufvermögen	21
Vorräte	22
Roh-, Hilfs- und Betriebsstoffe	23
unfertige Erzeugnisse, Leistungen	24
fertige Erzeugnisse und Waren	25
geleistete Anzahlungen	26
Forderungen und sonstige Vermögensgegenstände	27
- davon Restlaufzeit von mehr als einem Jahr	28
Forderungen aus Lieferungen und Leistungen	29
- davon Restlaufzeit von mehr als einem Jahr	30
Forderungen gegen verbundene Unternehmen	31
- davon Restlaufzeit von mehr als einem Jahr	32
Forderungen gegen Unternehmen, mit denen ein Beteiligungsverhältnis besteht	33
- davon Restlaufzeit von mehr als einem Jahr	34
Sonstige Vermögensgegenstände	35
- davon Restlaufzeit von mehr als einem Jahr	36
Wertpapiere	37
Anteile an verbundenen Unternehmen	38
eigene Anteile	39
sonstige Wertpapiere	40
Schecks, Kassenbestand, Bundesbank und Postgiroguthaben, Guthaben bei Kreditinstituten	41
Abgrenzungsposten für künftige Steuerentlastung	42
Rechnungsabgrenzungsposten	43
Disagio	44
sonstige	45
Nicht durch Eigenkapital gedeckter Fehlbetrag	46

Bilanzposition	**PASSIVA** **Fortlfd. Nummer**
Eigenkapital	47
Gezeichnetes Kapital	48
Kapitalrücklage	49
Gewinnrücklagen	50
gesetzliche Rücklage	51
Rücklage für eigene Anteile	52
satzungsmäßige Rücklagen	53
andere Rücklage	54
Bilanzgewinn/Bilanzverlust	55
Sonderposten mit Rücklageanteil	56
Rückstellungen	57
Rückstellungen für Pensionen und ähnliche Verpflichtungen	58
Steuerrückstellungen	59
sonstige Rückstellungen	60
Verbindlichkeiten	61
- davon Restlaufzeit von mehr als fünf Jahren	62
- davon Restlaufzeit von weniger als einem Jahr	63
Anleihen	64
- davon Restlaufzeit von mehr als fünf Jahren	65
- davon Restlaufzeit von weniger als einem Jahr	66
Verbindlichkeiten gegenüber Kreditinstituten	67
- davon Restlaufzeit von mehr als fünf Jahren	68
- davon Restlaufzeit von weniger als einem Jahr	69
erhaltene Anzahlungen auf Bestellungen	70
- davon Restlaufzeit von mehr als fünf Jahren	71
- davon Restlaufzeit von weniger als einem Jahr	72
Verbindlichkeiten aus Lieferungen und Leistungen	73
- davon Restlaufzeit von mehr als fünf Jahren	74
- davon Restlaufzeit von weniger als einem Jahr	75
Verbindlichkeiten aus der Annahme gezogener Wechsel und der Ausstellung eigener Wechsel	76
- davon Restlaufzeit von mehr als fünf Jahren	77
- davon Restlaufzeit von weniger als einem Jahr	78
Verbindlichkeiten gegenüber verbundenen Unternehmen	79
- davon Restlaufzeit von mehr als fünf Jahren	80
- davon Restlaufzeit von weniger als einem Jahr	81
Verbindlichkeiten gegenüber Unternehmen, mit denen ein Beteiligungsverhältnis besteht	82
- davon Restlaufzeit von mehr als fünf Jahren	83
- davon Restlaufzeit von weniger als einem Jahr	84
sonstige Verbindlichkeiten	85
- davon Restlaufzeit von mehr als fünf Jahren	86
davon Restlaufzeit von weniger als einem Jahr	87
Rechnungsabgrenzungsposten	88

Bei den Anleihen wurde auf die Angabe "davon konvertibel" verzichtet, da sie für die hier folgende Analyse nicht benötigt wird, ebenso auf die Angaben "davon aus Steuern" und "davon im Rahmen der sozialen Sicherheit" bei den sonstigen Verbindlichkeiten.

Zunächst sei an einem Beispiel gezeigt, wie dieses Bilanzschema sich den verschiedenen Größenklassen anzupassen vermag: Die große Kapitalgesellschaft hat bezüglich des Anlagevermögens zu allen Untergliederungen Angaben - soweit vorhanden - zu machen. In diesem Fall wären die Positionen 6 - 8, 10 - 13 und 15 - 20 besetzt. Eine mittelgroße Kapitalgesellschaft braucht nur Angaben zu Position 5, 10 - 13 und 14 zu veröffentlichen (wobei ferner Angaben zu Position 7, sowie 15 - 18 vorliegen). Bei der kleinen Kapitalgesellschaft liegen bezüglich des Anlagevermögens nur Angaben zu den Positionen 5, 9 und 14 vor, während sich eine Personenhandelsgesellschaft im aufzustellenden Abschluss eventuell mit nur einer Sammelangabe zu Position 4 begnügen kann.

Ein weiteres Beispiel anhand der mittelgroßen Kapitalgesellschaft soll die innere Logik des vorangegangenen Bilanzgliederungsschemas noch klarer verdeutlichen. Die Bilanz möge folgendes Aussehen bei den Forderungen haben:

```
II.  Forderungen und sonstige Vermögensgegenstände       100
         davon Restlaufzeit über ein Jahr                  20

     Davon:

        1.  Forderungen gegen verbundene Unternehmen       10

        2.  Forderungen gegen Unternehmen, mit denen
            ein Beteiligungsverhältnis besteht             30

                davon Restlaufzeit über ein Jahr           10
```

Die Eingabe dieser Daten in das Bilanzgliederungsschema kann nun auf unterschiedliche Weise erfolgen:

1) Auf Position 27 werden 100, auf Position 28 werden 20 eingetragen, die übrigen Positionen 29 - 36 bleiben leer. Dies wäre die schnellste und einfachste Möglichkeit.

2) Auf Position 31 werden 10, auf Position 33 werden 30 und auf Position 34 werden 10 eingetragen. Damit sind schon Forderungen in Höhe von 40, Restlaufzeiten in Höhe von 10 auf unteren Hierarchiestufen berücksichtigt worden. Die verbleibenden Forderungen in Höhe von 60 und Restlaufzeiten in Höhe von 10 können nun auf

   a) Position 27 und 28

   b) Position 29 und 30

   c) Position 35 und 36

   eingetragen werden.

Das hier beschriebene Verfahren mag zwar auf den ersten Blick kompliziert erscheinen, ist es aber bei der praktischen Anwendung nicht. Der Vorteil dieser Eingabelogik liegt

- in der Anpassungsfähigkeit an alle möglichen denkbaren Kombinationen von Gliederungstiefen bestimmter Posten,
- in der Freiheit des Benutzers, selbständige Zuordnungen zu treffen und
- in der Freiheit des Benutzers, zu bestimmen, in welchem Ausmaß die in den Ausgangsdaten enthaltenen Informationen tatsächlich genutzt werden sollen.

Eine weitere für die Analyse bedeutsame Vorschrift findet sich im § 268 Abs. 2 HGB. Sie betrifft das sogenannte "Anlagengitter", auch "Anlagenspiegel" genannt, für welches verschiedene Gestaltungsvorschläge formuliert wurden. Abweichend von der Literatur fällt der erste nach neuem Bilanzrecht gestaltete Abschluss der Schering AG aus. Der dort aufgestellte Anlagenspiegel geht weit über die vom Gesetzgeber geforderten Mindestanforderungen hinaus. Obgleich er einen als "optimal" zu bezeichnenden Überblick über die Entwicklung des Anlagevermögens bietet, lässt sich für die folgenden bilanzanalytischen Zwecke der Anlagenspiegel auf das folgende Gliederungsschema verdichten:

Bilanz-position	Historische AK/HK	Zugänge	Abgänge	Kumulierte Abschreibungen	Perioden-Abschreibungen
3 - 20					

Die Zugänge ergeben sich hier als Zugänge zuzüglich Umbuchungen, die Periodenabschreibungen als Abschreibungen der Periode abzüglich Zuschreibungen. Die Bilanzpositionen sind die des o.g. Bilanzgliederungsschemas, beginnend mit Position 3, fortlaufend bis Position 20. Mit Hinblick auf die spätere formale Abarbeitung dieses Schemas gilt - wie bezüglich des o.g. Bilanzgliederungsschemas -, dass Summen von schon angegebenen Positionen nicht auftauchen dürfen (z.B. wenn die Anlagenentwicklung der Positionen 6 - 8, 10 - 13, 15 - 20 angegeben ist, müssen die Positionen 4, 5, 9, 14 leer bleiben). In dieser Form bildet das Anlagengitter eine weitere Schnittstelle zum Benutzer, bei der die einzelne Nummer der Bilanzposition um die jeweiligen Spalte zu ergänzen ist.

2.2.2. Fallstudie Teil 1: Die Eingabedaten zur Bilanz

Wie schon im Vorwort angedeutet, sollen hier alle Verfahren konsequent anhand eines praktischen Beispiels demonstriert werden. Als "roter Leitfaden" soll der Jahresabschluss der Schering AG 1986 dienen, einer der ersten nach dem neuen Handelsrecht aufgestellten Jahresabschlüsse.

Die nächsten Seiten enthalten eine Zusammenstellung aller die Bilanz betreffenden Angaben des Jahresabschlusses der Schering AG 1986, also einschließlich der zugehörigen Angaben des Anhangs, in Form der aufbereiteten Eingaben entsprechend des obigen Bilanzgliederungsschemas und des (verdichteten) Anlagengitters.

SCHERING AG 1986	AKTIVA
Anlagevermögen .... :	
Immaterielle Vermögensgegenstände .... :	
Konzessionen, Schutzrechte und Lizenzen ...... :	1.525.000
Sachanlagen .... :	
Grundstücke und Bauten .... :	512.921.000
technische Anlagen und Maschinen .... :	216.750.000
andere Anlagen, Betriebs- und Geschäftsausst. :	106.901.000
geleistete Anzahlungen und Anlagen im Bau .... :	29.254.000
Finanzanlagen .... :	
Anteile an verbundenen Unternehmen .... :	761.023.000
Beteiligungen .... :	76.460.000
sonstige Ausleihungen .... :	18.598.000
Umlaufvermögen .... :	
Vorräte .... :	
Roh-, Hilfs- und Betriebsstoffe .... :	146.434.000
fertige Erzeugnisse und Waren .... :	542.844.000
geleistete Anzahlungen .... :	344.000
Forderungen und sonstige Vermögensgegenstände .. :	
Forderungen aus Lieferungen und Leistungen ... :	172.108.000
davon Restlaufzeit über ein Jahr .... :	7.469.000
Forderungen gegen verbundene Unternehmen ..... :	298.260.000
davon Restlaufzeit über ein Jahr .... :	19.672.000
Forderungen gegen beteiligte Unternehmen ..... :	7.223.000
Sonstige Vermögensgegenstände .... :	127.162.000
davon Restlaufzeit über ein Jahr .... :	1.512.000
Wertpapiere .... :	615.933.000
Schecks, Kassenbestand und Guthaben .... :	5.595.000
Rechnungsabgrenzungsposten .... :	
BILANZSUMME	3.639.335.000

SCHERING AG	1986	PASSIVA
Eigenkapital	:	
Gezeichnetes Kapital	:	283.001.000
Kapitalrücklage	:	526.530.000
Gewinnrücklagen	:	328.000.000
Bilanzgewinn/-verlust	:	67.920.000
Sonderposten mit Rücklageanteil	:	446.732.000
Rückstellungen	:	
Rückstellungen für Pensionen	:	923.353.000
Steuerrückstellungen	:	117.693.000
sonstige Rückstellungen	:	304.558.000
Verbindlichkeiten	:	
Verbindlichkeiten gegenüber Kreditinstituten	:	147.510.000
davon Restlaufzeit über 5 Jahre	:	18.149.000
davon Restlaufzeit unter 1 Jahr	:	61.045.000
erhaltene Anzahlungen auf Bestellungen	:	1.793.000
davon Restlaufzeit unter 1 Jahr	:	1.793.000
Verbindlichkeiten aus Lieferungen und Leist.	:	134.102.000
davon Restlaufzeit unter 1 Jahr	:	122.403.000
Verbindlichkeiten gegenüber verbundenen Unter.	:	303.354.000
davon Restlaufzeit über 5 Jahre	:	3.964.000
davon Restlaufzeit unter 1 Jahr	:	280.462.000
Verbindlichkeiten gegenüber beteiligten Unter.	:	11.302.000
davon Restlaufzeit unter 1 Jahr	:	11.302.000
sonstige Verbindlichkeiten	:	43.487.000
davon Restlaufzeit über 5 Jahre	:	208.000
davon Restlaufzeit unter 1 Jahr	:	43.099.000
Rechnungsabgrenzungsposten	:	
BILANZSUMME		3.639.335.000
Rundung		

ANLAGENGITTER (in TDM)

POSITION	AK/HK	Zugänge	Abgänge	Kumulierte Abschreibg.	Abschreibungen
Ingangsetzg. Anlageverm.					
Immat. Verm.					
Konz., Liz.	2.440			915	610
Firmenwert					
Anzahl.					
Sachanlagen					
Grundstücke	889.719	37.154	624	376.798	29.096
Anlagen	1.186.694	110.161	16.947	969.944	81.258
Betr.ausst.	449.338	72.462	12.481	342.437	50.114
Anzahl.	29.254	7.648	1		
Finanzanlag.					
Anteile	966.569	926	13.451	205.546	322
Ausleih.					
Beteilig.	97.617	26.106		21.157	11.621
Ausleih.	6.300			6.300	1.260
Wertpapier.					
sonst. Aus.	29.225	3.565	4.730	10.627	727

2.2.3. Die Strukturbilanz

2.2.3.1. Das Strukturbilanzschema

Zur Vorbereitung und Erleichterung der späteren Kennzahlenbildung, insbesondere aber zur Herausarbeitung der **wesentlichen** Vermögens- und Kapitalstrukturen sowie deren Veränderung im Vorjahresvergleich dient die **Strukturbilanz**. Das Aufstellen der Strukturbilanz besteht im Bereinigen, Richtigstellen, Saldieren sowie im Aufspalten, Umgruppieren, Zusammenziehen und Verdichten des vorliegenden Zahlenmaterials im Hinblick auf die Analyseziele. Verschiedentlich werden auch Umbewertungen zu den Aufbereitungsmaßnahmen gezählt. Sie kommen jedoch nur in Frage, wenn der Analyst stichhaltige Informationen über das Zustandekommen und die ökonomische Berechtigung der Wertansätze der einzelnen Bilanzpositionen hat und daher die ausgewiesenen „falschen" Wertansätze durch „korrekte" ersetzen will. Meist sind solche Umbewertungen nur bei internen Bilanzanalysen oder - bei externen Analysen - mit Unterstützung durch unternehmensinterne Stellen möglich und sinnvoll. Wir werden großenteils von dieser Mölichkeit absehen, darauf aber im Zusammenhang mit der Erfolgsanalyse noch einmal zurückkommen.

Die Strukturbilanz vermag, richtig aufbereitet, erste Hinweise zur **Vermögens-** und **Finanzlage** zu liefern. Eine solche Strukturbilanz ist nachstehend aufgeführt. Ihr Schema geht auf einen Vorschlag von Kerth/Wolf [Kerth/Wolf 1986, S. 91] zurück; es wurde jedoch in einigen Punkten überarbeitet:

Bevor jede Position einzeln betrachtet wird, soll ihr grundsätzlicher Aufbau kurz gestreift werden.

Die dem gesetzlichen Bilanzgliederungsschema zugrundeliegende Grobgliederung trennt bei den Aktiva nach der Kapitalbindung in Anlage- und Umlaufvermögen und bei den Passiva nach der Kapitalherkunft in Eigen- und Fremdkapital.

Aktiva	Passiva
Anlagevermögen	Eigenkapital
Umlaufvermögen	Fremdkapital

Abb. 2.2.3.1.-1.: *Gesetzliche Bilanzgrobstruktur*

Sie eignet sich dazu, horizontale und vertikale Strukturen deutlich zu machen sowie deren Veränderung in Vorjahresvergleich aufzuzeigen.

Aktiva	Passiva
Leistungsvermögen	Langfristiges Kapital
Finanzumlaufvermögen	Kurz- bis mittelfristiges Kapital

Abb. 2.2.3.1.-2.: *Finanzwirtschaftlich orientiertes Strukturschema*

Eine nach finanzwirtschaftlichen Kriterien ausgerichtete Unterteilung führt zu folgender Grobstruktur:

Unter Leistungsvermögen ist hier gebundenes Kapital zu verstehen, d.h. Kapital, welches den Reproduktionsprozess (das "Wieder-Geld-Werden") noch vor sich hat. Das Finanzumlaufvermögen hat den Reproduktionsprozess schon (im wesentlichen) hinter sich und liegt in Form von Geld oder Forderungen vor[1].

Der Aufbau der Strukturbilanz ist so gestaltet, dass aus ihr **Deckungsverhältnisse** schnell ersichtlich sind. Den Begriff der "Deckungsverhältnisse" werden wir später ausführlich behandeln. Hier reicht es, bei der Analyse des Aufbaus der Strukturbilanz darauf hinzuweisen, dass in ihr folgende Vermögens- und Kapitalpositionen gegenübergestellt werden:

- Anlagevermögen zu Eigenkapital,
- Umlaufvermögen zu Fremdkapital,
- Leistungsvermögen zum langfristigen Kapital,
- Finanzumlaufvermögen zum kurz- und mittelfristigen Kapital.

1 Daß Geld auch nur eine spezielle Form von Forderung ist, sei hier vernachlässigt.

Bei der Interpretation der Strukturbilanz erweist es sich als zweckmäßig, sich nicht allzu streng an die vorgegebenen Strukturen zu halten, sondern zwischen ihnen zu "springen". D.h. es ist durchaus sinnvoll, z.B. die Verhältnisse

- Anlagevermögen zu langfristiges Kapital,

- Umlaufvermögen zu kurz- und mittelfristiges Kapital

zu betrachten.

Im folgenden wird nun die inhaltliche Ausgestaltung der einzelnen Positionen der Strukturbilanz beschrieben.

2.2.3.2. Die inhaltliche Ausgestaltung der Strukturbilanzpositionen

2.2.3.2.1. Das Anlagevermögen

Die immateriellen Wirtschaftsgüter

Die Aktivierungspflicht für derivative (d.h. entgeltlich erworbene) immaterielle Wirtschaftsgüter ist aus bilanzanalytischer Sicht zu begrüßen. Ihr Ausweis ist für die Beurteilung der Zukunftsaussichten eines Unternehmens von großer Bedeutung. Von daher sind sie gesondert aufzunehmen und nicht mit anderen Posten zu saldieren oder zusammenzufassen. Auch die Anzahlungen auf immaterielle Wirtschaftsgüter stellen keine Forderung auf Geld, sondern auf immaterielle Wirtschaftsgüter dar. Insofern verbietet es sich, sie den Forderungen zuzurechnen.

Die Position "Immaterielles Vermögen" der Strukturbilanz ergibt sich wie folgt:

		Immaterielle Vermögensgegenstände
	+	Konzessionen, gewerbliche Schutzrechte und ähnliche Rechte und Werte sowie Lizenzen an solchen Rechten und Werten
(	+	Geschäfts- oder Firmenwert)
	+	geleistete Anzahlungen (auf immaterielle Vermögensgegenstände)
	=	**"Immaterielles Vermögen" der Strukturbilanz**

Die Aktivierungspflicht gilt nach § 255,4 HGB allerdings nicht für einen derivativen Geschäfts- oder Firmenwert, also den Unterschiedsbetrag, „um den die für die Übernahme eines Unternehmens bewirkte Gegenleistung den Wert der einzelnen Vermögensgegenstände des Unternehmens abzüglich der Schulden zum Zeitpunkt der Übernahme übersteigt". Verschiedentlich wird vorgeschlagen, diesen Geschäfts- oder Firmenwert aus dem immateriellen Anlagevermögen herauszunehmen und ihn gegen das Eigenkapital zu verrechnen. Für ein solches Vorgehen spricht in der Tat eine Reihe von Argumenten.

Ein erstes Argument besteht darin, dass der Geschäfts- oder Firmenwert im Konkursfall wertlos ist. Dies erscheint aber als keine ausreichende Begründung für eine Eliminierung. Es träfe auf viele andere Aktivpositionen zu. So werden z.B. Spezialmaschinen, die ausschließlich auf das Produktionsprogramm der betreffenden Unternehmung ausgerichtet sind, im Konkursfall ebenfalls wertlos sein und müßten gegen das Eigenkapital gekürzt werden. Wollte man die Betrachtung der Vermögensgegenstände nach ihrem Wert im Konkursfall konsequent durchhalten, was letztlich der Sichtweise des Zerschlagungsprinzips entspricht, wären alle Positionen der Aktivseite umzubewerten. Dies ist weder im Rahmen der externen Bilanzanalyse praktikabel, noch entspricht es dem heute allgemein akzeptierten "going concern"-Prinzip der Bilanzierung.

Ein stärkeres Argument für die Verrechnung des Geschäfts- oder Firmenwerts besteht darin, dass ihm gemeinhin der Charakter eines Vermögensgegenstands abgesprochen und er als Bilanzierungshilfe [so z.B. Heinhold 1995, S. 106] oder als „Wert eigener Art" [Baetge 1994, S. 499] aufgefasst wird.

Ein weiteres starkes Argument für die Verrechnung des Geschäfts- oder Firmenwerts gegen das Eigenkapital beruht auf dem Prinzip der Vergleichbarkeit von Unternehmen bei der externen Bilanzanalyse: Danach sollten zwei gedanklich identische Unternehmen in der Analyse möglichst gleiche Strukturen aufweisen. Unterstellt man nun zwei Unternehmen, von denen das eine Unternehmen einen derivativen Firmenwert ausweist (da dieser im Rahmen einer Übernahme auch bezahlt wurde), das andere aber das Wahlrecht zur Aktivierung dieser Position nicht ausgeübt hat, so ergeben sich unterschiedliche Werte in der Strukturbilanz. Nur bei einer Kürzung des Geschäfts- oder Firmenwerts gegen das Eigenkapital ist die Vergleichbarkeit wiederhergestellt. Allerdings ist nun nicht mehr ersichtlich, dass das Unternehmen tatsächlich einen derivativen Firmenwert ausgewiesen hatte.

Exemplarisch zeigt sich damit an diesem Posten ein allgemeines Dilemma der Bilanzanalyse: Vergleichbarkeit versus „Richtigkeit" der Werte. Einerseits erscheint es sinnvoll, der Analyse die Positionen und Bewertungen zugrundezulegen, die im jeweils vorliegenden Abschluss enthalten sind. Jeder durch

Ausnutzung von Aktivierungswahlrechten gezeigte Posten enthält ja eine Information über die Existenz dieser Vermögens- oder Schuldposition. Ein Streichen vernichtet also verfügbare Informationen. Andererseits ist es vor allem für das „Massengeschäft" der Abschlussanalyse wichtig, vergleichbare Unternehmen auch möglichst gleich zu behandeln. Bei den Positionen, für die Bilanzierungswahlrechte bestehen, kann die Vergleichbarkeit nur hergestellt werden, indem die wahlweise bilanzierten Positionen wieder eliminiert werden. Denn der aus betriebswirtschaftlicher Sicht eigentlich sinnvollere Weg der Anpassung, bei den Unternehmen, die die Bilanzierungswahlrechte nicht ausgenutzt haben, nachträglich diese Positionen zu bilanzieren, scheitert daran, dass die notwendigen Angaben zu nicht ausgeübten Bilanzierungswahlrechten nicht verfügbar sind.

Wie die skizzierten Argumente zeigen, ist keine der dargestellten Vorgehensweisen (Belassung oder Verrechnung) zwingend. Es sprechen wohl mehr Gründe für die Verrechnung des Geschäfts- oder Firmenwerts gegen das Eigenkapital als dagegen. Die endgültige Entscheidung über die Behandlung hat der Analyst zu treffen.

Das Sachanlagevermögen

Die Sachanlagen bedürfen eigentlich keiner weiteren Ausführungen. Bei den Anzahlungen gilt auch hier, dass es sich um keine Forderung auf Geld, sondern um eine Forderung auf Sachanlagen handelt. Sie sind - wie der Gesetzgeber vorgesehen hat - für bilanzanalytische Zwecke dem Sachanlagevermögen zuzurechnen.

Die Position "Sachanlagen" der Strukturbilanz wird damit folgendermaßen entwickelt:

```
     Sachanlagen

+       Grundstücke, grundstücksgleiche Rechte und Bauten
        einschließlich der Bauten auf fremden Grundstücken

+       technische Anlagen und Maschinen

+       andere Anlagen, Betriebs- und Geschäftsausstattung

+       geleistete Anzahlungen und Anlagen im Bau
_____________________________________________________________

=   "Sachanlagen" der Strukturbilanz
```

Das Finanzanlagevermögen

Die "Finanzanlagen" der Strukturbilanz errechnen sich aus der Summe der Positionen 14 - 20 des obigen Bilanzgliederungsschemas:

```
    Finanzanlagen

+      Anteile an verbundenen Unternehmen

+      Ausleihungen an verbundene Unternehmen

+      Beteiligungen

+      Ausleihungen an Unternehmen, mit denen ein Be-
       teiligungsverhältnis besteht

+      Wertpapiere des Anlagevermögens

+      sonstige Ausleihungen
---------------------------------------------------------------
=   "Finanzanlagen" der Strukturbilanz
```

Die Summe des Anlagevermögens erhält man durch Summieren des "immateriellen Vermögens", der "Sachanlagen", der "Finanzanlagen" (sowie der Position 4 des obigen Bilanzgliederungsschemas):

```
    (Anlagevermögen, Position 4)

+      "Immaterielles Vermögen" der Strukturbilanz

+      "Sachanlagen"            der Strukturbilanz

+      "Finanzanlagen"          der Strukturbilanz
-------------------------------------------------
=   ANLAGEVERMÖGEN der Strukturbilanz
```

2.2.3.2.2. Das Umlaufvermögen

Das Vorratsvermögen

Zum Vorratsvermögen zählen zunächst die Positionen 23 - 25 des obigen Bilanzgliederungsschemas. Anzahlungen auf Vorräte stellen Forderungen auf Vorräte dar und sind daher folgerichtig dem Vorratsvermögen zuzurechnen. Schwieriger ist die korrekte Zuordnung erhaltener Anzahlungen auf Bestellungen (Position 70). Sie sind nach § 268,5 HGB auf der Passivseite gesondert unter den Verbindlichkeiten auszuweisen. Anzahlungen auf Vorräte dürfen allerdings auch direkt auf der Aktivseite von den Vorräten abgesetzt werden. In der Bilanzierungspraxis finden sich beide Vorgehensweisen. Ihr Einfluss auf das Bilanzbild und die daraus berechneten Kennzahlen kann ganz erheblich sein. Wiederum muss sich der Bilanzanalyst zur Schaffung vergleichbarer Abschlüsse für ein Zuordnungsschema entscheiden. Hier sind allerdings Umrechnungen nach beiden Richtungen möglich. Für den Bruttoausweis, den z.B. Küting/Weber präferieren [vgl. Küting/Weber 1994, S. 63], spricht, dass damit die tatsächlich vorhandenen Vorräte in ihrem gesamten Umfang gezeigt werden und so Kapitalbindung und Kapitalherkunft sauber getrennt bleiben. Ebenso wird dem Verbindlichkeitscharakter der erhaltenen Anzahlungen adäquat Rechnung getragen.

Für den Nettoausweis spricht, dass im Umfang der erhaltenen Anzahlungen faktisch keine Kapitalbindung vorliegt. Ein Bruttoausweis bläht die Bilanz auf. In einer Liquiditätsanalyse werden die kurzfristigen Finanzverpflichtungen eigentlich zu hoch ausgewiesen, da im Normalfall auf Anzahlungen eine Lieferung geschuldet wird und nur bei Nichterfüllung eine finanzielle Rückzahlungsverpflichtung besteht. Entscheidet man sich für eine Saldierung, so verkürzt sich die Bilanzsumme um die erhaltenen Anzahlungen. Die Argumente für einen Brutto- oder Nettoausweis dürften sich hier die Waage halten. In unserem Programm haben wir den Nettoausweis vorgesehen.

Die Position "Vorräte" errechnet sich aus der Summe der Positionen 22 - 26 (evtl. abzüglich Position 70) des obigen Bilanzgliederungsschemas:

```
        Vorräte
  +        Roh-, Hilfs- und Betriebsstoffe
  +        unfertige Erzeugnisse, unfertige Leistungen
  +        fertige Erzeugnisse und Waren
  +        geleistete Anzahlungen
(./.       erhaltene Anzahlungen auf Vorräte)
 ____________________________________________________
  =     "Vorräte" der Strukturbilanz
```

Zum Leistungsvermögen zählen die Teile des Anlagevermögens einschließlich der Vorräte:

```
           ANLAGEVERMÖGEN    der Strukturbilanz
        +  "Vorräte"         der Strukturbilanz
   __________________________________________
        =  Leistungsvermögen der Strukturbilanz
```

Die Forderungen

Die "mittel- und langfristigen Forderungen" ergeben sich als Summe der Positionen 28, 30, 32, 34 und 36 des obigen Bilanzgliederungsschemas. Die "kurzfristigen Forderungen" errechnen sich als Summe aller Forderungen (Positionen 27, 29, 31, 33, 35) abzüglich der "mittel- und langfristigen Forderungen". Die "eingeforderten ausstehenden Einlagen" (Position 2) werden den "kurzfristigen Forderungen" hinzugerechnet.

	Forderungen und sonstige Vermögensgegenstände mit Restlaufzeit von mehr als einem Jahr
+	Forderungen aus Lieferungen und Leistungen mit Restlaufzeit von mehr als einem Jahr
+	Forderungen gegen verbundene Unternehmen mit Restlaufzeit von mehr als einem Jahr
+	Forderungen gegen Unternehmen, mit denen ein Beteiligungsverhältnis besteht, mit Restlaufzeit von mehr als einem Jahr
+	Sonstige Vermögensgegenstände mit Restlaufzeit von mehr als einem Jahr
=	**"mittel- und langfristige Forderungen" der Strukturbilanz**

	Forderungen und sonstige Vermögensgegenstände
+	Forderungen aus Lieferungen und Leistungen
+	Forderungen gegen verbundene Unternehmen
+	Forderungen gegen Unternehmen, mit denen ein Beteiligungsverhältnis besteht
+	Sonstige Vermögensgegenstände
+	eingeforderte, ausstehende Einlagen
./.	"mittel- und langfristige Forderungen" der Strukturbilanz
=	**"kurzfristige Forderungen" der Strukturbilanz**

Die Wertpapiere

Der Posten "Wertpapiere" wird in der Strukturbilanz gesondert vor den "Kassenmitteln" aufgeführt. Zwar wäre es denkbar, Wertpapiere und Kassenbestände zu "flüssige Mittel" zusammenzufassen, damit ginge aber die wichtige

Unterscheidung verloren, dass Wertpapiere zinstragend, Kassenbestände dagegen nicht oder nur niedrig verzinslich sind. Der Posten "Wertpapiere" errechnet sich als Summe aus den Positionen 37 - 40 des obigen Bilanzgliederungsschemas[2]:

```
    Wertpapiere
+   Anteile an verbundenen Unternehmen
+   eigene Anteile
+   sonstige Wertpapiere
----------------------------------------
=   "Wertpapiere" der Strukturbilanz
```

Die Kassenmittel

Die "Kassenmittel" werden von der Position 41 des obigen Bilanzgliederungsschemas gebildet:

```
    Schecks, Kassenbestand, Bundesbank- und Postgiroguthaben,
    Guthaben bei Kreditinstituten
----------------------------------------
=   "Kassenmittel" der Strukturbilanz
```

Das "Finanzumlaufvermögen" ist die Summe der Forderungen, der Wertpapiere und der Kassenmittel:

```
    "mittel- und langfristige Forderungen" der Strukturbilanz
+   "kurzfristige Forderungen"             der Strukturbilanz
+   "Wertpapiere"                          der Strukturbilanz
+   "Kassenmittel"                         der Strukturbilanz
----------------------------------------
= Finanzumlaufvermögen (FinanzUV) der Strukturbilanz
```

2 Üblicherweise werden die "eigenen Anteile" nicht den Wertpapieren zugerechnet, sondern für bilanzanalytische Zwecke gegen das Eigenkapital gekürzt. Dies geschieht hier bewußt nicht, sondern die Verfasser folgen an dieser Stelle einer in der Literatur vertretenen Mindermeinung. Ausführliche Erläuterungen dazu werden bei der Berechnung des Eigenkapitals behandelt.

Die Forderungen an verbundene/beteiligte Unternehmen

Besondere Bedeutung besitzen die in der Bilanz enthaltenen Angaben über Forderungen gegenüber verbundenen Unternehmen und Unternehmen, mit denen ein Beteiligungsverhältnis besteht. **Beteiligungen** sind dabei "Anteile an anderen Unternehmen, die bestimmt sind, dem eigenen Geschäftsbetrieb durch Herstellung einer dauerhaften Verbindung zu jenen Unternehmen zu dienen ..." (§ 271 Abs. 1 HGB). Eine Beteiligung wird im Zweifel bei Überschreitung von 20% des Nennkapitals angenommen. **Verbundene** Unternehmen "sind solche Unternehmen, die als Mutter- oder Tochterunternehmen ... in den Konzernabschluss eines Mutterunternehmens ... einzubeziehen sind ..." (§ 271 Abs. 2 HGB). Auf einer **wirtschaftlichen** Betrachtungsebene sind also Unternehmen, mit denen ein Beteiligungsverhältnis besteht, und verbundene Unternehmen "Konzernmitglieder", wenn man "Konzern" als eine Ansammlung wirtschaftlich eng verflochtener Unternehmen auffasst.

Gerade hierin lag ein Hauptanliegen des Gesetzgebers bei der Konzeption des neuen Bilanzrechts, nämlich bestehende Unternehmensverbindungen schon im Jahresabschluss deutlicher als bisher herauszustellen: "Wirtschaftliche Probleme der Muttergesellschaft ziehen zumeist auch die Töchter in Mitleidenschaft, und bei einer Krise einer großen Beteiligungsgesellschaft sieht sich die Obergesellschaft i.d.R. zu Stützungsmaßnahmen genötigt. Aus diesen Motiven fordert das BilRiG eine noch stärkere Transparenz der Unternehmensverbindungen" [Göllert 1984, S. 1846].

"Mit diesen Angaben gelingt es, die Intensität der Unternehmensverbindungen und daraus drohende potentielle Gefährdungen besser abzuschätzen" [Göllert 1984, S. 1847].

Um diese wertvollen Informationen nicht verlorengehen zu lassen, wird nach der Position "Finanzumlaufvermögen" eine Position "davon: Forderungen an verbundene/beteiligte Unternehmen" in die Strukturbilanz eingefügt. Sie errechnet sich aus der Summe der Positionen 31 und 33 des obigen Bilanzgliederungsschemas:

```
   Forderungen gegen verbundene Unternehmen

+  Forderungen gegen Unternehmen, mit denen ein
   Beteiligungsverhältnis besteht
--------------------------------------------------------
=  "Forderungen an verbundene/beteiligte Unternehmen" der
   Strukturbilanz
```

Die aktiven Rechnungsabgrenzungsposten

Der aktive Rechnungsabgrenzungsposten ergibt sich als Summe der Positionen 43 und 45 des obigen Bilanzgliederungsschemas[3]:

```
     Rechnungsabgrenzungsposten
+       sonstige (Rechnungsabgrenzungsposten)
------------------------------------------------
=    "Rechnungsabgrenzung" der Strukturbilanz
```

Das "Umlaufvermögen" stellt die Summe aus "Vorräten", "Forderungen", "Wertpapieren", "Kassenmitteln" und "Rechnungsabgrenzungsposten" (sowie der Position 21 des obigen Bilanzgliederungsschemas) dar:

```
     (Umlaufvermögen, Position 21)
+    "Vorräte"               der Strukturbilanz
+    "Forderungen"           der Strukturbilanz
+    "Wertpapiere"           der Strukturbilanz
+    "Kassenmittel"          der Strukturbilanz
+    "Rechnungsabgrenzung"   der Strukturbilanz
------------------------------------------------
=  UMLAUFVERMÖGEN der Strukturbilanz
```

Durch Addition von "Anlagevermögen" und "Umlaufvermögen" erhält man das Gesamtvermögen:

```
     ANLAGEVERMÖGEN der Strukturbilanz
+    UMLAUFVERMÖGEN der Strukturbilanz
------------------------------------------
=    "Gesamtvermögen" der Strukturbilanz
```

2.2.3.2.3. Das Eigenkapital

Gerade das Eigenkapital weist nicht nur bei der Berechnung für die Posten der Strukturbilanz einige Schwierigkeiten auf; auch schon bei der Behandlung die-

3 Das Disagio wird gegen das Eigenkapital gekürzt. Näheres dazu wird bei der Berechnung des Eigenkapitals behandelt.

ses Posten durch das neue Handelsrecht sind unterschiedliche Regelungen zu beachten.

Die vom Gesetzgeber vorgesehene Gliederung des Eigenkapitalausweises nach § 266 Abs. 3 HGB hat dabei das folgende Aussehen:

```
  I.  Gezeichnetes Kapital

 II.  Kapitalrücklagen

III.  Gewinnrücklagen

      1. gesetzliche Rücklagen
      2. Rücklage für eigene Anteile
      3. satzungsmäßige Rücklagen
      4. andere Gewinnrücklagen

 IV.  Gewinnvortrag/Verlustvortrag

  V.  Jahresüberschuss/Jahresfehlbetrag
```

Wird die Bilanz unter Berücksichtigung der (teilweisen) Verwendung des Jahres-ergebnisses aufgestellt, so tritt an die Stelle der Posten IV. und V. der Posten "Bilanzgewinn/Bilanzverlust" (vgl. § 268 Abs. 1 Satz 2 HGB). Es bestehen damit zwei Möglichkeiten des Eigenkapitalausweises, wobei in dieser Arbeit stets von der zweiten Möglichkeit ausgegangen wird. Dies hat zwei Gründe:

Zunächst ist festzustellen, dass die Berücksichtigung der (teilweisen) Verwendung des Jahresergebnisses der Regelfall ist. Der dann unter dem Posten "Bilanzgewinn/Bilanzverlust" ausgewiesene Betrag ist regelmäßig großenteils zur Ausschüttung vorgesehen (sofern es sich nicht um einen Bilanzverlust handelt). Daraus leitet sich dann auch der zweite Grund ab: Ein Bilanzgewinn wird in dem zur Ausschüttung vorgesehenen Umfang für Zwecke der Bilanzanalyse nicht dem Eigenkapital zugerechnet (s.u.), während der Ausweis der Posten IV. und V. anzeigt, dass über die Verwendung des Jahresergebnisses noch nicht entschieden wurde. Sollte also ein Jahresabschluss zu analysieren sein, der nicht unter Berücksichtigung der teilweisen Verwendung des Jahresergebnisses aufgestellt wurde, so sind die Posten IV. und V. den (anderen) Gewinnrücklagen zuzurechnen, da sie faktisch solche darstellen.

Vereinfachend wird häufig davon ausgegangen, dass der unter der Position "Bilanzgewinn" stehende Betrag auch zur Ausschüttung vorgesehen ist. Dennoch kommt es vor, dass nicht der vollständige "Bilanzgewinn", sondern nur Teile davon ausgeschüttet werden sollen.

Wir wollen dies anhand eines Beispiels verdeutlichen: Der **Jahresüberschuss** (nach Steuern) einer Aktiengesellschaft betrage 200. Vorstand und Aufsichtsrat haben davon schon vorab 100 den Gewinnrücklagen zugeführt. Den verbleibenden **Bilanzgewinn** in Höhe von (200 ./. 100 =) 100 möchten sie jedoch nicht vollständig an die Aktionäre ausschütten, sondern unterbreiten der Hauptversammlung den folgenden Gewinnverwendungsvorschlag:

	Jahresüberschuss (nach Steuern)	200
./.	Zuführungen zu den Gewinnrücklagen	100
=	Bilanzgewinn	100
Gewinnverwendungsvorschlag des Bilanzgewinns:		
	Einstellung in die Gewinnrücklagen	20
	Ausschüttung	70
	Gewinnvortrag	4
	zusätzlicher Steueraufwand aufgrund dieses Vorschlages	6
		100

Die Zahlen dieses Beispiels sind völlig willkürlich gewählt und sollen nur das Prinzip aufzeigen, wie dieser Gewinnverwendungsvorschlag bei den Eingabedaten zu berücksichtigen ist. In diesem Beispiel teilt sich der ursprüngliche Bilanzgewinn wie folgt auf:

Gewinnrücklagen	24
Bilanzgewinn	70
Steuerrückstellungen	6
	100

Bei einer derartigen Anpassung der Eingabedaten ist zu beachten, dass davon auch Positionen der GuV betroffen sein könnten. In unserem Beispiel würde die nachträgliche Erhöhung der Steuerrückstellungen bei den Eingabedaten zur GuV (s.u.) durch eine entsprechende Anhebung des Steueraufwands zu berücksichtigen sein.

Ferner bestehen zwei alternative Regelungen bezüglich des noch nicht voll eingezahlten "gezeichneten Kapitals" (vgl. dazu § 272 Abs. 1 Satz 2 und Satz 3 HGB). Harms/Küting illustrieren diese Vorschrift anhand eines Beispiels [Harms/Küting 1983b, S. 1450]:

Von einem gezeichneten Kapital in Höhe von 1.000.000 sind 650.000 eingezahlt; von den noch ausstehenden 350.000 sind 150.000 eingefordert worden.

Alternative I (vgl. § 272 Abs. 1 Satz 2 HGB)

Aktiva			Passiva	
			A. Eigenkapital	
A. Ausstehende Einlagen auf das gezeichnete Kapital		350.000	I. Gezeichnetes Kapital	1.000.000
- davon eingefordert	150.000			
.				
.				
C. Umlaufvermögen		650.000		

Alternative II (vgl. § 272 Abs. 1 Satz 3 HGB)

Aktiva		Passiva	
.		A. Eigenkapital	
.		I. Gezeichnetes Kapital	1.000.000
.		Nicht eingeforderte Einlagen	200.000
B. Umlaufvermögen		Eingefordertes Kapital	800.000
II. Forderungen und sonstige Vermögensgegenstände			
Eingefordertes, noch nicht eingezahltes Kapital	150.000		
.			
.			
IV. Schecks, Kassenbestand, ...	650.000		

In dieser Arbeit wird von der Alternative I ausgegangen. Das obige Beispiel dürfte deutlich machen, dass die Überführung des einen Ausweises in den anderen keine Probleme bereiten dürfte.

Will man ein „wirtschaftliches“ Eigenkapital berechnen, das für Zwecke der Bilanzanalyse geeignet erscheint, so sind weitere Umstrukturierungen angebracht. Bei Göllert [1984, S. 1848] [4] findet sich ein gängiges Verfahren zur Berechnung des korrigierten bilanziellen Eigenkapitals:

	Gezeichnetes Kapital
./.	nicht eingeforderte Einlagen
=	eingefordertes Kapital
+	Kapitalrücklage
+	Gewinnrücklagen
+	Eigenkapitalanteil des Sonderposten mit Rücklageanteil
+	Bilanzgewinn (./. Bilanzverlust)
./.	Ausschüttung
./.	eigene Anteile
=	bilanzielles Eigenkapital

Diesem Schema wird - wenn auch mit einigen Abweichungen - weitgehend gefolgt. Dem Posten "Festes Eigenkapital" der Strukturbilanz wird das gezeichnete Kapital (Position 48 des obigen Bilanzgliederungsschemas) zugeordnet. Die Position "Variables Eigenkapital" errechnet sich gemäß den übrigen Positionen des obigen Berechnungsschemas.

Die folgenden Punkten orientieren sich an dem Berechnungsschema von Göllert:

a) "Der Ausweis eines Bilanzgewinns in der Bilanz bedeutet, dass die Geschäftsleitung von ihrem Recht Gebrauch gemacht hat, einen Teil des Jahresüberschusses (bei Aktiengesellschaften bis zu 50%) in die Rücklagen einzustellen. Der Rest wird als 'Bilanzgewinn' der Hauptversammlung oder der Gesellschafterversammlung zur Disposition gestellt, wobei oft ein Gewinnverwendungsvorschlag gemacht wird ... Den zur Ausschüttung vorgesehenen Teil rechnen wir ... den kurzfristigen Verbindlichkeiten zu" [Gräfer 1988, S. 90]. Der Grund für diese Zurechnung liegt darin, dass die vorgesehenen Ausschüttungen die Liquidität der Unternehmung kurzfristig belasten werden. Dieser Meinung wird hier gefolgt. Meistens ist bereits der ausgewiesene Bilanzgewinn zur Aus-

4 Göllert führt noch die Wertaufholungsrücklage in seinem Schema auf, die aber in dem gesetzlichen Gliederungsschema nicht enthalten ist.

schüttung vorgesehen, wodurch er den kurzfristigen Verbindlichkeiten zuzurechnen ist. Ist allerdings ein Gewinnverwendungsvorschlag bekannt, so sollte selbstverständlich nur der für die Ausschüttung vorgeschlagene Teil des Bilanzgewinns vom Eigenkapital abgesetzt und zu den kurzfristigen Verbindlichkeiten gezählt werden. Ein auftretender Bilanzverlust wird als Korrektur auf das Eigenkapital bei der Berechnung des variablen Eigenkapitals berücksichtigt.

b) **Eigene Anteile** werden nach dem obigen Berechnungsschema als Korrektur auf das Eigenkapital - und damit nicht als selbständige Vermögensgegenstände - angesehen. Die Verfasser sind hier anderer Meinung: Der Erwerb eigener Aktien ist nach § 71 AktG streng geregelt. Außer in dem Fall des § 71 Abs. 1 Nr. 6 AktG haben die eigenen Aktien durchaus den Charakter eigenständiger Vermögensgegenstände und nicht den eines Korrekturpostens. Daher plädieren wir dafür, das Eigenkapital nicht um die eigenen Anteile zu korrigieren. Der gleichen Ansicht sind auch Harms/Küting [Harms/Küting 1983a, S. 1067]; Küting/Weber schlagen eine einzelfallbezogene Betrachtung vor, präferieren aber die Aufrechnung [vgl. Küting/Weber 1994, S. 64; ähnlich Küting et al. 1990, S. 26 ff.]. Unsere Position zu dieser Frage wird sich ändern, wenn die derzeit erhobenen Forderungen nach einer Ausweitung der Möglichkeiten zum Rückkauf eigener Aktien gesetzlich umgesetzt werden. Denn dann soll bei den zugelassenen Fällen des Erwerbs eigener Aktien die Motivation der Rückgewähr von Einlagen dominieren. Die Papiere sollen nicht mehr in den Kapitalmarkt zurückfließen. Bei einer derartigen Regelung wäre eine Aufrechnung gegen das Eigenkapital die angemessene Korrektur.

c) Keine Berücksichtigung in dem obigen Berechnungsschema finden die "**Aufwendungen** für die **Ingangsetzung und Erweiterung** des **Geschäftsbetriebes**" sowie die **aktivische Steuerabgrenzung**. Im ersten Fall handelt es sich um eine reine Bilanzierungshilfe, im zweiten Fall um einen Verrechnungsposten, der der periodengerechten Gewinnermittlung dient. Sie sind daher gegen das Eigenkapital zu verrechnen.

d) Auch ein **aktiviertes Disagio** stellt einen reinen Verrechnungsposten dar und wird gegen das Eigenkapital gekürzt. Ebenso wie bei der Position c) spricht hier zusätzlich das Argument der Vergleichbarkeit für eine Eliminierung, da es sich um Aktivierungswahlrechte handelt, die nicht von allen Bilanzerstellern in der gleichen Weise ausgeübt werden.

Beim **Sonderposten mit Rücklageanteil** handelt es sich um einen Posten, der aufgrund spezieller steuerrechtlicher Vorschriften gebildet worden ist. Er ist mit einer latenten (Ertrags-)Steuer belastet, die bei Auflösung der Rücklage anfällt. Üblicherweise wird dieser Posten (mangels genauerer Informationen über seine Zusammensetzung und die Dauer der Steuerstundung) vereinfachend je zur Hälfte auf Eigen- und Fremdkapital aufgeteilt [vgl. Coenenberg 1994, S. 163 und 490; Küting/Weber 1994, S. 68][5]. Dieser Vorgehensweise wird auch hier gefolgt.

Allerdings geben wir zu bedenken, dass aus Gründen der Vergleichbarkeit von Abschlüssen verschiedener Perioden und Unternehmen eine gänzliche Streichung ebenfalls vertretbar wäre. Am Beispiel der Rücklage für Veräußerungsgewinne nach § 6b EStG sei dieser Gedankengang kurz erläutert. Wird nach Veräußerung eines nach § 6b begünstigten Wirtschaftsguts mit Auflösung stiller Reserven bis zur Übertragung auf neue Wirtschaftsgüter eine steuerfreie Rücklage gebildet und entsprechend der obigen Regel auf Eigen- und Fremdkapital aufgeteilt, so erhöht sich das ausgewiesene Eigenkapital des Unternehmens. Nach gelungener Übertragung der Rücklage auf neu angeschaffte Wirtschaftsgüter verschwindet der Sonderposten wieder; das Eigenkapital fällt auf die frühere Höhe zurück. Während der Jahre, in denen der Sonderposten geführt wird, wird also ein höheres Eigenkapital ausgewiesen. Mit dem Eigenkapital arbeitende Kennzahlen weisen damit kurzfristig höhere Werte auf, ohne dass sich ökonomisch Entscheidendes geändert hätte. Bei einer Betrachtung von Zeitreihen von Kennzahlen wirkt dies störend und könnte zu falschen Interpretationen Anlass geben, vor allem, weil in späteren Perioden gar nicht mehr erkennbar ist, warum sich das Eigenkapital zeitweise verändert hat.

Aus betriebswirtschaftlicher Sicht wäre die Umgruppierung eines weiteren Bilanzpostens ins Eigenkapital angebracht: die Aufwandsrückstellungen, für die nach § 249 Abs. 2 HGB ein Ansatzwahlrecht besteht. Mit der Mehrheit der

---

5 Da die Strukturbilanz in TDM-Beträgen aufgestellt ist, kann die Aufteilung des Sonderpostens mit Rücklageanteil (Sopo) zu größeren Rundungsungenauigkeiten führen.

```
Beispiel: Sopo =        1.000 DM,     gerundet: 1 TDM
          aufgeteilt:    500 + 500
          gerundet:        1 +   1      =         2 TDM
```

Zur Erhöhung der Rundungsgenauigkeit wird der Sopo wie folgt aufgeteilt:

$$\text{Sopo} = \frac{2\ \text{Sopo}}{2} = \frac{\text{Sopo} + 250 + \text{Sopo} - 250}{2}$$

$$= \frac{\text{Sopo} + 250}{2} + \frac{\text{Sopo} - 250}{2}$$

Durch diese Aufteilung wird sichergestellt, daß 1.499 DM aufgeteilt und gerundet 1 TDM, hingegen 1.500 DM aufgeteilt und gerundet 2 TDM ergeben. Der kleinere der beiden Aufteilungsbeträge wird dem Eigenkapital zugerechnet.

Fachvertreter sind wir der Auffassung, dass echte Aufwandsrückstellungen als reine "Innenverpflichtungen", bei denen also im Insolvenzfall kein Anspruch Dritter besteht, dem Eigenkapital zuzuordnen sind, da sie den Charakter stiller Reserven haben. Analog müßten die ihnen zugeführten Beträge nicht als Aufwand behandelt, sondern dem Jahresüberschuss zugerechnet werden.

Der Gesetzgeber hat aber bedauerlicherweise darauf verzichtet, den getrennten Ausweis der Aufwandsrückstellungen zu verlangen. Sie dürfen vielmehr unter den sonstigen Rückstellungen mit Verbindlichkeitsrückstellungen zusammengefasst werden. Wie unsere Auswertungen von Jahresabschlüssen [Rehkugler 1993] ergeben haben, ist der weitaus größte Teil der Unternehmen zu freiwilligen Angaben über die Höhe der Aufwandsrückstellungen nicht bereit, so dass ihre getrennte Erfassung und Umgruppierung für den externen Bilanzanalytiker meist nicht möglich ist. Zur Sicherung der Vergleichbarkeit der analysierten Jahresabschlüsse verzichten wir daher auf eine Umgruppierung auch in den Fällen ihres offenen Ausweises.

Unter Berücksichtigung der angesprochenen Punkte ergibt sich das in der vorliegenden Arbeit verwandte Berechnungsschema für das wirtschaftliche Eigenkapital:

	Gezeichnetes Kapital	(Position 48)
./.	Ausstehende, nicht eingeforderte Einlagen	(Position 1 ./. Position 2)
=	**"Festes Eigenkapital" der Strukturbilanz**	
	Kapitalrücklage	(Position 49)
+	Gewinnrücklagen	(Positionen 50 - 54)
+	Bilanzgewinn	(Position 55)
+	1/2 Sonderposten mit Rücklageanteil	(Position 56)
./.	Aufwendungen für die Ingangsetzung und Erweiterung des Geschäftsbetriebes	(Position 3)
./.	Geschäfts- oder Firmenwert	(Position 7)
./.	Aktivische Steuerabgrenzung	(Position 42)
./.	Disagio	(Position 44)
./.	Bilanzverlust	(Position 55)
./.	Vorgesehene Ausschüttung	
=	**"Variables Eigenkapital" der Strukturbilanz**	

Da Personenhandelsgesellschaften kein untergliedertes Eigenkapital ausweisen müssen, wird die Sammelposition "Eigenkapital" (Position 47) dem variablen Eigenkapital zugerechnet. Das gesamte Eigenkapital ergibt sich aus der Summe des festen und des variablen Eigenkapitals:

```
    "Festes Eigenkapital"   der Strukturbilanz

+   "Variables Eigenkapital" der Strukturbilanz
    ___________________________________________

=   EIGENKAPITAL der Strukturbilanz
```

Coenenberg [1994, S. 488 ff.] schlägt vor, über diese Umgruppierungen hinaus weitere Bereinigungen des Eigenkapitals vorzunehmen. Dabei geht es ihm vor allem um das Rückgängigmachen von nicht betriebswirtschaftlich gebotenen, sondern z.B. aufgrund steuerrechtlicher Vorschriften oder Wahlrechte auch in der Handelsbilanz vorgenommenen Abschreibungen bzw. Zuschreibungsverzichten. Er will damit also wenigstens einen Teil der stillen Reserven (und stillen Lasten) erkennbar machen und das Eigenkapital - und konsequenterweise auch die korrespondierenden Bilanzpositionen - um diese Wertdifferenzen korrigiert ausweisen. Allerdings weist er selbst auf die Schwierigkeiten dieser Bereinigungen hin, da vor allem in den Folgeperioden die hierzu notwendigen Daten nicht den Pflichtangaben des Jahresabschlusses zu entnehmen sind. Wir verzichten daher auf diese Wertkorrekturen.

Eine weitere Überlegung, die generell den Aufbau von Strukturbilanzen betrifft, aber bei der Frage der Angemessenheit von Korrekturen des Eigenkapitals virulent wird, halten wir für bedenkenswert und wollen sie daher nur ansprechen. Üblicherweise wird von einzelnen Autoren jeweils nur ein Schema der Umstrukturierung der Bilanz vorgeschlagen. Genügt dies aber den Anforderungen, wenn die Strukturbilanz anschließend für unterschiedliche Auswertungszwecke herangezogen wird? Soll das korrigierte **Eigenkapital** z.B. in Kennzahlen zu Deckungsrelationen das Ausmaß der **finanziellen Stabilität** und des finanziellen **Eigenengagements** der Eigentümer für die Folgeperiode zum Ausdruck bringen, dann ist das oben entwickelte Schema wohl zutreffend. Evtl. wäre es dafür sogar sinnvoll, nicht nur das eingezahlte, sondern das gesamte gezeichnete Eigenkapital anzusetzen, da dies den Umfang des haftenden Kapitals für die Gläubiger ersichtlich macht.

Dient das **Eigenkapital** der Strukturbilanz dagegen als Basis für die **Berechnung** von **Kapitalrenditen**, so macht es nur Sinn, die Teile zum Eigenkapital zu rechnen, die in der abgelaufenen Periode auch tatsächlich für die Erwirtschaftung von Renditen zur Verfügung standen. Nicht eingezahltes gezeichnetes Kapital ist folgerichtig zu eliminieren. Ebenso macht nunmehr der Abzug der auszuschüttenden Beträge keinen Sinn. Der Abzug des Geschäfts- oder Firmenwerts wiederum lässt das im Unternehmen arbeitende Kapital zu gering ausfallen. Es erschiene also angebracht, dem jeweiligen Analysezweck angemessen unterschiedliche Strukturbilanzen aufzustellen. Wir bleiben hier vereinfachend dennoch bei der gängigen Vorgehensweise und beschränken uns auf das eine beschriebene Schema der Strukturbilanz.

2.2.3.2.4. Das Fremdkapital

Das langfristige Fremdkapital

Das langfristige Fremdkapital setzt sich wie folgt zusammen: Zunächst können ihm alle Verbindlichkeiten[6] mit einer Restlaufzeit mit mehr als 5 Jahren zweifelsfrei zugerechnet werden. Ferner sind die langfristigen Rückstellungen dem langfristigen Fremdkapital hinzuzurechnen. Als langfristige Rückstellungen werden hier, der gängigen Vorgehensweise folgend, pauschal nur die Pensionsrückstellungen in ihrer vollen Höhe herangezogen, obwohl zum einen durchaus auch andere Rückstellungen langfristigen Charakter haben können und zum anderen auch nicht die gesamten Pensionsrückstellungen über fünf Jahre Restlaufzeit aufweisen müssen.

6 Dabei ist zu beachten, daß die erhaltenen Anzahlungen schon von den Vorräten abgesetzt wurden.

	Verbindlichkeiten mit einer Restlaufzeit von mehr als fünf Jahren (Sammelposten)
+	Anleihen mit einer Restlaufzeit von mehr als fünf Jahren
+	Verbindlichkeiten gegenüber Kreditinstituten mit einer Restlaufzeit von mehr als fünf Jahren
+	Verbindlichkeiten aus Lieferungen und Leistungen mit einer Restlaufzeit von mehr als fünf Jahren
+	Verbindlichkeiten aus der Annahme gezogener und der Ausstellung eigener Wechsel mit einer Restlaufzeit von mehr als fünf Jahren (ein ungewöhnlicher, aber nicht auszuschließender Fall)
+	Verbindlichkeiten gegenüber verbundenen Unternehmen mit einer Restlaufzeit von mehr als fünf Jahren
+	Verbindlichkeiten gegenüber Unternehmen, mit denen ein Beteiligungsverhältnis besteht mit einer Restlaufzeit von mehr als fünf Jahren
+	sonstige Verbindlichkeiten mit einer Restlaufzeit von mehr als fünf Jahren
+	Rückstellungen für Pensionen und ähnliche Verpflichtungen
=	**"Langfristiges Fremdkapital" der Strukturbilanz**

Das langfristige Kapital wird als Summe aus Eigenkapital und langfristigem Fremdkapital gebildet:

	EIGENKAPITAL	der Strukturbilanz
+	"Langfristiges Fremdkapital"	der Strukturbilanz
=	**"Langfristiges Kapital"**	**der Strukturbilanz**

Mitunter beschränkt man sich nicht auf die Trennung von Eigen- und Fremdkapital, sondern schafft zusätzlich die Position der "eigenkapitalähnlichen Mittel". Zu ihnen werden dann vorrangig die Pensionsrückstellungen gerechnet.

Wir plädieren dafür, auf diesen definitorisch kaum fassbaren Begriff zu verzichten. Er würde auch aus bilanzanalytischer Sicht kaum Sinn ergeben. Der Verweis auf die Finanzierungsfunktionen langfristiger Rückstellungen macht aus ihnen keine "eigenkapitalähnlichen Mittel". Sonst würde dies genauso für langfristige Verbindlichkeiten zutreffen. Das aber wird ernsthaft niemand fordern. Es liegt hier also eine nicht sinnvolle Vermischung der Kapitalkategorien nach der Fristigkeit (langfristiges - kurz- und mittelfristiges Kapital) sowie nach der rechtlichen Stellung (Eigenkapital - Fremdkapital) vor.

Das mittelfristige Fremdkapital

Erstmals mit Einführung des neuen Bilanzrechts ist ein hinreichend sicherer Einblick in die Fristigkeitsstruktur des Fremdkapitals möglich geworden. Während vor dem neuen Bilanzrecht nur sinnvoll zwischen langfristigem sowie kurz- und mittelfristigem Fremdkapital insgesamt unterschieden werden konnte, kann jetzt mit ausreichender Sicherheit zwischen kurzfristigem Fremdkapital (Restlaufzeit bis ein Jahr) und mittelfristigem Fremdkapital (Restlaufzeit 1-5 Jahre) unterschieden werden.

Zum mittelfristigen Fremdkapital wird neben den mittelfristigen Verbindlichkeiten (man erhält sie als Summe aller Verbindlichkeiten abzüglich der Verbindlichkeiten mit einer Restlaufzeit von mehr als 5 Jahren abzüglich der Verbindlichkeiten mit einer Restlaufzeit von weniger als einem Jahr) in der Regel auch der latente Ertragsteueranteil des Sonderpostens mit Rücklageanteil (also, wie beim Eigenkapital schon angesprochen, vereinfachend die Hälfte dieses Postens) hinzugerechnet:

	Verbindlichkeiten (Sammelposten)
+	Anleihen
+	Verbindlichkeiten gegenüber Kreditinstituten
+	Verbindlichkeiten aus Lieferungen und Leistungen
+	Verbindlichkeiten aus der Annahme gezogener und der Ausstellung eigener Wechsel
+	Verbindlichkeiten gegenüber verbundenen Unternehmen
+	Verbindlichkeiten gegenüber Unternehmen, mit denen ein Beteiligungsverhältnis besteht
+	sonstige Verbindlichkeiten
./.	von allen o.g. Positionen die Beträge mit einer Restlaufzeit von mehr als fünf Jahren
./.	von allen o.g. Positionen die Beträge mit einer Restlaufzeit von weniger als einem Jahr
+	1/2 Sonderposten mit Rücklageanteil
=	**"Mittelfristiges Fremdkapital" der Strukturbilanz**

Das kurzfristige Fremdkapital

Das kurzfristige Fremdkapital wird nach dem folgenden Schema berechnet. Ihm werden, neben den Verbindlichkeiten mit einer Restlaufzeit von unter einem Jahr, mangels präziserer Informationen über die Fristigkeiten meist die gesamten Rückstellungen mit Ausnahme der Pensionsrückstellungen zugeordnet. Damit bewegt man sich eindeutig auf der sicheren Seite, da ein größerer Teil davon (z.B. für Gewährleistungen bei Unternehmen mit mehrjährigen Garantiefristen) sicher einen deutlich längeren Zeithorizont als ein Jahr haben dürfte. Die daher verschiedentlich mit Hinweis auf empirische Daten vorgenommene prozentuale Aufteilung (z:B. 25 % der Steuer- und der sonstigen Rückstellungen zum langfristigen und 75 % davon zum kurzfristigen Fremdkapital) lehnen wir dennoch ab, da diese Aufteilung im Einzelfall nicht gerechtfertigt sein kann, selbst wenn sie im Durchschnitt der untersuchten Unternehmen eine gute Näherung darstellen sollte.

	Verbindlichkeiten mit einer Restlaufzeit von weniger als einem Jahr (Sammelposten)
+	Anleihen mit einer Restlaufzeit von weniger als einem Jahr
+	Verbindlichkeiten gegenüber Kreditinstituten mit einer Restlaufzeit von weniger als einem Jahr
+	Verbindlichkeiten aus Lieferungen und Leistungen mit einer Restlaufzeit von weniger als einem Jahr
+	Verbindlichkeiten aus der Annahme gezogener und der Ausstellung eigener Wechsel mit einer Restlaufzeit von weniger als einem Jahr
+	Verbindlichkeiten gegenüber verbundenen Unternehmen mit einer Restlaufzeit von weniger als einem Jahr
+	Verbindlichkeiten gegenüber Unternehmen, mit denen ein Beteiligungsverhältnis besteht, mit einer Restlaufzeit von weniger als einem Jahr
+	sonstige Verbindlichkeiten mit einer Restlaufzeit von weniger als einem Jahr
+	Bilanzgewinn
(+	Rückstellungen, falls keine Untergliederung angegeben ist)
+	Steuerrückstellungen
+	sonstige Rückstellungen
=	**"Kurzfristiges Fremdkapital" der Strukturbilanz**

Schließlich werden kurz- und mittelfristiges Fremdkapital noch als Addition zu einem gemeinsamen Posten zusammengefasst, da der obigen pauschalen Zuordnung noch einige Unsicherheiten anhaften und mitunter deren gemeinsame Betrachtung sinnvoller erscheint:

```
   "Kurzfristiges Fremdkapital"          der Strukturbilanz
 + "Mittelfristiges Fremdkapital"        der Strukturbilanz
 ---------------------------------------------------------------
 = "Kurz- und mittelfristiges Fremdkapital" der Strukturbilanz
```

Der passive Rechnungsabgrenzungsposten

Der passive Rechnungsabgrenzungsposten (Position 88 des obigen Bilanzgliederungsschemas) wird unverändert in die Strukturbilanz übernommen.

Die Summe aus lang-, mittel- und kurzfristigem Fremdkapital sowie dem passiven Rechnungsabgrenzungsposten ergibt das gesamte Fremdkapital:

```
   "Langfristiges Fremdkapital"     der Strukturbilanz
 + "Mittelfristiges Fremdkapital"   der Strukturbilanz
 + "Kurzfristiges Fremdkapital"     der Strukturbilanz
 + "Rechnungsabgrenzung"            der Strukturbilanz
 ------------------------------------------------------
 =  FREMDKAPITAL der Strukturbilanz
```

Die Verbindlichkeiten gegen verbundene/beteiligte Unternehmen

Aus den weiter oben dargelegten Gründen wird, analog zur Aktivseite, nach der Position "Fremdkapital" (und vor der Position "Gesamtkapital") die Position "davon: Verbindlichkeiten gegen verbundene/beteiligte Unternehmen" in das Strukturbilanzschema eingefügt. Sie errechnet sich aus der Summe der Positionen 79 und 82 des obigen Bilanzgliederungsschemas:

```
   Verbindlichkeiten gegenüber verbundenen Unternehmen
 + Verbindlichkeiten gegenüber Unternehmen, mit denen ein
   Beteiligungsverhältnis besteht
 ---------------------------------------------------------------
 = "Verbindlichkeiten gegen verbundene/beteiligte Unternehmen"
   der Strukturbilanz
```

Die Summe von Eigenkapital und Fremdkapital ergibt das Gesamtkapital der Strukturbilanz:

```
  EIGENKAPITAL    der Strukturbilanz
+ FREMDKAPITAL    der Strukturbilanz
-------------------------------------
= "Gesamtkapital" der Strukturbilanz
```

Zu beachten ist, dass aufgrund der beschriebenen Verfahren in der Regel eine Bilanzsumme resultiert, die kleiner ist als die ursprüngliche. Der Grund hierfür liegt in Saldierungen, wie z.B.

- Verrechnung eines Disagios mit dem Eigenkapital,
- Verrechnung erhaltener Anzahlungen mit den Vorräten.

Die Strukturbilanz nimmt im weiteren Verlauf der Analyse eine Schlüsselstellung ein. Sie stellt die **Grundlage** sowohl für die Kennzahlenanalyse als auch für die Finanzflussrechnungen dar. Werden später Zahlen zueinander in Beziehung gesetzt, so sind dies regelmäßig die Werte der Strukturbilanz. Von daher ist ein Verständnis der inhaltlichen Ausgestaltung ihrer Positionen notwendig und erforderte eine so ausführliche Darstellung.

2.2.4. Fallstudie Teil 2: Die Strukturbilanz der Schering AG 1986

Die nach den dargestellten Grundsätzen aufgestellte Strukturbilanz der Schering AG für das Geschäftsjahr 1986 hat folgendes Aussehen. Für die Analyse der Daten ist es nützlich, nicht nur die absoluten Zahlen der Bilanz des betrachteten Geschäftsjahrs darzustellen, sondern auch Prozentanteile der einzelnen Vermögens- und Kapitalpositionen auszuweisen, um deren relative Bedeutung beurteilen und mit den Zahlen anderer Unternehmen vergleichen zu können. Ebenso ist für einen Zeitvergleich sinnvoll, den Zahlen des Geschäftsjahrs die absoluten und relativen Werte des Vorjahrs gegenüberzustellen. Damit wird schnell ersichtlich, welche Positionen markante absolute oder relative Veränderungen erfahren haben, die es wert sind, näher analysiert zu werden. Die Kennzahlenanalyse ist dafür das geeignete Instrument. Insofern wird an dieser Stelle auf eine erste Interpretation der Strukturbilanz verzichtet und auf Kapitel 5 verwiesen.

STRUKTURBILANZ

AKTIVA

Positionen	Geschäftsjahr TDM	%	Abw. %	Vorjahr %	TDM
ANLAGEVERMÖGEN					
Immaterielles Vermögen	1.525	0,0	28,6-	0,1	2.135
Sachanlagen	865.826	23,8	8,1	23,3	800.704
Finanzanlagen	856.081	23,5	0,0-	24,9	856.215
ZWISCHENSUMME: ANLAGEVERMÖGEN	1.723.432	47,4	3,9	48,2	1.659.054
UMLAUFVERMÖGEN					
Vorräte	687.829	18,9	3,9-	20,8	715.602
Addition: Leistungsvermögen	2.411.261	66,3	1,5	69,0	2.374.656
Forderungen					
Mit. u. langfr. Ford., son. UV	28.653	0,8	10,7-	0,9	32.081
Kurzfristige Forderungen	576.100	15,8	5,3-	17,7	608.036
Wertpapiere	615.933	16,9	58,5	11,3	388.673
Kassenmittel	5.595	0,2	85,0-	1,1	37.258
Addition: Finanzumlaufvermögen	1.226.281	33,7	15,0	31,0	1.066.048
davon Ford. an verb./bet. U.	305.483	8,4	14,1-	10,3	355.498
Rechnungsabgrenzung		0,0	0,0	0,0	
ZWISCHENSUMME: UMLAUFVERMÖGEN	1.914.110	52,6	7,4	51,8	1.781.650
Endsumme: Gesamtvermögen	3.637.542	100,0	5,7	100,0	3.440.704

PASSIVA

Positionen	Geschäftsjahr TDM	%	Abw. %	Vorjahr %	TDM
EIGENKAPITAL					
Festes Eigenkapital	283.001	7,8	0,0	8,2	283.000
Variables Eigenkapital	1.077.896	29,6	5,1	29,8	1.025.457
ZWISCHENSUMME: EIGENKAPITAL	1.360.897	37,4	4,0	38,0	1.308.457
FREMDKAPITAL					
Langfristiges Fremdkapital	945.674	26,0	10,5	24,9	856.019
Addition: Langfr. Kapital	2.306.571	63,4	6,6	62,9	2.164.476
Mittelfristiges Fremdkapital	322.489	8,9	2,5	9,1	314.645
Kurzfristiges Fremdkapital	1.008.482	27,7	4,9	27,9	961.583
Addition: Kurz- u. mittelf. FK	1.330.971	36,6	4,3	37,1	1.276.228
Rechnungsabgrenzung		0,0	0,0	0,0	
ZWISCHENSUMME: FREMDKAPITAL	2.276.645	62,6	6,8	62,0	2.132.247
davon Verb. g. verb./bet. U.	314.656	8,7	7,7	8,5	292.058
Endsumme: Gesamtkapital	3.637.542	100,0	5,7	100,0	3.440.704

2.2.5. Zusammenfassung

- Je nach der **Größe** der Kapitalgesellschaft sind die öffentlich zugänglichen Jahresabschlussinformationen mehr oder weniger umfangreich. Ein besonderes Problem bei der Analyse des Jahresabschlusses einer **kleinen** Kapitalgesellschaft besteht darin, dass sie nicht ihre **GuV** offenlegen muss. Dagegen ist die Analyse der **Bilanz** unabhängig von der Größe möglich, da alle (Kapitalgesellschaften) sie veröffentlichen müssen. Lediglich ihr Detaillierungsgrad wird mit abnehmender Größenklasse geringer.

- Ausgangspunkt der Analyse der Bilanz ist die im Jahresabschluss (einer Kapitalgesellschaft) enthaltene Bilanz, **einschließlich** der sie betreffenden Angaben des Anhangs.

- Bei der praktischen Analyse ist es zweckmäßig, von einem erweiterten Bilanzgliederungsschema auszugehen, in welchem die originären Ausgangsdaten aus dem gesetzlichen Bilanzgliederungsschema und dem Anhang zusammengefasst sind.

- Der erste Analyseschritt besteht in der Aufstellung der **Strukturbilanz**. Sie ist eine zweckorientierte Aggregation der Bilanzpositionen des erweiterten Bilanzgliederungsschemas. Sie fasst wirtschaftlich gleiche Vermögens- und Kapitalpositionen (im Sinne einer logischen und/oder fristgemäßen Gleichheit) zusammen und stellt sie einander gegenüber.

- Die Strukturbilanz dient

    - der Herausarbeitung von Vermögens- und Kapitalstrukturen,

    - der Erkennung und Beurteilung von Deckungsverhältnissen,

    - der Darstellung von Entwicklungen im Vorjahresvergleich,

    - als Grundlage der späteren Kennzahlenbildung.

- Die Erstellung der Strukturbilanz ist ein recht aufwendiges Verfahren, deren wesentliche Schritte das Verdichten und Saldieren von Positionen beinhalten.

- Die Interpretation der Strukturbilanz **kann** folgendermaßen vorgenommen werden: Es wird versucht, ein System von beantwortbar erscheinenden Fragen zu formulieren, welche anschließend aus der Betrachtung der Strukturbilanz beantwortet werden (soweit möglich). Ferner sollte die Einhaltung von Normen, die auf **Konventionen** beruhen, überprüft werden.

2.3. Die Aufbereitung der GuV nach dem Gesamtkostenverfahren

2.3.1. Vorbemerkungen

Wie schon oben erwähnt, ist bei der externen Bilanzanalyse der Rückgriff auf die GuV in der Regel nur bei mittelgroßen und großen Kapitalgesellschaften möglich, da lediglich sie verpflichtet sind, auch die GuV offenzulegen. Die folgenden Analyseinstrumente (mit Ausnahme der Fondsrechnung) können also auf kleine Kapitalgesellschaften nur angewandt werden, wenn auch deren GuV zugänglich ist. Bei Kreditwürdigkeitsprüfungen durch Banken wird es in aller Regel gelingen, auch in den Fällen, wo keine Offenlegungspflicht der GuV besteht, diese vom Kreditnehmer zu erhalten.

Es ergeben sich bei der Analyse der GuV und den auf sie aufbauenden Instrumenten darüber hinaus noch weitere Probleme. So bestimmt § 275 Abs. 1 Satz 1 HGB: "Die Gewinn- und Verlustrechnung ist in Staffelform nach dem Gesamtkostenverfahren oder dem Umsatzkostenverfahren aufzustellen". Das bisher in Deutschland einzig zulässige Verfahren war das Gesamtkostenverfahren. Verständlicherweise beschäftigt sich die Literatur oftmals auch nur mit der Analyse der GuV nach dem Gesamtkostenverfahren. Auch die auf der GuV aufbauenden weiteren Analyseinstrumente bauen auf der Logik des Gesamtkostenverfahrens auf.

Im ersten Schritt werden wir entsprechend zunächst nur die GuV nach dem Gesamtkostenverfahren und darauf aufbauende Verfahren behandeln. Dies hat zwei Gründe: Erstens dürfte auch weiterhin die GuV bei den kleinen und mittleren Unternehmen in der überwiegenden Mehrzahl der Fälle nach dem Gesamtkostenverfahren aufgestellt werden[1]. Von daher empfiehlt sich die Behandlung des Allgemeinfalls vor dem Spezialfall. Zweitens sind mit dem Umsatzkostenverfahren einige Schwierigkeiten verbunden, die und deren Lösung erst nach der Darstellung der auf dem Gesamtkostenverfahren aufbauenden Methoden verständlich werden.

---

1 Die Anwendung des Umsatzkostenverfahrens erfordert eine gut funktionierende Kostenrechnung, die in der Fülle kleinerer und mittlerer Unternehmen nicht vorhanden ist.

2.3.2. Exkurs: Der Unterschied zwischen Gesamt- und Umsatzkostenverfahren

Die Behandlung des Unterschieds zwischen Gesamt- und Umsatzkostenverfahren gehört eigentlich in den Bereich der Bilanzierung und kann nicht Gegenstand einer Arbeit über Bilanzanalyse sein. Zur Sicherung des Verständnisses für die weiteren Ausführungen wollen wir dennoch kurz die Verfahren gegenüberstellen.

Moxter beschreibt den Unterschied zwischen Gesamt- und Umsatzkostenverfahren im Kern treffend und kurz wie folgt [Moxter 1986, S. 93]: "Beim Gesamtkostenverfahren werden in der GVR die gesamten Aufwendungen des betreffenden Geschäftsjahrs angeführt, auch diejenigen, die gar nicht die GVR als Aufwand belasten, weil sie für Erhöhungen des Bestands an fertigen und unfertigen Erzeugnissen sowie für andere aktivierte Eigenleistungen angefallen sind (und deshalb aktiviert werden). Beim Umsatzkostenverfahren werden, anders als beim Gesamtkostenverfahren, nicht die gesamten in dem betreffenden Geschäftsjahr angefallenen Aufwendungen gezeigt, sondern nur diejenigen Aufwendungen, die, gleichgültig in welchem Geschäftsjahr, für die im Geschäftsjahr realisierten Umsätze angefallen sind".

Zur Verdeutlichung betrachten wir die GuV der "Scheffel-AG" einmal nach dem Gesamtkostenverfahren und einmal nach dem Umsatzkostenverfahren:

GuV der "Scheffel - AG"

nach Gesamtkostenverfahren		nach Umsatzkostenverfahren	
Umsatz	100	Umsatz	100
Bestandserhöhungen	5		--
akt. Eigenleistungen	10		--
Aufwand	95	Aufwand	80
Jahresüberschuss	20	Jahresüberschuss	20

Würden in dem vorangegangenen Beispiel Bestandsminderungen in Höhe von 5 vorliegen, wobei der Aufwand unverändert bliebe, hätte die GuV folgendes Aussehen:

GuV der "Scheffel - AG"

nach Gesamtkostenverfahren		nach Umsatzkostenverfahren	
Umsatz	100	Umsatz	100
Bestandsminderungen	./. 5		--
akt. Eigenleistungen	10		--
Aufwand	95	Aufwand	90
Jahresüberschuss	10	Jahresüberschuss	10

Im ersten Fall entfallen von dem "gesamten" Aufwand in Höhe von 95 Teile in Höhe von 5 auf die (aktivierten) Bestandserhöhungen und in Höhe von 10 auf die anderen aktivierten Eigenleistungen. Daher beträgt der reine "umsatzbezogene" Aufwand 95 ./. 5 ./. 10 = 80, wie ihn die GuV nach dem Umsatzkostenverfahren ausweist.

Im zweiten Fall entfällt von dem "gesamten" Aufwand in Höhe von 95 ein Anteil in Höhe von 10 auf die anderen aktivierten Eigenleistungen, d.h. der "umsatzbezogene" Aufwand beträgt zunächst 95 ./. 10 = 85. Ferner haben die Umsätze eine Bestandsminderung an Vorräten "verursacht", d.h. die Bestandsminderung ist als zusätzlicher Aufwand zu werten. Damit betragen also die gesamten "umsatzbezogenen" Aufwendungen 85 + 5 = 90.

Ein weiterer gewichtiger Unterschied zwischen Gesamt- und Umsatzkostenverfahren besteht in der **Untergliederung der Aufwandspositionen**. Beim Gesamtkostenverfahren wird der (betriebsbezogene) Aufwand untergliedert nach **Aufwandsarten** in:

- Materialaufwand,
- Personalaufwand,
- Abschreibungsaufwand,
- sonstiger betrieblicher Aufwand.

Beim Umsatzkostenverfahren wird dagegen dieser (betriebliche) Aufwand auf die "**Kostenstellen**"

- Herstellungskosten,
- Vertriebskosten,
- Verwaltungskosten,
- sonstige betriebliche Aufwendungen

umgelegt, d.h. die einzelne o.g. "Kostenstelle" kann sowohl Material-, Personal-, Abschreibungs- und sonstigen betrieblichen Aufwand gemäß der Logik des Gesamtkostenverfahrens enthalten.

Damit sind die wesentlichen Unterschiede kurz umrissen worden, wobei deutlich geworden sein dürfte, dass Gesamt- und Umsatzkostenverfahren zwei sehr verschiedene Dimensionen betrieblicher Erfolgsrechnung darstellen.

2.3.3. Die Strukturerfolgsrechnung nach Gesamtkostenverfahren

2.3.3.1. Ausgangspunkt der Aufbereitung der GuV

Entsprechend dem Vorgehen bei der Analyse der Bilanz bildet das gesetzlich vorgeschriebene Gliederungsschema nach § 275 Abs. 2 HGB den Ausgangspunkt der Betrachtung. Es ist nachstehend abgebildet:

Gesetzliches Gliederungsschema der GuV nach dem Gesamtkostenverfahren (vgl. § 275 Abs. 2 HGB):

1. Umsatzerlöse
2. Erhöhungen oder Verminderungen des Bestandes an fertigen und unfertigen Erzeugnissen
3. andere aktivierte Eigenleistungen
4. sonstige betriebliche Erträge
5. Materialaufwand
   a) Aufwendungen für Roh-, Hilfs- und Betriebsstoffe und für bezogene Waren
   b) Aufwendungen für bezogene Leistungen
6. Personalaufwand
   a) Löhne und Gehälter
   b) soziale Abgaben und Aufwendungen für Altersversorgung und für Unterstützung,
      davon für Altersversorgung
7. Abschreibungen
   a) auf immaterielle Vermögensgegenstände des Anlagevermögens und Sachanlagen sowie auf aktivierte Aufwendungen für die Ingangsetzung und Erweiterung des Geschäftsbetriebs
   b) auf Vermögensgegenstände des Umlaufvermögens, soweit diese die in der Kapitalgesellschaft üblichen Abschreibungen überschreiten
8. sonstige betriebliche Aufwendungen
9. Erträge aus Beteiligungen,
   davon aus verbundenen Unternehmen
10. Erträge aus anderen Wertpapieren und Ausleihungen des Finanzumlaufvermögens,
    davon aus verbundenen Unternehmen
11. Sonstige Zinsen und ähnliche Erträge,
    davon aus verbundenen Unternehmen
12. Abschreibungen auf Finanzanlagen und auf Wertpapiere des Umlaufvermögens

13. Zinsen und ähnliche Aufwendungen,
    davon an verbundene Unternehmen
14. Ergebnis der gewöhnlichen Geschäftstätigkeit
15. außerordentliche Erträge
16. außerordentliche Aufwendungen
17. außerordentliches Ergebnis
18. Steuern vom Einkommen und vom Ertrag
19. sonstige Steuern
20. Jahresüberschuss/Jahresfehlbetrag.

Auch hier ist eine Spezialvorschrift zu beachten: § 276 HGB erlaubt kleinen und mittelgroßen Kapitalgesellschaften, bei der Aufstellung der GuV die Umsatzerlöse, Bestandsveränderungen, aktivierten Eigenleistungen, sonstigen betrieblichen Erträge und Materialaufwendungen zu einem Posten, dem "Rohergebnis", zusammenzufassen. Daraus lässt sich das folgende, allgemeine GuV-Gliederungsschema entwickeln, auf dem die weitere Analyse aufbaut. In diesem Gliederungsschema haben wir auf die Aufnahme der "davon ..."-Positionen ebenso verzichtet wie auf die Berücksichtigung der Vorschriften des § 277 Abs. 3 HGB zum Ausweis des Umfangs außerordentlicher Abschreibungen und zu Erträgen und Aufwendungen aus Ergebnisübernahme, da wir im weiteren Verlauf diese (zusätzlichen) Angaben nicht benötigen werden. Auch hier sind die einzelnen Positionen mit fortlaufenden Nummern versehen, die im weiteren Verlauf der Arbeit als Referenzen auf die GuV-Positionen verwandt werden.

Gliederungsschema der GuV (nach dem Gesamtkostenverfahren):

Umsatzerlöse	1
Erhöhung oder Verminderung des Bestandes an fertigen und unfertigen Erzeugnissen	2
andere aktivierte Eigenleistungen	3
sonstige betriebliche Erträge	4
Materialaufwand	5
- Aufwendungen für Roh-, Hilfs- und Betriebsstoffe und für bezogene Waren	6
- Aufwendungen für bezogene Leistungen	7
ROHERGEBNIS	8
Personalaufwand	9
- Löhne und Gehälter	10
- soziale Abgaben und Aufwendungen für Altersversorgung und für Unterstützung	11
Abschreibungen	12
- auf immaterielle Vermögensgegenstände des Anlagevermögens und Sachanlagen sowie auf aktivierte Aufwendungen für die Ingangsetzung und Erweiterung des Geschäftsbetriebes	13
- auf Vermögensgegenstände des Umlaufvermögens, soweit diese die in der Kapitalgesellschaft üblichen Abschreibungen überschreiten	14
sonstige betriebliche Aufwendungen	15
BETRIEBSERGEBNIS	16
Erträge aus Beteiligungen	17
Erträge aus anderen Wertpapieren und Ausleihungen des Finanzanlagevermögens	18

sonstige Zinsen und ähnliche Erträge	19
Abschreibungen auf Finanzanlagen und auf Wertpapiere des Umlaufvermögens	20
Zinsen und ähnliche Aufwendungen	21
FINANZERGEBNIS	22
ERGEBNIS DER GEWÖHNLICHEN GESCHÄFTSTÄTIGKEIT	23
außerordentliche Erträge	24
außerordentliche Aufwendungen	25
AUßERORDENTLICHES ERGEBNIS	26
Steuern vom Einkommen und Ertrag	27
sonstige Steuern	28
JAHRESÜBERSCHUss/JAHRESFEHLBETRAG	29
Zuführungen/Entnahmen zu/aus den Rücklagen	30
BILANZGEWINN/BILANZVERLUST	31

Das obige GuV-Gliederungsschema bedarf noch folgender Erläuterungen: Die Positionen 16, 22, 30 und 31 sind nicht aufgrund gesetzlicher Vorschriften hinzugefügt worden. Die Einfügung der Zwischensumme "Betriebsergebnis" und „Finanzergebnis“ ist sinnvoll, um die globalen Erfolgsquellen unmittelbar in jeweils einer Position sichtbar zu machen. Bei dem Bilanzgliederungsschema (s.o.) wurde von der teilweisen Ergebnisverwendung ausgegangen. Deshalb findet sich die zugehörige Ergebnisverwendungsrechnung auch in der GuV (Positionen 30 und 31).

Weisen Positionen Untergliederungen auf, z.B. bei Position "Materialaufwand" (Position 5), so dürfen Eintragungen entweder nur auf den Untergliederungen (also auf Position 6 und 7) oder nur auf der Hauptposition (also auf Position 5) erfolgen. Sämtliche Zwischensummen (Positionen 16, 22, 23, 26 und 29) werden bei der Eingabe nicht benötigt, sondern selbständig berechnet. Die Angabe des Bilanzgewinns/Bilanzverlusts ist erforderlich; die zugehörige Zuführung/Entnahme zu/aus den Rücklagen wird berechnet.

2.3.3.2. Das Schema der Strukturerfolgsrechnung

Mit der Strukturerfolgsrechnung wird - neben der Kenntlichmachung der Aufwands-Ertragsstruktur - eine Ergebnisquellenanalyse verfolgt, d.h. das Zustandekommen des Jahresergebnisses auf seinen verschiedenen Ebenen soll untersucht werden. Dazu finden sich in der Literatur verschiedene Vorschläge von Ergebnisebenen mit unterschiedlicher inhaltlicher Definition. Sie alle zu erörtern, ist nicht Aufgabe dieser Arbeit. Hier wird der Strukturierungspraxis der Deutschen Bank [Krumnow 1985, S. 796 f.] gefolgt, da auch der Gesetzgeber in dem neuen Bilanzrecht diese Strukturierung gewählt hat (vgl. § 275 Abs. 2 HGB). Danach lässt sich der Jahreserfolg wie folgt aufgliedern:

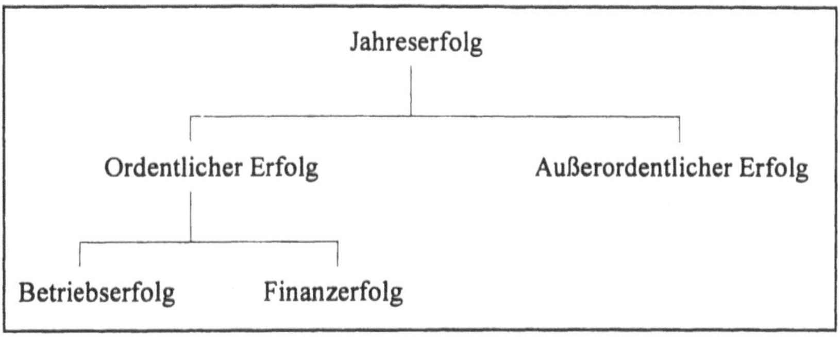

Abb. 2.3.3.2.-1.: *Die Ebenen des Jahreserfolgs*

Nach der Definition des Gesetzgebers wird der Betriebserfolg aus den Positionen 1 - 15, der Finanzerfolg aus den Positionen 17 - 21 und der außerordentliche Erfolg aus den Positionen 24 - 25 des obigen GuV-Gliederungsschemas gebildet. Ingesamt betrachtet bilden die Positionen 1 - 25 die **Ergebnisentstehungsrechnung**. Sie endet mit dem Jahreserfolg vor Steuern (nicht als selbständige Position enthalten). Daran schließt sich die **Ergebnisverwendungsrechnung** an, die mit der Veränderung der Eigenmittel und dem Bilanzgewinn/Bilanzverlust endet:

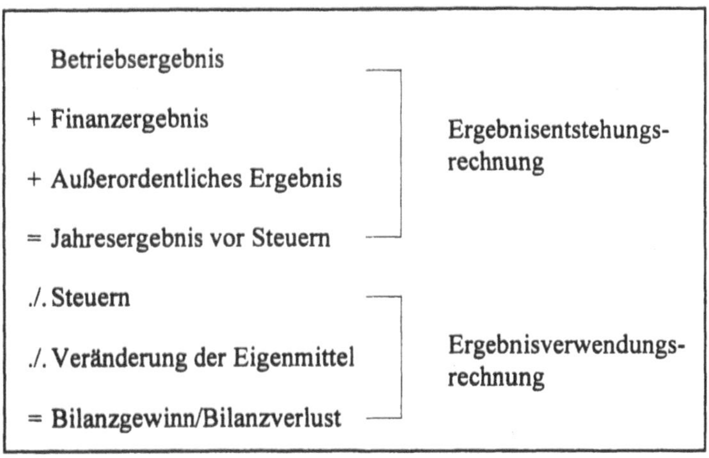

Abb. 2.3.3.2.-2.: *Gliederungsschema der Erfolgsrechnung*

Nachstehend ist das Grundschema einer strukturierten Erfolgsrechnung (nach dem Gesamtkostenverfahren mit den rekonstruierten Zahlen der Schering AG; näheres dazu im Kapitel 4.) abgebildet. Es ist in Anlehnung an einen Vorschlag von Kerth/Wolf [1986, S. 103] entwickelt worden. Dieser Vorschlag wurde jedoch noch um die Komponenten "Zuführungen/Entnahmen zu/aus den Rücklagen" und "Bilanzgewinn/Bilanzverlust" der Ergebnisverwendungsrechnung erweitert. Ferner wird nach den Materialaufwendungen eine Position "Rohergebnis" eingefügt. Zur "Abrundung" haben wir ihr als letzte, mehr isoliert zu betrachtende Position den "geschätzten Steuerbilanzgewinn" angehängt, der später bei der Berechnung von Renditekennzahlen eine Rolle spielen wird. Wie bei der Strukturbilanz werden zur Unterstützung der Auswertungen die prozentualen Anteile der einzelnen Ertrags- und Aufwandspositionen, die Vorjahreswerte sowie die relativen Differenzen zwischen Geschäftsjahr- und Vorjahreswerten ausgewiesen.

Die Prozentangaben hinter den Werten der einzelnen GuV-Positionen sind Gliederungszahlen. Bis zur Position "ZWISCHENSUMME : Betriebsergebn." einschließlich stellen sie den Anteil der jeweiligen Position, bezogen auf die "Betrieblichen Erträge" bzw. "Rohergebnis", ab dort bezogen auf das "Jahresergebnis vor Steuern" dar. Ob sich die Anteile der Positionen bis zur "ZWISCHENSUMME : Betriebsergebn." einschließlich auf die "Betrieblichen Erträge" oder das "Rohergebnis" beziehen, ist größenabhängig:

- mittelgroße Kapitalgesellschaft:

Rohergebnis = 100%

- große Kapitalgesellschaft:

Betriebliche Erträge = 100%.

STRUKTURERFOLGSRECHNUNG

Positionen	**Geschäftsjahr**		**Abw.**	**Vorjahr**	
	TDM	%	%	%	TDM
Umsatzerlöse	2.205.895	89,9	0,2	85,8	2.201.173
+/- Bestandsveränderungen	36.176-	1,5-	136,6-	3,9	98.926
andere akt. Eigenleistungen		0,0	0,0	0,0	
sonstige betriebliche Erträge	284.741	11,6	7,6	10,3	264.628
Addition: Betriebliche Erträge	2.454.460	100,0	4,3-	100,0	2.564.727
Materialaufwendungen	889.000	36,2	4,8-	36,4	934.000
ZWISCHENSUMME: Rohergebnis	1.565.460	63,8	4,0-	63,6	1.630.727
Personalaufwendungen	820.000	33,4	9,3	29,2	750.000
Abschreibungsaufwand	161.078	6,6	15,3	5,4	139.729
sonst. betriebl. Aufwendungen	464.229	18,9	18,2-	22,1	567.850
Addition: Betriebl. Aufwand	2.334.307	95,1	2,4-	93,2	2.391.579
ZWISCHENSUMME: Betriebsergebn.	120.153	4,9	30,6-	6,8	173.148
Beteiligungs-, Wertpapierertr.	51.854	32,2	143,3	10,7	21.315
Zinsen und ähnliche Erträge	46.288	28,7	35,6	17,1	34.125
Addition: Finanzerträge	98.142	60,9	77,0	27,7	55.440
Abschreibungen auf Finanzwerte	14.341	8,9	16,0-	8,5	17.068
Zinsen und ähnlicher Aufwand	25.704	16,0	10,9-	14,4	28.848
Addition: Finanzaufwendungen	40.045	24,9	12,8-	23,0	45.916
ZWISCHENSUMME: Finanzergebnis	58.097	36,1	510,0	4,8	9.524
ORDENTLICHES ERGEBNIS	178.250	110,7	2,4-	91,4	182.672
Außerordentliche Erträge	134.196	83,3	14,5	58,6	117.229
Außerordentliche Aufwendungen	151.393	94,0	51,4	50,0	100.009
AUSSERORDENTLICHES ERGEBNIS	17.197-	10,7-	199,9-	8,6	17.220
Jahresergebnis vor Steuern	161.053	100,0	19,4-	100,0	199.892
Gesamter Steueraufwand	53.133	33,0	39,3-	43,8	87.527
Jahresergebnis nach Steuern	107.920	67,0	4,0-	56,2	112.365
Zuführungen / Entnahmen Rückl.	40.000	24,8	16,7-	24,0	48.000
Bilanzgewinn / Bilanzverlust	67.920	42,2	5,5	32,2	64.365
************************************					
Geschätzter Steuerbilanzgewinn	116.829	72,5	31,0-	84,7	169.265

Vom formalen Aufbau bringt diese Struktur-GuV gegenüber dem gesetzlichen Gliederungsschema nach § 275 Abs. 2 HGB und dem Erfassungsschema wenig Veränderungen. Der Gesetzgeber sich hier mit dem neuen Bilanzrecht also der jahrelangen Praxis der Bilanzanalyse weitgehend angepasst. Lediglich in der inhaltlichen Zuordnung der Positionen zu Erfolgsquellen ergeben sich Differenzen.

2.3.3.3. Die inhaltliche Ausgestaltung der Positionen der Strukturerfolgsrechnung

Die Zuordnung der Positionen der Strukturbilanz entspricht weitgehend der der GuV gemäß § 275 Abs. 2 HGB. So werden Umsatzerlöse, Bestandsveränderungen und andere aktivierte Eigenleistungen unverändert übernommen.

Umsatzerlöse, Bestandsveränderungen, Eigenleistungen und sonstige Erträge zusammen ergeben die Betrieblichen Erträge".

Die Materialaufwendungen werden aus der Summe der Positionen 5 - 7, die Personalaufwendungen aus der Summe der Positionen 9 - 11 und die Abschreibungen aus der Summe der Positionen 12 - 14 des obigen GuV-Gliederungsschemas gebildet.

Das Rohergebnis wird entweder unverändert aus der GuV übernommen (im Fall einer mittelgroßen Kapitalgesellschaft) bzw. aus den "Betrieblichen Erträgen" abzüglich den "Materialaufwendungen" errechnet (im Fall einer großen Kapitalgesellschaft). Liegt eine mittelgroße Kapitalgesellschaft vor, setzen sich die "Betrieblichen Aufwendungen" aus Personal-, Abschreibungs- und sonstigem Aufwand zusammen; bei der großen Kapitalgesellschaft kommen hier noch die Materialaufwendungen hinzu. Rohergebnis abzüglich Personal-, Abschreibungs- und sonstigem Aufwand ergibt das Betriebsergebnis.

Position 17 und 18 des obigen GuV-Gliederungsschemas werden zu "Beteiligungs-, Wertpapiererträge" zusammengefasst. Die Positionen 19 - 21 und 24 - 25 des obigen GuV-Gliederungsschemas werden unverändert übernommen.

"Beteiligungs-, Wertpapiererträge" und "Zinsen und ähnliche Erträge" bilden die "Finanzerträge"; "Abschreibungen auf Finanzwerte" und "Zinsen und ähnlicher Aufwand" die "Finanzaufwendungen". Der Saldo aus beiden ergibt das "Finanzergebnis", welches mit dem "Betriebsergebnis" zusammen das "ordentliche Ergebnis" bildet.

Aus "außerordentlichen Erträgen" (s.o.) abzüglich der "außerordentlichen Aufwendungen" (s.o.) wird das "außerordentliche Ergebnis" errechnet.

Schließlich setzt sich das Jahresergebnis vor Steuern aus dem "ordentlichen Ergebnis" sowie dem "außerordentlichen Ergebnis" zusammen.

Der "gesamte Steueraufwand" setzt sich aus den Positionen 27 und 28 des obigen GuV-Gliederungsschemas zusammen. Die "sonstigen Steuern" (z.B. Vermögensteuer, Gewerbekapitalsteuer, Kraftfahrzeugsteuer usw.) hätten auch dem Bereich der Leistungserstellung zugeordnet, also auf der Ebene des Betriebsergebnisses untergebracht werden können. Aber auch diese Steuern sind nicht durch die Leistungserstellung an sich bedingt, sondern werden wie die "Steuern vom Einkommen und vom Ertrag" kraft hoheitlicher Gewalt erhoben. Ebenso sieht der Gesetzgeber von einer anderen Zuordnung ab.

Zieht man den "gesamten Steueraufwand" vom "Jahresergebnis vor Steuern" ab, erhält man das "Jahresergebnis nach Steuern", welches sich in Folge auf "Zuführungen/Entnahmen zu/aus den Rücklagen" und den "Bilanzgewinn/Bilanzverlust" aufteilt.

Betriebswirtschaftliche Überlegungen legen die **Umgruppierung einiger Positionen** in diesem Schema nahe. So will die Aufteilung in Betriebsergebnis, Finanzergebnis und außerordentliches Ergebnis ja zeigen, aus welchen Quellen der Gesamtperiodenerfolg des Unternehmens gespeist worden ist. Die gesetzliche Zuordnung deckt sich allerdings nicht voll mit einer sinnvollen betriebswirtschaftlichen Gruppierung.

„Das Betriebsergebnis umfasst alle diejenigen (betriebstypischen) Positionen, die den eigentlichen, satzungsmäßig bestimmten Leistungserstellungsprozess betreffen. Das Finanzergebnis enthält hingegen diejenigen Positionen, die zwar auch zur regelmäßigen gewöhnlichen Geschäftstätigkeit gehören, aber Nebengeschäfte (Finanzierungs-, Kapitalanlagegeschäfte) betreffen und insoweit als betriebsfremd zu qualifizieren sind." [Coenenberg 1994, S. 255] Es wäre daher durchaus bedenkenswert, die Beteiligungserträge und -aufwendungen sowie die Erträge und Aufwendungen aus Ergebnisabführungsverträgen dem Betriebsergebnis zuzurechnen. Denn Beteiligungen stellen in vielen Fällen entweder Ausgliederungen betrieblicher Teilfunktionen oder Teilbereiche aufgrund steuerlicher, haftungsrechtlicher und organisatorischer Überlegungen oder Folgen externen Wachstums (Firmenzukäufe) dar, die als Alternative zu internem Wachstum gesehen werden können. Bei internem Wachstum wären solche Investitionen und daraus folgende Erträge und Aufwendungen unstrittig dem betrieblichen Bereich zuzuordnen. Meist wird auf diese Umgruppierung der Beteiligungserträge und -aufwendungen in das Betriebsergebnis aber verzichtet, weil die Zuordnung nicht eindeutig ist. Zumindest muss man sich dann bei der Beurteilung der Erfolgsbeiträge von Betriebs- und Finanzergebnis der beschränkten Aussagefähigkeit dieser Trennung, vor allem im Unternehmensvergleich, bewusst sein. Auch die Zuordnung der Zinsaufwendungen zum Finanzergebnis könnte in Frage gestellt werden, da sie meist überwiegend aus der Finanzierung der für die Erzielung des Betriebsergebnisses notwendigen Beschaffung von Anlage- und Umlaufvermögen resultieren. Eine verursachungsgerechte Zuordnung auf einzelnen Ergebnisquellen ist aber nicht möglich. Daher wird, wie generell üblich, auf ihre Umgruppierung oder Aufteilung verzichtet.

Größere Schwierigkeiten bereitet die sinnvolle Abgrenzung von ordentlichen und außerordentlichen Ergebnisanteilen. Durch die sehr viel engere Fassung der "außerordentlichen Erträge" und der "außerordentlichen Aufwendungen" gegenüber dem früheren Recht fallen unter "sonstige betriebliche Erträge" und "sonstige betriebliche Aufwendungen" viele Posten, die nach betriebswirtschaftlichem Verständnis eher dem außerordentlichen Bereich zuzuordnen wären. Dies betrifft insbesondere aperiodische Erfolgskomponenten. Als aperiodische Ertragsbestandteile können z.B. Erträge aus dem Abgang von Gegenständen des Anlagevermögens, aus Zuschreibungen, aus der Auflösung von Rückstellungen, aus Zahlungseingängen für zuvor abgeschriebene Forderungen sowie aus Schuldnachlässen interpretiert werden. Aperiodische Aufwendungen liegen z.B. bei Verlusten aus dem Abgang von Gegenständen des Anlagevermögens sowie bei Abschreibungen auf Forderungen und Einstellungen in Soderposten mit Rücklageanteil vor. Dennoch erscheinen alle diese Positionen typischerweise im Betriebsergebnis.

Daher sind Überlegungen berechtigt, ob diese Posten nicht in das außerordentliche Ergebnis umgegliedert werden sollten [Kerth/Wolf 1986, S. 100]. Ein recht weitgehender Vorschlag [z.B. von Göllert/Ringling 1986, S. 130 f.] empfiehlt, „imparitätisch“ vorzugehen und die „sonstigen betrieblichen Aufwendungen“ zur Gänze im Betriebsergebnis zu belassen, dagegen die „sonstigen betrieblichen Erträge“ in den außerordentlichen Bereich umzugliedern. Wir folgen diesem Vorschlag nicht, da eine solche Umgruppierung wiederum pauschal, ohne Kenntnis der „wahren“ Zuordnung, außerordentliche Aufwandspositionen wie z.B. Verluste beim Abgang von Anlagevermögen im ordentlichen Ergebnis belässt, dagegen ordentliche Erträge, z.B. erhaltene Patent- und Lizenzgebühren, Einnahmen aus Personalverkauf, Kantineneinnahmen etc., pauschal und fälschlicherweise dem außerordentlichen Ergebnis zuordnet. Der „Fehler“ mag dadurch zwar kleiner werden, die Präzision der Umgruppierungsmaßnahme ist aber nicht abzuschätzen.

Sinnvoller erscheint, die Umgliederung auf die periodenfremden Erträge und Aufwendungen zu beschränken. Dafür spräche, dass diese nach § 277,4 Satz 3 HGB im Anhang anzugeben sind, soweit sie für die Beurteilung der Ertragslage nicht von untergeordneter Bedeutung sind.

Gegen solche Umgliederungen kann allerdings generell das Argument der (mangelnden) Vergleichbarkeit von Unternehmen ins Feld geführt werden. Dadurch, dass der Gesetzgeber kleinen und mittelgroßen Kapitalgesellschaften erlaubt, die GuV mit dem "Rohergebnis" beginnen zu lassen, in welchem auch die "sonstigen betrieblichen Erträge" verarbeitet sind, würde eine Umgliederung die ohnehin schon eingeschränkte Vergleichbarkeit zwischen dem Abschluss einer großen und einer mittelgroßen/kleinen Kapitalgesellschaft oder einer Personengesellschaft noch weiter einschränken. Somit bleibt es dem Anwender überlassen, bei der Eingabe der GuV-Daten eine andere Zuordnung zu wählen, sofern der Jahresabschluss die dafür erforderlichen Hinweise enthält.

Eine Besonderheit der hier aufgeführten Strukturerfolgsrechnung besteht in der letzten Zeile "geschätzter Steuerbilanzgewinn". Den Sinn und Zweck dieser Position sollen die folgenden Überlegungen verdeutlichen: Bei der Aufstellung von Handels- und Steuerbilanz können verschiedene Wahlrechte wahrgenommen werden, wobei allerdings bei der Aufstellung der Steuerbilanz strengere Regelungen zu beachten sind und damit die Spielräume der Ausnutzung von Bilanzierungs- und Bewertungswahlrechten geringer ausfallen. Bei der Aufstellung der Handelsbilanz sind daher die Möglichkeiten zur Legung und Auflösung stiller Reserven und damit des "Drückens" oder Anhebens des ausgewiesenen Gewinns sehr viel größer. Hält man den Steuerbilanzgewinn daher für den "objektiveren" Maßstab des Periodenerfolgs und gelingt es, ihn hinreichend zuverlässig zu schätzen, so lässt sich erkennen, in welchem Ausmaß im handelsbilanziellen Abschluss zusätzlich "stille Reserven" gelegt oder aufgelöst wurden.

Das Schätzproblem lässt sich für Kapitalgesellschaften unter bestimmten Annahmen lösen. Bei der Kapitalgesellschaft lasten auf einbehaltene Gewinne einerseits und Ausschüttungen andererseits zwei unterschiedliche, aber konstante Steuersätze. Kennt man die Steuern vom Einkommen und vom Ertrag sowie die Höhe der vorgesehenen Ausschüttungen, lässt sich aus deren Verhältnis zueinander, unter Berücksichtigung von Gewerbeertragsteuer, bei den derzeit (1997) geltenden Steuersätzen von 45 % für einbehaltene und 30 % für ausgeschüttete Gewinnanteile der Steuerbilanzgewinn nach der folgenden Formel ermitteln [Perridon/Steiner 1995, S. 516]:

Geschätzter Steuerbilanzgewinn =

$$1{,}8399 * \text{EE-Steuern} + 0{,}3864 * \text{Dividende}$$

Auf eine Schwierigkeit bei der Interpretation sei hingewiesen: Steuerbilanzgewinn und Handelsbilanzgewinn können nicht nur aufgrund der unterschiedlichen Möglichkeiten zur Legung "stiller Reserven" abweichen. Erhält etwa eine deutsche Mutter von einer ausländischen Tochter Gewinnausschüttungen, die aufgrund eines Doppelbesteuerungsabkommens als steuerfreie Einkünfte zu behandeln sind, so fällt der Steuerbilanzgewinn um sie niedriger aus. Sind also derartige Gewinnausschüttungen in nicht zu vernachlässigendem Ausmaß im Handelsbilanzgewinn enthalten, kann der Steuerbilanzgewinn kaum noch zur Abschätzung der Legung "stiller Reserven" dienen. Ähnliche Auswirkungen besitzen auch andere steuerfreie oder steuerbegünstigte Einkünfte. Als Indikator für die "tatsächliche" Gewinnentwicklung ist er also höchstens bei Unternehmen ohne nennenswerte Auslandseinkünfte brauchbar.

2.3.4. Zusammenfassung

- Die Analyse der GuV ist i.d.R. nur bei der **mittelgroßen** und **großen** Kapitalgesellschaft möglich, da lediglich sie verpflichtet sind, auch ihre GuV zu veröffentlichen.

- Die GuV darf entweder nach dem (bisher üblichen) **Gesamtkostenverfahren** oder dem (im angelsächsischen Bereich verbreiteten) **Umsatzkostenverfahren** aufgestellt werden.

- Sehr vereinfachend betrachtet lässt sich der Unterschied zwischen Gesamt- und Umsatzkostenverfahren wie folgt skizzieren:

  1) Das Gesamtkostenverfahren weist **alle** in der Abrechnungsperiode angefallenen Aufwendungen aus, das Umsatzkostenverfahren dagegen nur die **umsatzbezogenen** Aufwendungen.

  2) Das Gesamtkostenverfahren gliedert den Aufwand nach **Aufwandsarten**, wie

     - Materialaufwendungen,
     - Personalaufwendungen,
     - Abschreibungsaufwand usw.

     Beim Umsatzkostenverfahren wird der Aufwand auf die "**Kostenstellen**"

     - Herstellung,
     - Vertrieb,
     - Verwaltung usw.

     verteilt.

- Ähnlich wie bei der Analyse der Bilanz bildet die im Jahresabschluss (einer Kapitalgesellschaft) enthaltene GuV, **einschließlich** der sie betreffenden Angaben des Anhangs den Ausgangspunkt der Analyse.

- Bei der (praktischen) Analyse ist es zweckmäßig, von einem erweiterten GuV-Gliederungsschema auszugehen, welches die originären Ausgangsdaten des gesetzlichen Gliederungsschemas und des Anhangs zusammenfasst.

- Die Systematik des gesetzlichen und erweiterten GuV-Gliederungsschemas sowie die der Strukturerfolgsrechnung orientiert sich an der **Ergebnisquellenanalyse**. Die Ergebnisquellenanalyse dient dazu, die Entstehung des Erfolgs auf seinen unterschiedlichen Erfolgsebenen zu untersuchen. Der Gesetzgeber geht dabei von den folgenden, drei Ergebnisebenen aus:

  - Betriebserfolg,
  - Finanzerfolg,
  - Außerordentlicher Erfolg.

- Die Strukturerfolgsrechnung stimmt weitgehend mit der gesetzlichen GuV überein. Allerdings arbeitet sie die in der gesetzlichen GuV enthaltenen Sachverhalte deutlicher heraus. Umgliederungsbedarf ergibt sich vorrangig bei der Trennung in ordentliches und außerordentliches Ergebnis.

2.3.5. Übungsaufgaben

1) Welche Schwierigkeiten ergeben sich bei der Analyse der GuV einer mittelgroßen Kapitalgesellschaft gegenüber der einer großen Kapitalgesellschaft? Gehen Sie dabei von dem Fall aus, sie hätten zwei völlig identische Unternehmen vorliegen, wobei das eine seine GuV wie eine große Kapitalgesellschaft veröffentlicht, das andere dagegen wie eine mittelgroße!

2) Für bilanzanalytische Zwecke hätte die Strukturerfolgsrechnung auch auf den folgenden Ergebnisebenen aufbauen können:

   a) Betriebserfolg (ohne den sonstigen Erfolg),

   b) sonstiger Erfolg:

	sonstige betriebliche Erträge
./.	sonstige betriebliche Aufwendungen
=	sonstiger Erfolg

   c) Finanzerfolg,

   d) Außerordentlicher Erfolg.

   Diskutieren Sie Gründe für und gegen dieses Vorgehen! Für welches Vorgehen hätten Sie sich entschieden?

2.4. Die Aufbereitung der GuV nach dem Umsatzkostenverfahren

2.4.1. Ausgangspunkt der Aufbereitung

§ 275 Abs. 1 Satz 1 HGB läßt neben dem bisher einzig zulässigen Gesamtkostenverfahren das insbesondere in den angelsächsischen Ländern übliche Umsatzkostenverfahren für die Aufstellung der GuV zu. Auf die Charakterisierung dieses Verfahrens, seine Besonderheiten und Schwierigkeiten, die im Rahmen der externen Analyse auftreten, kann im Rahmen dieser Arbeit nicht detaillierter eingegangen werden.

Daher sollen in diesem Kapitel nur die gegenüber dem Gesamtkostenverfahren abweichenden Gliederungsvorschriften behandelt werden. Insofern stellt dieses Kapitel eine Ergänzung zu 2.3.2. dar.

Den Ausgangspunkt dieses Abschnitts bildet wieder ein gesetzliches Gliederungsschema, und zwar das des Umsatzkostenverfahrens nach § 275 Abs. 3 HGB. Es ist nachfolgend abgebildet:

Gliederungsschema der GuV nach dem Umsatzkostenverfahren
(vgl. § 275 Abs. 3 HGB):

1. Umsatzerlöse
2. Herstellungskosten der zur Erzielung der Umsatzerlöse erbrachten Leistungen
3. Bruttoergebnis vom Umsatz
4. Vertriebskosten
5. allgemeine Verwaltungskosten
6. sonstige betriebliche Erträge
7. sonstige betriebliche Aufwendungen
8. Erträge aus Beteiligungen,
   davon aus verbundenen Unternehmen
9. Erträge aus anderen Wertpapieren und Ausleihungen des Finanzanlagevermögens,
   davon aus verbundenen Unternehmen
10. Sonstige Zinsen und ähnliche Erträge,
    davon aus verbundenen Unternehmen
11. Abschreibungen auf Finanzanlagen und auf Wertpapiere des Umlaufvermögens
12. Zinsen und ähnliche Aufwendungen,
    davon an verbundene Unternehmen
13. Ergebnis der gewöhnlichen Geschäftstätigkeit
14. außerordentliche Erträge
15. außerordentliche Aufwendungen
16. außerordentliches Ergebnis
17. Steuern vom Einkommen und vom Ertrag
18. sonstige Steuern
19. Jahresüberschuss/Jahresfehlbetrag.

Die Anwendung des Umsatzkostenverfahrens nach § 275 Abs. 3 HGB i.V.m. § 276 HGB führt zu einem erweiterten Gliederungsschema, welches sich von dem vorher dargestellten, erweiterten Gliederungsschema zum Gesamtkostenverfahren nur bis zur Position 16 ("Betriebsergebnis") unterscheidet. Es hat das nachstehende Aussehen (das folgende Gliederungsschema stimmt in einigen Positionen nicht mit dem gesetzlichen überein; die Gründe werden noch ausgeführt):

Gliederungsschema der GuV (nach dem Umsatzkostenverfahren)

Position	Nr.
Umsatzerlöse	1
Herstellungskosten der erbrachten Leistungen	2
Bruttoergebnis vom Umsatz	3
sonstige betriebliche Erträge	4
ROHERGEBNIS	5
Vertriebskosten	6
allgemeine Verwaltungskosten	7
sonstige Kosten (soweit angegeben)	8
Materialaufwand	9
Personalaufwand	10
Abschreibungen	11 (12)
auf immaterielle Vermögensgegenstände des Anlagevermögens und Sachanlagen sowie auf aktivierte Aufwendungen für die Ingangsetzung und Erweiterung des Geschäftsbetriebes	12 (13)
auf Vermögensgegenstände des Umlaufvermögens, soweit diese die in der Kapitalgesellschaft üblichen Abschreibungen überschreiten	13 (14)
sonstige betriebliche Aufwendungen	14 (15)
BETRIEBSERGEBNIS	15 (16)

Die eingeklammerten Zusätze bei den Positionen 11 bis 15 bezeichnen die Positionsnummern für die Eingabe beim Bilanzanalyseprogramm. Hier ist zu beachten, dass die Eingabeposition 11 nicht definiert ist.

Die in diesem Gliederungsschema enthaltenen Positionen 8 - 13 sowie 15 sind nicht in dem gesetzlichen enthalten und ergeben sich auch nicht aufgrund bestimmter Sonderregelungen. Die Aufnahme einer Position "sonstige Kosten" (Position 8) wurde durch den Jahresabschluss der Schering AG veranlasst. Er weist gesondert die Kosten für Forschung und Entwicklung aus. Um auch bei anderen Jahresabschlüssen gesondert ausgewiesene Kostenpositionen mit erfassen zu können, wurde diese zusätzliche Position aufgenommen. Auch die Positionen 9 (Materialaufwand) und 10 (Personalaufwand) sind nicht in dem gesetzlichen Gliederungsschema enthalten, sind aber gemäß § 285 Nr. 8 HGB im Anhang anzugeben. Für die weitere Analyse ist ihre Kenntnis unabdingbar, weshalb sie in das vorliegende GuV-Gliederungsschema eingearbeitet wurden. Gerade die Positionen 11 - 13 (Abschreibungen) tauchen beim Umsatzkostenverfahren nicht mehr auf. Dennoch ist die Kenntnis der Abschreibungen für die Bilanzanalyse von zentraler Bedeutung. Sie sollten, soweit aus dem Jahresabschluss ersichtlich, angegeben werden[2]. Aus diesem Grund wurde das Gliederungsschema um diese Positionen erweitert. Die zusätzliche Aufnahme der Position 15 ("Betriebsergebnis") erfolgte, wie beim Gesamtkostenverfahren, aus Gründen der Übersichtlichkeit.

2.4.2. Fallstudie Teil 3: Die Eingabedaten der GuV

Nachfolgend sind die Angaben aus dem Geschäftsbericht der Schering AG 1986 in Form der Eingabedaten wiedergegeben. Dies sind zunächst die Angaben aus der GuV selbst, aber auch die zugehörigen Informationen aus dem Anhang, die als Eingabedaten mit berücksichtigt wurden.

SCHERING AG 1986		GuV
Umsatzerlöse	:	2.205.895.000
Herstellungskosten der erbrachten Leistungen	:	1.118.237.000
Bruttoergebnis vom Umsatz	:	1.087.658.000
sonstige betriebliche Erträge	:	284.741.000
Vertriebskosten	:	404.743.000
allgemeine Verwaltungskosten	:	302.966.000
sonstige Kosten (soweit angegeben; z.B. für F&E) .	:	378.295.000
Materialaufwand (insgesamt)	:	889.000.000
Personalaufwand (insgesamt)	:	820.000.000
Abschreibungen	:	
auf immaterielle V.gegenstände u. Sachanlagen ..	:	161.078.000
sonstige betriebliche Aufwendungen	:	166.242.000
Betriebsergebnis	:	120.153.000
Erträge aus Beteiligungen	:	50.105.000
Erträge aus anderen Wertpapieren u. Ausleihungen .	:	1.749.000
sonstige Zinsen und ähnliche Erträge	:	46.288.000
Abschreibungen auf Finanzanlagen u. Wertp. d. UV .	:	14.341.000
Zinsen und ähnliche Aufwendungen	:	25.704.000
Ergebnis der gewöhnlichen Geschäftstätigkeit	:	178.250.000
außerordentliche Erträge	:	134.196.000
außerordentliche Aufwendungen	:	151.393.000
außerordentliches Ergebnis	:	17.197.000-
Steuern vom Einkommen und Ertrag	:	53.133.000
Jahresüberschuss / Jahresfehlbetrag	:	107.920.000
Zuführungen / Entnahmen aus den Rücklagen	:	40.000.000
Bilanzgewinn (+)/ Bilanzverlust (-)	:	67.920.000

2.4.3. Die Strukturerfolgsrechnung nach dem Umsatzkostenverfahren

Eine Betrachtung der gesetzlichen Vorschriften hat gezeigt, dass sich die Gliederungsschemata der GuV nach dem Gesamtkosten- bzw. Umsatzkostenverfahren nur bis zum (fiktiven) Betriebsergebnis unterscheiden. Daher wird für Zwecke der Strukturerfolgsrechnung bezüglich der Positionen ab dem

2 Die Abschreibungen auf das Anlagevermögen können stets dem Anlagenspiegel entnommen werden. Abschreibungen auf Gegenstände des Umlaufvermögens sind dagegen i.d.R. nicht angegeben.

"Betriebsergebnis" auf das vorher dargestellte Strukturerfolgsrechnungsschema zurückgegriffen. Somit bleibt hier nur bezüglich der Positionen bis zum "Betriebsergebnis" ein Vorschlag zu entwickeln.

Die folgende Strukturierung lehnt sich schematisch an dem Vorgehen beim Gesamtkostenverfahren an.

STRUKTURERFOLGSRECHNUNG

Positionen		Geschäftsjahr TDM	Geschäftsjahr %	Abweichung %	Vorjahr %	Vorjahr TDM
1.	Umsatzerlöse					
2.	Herstellungskosten (der umgesetzten Leistungen)					
3.	**Bruttoergebnis vom Umsatz**					
4.	sonstige betriebliche Erträge					
5.	Addition: Betriebliche Erträge (1. + 4.)					
6.	Abschreibungen					
7.	**ZWISCHENSUMME: Rohergebnis** (5. ./. 2.)					
8.	Vertriebs- und Verwaltungskosten					
9.	sonstige Kosten					
10.	sonstige betriebliche Aufwendungen					
11.	Addition: Betrieblicher Aufwand (2. + 8. + 9. + 10.)					
12.	**ZWISCHENSUMME: Betriebsergebnis**					

Die Positionen "Umsatzerlöse", "Herstellungskosten", "Bruttoergebnis vom Umsatz" und "sonstige betriebliche Erträge" werden unverändert aus den entsprechenden Positionen der GuV nach dem Umsatzkostenverfahren übernommen. Ferner sind die Abschreibungen, soweit angegeben, in die vorliegende Strukturerfolgsrechnung mit eingearbeitet worden. Sie tauchen als eine rein "nachrichtliche" Position unmittelbar hinter den "betrieblichen Erträgen" (s.u.) auf. Die Anordnung an dieser Stelle soll die Belastung der gesamten "betrieblichen Erträge" durch die bilanzpolitisch in bestimmten Grenzen beeinflussbaren Abschreibungen verdeutlichen.

Um hier keinerlei Unklarheiten aufkommen zu lassen, möchten wir wiederholen, dass die Position "**Abschreibungen**" alle in den Eingabedaten enthaltenen Angaben über Abschreibungen auf immaterielle und Sachanlagen sowie auf Gegenstände des Umlaufvermögens, soweit diese die üblichen Abschreibungen übersteigen, zusammenfasst. Sie ist eine rein "**nachrichtliche**" **Position**, d.h. diese Abschreibungen wurden nirgendwo herausgerechnet. Sie sind unverändert in den Positionen "Herstellungskosten" (vermutlich hauptsächlich), "Vertriebs- und Verwaltungskosten", "sonstige Kosten" und "sonstige betriebliche Aufwendungen" (zumindest denkbar) enthalten.

Die "**betrieblichen Erträge**" erhält man aus der Addition von "Umsatzerlösen" und "sonstigen betrieblichen Erträgen". Bei der Interpretation dieser Position ist zu beachten, dass sie mit der entsprechenden Position der Strukturerfolgsrechnung nach dem Gesamtkostenverfahren **nicht** vergleichbar ist. Das "**Rohergebnis**" wird im Falle einer mittelgroßen Kapitalgesellschaft unverändert übernommen, im Falle einer großen Kapitalgesellschaft aus den "betrieblichen Erträgen" abzüglich der "Herstellungskosten"der umgesetzten Leistungen errechnet. In den "Vertriebs- und Verwaltungskosten" sind die beiden Positionen 6 und 7 des obigen Gliederungsschemas zusammengefasst. Ist in der GuV unter den "sonstigen Kosten" ein Betrag ausgewiesen, so wird er wegen seiner besonderen Bedeutung unverändert als gesonderte Position der Strukturerfolgsrechnung übernommen. Beispielsweise machen die im Jahresabschluss der Schering AG 1986 gesondert ausgewiesenen Kosten für F & E fast 20 % der gesamten betrieblichen Aufwendungen aus. Auch die "sonstigen betrieblichen Aufwendungen" (Position 14) werden unverändert (oder mit den oben diskutierten und vorgeschlagenen Umgliederungen der aperiodischen Positionen) übernommen.

Der gesamte "**betriebliche Aufwand**" ergibt sich aus den Herstellungskosten, Vertriebs- und Verwaltungskosten, sonstigen Kosten sowie den sonstigen betrieblichen Aufwendungen im Falle der großen Kapitalgesellschaft; im Falle der mittelgroßen Kapitalgesellschaft ohne Herstellungskosten der umgesetzten Leistungen (sie sind im "Rohergebnis" enthalten). Das "**Betriebsergebnis**" errechnet sich aus "Rohergebnis" abzüglich den Vertriebs- und Verwaltungskosten, sonstigen Kosten und sonstigen betrieblichen Aufwendungen.

Bei den Prozentzahlen des Geschäfts- und Vorjahres werden im Falle der großen Kapitalgesellschaft die "betrieblichen Erträge", im Falle der mittelgroßen Kapitalgesellschaft das "Rohergebnis" gleich 100 gesetzt.

Das übrige Vorgehen unterscheidet sich nicht von dem beim Gesamtkostenverfahren.

2.4.4. Die Rekonstruktion einer GuV auf Basis des Gesamtkostenverfahrens

Die bisher entwickelten Verfahren und Methoden der Bilanzanalyse basieren auf dem Gesamtkostenverfahren, welches - wie schon häufig erwähnt - früher das einzig zulässige war. Liegt eine GuV vor, die auf Grundlage des Umsatzkostenverfahrens erstellt wurde, so stellt man fest, dass einige alte Instrumente nicht mehr "greifen". Hier bieten sich grundsätzlich zwei Lösungsmöglichkeiten an: Anpassung der alten Instrumente auf die "veränderte" GuV oder Anpassung der "veränderten" GuV an die alten Instrumente. Wenn auch hier nicht abschließend entschieden werden kann, welches der "bessere" Weg ist, so dürfte der zweite zunächst sehr hilfreich und vielversprechend sein, da dann weiterhin die in der Praxis bewährten Instrumente verwendet werden können.

Leider ist eine vollständige Rekonstruktion einer GuV auf Grundlage des Gesamtkostenverfahrens nicht möglich. Zunächst ergeben sich Probleme aufgrund des unterschiedlichen Ausweises der Abschreibungen:

Bei genauer Durchsicht der gesetzlichen Regelungen fällt auf, dass die Position 14 des obigen GuV-Gliederungsschemas nach dem Gesamtkostenverfahren ("Abschreibungen auf Gegenstände des Umlaufvermögens, soweit diese die in der Kapitalgesellschaft üblichen Abschreibungen überschreiten") als einzige aus dem vorliegenden Datenmaterial eines Jahresabschlusses mit einer GuV nach dem Umsatzkostenverfahren **nicht** rekonstruiert werden kann, sofern der Anhang nicht diesbezüglich freiwillige Angaben enthält. Welche Auswirkungen ergeben sich aufgrund dieser Tatsache für spätere Analyseschritte?

1. Angenommen, diese Abschreibungen bewegen sich im üblichen Rahmen, so sind diese weder in einer GuV nach dem Gesamt- noch dem Umsatzkostenverfahren zu finden.

2. Angenommen, diese Abschreibungen überschreiten den üblichen Rahmen, so werden sie nach dem einen Verfahren ausgewiesen, nach dem anderen aber nicht.

Um beim Auftreten des 2. Falls vergleichbare Analyseergebnisse, z.B. bei der Berechnung des Cash Flow, zu liefern, könnte

a) stets diese Abschreibung unberücksichtigt gelassen werden

b) versucht werden, sie zu rekonstruieren.

Aus vielerlei Hinsicht erscheint ein Vorgehen nach b) zwar wünschenswert, ist aber mit dem vorliegenden Datenmaterial eines Jahresabschlusses mit einer GuV auf Grundlage des Umsatzkostenverfahrens nicht möglich.

Als Ergebnis bleibt festzuhalten, dass aus Gründen der Vergleichbarkeit bei jedem Analyseschritt, bei dem mit Abschreibungen gearbeitet wird, zu prüfen ist, welche Abschreibungen heranzuziehen sind und welche nicht.

Aber nicht nur die Abschreibungen bereiten Probleme für eine Rekonstruktion und die weiteren Analyseschritte, sondern es tauchen noch weitere auf:

Zum einen sind die "sonstigen betrieblichen Aufwendungen" unbekannt. Zwar weist das Umsatzkostenverfahren eine gleichbezeichnete Position aus, dennoch haben beide Positionen aufgrund der ihnen innewohnenden, unterschiedlichen Logik kaum etwas miteinander zu tun. Beim Gesamtkostenverfahren handelt es sich bei den "sonstigen betrieblichen Aufwendungen" um eine **Aufwandsart**, bei dem Umsatzkostenverfahren quasi um eine "**Kostenstelle**". Beim Umsatzkostenverfahren können die "sonstigen betrieblichen Aufwendungen" sogar vollständig verschwinden, wenn nämlich alle Kosten auf die Bereiche "Herstellung", "Vertrieb" und "Verwaltung" aufgeteilt werden. Daher sind die "sonstigen betrieblichen Aufwendungen" nach dem Umsatzkostenverfahren für die Rekonstruktion eines Gesamtkostenverfahrens unbrauchbar.

Zum anderen sind die "aktivierten Eigenleistungen" eine weitere unbekannte Größe. Weder sind sie irgendwo im Anhang anzugeben, noch gehen sie aus dem Anlagegitter hervor. Da die zugrundeliegende GuV-Gleichung (Aufwendungen = Erträge unter Berücksichtigung von Gewinn/Verlust) nur die Berechnung **einer** Unbekannten gestattet, ist die andere vorzugeben. Dazu wird der Benutzer aufgefordert, Angaben zu den aktivierten Eigenleistungen vorzugeben. Sie sind irgendwie zu schätzen. Wird keine Angabe gemacht, so werden sie als null betrachtet. Dies ist eine meist zulässige Näherung, da sie oftmals größenordnungsmäßig nicht sehr bedeutsam sind: Der entstehende Fehler infolge ihrer Fortlassung dürfte insofern vertretbar sein. Im übrigen wird wie folgt vorgegangen:

Ab Position 15 (Betriebsergebnis) des obigen (S. 84) GuV-Gliederungsschemas sind Gesamt- und Umsatzkostenverfahren identisch[3]. Es müssen also nur die Positionen 1 - 16 des GuV-Gliederungsschemas nach dem Gesamtkostenverfahren betrachtet werden. Dabei sind die Posten "Umsatzerlöse", "sonstige Erträ-

---

3 Zu beachten ist, daß beim Umsatzkostenverfahren Zinsen in den Herstellungskosten enthalten sein können. Ist dies der Fall, sind auch Zinspositionen nicht vergleichbar. Jedoch lassen sich diesbezüglich keine Angaben finden.

ge", "Materialaufwand" und "Personalaufwand" leicht zu ermitteln, da sie sich auch in dem obigen GuV-Gliederungsschema nach dem Umsatzkostenverfahren wiederfinden[4]. Die "Abschreibungen" können, soweit angegeben, ebenso übernommen werden. Die "Erhöhung oder Verminderung des Bestandes an fertigen und unfertigen Erzeugnissen" kann **näherungsweise** der Differenz der Bilanzwerte des Geschäftsjahrs für die Positionen „unfertige Erzeugnisse, unfertige Leistungen“ sowie „fertige Erzeugnisse und Waren“ zu den Vorjahreswerten entnommen werden. Die fehlenden Posten "Rohergebnis" und "sonstige betriebliche Aufwendungen" sind durch Rückrechnung zu ermitteln:

	Umsatzerlöse	
+	Bestandsveränderungen	(laut Veränderungsbilanz)
+	aktivierte Eigenleistungen	(vom Benutzer vorzugeben)
+	sonstige betriebliche Erträge	
./.	Materialaufwand	
=	Rohergebnis	
./.	Personalaufwand	
./.	Abschreibungen	
./.	Betriebsergebnis	
=	sonstige betriebliche Aufwendungen	

Bei kleinen und mittelgroßen Kapitalgesellschaften wird die Rekonstruktion des "Rohergebnisses" nach dem Gesamtkostenverfahren und der "sonstigen betrieblichen Aufwendungen" schon so problematisch, dass vernünftigerweise keine Rekonstruktion versucht werden dürfte.

Das beschriebene Verfahren ermöglicht aber zumindest im Falle einer großen Kapitalgesellschaft eine hinreichende Annäherung an die "richtige" GuV auf Grundlage des Gesamtkostenverfahrens, die für die praktische Arbeit ausreichen dürfte.

Mit der Transformation der GuV auf Grundlage des Umsatzkostenverfahrens in eine GuV auf Grundlage des Gesamtkostenverfahrens kann jedenfalls die Analyse des Umsatzkostenverfahrens auf die des Gesamtkostenverfahrens **zu-**

4 Dies gilt nicht für den offengelegten Jahresabschluß der mittelgroßen Kapitalgesellschaft bezüglich des Materialaufwands.

rückgeführt werden. So wird denn auch im Anschluss an die Strukturerfolgsrechnung auf Basis des Umsatzkostenverfahrens eine solche auf Basis des Gesamtkostenverfahrens aufgestellt. Die Zahlenwerte in dem Strukturerfolgsrechnungsschema im Kapitel 2.3.3.2. sind durch die hier beschriebenen Rekonstruktionsverfahren aus der GuV der Schering AG 1986 ermittelt worden. Diese wurde nämlich auf Grundlage des Umsatzkostenverfahrens erstellt.

2.4.5. Fallstudie Teil 4: Die Analyse der Strukturerfolgsrechnung

Die Analyse der Strukturerfolgsrechnung (im folgenden kurz: Struktur-GuV) kann - vor einer detaillierteren Kennzahlenanalyse - aus folgenden Gründen interessante Einblicke bieten.

a) Die GuV enthält Stromgrößen, d.h. sie verzeichnet nicht etwa wie die Bilanz Bestandsgrößen zu deren Stichtag, sondern sie dokumentiert realisierte, erfolgswirksame Bewegungen. Bewegungen sind aber ihrer Natur nach aussagekräftiger im Hinblick auf die Frage, "wohin die Reise geht", als Bestandsgrößen.

b) Sie erlaubt Rückschlüsse auf den Finanzmittelfluss aus dem Innenbereich, der dem Aufkommen nach bedeutsamer als der des Außenbereichs ist. Den Finanzmittelfluss werden wir außerdem später im Zusammenhang mit den Instrumenten der finanzwirtschaftlichen Analyse näher untersuchen.

c) Sie gibt Aufschluss über Aufwands-/Ertragsstrukturen, die für die Einschätzung des künftigen Erfolgs einer Unternehmung von Bedeutung sind.

Wir werden die Struktur-GuV daher schwerpunktmäßig unter dem Gesichtspunkt der Beurteilung der Ertragslage betrachten. Als Leitfaden einer Analyse könnten die folgenden Fragestellungen dienen:

A. Fragen zur Erfolgsstruktur

- Wie setzt sich der Gesamterfolg zusammen, bestehend aus
    - Betriebserfolg (**Betriebsergebnis** in der Struktur-GuV)
    - Finanzerfolg (**Finanzergebnis** in der Struktur-GuV)

    - außerordentlichem Erfolg (**außerordentliches Ergebnis** in der Struktur-GuV) ?

- Wie strukturiert sich der Betriebserfolg als wesentliche, dauerhafte Erfolgsquelle?

- Wie wird der Erfolg verwendet?

B. Fragen zur Entwicklung des Erfolgs und seiner Struktur

- Wie entwickeln sich Betriebs-, Finanz- und außerordentlicher Erfolg?

- Wie entwickeln sich bedeutsame Aufwands- und Ertragspositionen?

- Wo liegen mögliche Ursachen dieser Entwicklungen?

Anhand der Fallstudie soll aufgezeigt werden, wie versucht werden kann, zu diesen Fragen Aussagen zu formulieren.

STRUKTURERFOLGSRECHNUNG

Positionen	Geschäftsjahr TDM	Geschäftsjahr %	Abw. %	Vorjahr %	Vorjahr TDM
Umsatzerlöse	2.205.895	88,6	0,2	89,3	2.201.173
Herstellungskosten	1.118.237	44,9	5,1	43,1	1.063.904
Bruttoergebnis vom Umsatz	1.087.658	43,7	4,4-	46,1	1.137.269
sonstige betriebliche Erträge	284.741	11,4	7,6	10,7	264.628
Addition: Betriebliche Erträge	2.490.636	100,0	1,0	100,0	2.465.801
Abschreibungen	161.078	6,5	15,3	5,7	139.729
ZWISCHENSUMME: Rohergebnis	1.372.399	55,1	2,1-	56,9	1.401.897
Vertriebs-u. Verwaltungskosten	707.709	28,4	4,6	27,4	676.496
sonstige Kosten	378.295	15,2	0,9-	15,5	381.591
sonst. betriebl. Aufwendungen	166.242	6,7	2,6-	6,9	170.662
Addition: Betriebl. Aufwand	2.370.483	95,2	3,4	93,0	2.292.653
ZWISCHENSUMME: Betriebsergeb.	120.153	4,8	30,6-	7,0	173.148
Beteiligungs-, Wertpapierertr.	51.854	32,2	143,3	10,7	21.315
Zinsen und ähnliche Erträge	46.288	28,7	35,6	17,1	34.125
Addition: Finanzerträge	98.142	60,9	77,0	27,7	55.440
Abschreibungen auf Finanzwerte	14.341	8,9	16,0-	8,5	17.068
Zinsen und ähnlicher Aufwand	25.704	16,0	10,9-	14,4	28.848
Addition: Finanzaufwendungen	40.045	24,9	12,8-	23,0	45.916
ZWISCHENSUMME: Finanzergebnis	58.097	36,1	510,0	4,8	9.524
ORDENTLICHES ERGEBNIS	178.250	110,7	2,4-	91,4	182.672
Außerordentliche Erträge	134.196	83,3	14,5	58,6	117.229
Außerordentliche Aufwendungen	151.393	94,0	51,4	50,0	100.009
AUSSERORDENTLICHES ERGEBNIS	17.197-	10,7-	199,9-	8,6	17.220
Jahresergebnis vor Steuern	161.053	100,0	19,4-	100,0	199.892
Gesamter Steueraufwand	53.133	33,0	39,3-	43,8	87.527
Jahresergebnis nach Steuern	107.920	67,0	4,0-	56,2	112.365
Zuführungen / Entnahmen Rückl.	40.000	24,8	16,7-	24,0	48.000
Bilanzgewinn / Bilanzverlust	67.920	42,2	5,5	32,2	64.365
**					
Geschätzter Steuerbilanzgewinn	116.829	72,5	31,0-	84,7	169.265

A. Aussagen zur Erfolgsstruktur

Die Zusammensetzung des Gesamterfolges stellt sich wie folgt dar:

Betriebserfolg (Position "Betriebsgergebnis" der Struktur-GuV)	120.153 TDM	74,6%
Finanzerfolg (Position "Finanzergebnis" der Struktur-GuV)	58.097 TDM	36,1%
außerordentlicher Erfolg (Position "AUSSERORDENTLICHES ERGEBNIS" der Struktur-GuV)	- 17.197 TDM	- 10,7%
Gesamterfolg	161.053 TDM	100,0%

Ungewöhnlich ist hier zunächst der hohe Finanzerfolg mit 36,1%. Er ist typischerweise gerade bei Produktionsbetrieben deutlich negativ. So belegt denn auch die GuV die Vermutung, dass es sich bei der Schering AG nicht mehr um ein reines Produktionsunternehmen handelt, sondern Beteiligungen/Tochterunternehmen zu wesentlichen Teilen zum Gesamterfolg beitragen. Immerhin verhalten sich ordentlicher Erfolg zu Finanzerfolg wie 2 : 1!

Sollte die außerordentliche Erfolgskomponente absolut und relativ hohe Werte (in beiden Richtungen) annehmen, empfiehlt sich ein Blick zurück in das Ausgangsdatenmaterial für eine nähere Ursachenforschung. Häufig bietet gerade dieser Bereich bilanzpolitischen Spielraum für Gewinnverschiebungen von Periode zu Periode. Leider stellt hier das HGB einen deutlichen Rückschritt dar, da solche Verschiebungen nach neuem Recht schlechter erkennbar sind als nach früherem, zumal wesentliche "Gewinnverschiebungsposten" jetzt auch in den "sonstigen betrieblichen Erträgen" und "sonstigen betrieblichen Aufwendungen" stecken. Wir wollen im Rahmen dieses Beispiels nicht weiter auf die außerordentliche Komponente eingehen.

Bei der Betrachtung der Struktur des Betriebserfolgs fällt zunächst auf, dass die "sonstigen betrieblichen Erträge" immerhin 11,4% der gesamten betrieblichen Erträge ausmachen, was eigentlich ein hoher Wert ist. Denn würde man sie gedanklich fortlassen, wäre der Betriebserfolg negativ oder anders formuliert: die Umsatzerlöse und Teile der "sonstigen betrieblichen Erträge" decken gerade die Kosten. Stellt man den Umsatzerlösen (88,6%) die Herstellungskosten (44,9%), Vertriebs- und Verwaltungskosten (28,4%) und die sonstigen Kosten (15,2%) gegenüber, so ist das Ergebnis (88,6 ./. 44,9 ./. 28,4 ./. 15,2 = 0,1) fast gleich Null (Diese Verhältnisse lagen im Vorjahr ähnlich!). Es liegt also die Vermutung nahe, dass im eigentlichen Geschäftsbereich nur noch wenig verdient wird. Dies würde die These stützen, dass die hohen Finanzinvestitionen daraus resultieren, dass Investitionen im eigentlichen Geschäftsbereich nicht mehr ausreichend rentabel sind. Bezüglich der Kostenstruktur sind zwei Dinge bemerkenswert: Erstens der mit einem knappen Drittel der betrieblichen Erträge recht hoch dotierte Vertriebs- und Verwaltungsapparat und zweitens die Kosten für F & E in Höhe von ungefähr 380 Mio. DM. Konsequenterweise müßten auch letztere zu den Investitionen gezählt werden, womit dann die Investitionen im eigentlichen Geschäftsbereich höher als die in Finanzinvestitionen liegen. Daher sollte die o.g. These abschwächend formuliert werden: **Kapazitätserweiternde** Investitionen im eigentlichen Geschäftsbereich scheinen gegenüber Finanzinvestitionen nicht als ausreichend rentabel.

Andererseits lässt sich auch die These von bevorstehenden "Großinvestitionen" stützen: Der hohe Aufwand für Forschung und Entwicklung sowie der Ausbau des Verwaltungs- und Vertriebsapparates in Verbindung mit dem Aufbau hoher Liquiditätsreserven könnte auf die Vorbereitung einer neuen Produktlinie schließen lassen. Auch als "Großinvestition" denkbar wäre die Übernahme von (einem) anderen Unternehmen.

Interessant ist auch die Betrachtung des geschätzten Steuerbilanzgewinns. Zunächst fällt auf, dass er deutlich niedriger ist als der Handelsbilanzgewinn. Der Handelsbilanzgewinn enthält also umfangreiche steuerfreie Erträge, so dass hier keine Aussagen bezüglich der Legung oder Auflösung "stiller Reserven" möglich sind. Bemerkenswert ist allerdings, dass der geschätzter Steuerbilanzgewinn und das ordentliche Betriebsergebnis in Geschäfts- und Vorjahr fast übereinstimmen. Auch der deutlich niedrigere (geschätzte) Steuerbilanzgewinn (verglichen mit dem Handelsbilanzgewinn) unterstreicht, wie wichtig die hohen (höchstwahrscheinlich steuerfreien) Beteiligungserträge von ausländischen Töchtern für die Ertragsstabilisierung sind.

Ausgeschütteter und einbehaltener Gewinn verhalten sich annähernd wie 3 : 2. Da die Einbehaltung von Gewinnteilen unter Finanzierungsgesichtspunkten nicht nötig war, lässt sich hier vermuten, dass die Gewinnverwendung sich an Überlegungen zur Verstetigung der Dividendenzahlungen orientiert hat.

B. Aussagen zur Entwicklung des Erfolgs und seiner Struktur

Gerade die Analyse der Entwicklung des Erfolgs sollte nicht auf den Vorjahresvergleich beschränkt bleiben, sondern möglichst mehrere Jahresabschlüsse heranziehen, um längerfristige Strömungen herauszuarbeiten. Wir werden uns trotzdem beispielhaft auf den Vorjahresvergleich konzentrieren.

Betrachten wir die Veränderungen der Erfolgskomponenten:

Betriebserfolg:	- 30,6%
Finanzerfolg:	+ 510,0%
außerordentliches Ergebnis:	- 199,9%

Bei der Betrachtung der Veränderungen sollte man nie die dahinterstehenden **Absolutbeträge** vergessen.

Ein Rückgang in dieser Größenordnung beim Betriebserfolg ist durchaus bedenklich. Bemerkenswert ist, dass das Betriebsergebnis in % der betrieblichen Erträge von 7,0% auf 4,8% gefallen ist. Welche strukturellen Veränderungen mögen hierfür die tiefere Ursache sein? Es lässt sich feststellen, dass bei annähernd konstantem Umsatz die Herstellungskosten und die Vertriebs- und Verwaltungskosten (als wesentliche Kostenpositionen) überproportional gestiegen sind. Die Gründe liegen zum Teil im höheren Abschreibungsaufwand (bezüglich der Herstellungskosten), insbesondere aber in gestiegenen Personalaufwendungen (bezüglich Herstellungskosten und Vertriebs- und Verwaltungskosten), wie ein Blick in die rekonstruierte Struktur-GuV auf Grundlage des Gesamtkostenverfahrens verdeutlicht.

Die Erhöhung des Finanzerfolgs resultiert zu wesentlichen Teilen aus der Steigerung des Beteiligungsergebnisses und der Zinserträge. Hierfür dürfte u.a. die Aufstockung der Wertpapierbestände verantwortlich sein. Bedenkt man, dass der Finanzerfolg 1984 noch negativ war, so lässt sich innerhalb von nur 2 Jahren eine gravierende Veränderung der gesamten Erfolgsstruktur feststellen, nämlich ein rückläufiger Anteil des Betriebserfolgs, verbunden mit einem steigenden Anteil des Finanzerfolgs am Gesamterfolg. Sollte diese Entwicklung unvermindert anhalten und sich die "Großinvestitionsthese" nicht bewahrheiten, ließe sich sehr überspitzt befürchten, dass die Schering AG zum „Bankbetrieb“ mit subventioniertem Produktionsbereich wird[5].

Wählt man den geschätzten Steuerbilanzgewinn als "objektiven" Indikator für die Gewinnentwicklung, so stützt auch seine Entwicklung die o.g. Thesen. Der Rückgang des geschätzten Steuerbilanzgewinns um 31,0% weist bei dieser Größenordnung auf einen doch recht deutlichen Einbruch beim "tatsächlichen" Gewinn hin; jedenfalls scheint der Gewinnrückgang mit 19,4% laut Handelsbi-

5 Die hier beobachtete und interpretierte Entwicklung hat sich jedoch nicht weiter fortgesetzt. Die Betrachtung des Jahresabschlusses 1995 (Betriebsergebnis +419 Mio, Finanzergebnis +81 Mio, a.o. Ergebnis -155 Mio.) zeigt, daß die Ergebnisstrukturen deutlich anders geworden sind.

lanz nicht ganz die "tatsächlichen" Gegebenheiten widerzuspiegeln. Auch hier zeigt sich, dass die Steigerung des Finanzerfolgs einen allzu dramatischen Gewinneinbruch abgefangen hat.

2.4.6. Zusammenfassung

- Das beim Umsatzkostenverfahren angewendete, erweiterte Gliederungsschema weicht wesentlich stärker vom gesetzlichen ab, als dies beim Gesamtkostenverfahren der Fall war, weil hier Angaben des Anhangs in umfangreicherer Weise zu berücksichtigen sind.

- Da die gesetzlichen Gliederungsschemata ab der Position "Erträge aus Beteiligungen" einschließlich identisch sind, unterscheiden sich die Schemata der Strukturerfolgsrechnungen auch nur im Bereich des Betriebserfolgs.

- Bei der **großen** Kapitalgesellschaft enthält der Jahresabschluss genügend Angaben, um beim Vorliegen einer GuV auf Grundlage des Umsatzkostenverfahrens zu versuchen, die entsprechende GuV auf Grundlage des Gesamtkostenverfahrens zu rekonstruieren. Wegen einiger fehlender Angaben kann dieses Vorgehen jedoch keine genauen, sondern nur brauchbare Werte liefern.

  Bei der **mittelgroßen** Kapitalgesellschaft kann die Rekonstruktion nur unter der Verwendung zusätzlicher Annahmen vorgenommen werden. Die hier rekonstruierten Werte sind **zweifelhaft**.

- Der Zweck des Rekonstruktionsverfahrens liegt darin, die Material-, Personal- und Abschreibungsaufwendungen im Gesamtzusammenhang zu zeigen. Außerdem ermöglicht es, die "klassischen" Analyseinstrumente (die für das Gesamtkostenverfahren entwickelt worden sind) weiterhin einzusetzen.

- Die Analyse der Struktur-GuV ist ein wichtiger Schritt im Rahmen der gesamten Bilanzanalyse. Der Grund hierfür liegt im wesentlichen darin, dass die GuV **keine statische Momentaufnahme** wie die Bilanz ist, sondern eine **Stromgrößenrechnung** der abgelaufenen Abrechnungsperiode. Sie offenbart damit **dynamische** Vorgänge des Unternehmensgeschehens.

- Die Analyse der Struktur-GuV orientiert sich an den Ergebnisebenen. Dabei kommt dem **Betriebserfolg** als **wesentliche**, **dauerhafte** Erfolgsquelle die **höchste** Bedeutung zu.

2.4.7. Übungsaufgaben

1) Auf den nächsten Seiten finden Sie die Strukturerfolgsrechnung der "Übungsfall-AG".

   a) Analysieren Sie die Strukturerfolgsrechnung!

   b) Welches sind hier wohl wesentliche "Gewinnverschiebungsposten"?

   c) Geben Sie eine (vorsichtige) Einschätzung der gegenwärtigen und zukünftigen Ertragslage ab!

STRUKTURERFOLGSRECHNUNG

Positionen	**Geschäftsjahr** TDM	%	**Abw.** %	**Vorjahr** %	TDM
Umsatzerlöse	4.786.524	98,8	8,3-	94,1	5.219.646
+/- Bestandsveränderungen	76.158-	1,6-	264,0-	0,8	46.445
andere akt. Eigenleistungen	10.282	0,2	33,8	0,1	7.682
sonstige betriebliche Erträge	121.829	2,5	55,8-	5,0	275.850
Addition: Betriebliche Erträge	4.842.477	100,0	12,7-	100,0	5.549.623
Materialaufwendungen	2.664.998	55,0	18,1-	58,6	3.253.914
ZWISCHENSUMME: Rohergebnis	2.177.479	45,0	5,2-	41,4	2.295.709
Personalaufwendungen	1.327.910	27,4	2,5	23,3	1.295.803
Abschreibungsaufwand	255.310	5,3	2,9-	4,7	262.997
sonst. betriebl. Aufwendungen	379.597	7,8	21,9-	8,8	485.997
Addition: Betriebl. Aufwand	4.627.815	95,6	12,7-	95,5	5.298.711
ZWISCHENSUMME: Betriebsergebn.	214.662	4,4	14,4-	4,5	250.912
Beteiligungs-, Wertpapierertr.	41.305	46,4	89,8	37,5	21.763
Zinsen und ähnliche Erträge	24.244	27,2	88,1	22,2	12.890
Addition: Finanzerträge	65.549	73,7	89,2	59,7	34.653
Abschreibungen auf Finanzwerte	578	0,6	81,0-	5,2	3.047
Zinsen und ähnlicher Aufwand	190.633	214,2	12,5-	375,1	217.870
Addition: Finanzaufwendungen	191.211	214,8	13,4-	380,3	220.917
ZWISCHENSUMME: Finanzergebnis	125.662-	141,2-	32,5-	320,7-	186.264-
ORDENTLICHES ERGEBNIS	89.000	100,0	37,7	111,3	64.648
Außerordentliche Erträge		0,0	0,0	0,0	
Außerordentliche Aufwendungen		0,0	100,0-	11,3	6.565
AUSSERORDENTLICHES ERGEBNIS		0,0	100,0-	11,3-	6.565-
Jahresergebnis vor Steuern	89.000	100,0	53,2	100,0	58.083
Gesamter Steueraufwand	31.152	35,0	305,2	13,2	7.689
Jahresergebnis nach Steuern	57.848	65,0	14,8	86,8	50.394
Zuführungen / Entnahmen Rückl.	57.848	65,0	14,8	86,8	50.394
Bilanzgewinn / Bilanzverlust		0,0	0,0	0,0	
**					
Geschätzter Steuerbilanzgewinn	37.688	42,3		0,1	80

3. Finanzflussrechnungen zur finanzwirtschaftlichen Analyse

3.1. Vorbemerkungen

Die existentielle Nebenbedingung schlechthin im gesamten Zielsystem der Unternehmung besteht in der ständigen Aufrechterhaltung der Zahlungsfähigkeit. Ein Hauptziel der Jahresabschlussanalyse ist daher die Analyse der Finanzlage (vgl. § 264 Abs. 2 Satz 1 HGB). Die finanzwirtschaftliche Analyse des Jahresabschlusses soll also die Struktur und das Zustandekommen des finanziellen Gleichgewichts aufzeigen sowie frühzeitig dessen Gefährdung erkennen lassen. Zu den Instrumenten der finanzwirtschaftlichen Analyse zählen zum einen verschiedene Varianten von Finanzflussrechnungen wie die Bewegungsbilanz, die Kapitalflussrechnung und die Fondsrechnung, zum andern die Kennzahlenrechnung zur Analyse von Finanzstrukturen und Finanzströmen. Dieses Kapitel konzentriert sich auf die Finanzflussrechnung. Der Kennzahlenrechnung ist das anschließende Kapitel vorbehalten.

Der Finanzmittelfluss ist dem Jahresabschluss nicht unmittelbar zu entnehmen. Denn die Aufwendungen und Erträge in der GuV enthalten auch nichtfinanzwirksame Positionen. Ebenso sind Veränderungen der Aktiv- und Passivbestände in der Bilanz nicht nur auf Zahlungsvorgänge zurückzuführen, sondern können auch aus reinen Wertbewegungen resultieren. Im Unterschied zu vielen anderen Ländern ist in Deutschland eine Finanzflussrechnung auch nicht zwingender Bestandteil der regelmäßigen Unternehmenspublizität.

Damit besteht die Aufgabe der Finanzflussrechnung darin, die Ströme finanzieller Mittel der abgelaufenen Abrechnungsperiode durch das Unternehmen aus dem Jahresabschluss weitgehend zu rekonstruieren. Das bedeutet, die Bestandsdifferenzen von Bilanzpositionen und die Erträge und Aufwendungen der GuV in Finanzgrößen umzuinterpretieren. Dadurch soll dokumentiert werden, von woher Mittel zugeflossen sind und wofür sie verwendet wurden. Sie stellt **das** Analyseinstrument dar, welches im Rahmen der (externen) finanzwirtschaftlichen Analyse am besten geeignet ist, dem angestrebten Erkenntnisziel zu dienen.

Zur Finanzflussrechnung ist inzwischen eine Vielzahl von Verfahren und Varianten entwickelt worden. Als Hauptgruppen lassen sich die Bewegungsbilanz, die Kapitalflussrechnung und die Fondsrechnung unterscheiden. Die Übergänge zwischen den Verfahrenstypen sind allerdings fließend. Auch die Begriffe werden in der Literatur nicht klar voneinander getrennt und teilweise als Synonyma benutzt. Nicht selten [vgl. z.B. Perridon/Steiner 1995, S. 544 ff.; Küting/Weber 1994, S. 137 ff.; Amen 1994] wird „Kapitalflussrechnung“ als Sammelbegriff für alle Varianten liquiditätsbezogener Zeitraumrechnungen verstanden. Wir folgen dieser Begrifflichkeit nicht, sondern fassen die Verfahren der Bewegungsbilanz, der Kapitalflussrechnung und der Fondsrechnung unter dem Oberbegriff „Finanzflussrechnungen“ zusammen. Die wesentlichen Unterschiede der einzelnen Verfahrenstypen liegen

- im Umfang und in der Detaillierung der herangezogenen Jahresabschlussdaten und

- in der Logik der Sortierung der als Finanzfluss interpretierten Jahresabschlussdaten.

Grundlage aller Verfahren der Finanzflussrechnung ist die Veränderungsbilanz, teilweise in Verbindung mit der GuV. Das Ausgangsdatenmaterial muss also die Bilanzdaten zweier aufeinanderfolgender Abrechnungsperioden sowie gegebenenfalls die GuV enthalten. Diese Bedingung dürfte regelmäßig für die zu analysierenden Unternehmen, zumindest für mittelgroße und große Kapitalgesellschaften erfüllt sein.

3.2. Die Veränderungsbilanz und die Bewegungsbilanz

Eine systematische Darstellung der Veränderungen der Bilanzpositionen liefert die **Veränderungsbilanz**. Man erhält sie, indem man Position für Position der Bilanz die Differenz zum entsprechenden Vorjahr bildet. Sie enthält also die Bestandsdifferenzen und wird von daher auch als "Beständedifferenzenbilanz" bezeichnet. Hier gilt die Bilanzgleichung in der Form, dass die Summe der Aktivänderungen gleich der Summe der Passivänderungen ist.

Die Veränderungsbilanz bringt für sich betrachtet keine großen Erkenntnisse, sieht man davon ab, dass Bestandsdifferenzen explizit ausgerechnet sind und sich so die Entwicklung der einzelnen Positionen im Zeitablauf deutlicher verfolgen lässt. Die eigentliche Bedeutung der Veränderungsbilanz liegt darin, dass sie den Ausgangspunkt für leistungsfähigere Instrumente wie die Bewegungsbilanz, insbesondere aber die Kapitalflussrechnung und die Fondsrechnung bildet.

Selbstverständlich lässt sich das oben beschriebene Verfahren auch auf die Strukturbilanz anwenden. Man erhält so die **Strukturveränderungsbilanz**. Für sie gelten die Ausführungen entsprechend.

Die **Bewegungsbilanz** stellt einen ersten - wenngleich auch nur bescheidenen - Versuch dar, das Finanzgebaren und die Finanzbewegungen der betrachteten

Unternehmung transparent zu machen. Sie stellt die einfachste Form einer Mittelverwendungs-Mittelherkunfts-Rechnung dar. Sie ist ohne Rückgriff auf die GuV zu erstellen. Sie stellt daher, neben der Fondsrechnung, bei der Analyse einer kleinen Kapitalgesellschaft den Endpunkt einer finanzwirtschaftlichen Analyse dar, wenn bei diesen die GuV, wie das Gesetz es erlaubt, nicht offengelegt ist und von daher der Einsatz einer Kapitalflussrechnung nicht möglich ist.

Die der Bewegungsbilanz zugrundeliegende Überlegung ist die folgende: **Finanzmittelzuflüsse** können einerseits durch Finanzierungsvorgänge ausgelöst werden, die sich in einer **Passivzunahme** niederschlagen, andererseits durch Desinvestitionsvorgänge, die sich in einer **Aktivminderung** äußern. Die Summe aller Passiverhöhungen und Aktivminderungen bildet somit die Mittelherkunft insgesamt. Die zugeflossenen Mittel können nun zum einen für Investitionen (sie äußern sich durch Aktivmehrungen), zum anderen für Definanzierungen (sie schlagen sich als Passivminderungen nieder) verwandt werden. Die gesamte **Mittelverwendung** ist die Summe aller **Aktiverhöhungen** und **Passivminderungen**.

Das Grundschema einer Bewegungsbilanz lässt sich damit recht einfach darstellen.

Mittelverwendung	Mittelherkunft
Aktiverhöhungen	Aktivminderungen
Passivminderungen	Passiverhöhungen

Die Bilanzgleichung lautet hier: **Mittelverwendung = Mittelherkunft**.

Folgende Sachverhalte können als typische Beispiele für Investitions-, Desinvestitions-, Finanzierungs- und Definanzierungsvorgänge betrachtet werden:

Investitionsvorgänge:

- Käufe von Maschinen führen zu einer Aktiverhöhung im Anlagevermögen,

- Käufe von Roh-, Hilfs- und Betriebsstoffen führen zu einer Erhöhung der Aktiva im Vorratsvermögen.

Desinvestionsvorgänge:

- Abschreibungen auf Sachanlagen führen zu einer Aktivminderung im Anlagevermögen,

- Abbau von Forderungen aus Lieferungen und Leistungen führt zu einer Aktivminderung im Umlaufvermögen.

Finanzierungsvorgänge:

- Zuführungen zu den Gewinnrücklagen führen zu einer Passiverhöhung im Eigenkapital,

- Aufnahme von Krediten bei Banken führt zu einer Passiverhöhung beim Fremdkapital.

Definanzierungsvorgänge:

- Gewinnausschüttungen an die Aktionäre führen zu einer Passivminderung im Eigenkapital,

- Rückzahlungen von Darlehen führen zu einer Passivminderung beim Fremdkapital.

Dieser Katalog einiger typischer Vorgänge verdeutlicht, dass mit Aktivminderungen und Passiverhöhungen stets direkt oder indirekt Finanzmittelzuflüsse verbunden sind oder sie zumindest so interpretiert werden können. Genauso zeigen Aktiverhöhungen und Passivminderungen immer eine (Finanz-) Mittelverwendung an.

Anhand eines weiteren Beispiels wollen wir die Überlegungen zur Veränderungsbilanz und Bewegungsbilanz zusammenfassen. Dabei soll der systematische Weg von der Bilanz über die Veränderungsbilanz bis zur Bewegungsbilanz dargestellt werden. Betrachten wir dazu die Bilanz der "Scheffel-AG" (in Klammern die entsprechenden Werte des Vorjahres):

Bilanz der "Scheffel - AG"

Aktiva		Passiva	
Anlagevermögen	75 (65)	Eigenkapital	90 (70)
Umlaufvermögen	90 (95)	Fremdkapital	75 (90)
Vermögen	165 (160)	Kapital	165 (160)

Zunächst wird die Veränderungsbilanz aufgestellt:

Veränderungsbilanz der "Scheffel - AG"			
Anlagevermögen	+ 10	Eigenkapital	+ 20
Umlaufvermögen	./. 5	Fremdkapital	./. 15
Vermögen	+ 5	Kapital	+ 5

Nun gehen wir die Veränderungsbilanz Position für Position durch und fragen nach der Mittelverwendung: Zuerst ist festzustellen, dass das Anlagevermögen um 10 gewachsen ist (Aktiverhöhung), d.h. hier sind Finanzmittel verwendet (gebunden) worden. Außerdem wurde Fremdkapital in Höhe von 15 zurückgezahlt (Passivminderung), wofür weitere Finanzmittel verwendet worden sind. Damit beträgt die Mittelverwendung insgesamt 25.

Woher kamen nun die verwendeten Mittel? Auch hierüber gibt die Veränderungsbilanz Aufschluss: Zunächst wurden Mittel in Höhe von 5 durch Abnahme des Umlaufvermögens (Aktivminderung) freigesetzt. Weitere Mittel in Höhe von 20 sind in Form einer Erhöhung des Eigenkapitals (Passiverhöhung) zugeflossen. Damit beträgt die Mittelherkunft insgesamt 25. Diese Zusammenhänge zeigt die Bewegungsbilanz:

Bewegungsbilanz der "Scheffel - AG"

Mittelverwendung		Mittelherkunft	
1. Aktiverhöhungen		1. Aktivminderungen	
= Investitionen		= Desinvestitionen	
Anlagevermögen	10	Umlaufvermögen	5
2. Passivminderungen		2. Passiverhöhungen	
= Definanzierung		= Finanzierung	
Fremdkapital	15	Eigenkapital	20
Mittelverwendung insgesamt	**25**	**Mittelherkunft insgesamt**	**25**

Verfahrenstechnisch lässt sich die Bewegungsbilanz - wie schon aus dem Beispiel ersichtlich - leicht durch Neuanordnen der Positionen der Veränderungsbilanz erstellen. Verfährt man in entsprechender Weise für die Strukturveränderungsbilanz, so erhält man eine Strukturbewegungsbilanz. Sie hat den Vorteil, dass hier die Finanzbewegungen z.B. bezüglich der Fristigkeitsstrukturen deutlicher werden und weniger redundante Informationen enthalten sind.

3.3. Fallstudie Teil 5: Die Analyse von Veränderungs- und Bewegungsbilanz

Die Veränderungsbilanz ist geeignet, die im Teil 2 der Fallstudie gewonnenen Aussagen zu Veränderungen der Vermögens- und Kapitalpositionen zu verfeinern. Auf der Aktivseite springt die Erhöhung der Wertpapierposition "ins Auge", die sogar höher als die Gesamtzunahme des Vermögens ausfällt. Die Erhöhung im Sachanlagenbereich scheint hauptsächlich in Produktionsmitteln stattgefunden zu haben. Weitere auffällige Positionen sind der Lagerabbau von fertigen Erzeugnissen und Waren und der Abbau von Forderungen gegen verbundene Unternehmen. Die auf der Passivseite beobachtete deutliche Zunahme des langfristigen Fremdkapitals kann eindeutig auf eine Erhöhung der Pensionsrückstellungen zurückgeführt werden. Weiterhin sollte die Steigerung der Gewinnrücklagen noch angemerkt werden, die übrigen Positionen lassen keine größeren Veränderungen erkennen.

Bei der Betrachtung der Mittelverwendungsseite der Bewegungsbilanz sollte die Position "Wertpapiere" wegen ihrer wertmäßigen Bedeutung gedanklich ausgegliedert werden, um den Blick für das Wesentliche nicht zu verlieren. Wesentlich erscheint nämlich, dass nur geringe Investitionen in unmittelbar der eigentlichen Geschäftstätigkeit dienenden Bereichen stattgefunden haben. Bedenkt man weiterhin, dass auch die zweithöchste Position "Sonstige Vermögensgegenstände" eher dem Bereich der Finanzinvestitionen zuzurechnen ist, so muss für den eigentlichen Geschäftsbereich eine Stagnation bzw. sehr moderater Anstieg der Kapazitäten vermutet werden.

Die Mittelherkunft setzt sich ungefähr zu gleichen Teilen aus Abbau von Vermögenspositionen (insbesondere Lager- und Forderungsabbau, Abbau von Kassenbeständen) und Aufbau von Kapitalpositionen (insbesondere Gewinnrücklagen, Pensionsrückstellungen) zusammen. Bei genauerer Betrachtung der Mittelherkunft fällt auf, dass erhebliche Beträge aus dem Umsatzprozess stammen (Erhöhung der Gewinnrücklagen, Sonderposten mit Rücklageanteil, Rückstellungen). Diese wurden dann anscheinend erst einmal in Wertpapieren "geparkt".

Die Betrachtung der Bewegungsbilanz bringt keine grundlegend neuen Erkenntnisse. Vor allem ist schwierig, eindeutige Kriterien zu definieren, wie die Zahlen einer Bewegungsbilanz zu beurteilen sind. Global wird man sagen können, dass ein wachsendes Unternehmen an einer starken Besetzung der „Diagonale“ von links oben nach rechts unten im Schema der Bewegungsbilanz zu erkennen ist. Hohen Mittelverwendungen durch Aktivzugänge, insbesondere im Anlagevermögen, steht eine hohe Mittelherkunft durch Passivmehrungen gegenüber. Positiv ist dabei einzuschätzen, wenn die Mittelzuflüsse vorrangig aus der Innenfinanzierung, also aus einbehaltenen Gewinnen und Erhöhungen der Rückstellungen stammen. Bei Mittelzuflüssen durch Außenfinanzierungen deutet die Aufnahme von zusätzlichen Eigenmitteln auf eine Verbesserung der Stabilität und Solidität der Finanzierung hin. Nennenswerte Mittelzuflüsse durch Erhöhung der kurzfristigen Fremdmittel dürften ohne Bedenken zu akzeptieren sein, wenn ihnen im entsprechenden Ausmaß kurzfristige Mittelbindungen in Vorräten und Forderungen gegenüberstehen.

Stagnierende Unternehmen weisen tendenziell kleinere Salden in der Bewegungsbilanz auf als wachsende oder schrumpfende. Eine stärkere Besetzung der zweiten Diagonalen (also das Auftreten höherer Salden bei den Gruppen „Aktivminderung“ und „Passivminderung“) deutet auf tendenzielles Schrumpfen des betrachteten Unternehmens hin. Vor einer Überinterpretation solcher Verschiebungen in der Finanzstruktur sei jedoch gewarnt, zumal wenn sie sich auf den Vergleich von nur zwei Geschäftsjahren beschränkt. Wie bei der gesamten Jahresabschlussanalyse ist auch bei den Finanzflussrechnungen zweckmäßig, eine Reihe von Jahren (in der Praxis werden häufig fünf Jahre gewählt) vergleichend gegenüberzustellen.

VERÄNDERUNGSBILANZ der Übungsfall AG	**AKTIVA**
Anlagevermögen	
Immaterielle Vermögensgegenstände	
Konzessionen, Schutzrechte und Lizenzen	610.000-
Sachanlagen	
Grundstücke und Bauten	7.861.000
technische Anlagen und Maschinen	27.983.000
andere Anlagen, Betriebs- und Geschäftsausst.	21.631.000
geleistete Anzahlungen und Anlagen im Bau	7.647.000
Finanzanlagen	
Anteile an verbundenen Unternehmen	12.396.000-
Beteiligungen	14.485.000
Ausleihungen an beteiligte Unternehmen	1.260.000-
sonstige Ausleihungen	963.000-
Umlaufvermögen	
Vorräte	
Roh-, Hilfs- und Betriebsstoffe	1.735.000
fertige Erzeugnisse und Waren	36.176.000-
geleistete Anzahlungen	14.000
Forderungen und sonstige Vermögensgegenstände	
Forderungen aus Lieferungen und Leistungen	17.518.000-
davon Restlaufzeit über ein Jahr	480.000
Forderungen gegen verbundene Unternehmen	50.584.000-
davon Restlaufzeit über ein Jahr	3.440.000-
Forderungen gegen beteiligte Unternehmen	569.000
davon Restlaufzeit über ein Jahr	420.000-
Sonstige Vermögensgegenstände	32.169.000
davon Restlaufzeit über ein Jahr	48.000-
Wertpapiere	227.260.000
Schecks, Kassenbestand und Guthaben	31.663.000-
Rechnungsabgrenzungsposten	0
SUMME	190.184.000
	PASSIVA
Eigenkapital	
Gezeichnetes Kapital	1.000
Kapitalrücklage	3.000
Gewinnrücklagen	40.000.000
Bilanzgewinn/-verlust	3.555.000
Sonderposten mit Rücklageanteil	24.871.000
Rückstellungen	
Rückstellungen für Pensionen	88.709.000
Steuerrückstellungen	15.790.000-
sonstige Rückstellungen	17.041.000
Verbindlichkeiten	
Verbindlichkeiten gegenüber Kreditinstituten	23.227.000
davon Restlaufzeit über 5 Jahre	1.677.000
davon Restlaufzeit unter 1 Jahr	18.420.000
erhaltene Anzahlungen auf Bestellungen	6.654.000-
davon Restlaufzeit unter 1 Jahr	6.654.000-
Verbindlichkeiten aus Lieferungen und Leist.	16.747.000-
davon Restlaufzeit unter 1 Jahr	9.723.000-
Verbindlichkeiten gegenüber verbundenen Unter.	17.990.000
davon Restlaufzeit über 5 Jahre	748.000-
davon Restlaufzeit unter 1 Jahr	19.426.000
Verbindlichkeiten gegenüber beteiligten Unter.	4.608.000
davon Restlaufzeit unter 1 Jahr	4.608.000
sonstige Verbindlichkeiten	9.370.000
davon Restlaufzeit über 5 Jahre	17.000
davon Restlaufzeit unter 1 Jahr	9.362.000
Rechnungsabgrenzungsposten	0
SUMME	190.184.000

STRUKTUR-VERÄNDERUNGSBILANZ der Übungsfall AG

AKTIVA

	TDM
ANLAGEVERMÖGEN	
Immaterielles Vermögen	610-
Sachanlagen	65.122
Finanzanlagen	134-
ZWISCHENSUMME: ANLAGEVERMÖGEN	64.378
UMLAUFVERMÖGEN	
Vorräte	27.773-
Addition: Leistungsvermögen	36.605
Forderungen	
Mit. u. langfr. Ford., son. UV	3.428-
Kurzfristige Forderungen	31.936-
Wertpapiere	227.260
Kassenmittel	31.663-
Addition: Finanzumlaufvermögen	160.233
davon Ford. an verb./bet. U.	50.015-
Rechnungsabgrenzung	
ZWISCHENSUMME: UMLAUFVERMÖGEN	132.460
Endsumme: Gesamtvermögen	196.838

PASSIVA

	TDM
EIGENKAPITAL	
Festes Eigenkapital	1
Variables Eigenkapital	52.439
ZWISCHENSUMME: EIGENKAPITAL	52.440
FREMDKAPITAL	
Langfristiges Fremdkapital	89.655
Addition: Langfr. Kapital	142.095
Mittelfristiges Fremdkapital	7.844
Kurzfristiges Fremdkapital	46.899
Addition: Kurz- u. mittelf. FK	54.743
Rechnungsabgrenzung	
ZWISCHENSUMME: FREMDKAPITAL	144.398
davon Verb. g. verb./bet. U.	22.598
Endsumme: Gesamtkapital	196.838

BEWEGUNGSBILANZ der Übungsfall AG

Mittelverwendung	
INVESTITION	
Grundstücke und Bauten .... :	7.861.000
technische Anlagen und Maschinen .... :	27.983.000
andere Anlagen, Betriebs- und Geschäftsausst. :	21.631.000
geleistete Anzahlungen und Anlagen im Bau .... :	7.647.000
Beteiligungen .... :	14.485.000
Roh-, Hilfs- und Betriebsstoffe .... :	1.735.000
geleistete Anzahlungen .... :	14.000
Forderungen gegen beteiligte Unternehmen ..... :	569.000
Sonstige Vermögensgegenstände .... :	32.169.000
Wertpapiere .... :	227.260.000
SUMME	341.354.000
DEFINANZIERUNG	
Steuerrückstellungen .... :	15.790.000
erhaltene Anzahlungen auf Bestellungen .... :	6.654.000
Verbindlichkeiten aus Lieferungen und Leist. . :	16.747.000
SUMME	380.545.000
Mittelherkunft	
DESINVESTITION	
Konzessionen, Schutzrechte und Lizenzen ...... :	610.000
Anteile an verbundenen Unternehmen .... :	12.396.000
Ausleihungen an beteiligte Unternehmen .... :	1.260.000
sonstige Ausleihungen .... :	963.000
fertige Erzeugnisse und Waren .... :	36.176.000
Forderungen aus Lieferungen und Leistungen ... :	17.518.000
Forderungen gegen verbundene Unternehmen ..... :	50.584.000
Schecks, Kassenbestand und Guthaben .... :	31.663.000
SUMME	151.170.000
FINANZIERUNG	
Gezeichnetes Kapital .... :	1.000
Kapitalrücklage .... :	3.000
Gewinnrücklagen .... :	40.000.000
Bilanzgewinn/-verlust .... :	3.555.000
Sonderposten mit Rücklageanteil .... :	24.871.000
Rückstellungen für Pensionen .... :	88.709.000
sonstige Rückstellungen .... :	17.041.000
Verbindlichkeiten gegenüber Kreditinstituten . :	23.227.000
Verbindlichkeiten gegenüber verbundenen Unter. :	17.990.000
Verbindlichkeiten gegenüber beteiligten Unter. :	4.608.000
sonstige Verbindlichkeiten .... :	9.370.000
SUMME	380.545.000

STRUKTUR-BEWEGUNGSBILANZ der Übungsfall AG

Mittelverwendung	
INVESTITION	
Sachanlagen	65.122
Wertpapiere	227.260
SUMME	292.382
DEFINANZIERUNG	
SUMME insgesamt	292.382
Mittelherkunft	
DESINVESTITION	
Immaterielles Vermögen	610
Finanzanlagen	134
Vorräte	27.773
Mit. u. langfr. Ford., son. UV	3.428
Kurzfristige Forderungen	31.936
Kassenmittel	31.663
SUMME	95.544
FINANZIERUNG	
Festes Eigenkapital	1
Variables Eigenkapital	52.439
Langfristiges Fremdkapital	89.655
Mittelfristiges Fremdkapital	7.844
Kurzfristiges Fremdkapital	46.899
SUMME insgesamt	292.382

Insbesondere Leffson setzt sich mit den Mängeln der Bewegungsbilanz auseinander [Leffson 1984, S. 125 ff.]. Zum ersten zeigt sie nur Veränderungssalden zwischen zwei Zeitpunkten auf und reagiert in ihren Strukturen teilweise stark sensitiv auf die Wahl dieser Vergleichszeitpunkte. Eine „korrekte" Aussage ist also eigentlich nur gewährleistet, wenn die Werte zu den Bilanzstichtagen repräsentativ für das gesamte Geschäftsjahr sind. Das aber ist nicht gewährleistet.

Zum zweiten kann eine Bewegungsbilanz selbstverständlich kein Bild der tatsächlichen Finanzströme der betrachteten Periode liefern, sondern nur der Bewegungs"spitzen". Zu- und Abnahmen innerhalb der einzelnen Positionen während der Periode werden wegsaldiert.

Ein spezifischer Nachteil dieser Vorgehensweise ist, dass sie immer nur **Nettobewegungen** einzelner Bilanzpositionen erfassen kann, die durch mehrere, evtl. gegenläufige Prozesse ausgelöst worden sein können. Werden in einer Abrechnungsperiode sowohl Verkäufe von Sachanlagen und Abschreibungen auf Sachanlagen (also liquiditätswirksame und nicht-liquiditätswirksame Aktivminderungen) als auch Investitionen in Sachanlagen (Aktiverhöhungen) vorgenommen, so weist die Bewegungsbilanz anschliessend nur den Saldo aller Aktiverhöhungen und Aktivminderungen der jeweiligen Bilanzposition aus. Die dahinterstehenden Vorgänge gehen aus ihr nicht mehr hervor. Dieses Problem wird umso gravierender, je mehr die Bilanzpositionen für die Bewegungsbilanz aggregiert werden.

Den letzten Kritikpunkten lässt sich partiell durch eine Erweiterung der klassischen, einfachen Bewegungsbilanz Rechnung tragen. Eine erste Möglichkeit besteht darin, nicht die Kontensalden „netto", sondern die sie verursachenden Kontenumsätze „brutto" auszuweisen. Diese Vorgehensweise ist bei interner Erstellung einer Bewegungsbilanz ohne Schwierigkeiten möglich. Dem externen Bilanzanalysten, der aus dem Jahresabschluss eine Bewegungsbilanz zu konstruieren versucht, steht dieser Weg aber nur für das Anlagevermögen offen, da die Unternehmen im Anlagespiegel die Zugänge, Abgänge, Abschreibungen und Zuschreibungen der Periode getrennt ausweisen müssen. Die Abschreibungen und Abgänge tauchen dann unter den Positionen der Mittelherkunft (Aktivminderungen bei den Posten des Anlagevermögens) auf, die Zugänge und Zuschreibungen (Aktiverhöhungen) sind als Mittelverwendung identifizierbar. Zugleich wird hierüber deutlich, welche Teile der als Mittelzu- und -abflüsse interpretierten Bewegungen der Bilanzpositionen nur auf Veränderungen der Buchwerte und welche auf „echte" Finanzflüsse zurückzuführen sind. Bei den anderen Bilanzpositionen fehlen dagegen diese Angaben. Perridon/Steiner [1995, S. 552] sprechen daher von Teilbrutto-Bewegungsrechnungen.

Der zweite, weitergehende, mit dem ersten auch zu kombinierende Weg bezieht auch die Positionen der GuV in die Bewegungsbilanz mit ein. Statt des Saldos der GuV, des Jahresüberschusses oder Jahresfehlbetrags, werden die gesamten Ertrags- und Aufwandspositionen eingesetzt. Die Erträge werden dabei der Mittelherkunft, die Aufwendungen der Mittelverwendung zugeordnet. Diese erweiterte Form der Bewegungsbilanz kommt dem Umfang der tatsächlichen Finanzströme der Periode schon erheblich näher. Allerdings geht dabei auch ein Teil der Übersichtlichkeit der einfachen Variante verloren. Die ohnehin schon problematische Interpretation des einfachen Zahlenwerks wird hier noch schwieriger.

Letzten Endes zeigt aber auch eine solche Bewegungsbilanz die Finanzbewegungen nicht korrekt auf. Sie enthält nämlich auch die nicht zahlungswirksamen Bestandsveränderungen und Erfolgsgrößen. So tauchen z.B. die Abschreibungen als Aktivabnahme (und daher als Mittelzufluss) und gleichzeitig als Aufwand (und daher als Mittelabfluss) auf. Ebenso werden die gesamten Umsätze und Einkäufe von Vorleistungen in vollem Umfang als Mittelzu- und -abflüsse interpretiert, ungeachtet ihrer tatsächlichen Finanzwirksamkeit. Daher wird von verschiedenen Autoren [z.B. Käfer 1974, S. 51 ff.; Chmielewicz/Caspari 1985, S. 159] konsequent vorgeschlagen, die nicht finanzwirksamen Positionen durch Saldierungen zu eliminieren. Beispielsweise würden also Abschreibungen und Zuschreibungen gegen die entsprechenden Aktivposten verrechnet, Umsätze um die Veränderungen der Forderungen aus Lieferungen und Leistungen korrigiert. Diese Form der Bewegungsbilanz nähert sich schon stark einer Kapitalflussrechnung im hier verstandenen Sinn, so dass auf weitere Überlegungen und Erläuterungen an dieser Stelle verzichtet werden kann.

3.4. Die Kapitalflussrechnung

Kapitalflussrechnungen nehmen grundsätzlich alle bei der Darstellung der Bewegungsbilanz angesprochenen Überlegungen zur Abbildung und Rekonstruktion der Finanzströme auf. Der Sortierung der Zahlungströme liegt allerdings eine andere Gliederungslogik zugrunde. Daher wird einführend auf das **finanzwirtschaftliche Grundkonzept**, das den Aufbau der Kapitalflussrechnung bestimmt, eingegangen. Die Abbildung 3.4.-1. soll die nachfolgenden Überlegungen illustrieren helfen:

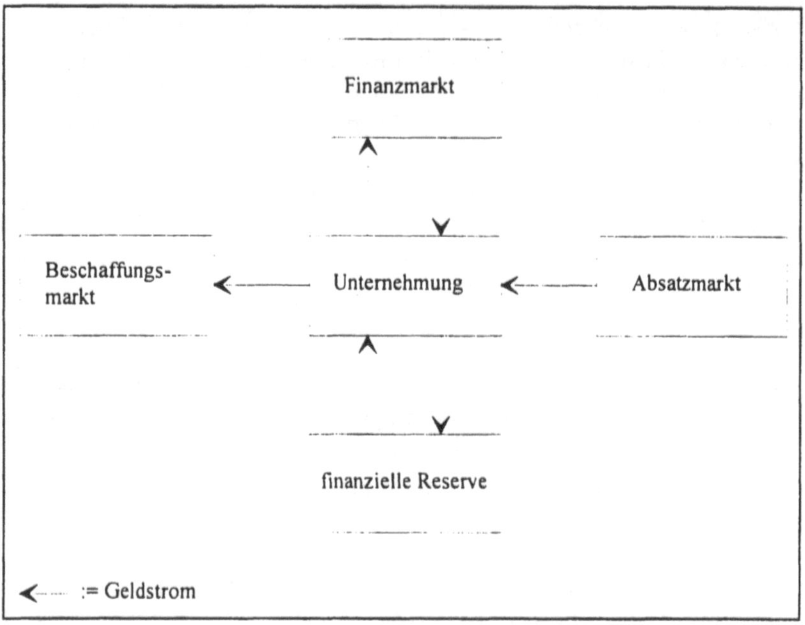

Abb. 3.4.-1.: *Die finanziellen Beziehungen der Unternehmung*

Ein Unternehmen ist durch eine **realwirtschaftliche** und eine **monetäre** Dimension gekennzeichnet. In der realwirtschaftlichen Ebene findet die **Beschaffung** von Gütern und Dienstleistungen, die Erstellung der betrieblichen Leistung (**Produktion**) und der **Absatz** der betrieblichen Leistung statt. Diese realwirtschaftlichen Vorgänge lösen in der monetären Ebene **Geldströme** aus, denn Güter und Dienstleistungen sind auf Beschaffungsmärkten in der Regel nur gegen Geld erhältlich, während andererseits das Unternehmen seine Leistungen auf den Absatzmärkten gegen Geld bereitstellt (vgl. die Geldströme in Abb. 3.4.-1. vom Absatzmarkt zum Beschaffungsmarkt).

Aus- und Einzahlungen werden aber nicht nur durch den Vorgang der Leistungserstellung ausgelöst. Nimmt ein Unternehmen einen Kredit auf, erhöht es sein Eigenkapital durch Ausgabe von Aktien, sind auf bestehende Darlehen Zins und Tilgung zu leisten oder werden Gewinnausschüttungen an Aktionäre vorgenommen, fließen auch hier Geldströme. Sie sind jedoch nicht durch die Leistungserstellung direkt, sondern durch Beziehungen des Unternehmens zu **Finanzmärkten** ausgelöst worden (vgl. die Geldströme vom und zum Finanzmarkt in Abb. 3.4.-1.).

In Abbildung 3.4.-1. wurde als fiktiver Bereich die "finanzielle Reserve" des Unternehmens ausgegliedert. Verbleibt etwa nach Abrechnung aller finanziellen Ströme vom und zum Beschaffungs-, Absatz- und Finanzmarkt ein Überschuß, so fließt dieser - gedanklich - in die finanzielle Reserve. Verbleibt dagegen ein Defizit, so ist dieses - gedanklich - durch Entnahme aus der finanziellen Reserve auszugleichen. Dem Bereich der "finanziellen Reserve" wird dabei die Funktion eines Spitzenausgleichs zugemessen. Die Hauptbetrachtung liegt aber auf den finanziellen Beziehungen zum Beschaffungs-, Absatz- und Finanzmarkt.

Wir fassen zusammen: **Geldströme** werden in (der monetären Ebene von) Unternehmen ausgelöst durch

1) Beziehungen des Unternehmens zu

   - Beschaffungsmärkten und
   - Absatzmärkten,

2) Beziehungen des Unternehmens zu

   - Finanzmärkten.

Die Existenz eines Unternehmens ist nur dann gewährleistet, wenn es gelingt, die aus diesen Marktbeziehungen resultierenden Geldströme im **Gleichgewicht** zu halten, d.h. das Unternehmen muss sicherstellen, dass zu **keinem** Zeitpunkt die zu leistenden (kumulierten) Auszahlungen die (kumulierten) Einzahlungen inklusive der verfügbaren Reserven **überschreiten**.

Hierbei handelt es sich um ein Gleichgewicht, das das Unternehmen in seiner Gesamtheit betrifft. Damit ist gemeint, dass einzelne Marktbeziehungen im Ungleichgewicht sein können, solange nur das Gesamtgleichgewicht erhalten bleibt.

Beispiel:

In Erwartung eines Großauftrags produziert ein Unternehmen zunächst auf Lager. Seine Beziehungen zu Beschaffungs- und Absatzmärkten sind in einem (monetären) Ungleichgewicht. Für die Produktion werden Arbeitskräfte und Vorleistungen benötigt, was zu hohen Auszahlungen führt. Da (vorübergehend) auf Lager produziert wird, fehlen die Einzahlungen aus dem Verkauf der produzierten Leistungen. Es besteht ein (partielles) Ungleichgewicht dahingehend, dass der Geldfluss aus der Beziehung zu Beschaffungs- und Absatzmärkten ein Defizit (Überschuss der Auszahlungen über die Einzahlungen) ausweist.

Zur Abdeckung dieses (partiellen) Defizits (zur Finanzierung der Produktion auf Lager) nimmt das Unternehmen einen Kredit auf. Damit ergibt sich nun aus der Beziehung des Unternehmens zu Finanzmärkten ein weiteres, partielles (monetäres) Ungleichgewicht. Es entsteht in diesem Beispiel ein (vorübergehender) Überschuss, d.h. die Einzahlungen übersteigen die Auszahlungen.

In der **Gesamtheit** aller Marktbeziehungen befindet sich das Unternehmen im finanziellen Gleichgewicht, da sich die partiellen Ungleichgewichte ausgleichen!

Mit der Kapitalflussrechnung wird nun, ähnlich dem oben beschriebenen Beispiel, das Zustandekommen des **Gesamtgleichgewichts** untersucht. Inhaltlich fassen wir die Kapitalflussrechnung in Anlehnung an Busse von Colbe [Busse von Colbe 1966, S. 82 ff., insbesondere S. 99 ff.][1]. Dazu wird die Rechnung in vier Bereiche untergliedert:

1. Umsatzbereich
2. Investitionsbereich
3. Kapitalbereich
4. Geldbereich

Der **Umsatzbereich** gibt die **Zahlungsströme** wieder, die aus der Beziehung zu **Beschaffungs-** und **Absatzmärkten**, im Rahmen der **gewöhnlichen Geschäftstätigkeit** resultieren.

Auch aus der Investitions- und Desinvestitionstätigkeit eines Unternehmens ergeben sich (vornehmlich) Auszahlungen und (weniger) Einzahlungen. Beschafft sich ein Unternehmen neue Maschinen auf den Beschaffungsmärkten, so werden hierfür Geldmittel benötigt. Diese können zu einem in der Regel geringen Teil sicherlich durch Verkauf alter, abgenutzter Anlagen beschafft werden. Grössere Desinvestitionsvorgänge treten z.B. beim Verkauf von Beteiligungen und ganzen Unternehmensteilen oder bei Sale-and-Lease-Back-Geschäften auf. Der **Investitionsbereich** enthält die Zahlungsströme aus der Beziehung zu Beschaffungs- und Absatzmärkten, soweit sie aus der **Investitionstätigkeit** resultieren.

---

1 Dieser Vorschlag wurde in der Literatur weitgehend, wenn auch unter leichter Modifikation, aufgenommen. Dabei wird der 2. Bereich ("Anlagenbereich") mitunter, wie auch bei uns, "Investitionsbereich" genannt. Ferner wird die Zuordnung bestimmter Positionen zum Umsatzbereich weiter gefaßt als in dem ursprünglichen Vorschlag [Coenenberg 1994, S. 555 ff.; Kerth/Wolf 1986, S. 136; Schöning 1979, S. 142 ff.]. Eine sich ebenfalls an den o.g. Vorschlag anlehnende Kapitalflussrechnung, allerdings mit anderen Zuordnungen zu den einzelnen Bereichen und geringerer "Genauigkeit" (bezüglich des "Aufgehens" der Rechnung), findet sich bei Gräfer [Gräfer 1985, S. 142 ff.].

Umsatz- und **Investitionsbereich** zusammen spiegeln damit den gesamten Zahlungsmittelfluss aus der Beziehung zu Beschaffungs- und Absatzmärkten wider.

Im **Kapitalbereich** werden alle Geldströme aufgrund der Beziehungen des Unternehmens zu Finanzmärkten wiedergegeben und abgerechnet. Hier schlagen sich Vorgänge nieder wie

- Eigenkapitalerhöhungen durch Ausgabe von Gesellschaftsanteilen,
- Eigenkapitalverminderungen durch Gewinnausschüttungen an Anteilseigner,
- Fremdkapitalerhöhungen durch Kreditaufnahmen,
- Fremdkapitalverminderungen durch Ablösung bestehender Verbindlichkeiten.

Selten werden wie in dem vorangegangenen Beispiel etwa Kredite genau in der Höhe aufgenommen, wie sie gerade benötigt werden. Auch Eigenkapitalerhöhungen werden kaum in genau der aktuell benötigten Höhe vorgenommen. Kreditaufnahmen oder Eigenkapitalerhöhungen werden z.B. auch auf "Vorrat" durchgeführt, da jeder Kapitalbeschaffungsakt mit Kosten verbunden ist. Es wäre daher unsinnig, Kapital genau in der benötigten Höhe aufzunehmen, wenn feststeht, dass bald wieder welches gebraucht wird. Werden also mehr Gelder aufgenommen, als kurzfristig verwendet werden sollen, werden diese kurzzeitigen Überschüsse im Geldbereich (in Abb. 3.4.-1. als "finanzielle Reserve" ausgegliedert) durch Erhöhung der Liquiditätsreserven (Kassenmittel und Wertpapiere) gebunden.

Der **Geldbereich** übernimmt damit allgemein eine **Ausgleichsfunktion**, denn selten wird die Gesamtabrechnung der Beziehungen zu Beschaffungs-, Absatz- und Finanzmärkten "zu null" aufgehen. Ein verbleibender Zahlungsmittelüberschuss führt zu einer Erhöhung der Liquiditätsreserven (also zu einer Mittelbindung im Geldbereich). Ein verbleibender Zahlungsmittelfehlbetrag muss durch Abbau der Liquiditätsreserven (Mittelfreisetzung im Geldbereich) gedeckt werden.

Die vorangegangenen Ausführungen sollten verdeutlicht haben, dass die Kapitalflussrechnung eine **Geldstromrechnung** ist. Damit sprechen wir aber gleichzeitig eine verfahrenstechnische Schwierigkeit an, die schon bei der Bewegungsbilanz angeklungen ist. Wollen wir die Kapitalflussrechnung eines Unternehmens aufstellen, dürfen in sie nur **Zahlungsströme** Eingang finden. Dem (externen) Bilanzanalytiker liegt hingegen nur der Jahresabschluss vor, der **Buchbestände** (in der Bilanz) und **Aufwendungen** und **Erträge** (in der GuV) verzeichnet. Daher kann der (externe) Bilanzanalytiker nur eine Kapitalflussrechnung rekonstruieren, die zwar der **Struktur** nach dem "wahren" Kapitalfluss hinreichend gleicht, nie aber in den einzelnen Positionen mit ihr übereinstimmt.

Beim weiteren Vorgehen werden wir daher, wie schon bei der Bewegungsbilanz, von Finanzmittelzuflüssen (statt Einzahlungen) und Finanzmittelabflüssen (statt Auszahlungen) sprechen.

Im einzelnen wird die Kapitalflussrechnung nach folgendem Verfahren aufgebaut: Position für Position der GuV sowie der Veränderungsbilanz wird durchgegangen und hinsichtlich (Finanzmittel-) Zufluss bzw. (Finanzmittel-) Abfluss typisierend zugeordnet. Dabei kann die einzelne Position

- vollständig und in richtiger Höhe einen Zufluss/Abfluss darstellen

- zwar einen Zufluss/Abfluss darstellen, aber nicht in der richtigen Höhe

- gar keinen Zufluss/Abfluss darstellen, aber die notwendige Korrektur auf einen Abfluss/Zufluss in der falschen Höhe bilden.

Ein Beispiel mag dies verdeutlichen: Die Materialaufwendungen stellen einen vollständigen (Mittel-) Abfluss dar (soweit keine Veränderung der Lagerbestände eingetreten ist und die Käufe bezahlt wurden, es also zu keiner Veränderung der Verbindlichkeiten aus Lieferungen und Leistungen kam). Die Personalaufwendungen werden typisierend als Abfluss betrachtet, wobei dieser in Höhe der Zuführungen zu den Pensionsrückstellungen zu hoch ausfällt. An späterer Stelle wird die Erhöhung der Pensionsrückstellungen typisierend als Zufluss (weil Passivmehrung) betrachtet. Natürlich ist dies **kein** Mittelzufluss, sondern die notwendige Korrektur auf die zu hoch ausgewiesenen Abflüsse aufgrund der typisierenden Zuordnung der Personalaufwendungen:

KAPITALFLUSSRECHNUNG

Position	Zufluß	Abfluß
.		
.		
.		
Personalaufwendungen		100
.		
.		*Korrektur*
.		
Erhöhung der Pensionsrückstellungen	20	

Abb. 3.4.-2.: *Korrekturen innerhalb der Kapitalflussrechnung*

Die Abbildung 3.4.-2. illustriert das letzte Beispiel. Betragen etwa die Personalaufwendungen insgesamt 100 und haben die Pensionsrückstellungen um 20 zugenommen, so erfolgen die Eintragungen in das Schema der Kapitalflussrechnung wie abgebildet: Die Personalaufwendungen werden typisierend als Abfluss in Höhe von 100, die Zunahme der Pensionsrückstellungen typisierend als Zufluss in Höhe von 20 eingetragen. Der echte Finanzmittelabfluss in Höhe von 80 ergibt sich implizit durch die gegenseitige Korrektur.

Dieses Verfahren ist technisch höchst einfach zu handhaben und führt bei Vorliegen einiger zusätzlicher Bedingungen zu einer genauen Abstimmung des Geldbereichs mit den drei anderen Bereichen (d.h. zur betragsmäßigen Gleichheit von Zu- und Abflüssen). Abstimmungsdifferenzen können sich jedoch auch aufgrund von Rundungen ergeben, die aber von untergeordneter Bedeutung sind.

Aufgrund der vielfältigen, oftmals impliziten Korrektur- und Gegenkorrekturbeziehungen der Positionen untereinander sind die sich ergebenden Summen für Finanzmittelzu- und -abflüsse nicht interpretierbar. Lediglich die sich ergebenden Salden - so dürfte deutlich sein - können eine gewisse Orientierung vermitteln. Aber auch hier ist auf die Abrechnung hinreichend großer Positionsgruppen zu achten, so dass alle zwischen ihnen wirkenden Korrekturbeziehungen hierin enthalten sind. Dies ist eigentlich erst auf der Ebene der vier Bereiche gewährleistet, womit feinere Untergliederungen nicht sinnvoll möglich sind.

Das genaue Vorgehen sowie die inhaltliche Abgrenzung von Umsatz-, Investitions-, Kapital- und Geldbereich sind dem nachfolgendem Schema zu entnehmen. Dabei wird in diesem Schema eine GuV auf Grundlage des Gesamtkostenverfahrens unterstellt. Abänderungen, die notwendig sind, sofern eine GuV auf Grundlage des Umsatzkostenverfahrens vorliegt, werden im nächsten Kapitel behandelt.

3.4.1. Schema der Kapitalflussrechnung nach dem Gesamtkostenverfahren

Da das nachfolgende Schema eher einen Algorithmus beschreibt, ist es für sich allein betrachtet undurchsichtig, ja vielleicht auf den ersten Blick sogar verwirrend. Wir möchten an dieser Stelle zur Sicherung der Übersichtlichkeit lediglich die Grundstruktur der Kapitalflussrechnung beschreiben. Im Anhang an dieses Kapitel ist das komplette Schema mit allen Positionen der (erweiterten) Schemata der Bilanz und der GuV aufgenommen, die zur Erstellung der Kapitalflussrechnung heranzuziehen sind. Zusätzlich empfehlen wir, zunächst einen Blick auf die Kapitalflussrechnung der Fallstudie zu werfen. Sie ist als **Beispielfall** besser geeignet, einen ersten Eindruck über den systematischen Aufbau einer Kapitalflussrechnung zu vermitteln.

Der **Umsatzbereich** soll, wie oben angesprochen, die Zahlungsströme erfassen, die aus der originären Geschäftstätigkeit des Unternehmens entstanden sind. Die Erträge der Periode, die auf den einzelnen Ertragspositionen der GuV erscheinen, werden als Zufluss von Finanzmitteln erfasst. Analog stellen Aufwendungen wie Materialverbrauch, Personalaufwendungen etc. Finanzmittelabflüsse dar. Überhaupt nicht erfasst werden konsequenterweise Aufwandsarten, die mit keinem Finanzstrom verbunden sind, also vor allem die Abschreibungen.

Der tatsächliche Finanzmittelfluss der betrachteten Periode ist aber mit dieser Gegenüberstellung der finanzwirksamen Erträge und Aufwendungen noch nicht korrekt beschrieben. So kann, wie ebenfalls schon früher gezeigt wurde, ein Teil der Personalaufwendungen finanzwirksam, der andere Teil (z.B. die Zuführung zu den Pensionsrückstellungen) nicht finanzwirksam gewesen sein. Dies gilt auch für andere Aufwandsarten. Auf der Ertragsseite trifft das in gleicher Weise zu. So mögen zwar hohe Umsätze getätigt worden sein, die Lieferungen erfolgten aber vielleicht auf Ziel und sind noch nicht beglichen. Solche zeitlichen Verwerfungen zwischen Zahlungsströmen und Erfolgspositionen sind in der Kapitalflussrechnung dadurch zu korrigieren, dass die durch sie ausgelösten Bestandsänderungen in der Bilanz mit berücksichtigt werden. Zwar erbrachte und in Rechnung gestellte, aber von den Kunden noch nicht bezahlte Lieferungen und Leistungen schlagen sich bilanziell in einer Erhöhung der Position der Forderungen aus Lieferungen und Leistungen nieder. In diesem Umfang würde der Finanzmittelzufluss zu hoch eingeschätzt, wenn man nur die Umsatzerlöse als Finanzfluss herangezogen hätte. Daher ist eine Erhöhung der Forderungen aus Lieferungen und Leistungen als Korrekturposten auszuweisen und taucht daher im Schema als Finanzmittelabfluss auf, obwohl selbstverständlich kein Abfluss vorlag. In der gleichen Weise müssen Veränderungen der Verbindlichkeiten aus Lieferungen und Leistungen sowie der unfertigen und der fertigen Erzeugnisse und Leistungen als Korrekturposten im Schema erfasst werden.

Ebenso ist eine Korrektur der Sonderposten mit Rücklageanteil und der Rückstellungen vorzunehmen. Ihre Bildung erfolgt stets erfolgswirksam, ist aber nicht mit einem Finanzabfluss verbunden. Die Veränderungen dieser Posten bilden also die notwendigen Korrekturen zu Aufwandspositionen der GuV und sind daher dem Umsatzbereich als Mittelzufluss zuzuordnen.

Zusätzlich können im Umsatzbereich Ausgaben und Einnahmen angefallen sein, die gar nicht erfolgswirksam waren, also in der GuV keinen Niederschlag gefunden haben. So führen z.B. Zukäufe von Roh-, Hilfs- und Betriebsstoffen zu einem Geldabfluss, ohne dass dies in der GuV erscheint. Eine Erhöhung von Beständen an Roh-, Hilfs- und Betriebsstoffen ist also als ein Geldabfluss zu interpretieren und zu erfassen. Sind diese Materialbeschaffungen nun noch gar nicht bezahlt worden, haben sie die Verbindlichkeiten aus Lieferungen und Leistungen erhöht und sind darüber (s.o.) wiederum als Zufluss zu verbuchen. Materialaufwand, Materialbestandszugang und Verbindlichkeitszugang zusammen bilden nunmehr den durch die Materialkäufe ausgelösten Finanzfluss (weitgehend) adäquat ab. Analoge Erfassungen als Zu- und Abflüsse sind für die Veränderungen der aktiven und passiven Rechnungsabgrenzungsposten sowie für die erhaltenen und geleisteten Anzahlungen durchzuführen.

Strittig könnte die Zuordnung der Verbindlichkeiten gegenüber verbundenen Unternehmen sowie gegen Unternehmen, mit denen ein Beteiligungsverhältnis besteht, sein. Solche Verpflichtungen können aus innerkonzernlichen Liefer- und Leistungsverflechtungen resultieren. Dann wären sie dem Umsatzbereich zuzuordnen (wie dies z.B. Coenenberg [1994, S. 560 ff.] vorschlägt). Allerdings können diese Verbindlichkeiten auch sehr wohl nur aus reinen Finanzgeschäften resultieren, was aufgrund der Einschaltung konzerninterner Finanzierungsgesellschaften häufig der Fall ist [siehe dazu z.B. Rehkugler 1994]. Dies würde eine Zuordnung zu den Zahlungsströmen des Finanzbereichs nahelegen.

Da der Jahresabschluss normalerweise keine entprechenden Angaben enthält, die die Zuordnung erleichtern würden, muss der Bilanzanalyst die Zuordnung vornehmen. Wir haben uns generell für den Ausweis unter den Finanzkonten entschieden.

Aufbau der Kapitalflussrechnung:

	Zufluss		Abfluss
I. Umsatzbereich			
Finanzwirksame Erträge und Aufwendungen			
Ertragspositionen der GuV			
Umsätze	x		
...	x		
Aufwandspositionen der GuV			
Materialaufwand			x
...			x
Saldo nicht erfaßter Zu-/Abschreibungen	+		-
Finanzwirksame Bestandsveränderungen			
Aktivpositionen			
VBI Roh-, Hilfs- und Betriebsstoffe	-		+
VBI Unfertige Erzeugnisse, unf. Leistungen	-		+
VBI ...	-		+
Passivpositionen			
VBI Sonderposten mit Rücklageanteil	+		-
VBI Rückstellungen	+		-
VBI ...	+		-
Zwischensumme	xxx		xxx
Umsatzbereich (Überschuss +, Defizit -)		**xxx**	
II. Investitionsbereich			
Sachanlagen			
Zugänge			x
Abgänge	x		
Finanzanlagen			
Zugänge			x
Abgänge	x		
Immaterielle Anlagen			
Zugänge			x
Abgänge	x		
Zwischensumme	xxx		xxx
Investitionsbereich (Überschuss +, Defizit -)		**xxx**	
Umsatz- und Investitionsbereich		**xxx**	
III. Kapitalbereich			
Bestandsveränderungen der Finanzkapitalkonten			

	VBI Ausstehende Einlagen	-		+
	VBI Gezeichnetes Kapital	+		-
	VBI ...			
	VBI Verbindlichkeiten geg. Kreditinstituten	+		-
	VBI ...	+		-
	Bilanzgewinn/Ausschüttung für das Vorjahr	-		+
	Zuführung zu/Entnahme aus den Rücklagen	-		+
	Zwischensumme	xxx		xxx
	Kapitalbereich (Überschuss +/Defizit -)		**xxx**	
	Bereiche I. - III.		**xxx**	
IV.	**Geldbereich**			
	Bestandsveränderungen der Geldkonten			
	VBI Scheck, Kassenbestand, Guthaben bei Kreditinstituten etc.	-		+
	VBI Wertpapiere des Umlaufvermögens	-		+
	Zwischensumme	xxx		xxx
	Geldbereich (Überschuss +, Defizit -)		**xxx**	
	Abstimmung (Summe I.-III. - Summe IV = 0 ?)		**xxx**	

Erläuterungen:
GuV (..) := Position des erweiterten GuV-Gliederungsschemas
VBI (..) := Veränderung der Bilanzposition des obigen Bilanzgliederungsschemas gegenüber dem Vorjahr
x := Wird hier zugeordnet
\+ := Wird hier zugeordnet, wenn positiv
\- := Wird hier zugeordnet, wenn negativ
xxx := Bezeichnet eine Summe

Abb. 3.4.1.-1: *Schema einer Kapitalflussrechnung (Gesamtkostenverfahren)*

Der so insgesamt resultierende Finanzmittelfluss aus dem Umsatzbereich steht dann für andere, über die gewöhnliche Geschäftstätigkeit hinausgehende Zwekke zur Verfügung. Ein sich ergebender Fehlbetrag muss zusätzlich von den anderen Bereichen gedeckt werden.

Die Interpretation der Jahresabschlusspositionen als Finanzströme für den **Investitionsbereich** ist wesentlich einfacher. Die durchgeführten Investitionen schlagen sich als Zugänge im Anlagevermögen nieder. Allerdings zeigt die Bilanz nur Nettobewegungen, die Zugänge, Abgänge, Zuschreibungen und Abschreibungen saldiert ausweisen. Daher ist zur Ermittlung des Finanzmitttelabflusses für Investitionen auf das Anlagengitter zurückzugreifen, das die Zugänge getrennt wiedergeben muss.

Während sich die Zugänge einer Periode leicht durch einfaches Aufsummieren der entsprechenden Werte des Anlagengitters errechnen lassen, ist dies in der

Weise bei den Abgängen nicht möglich. Zuerst muss entschieden werden, ob bei den Abgängen von Gegenständen des Anlagevermögens die Buchwerte oder die tatsächlichen Finanzzuflüsse angesetzt werden sollen. Für den Ansatz der realisierten Einnahmen aus dem Verkauf von Gegenständen des Anlagevermögens spricht, dass nur so dem Investitionsbereich die korrekten Finanzmittelbewegungen zugeordnet werden. Dann ist es allerdings notwendig, den Saldo des Umsatzbereichs entsprechend zu korrigieren und die dort ausgewiesenen Erträge und Verluste aus dem Abgang von Gegenständen des Anlagevermögens herauszurechnen. Diese Vorgehensweise liegt sowohl dem später noch anzusprechenden amerikanischen Konzept des Cash Flow Statement nach SFAS 95 als auch der Empfehlung des Hauptfachausschusses und des Arbeitskreises „Finanzierungsrechnung“ der Schmalenbach-Gesellschaft/Deutsche Gesellschaft für Betriebswirtschaft e.V. für die Erstellung von Kapitalflussrechnungen zugrunde, die als „Stellungnahme HFA 1/1995: Die Kapitalflussrechnung als Ergänzung des Jahres- und Konzernabschlusses“ [HFA 1/1995] veröffentlicht ist.

Man könnte aber auch auf diese Korrektur im Umsatzbereich verzichten. Oft wird man schlicht dazu gezwungen sein, sei es, dass kein Anhang zur Verfügung steht, sei es, dass die entsprechenden Anhangsangaben fehlen. Denn die Unternehmen sind nicht verpflichtet, die Erträge und Verluste aus dem Abgang von Gegenständen des Anlagevermögens, die in den sonstigen Erträgen und sonstigen Aufwendungen enthalten sind, im Anhang betragsmäßig aufzuschlüsseln. Wenn diese Größen nicht zur Verfügung stehen, bleibt nur der Weg, diese Aufwands- und Ertragsanteile im Umsatzbereich zu belassen. Dann aber muss im Investitionsbereich der Abgang von Gegenständen des Anlagevermögens immer mit seinen Buchwerten ausgewiesen werden, da die Differenzen zwischen Buchwerten und Veräußerungserlösen schon im Umatzbereich (nämlich im Jahresüberschuss) erfasst sind. Diesem Weg wird hier gefolgt, weil für die externe Analyse gar nicht anders verfahren werden kann, sofern man alle Unternehmen vergleichbar behandeln will.

Unabhängig davon sind für Zwecke der Kapitalflussrechnung (und auch später für die Fondsrechnung) die Abgänge zu **Buchwerten** erforderlich. Aus dem Anlagengitter gehen jedoch nur die Abgänge zu historischen AK/HK hervor. Daher werden die Abgänge zu Buchwerten einer Position wie folgt berechnet:

	Bilanzwert des Vorjahres
+	Zugänge der Periode
./.	Bilanzwert des Geschäftsjahres
./.	Abschreibungen des Geschäftsjahres
+	Zuschreibungen des Geschäftsjahres
=	Abgänge zu Buchwerten

Mit Hilfe dieses Betrags lässt sich insgesamt der Überschuss bzw. i.d.R. der Fehlbetrag des Investitionsbereichs berechnen. Wurde die Variante mit Korrektur des Umsatzbereichs gewählt, so ist der Betrag der Desinvestitionseinnahmen durch Addition des Buchwertes der Abgänge und der Erträge und Verluste aus dem Abgang von Gegenständen des Anlagevermögens zu ermitteln.

Beim **Kapitalbereich** wird entsprechend dem Grundschema verfahren, dass jede Passivmehrung einen Zufluss, jede Passivminderung einen Abfluss bedeutet. Als Zufluss sind daher die Erhöhungen von Eigenkapital und Aufnahmen von Fremdkapital vom Finanzmarkt anzusetzen. Abflüsse stellen analog Rückzahlungen von Eigenmitteln, Gewinnausschüttungen und Tilgungen von Finanzkrediten dar. Folgende Besonderheiten sind zu berücksichtigen: Die Veränderung der Position 1 (Ausstehende Einlagen) bildet einen Korrekturposten zum Eigenkapital und wird daher hier berücksichtigt.

Der **Bilanzgewinn des Vorjahres muss beachtet werden**, da er die Unternehmung in Form einer Ausschüttung verlassen hat. Liegen genauere Informationen über die tatsächliche Höhe der Ausschüttung vor, so ist selbstverständlich dieser korrekte Wert einzusetzen. Denn, wie schon früher betont, der Bilanzgewinn wird häufig nicht in der vollen Höhe ausgeschüttet.

Ein **Bilanzgewinn/Bilanzverlust des Geschäftsjahres darf nicht** in der Kapitalflussrechnung auftauchen, da er schon (implizit) im Überschuss/Fehlbetrag des Umsatzbereichs enthalten ist. Da dies genauso für die "Zuführung/Entnahme zu/aus den Rücklagen" gilt und sie sich schon in einer Veränderung der Gewinnrücklagen niedergeschlagen hat, muss zur Vermeidung einer Doppelzählung eine Korrektur erfolgen. Sie geschieht durch Aufnahme des o.g. Postens in das Schema der Kapitalflussrechnung, allerdings mit umgekehrtem Vorzeichen. Erfolgte also beispielsweise eine Zuführung zu den

Rücklagen in Höhe von 100 DM, so haben sich diese auch um denselben Betrag erhöht.

Durch die "Buchung"

	Zufluss	Abfluss
Gewinnrücklagen	100	
Zuführung zu den Rücklagen		100

wird die Doppelzählung dieses schon im Überschuss des Umsatzbereichs enthaltenen Betrages neutralisiert.

Der sich aus allen drei vorstehenden Bereichen ergebende Überschuss/Fehlbetrag findet seinen Spitzenausgleich im **Geldbereich**, dem die Wertpapiere des Umlaufvermögens sowie die Kassenmittel zugeordnet sind. Als Kontrollzeile wird zum Schluss noch die "Abstimmung" geführt, die zwar - sofern einige zusätzliche Bedingungen erfüllt sind - null sein muss, aber aufgrund sich fortpflanzender Rundungsfehler (die Kapitalflussrechnung ist in TDM-Beträgen aufgestellt) durchaus die Größenordnung von einigen TDM annehmen kann. Für Analysezwecke ist dies völlig unbedeutend, da es hier nicht auf buchhalterische Genauigkeit ankommt, sondern in erster Linie innere Zusammenhänge herausgearbeitet werden sollen.

Analog zu den Ausführungen zur Bewegungsbilanz sei noch einmal ausdrücklich darauf hingewiesen, dass es sich bei diesem Vorgehen nur um die **Rekonstruktion** der Kapitalflüsse handelt, die folglich mit **Mängeln** behaftet ist:

Auch hier werden nur die **Nettobewegungen** der Bestandskonten verarbeitet, nicht deren Bruttobewegungen. Soll aber die Kapitalflussrechnung die Ströme von Finanzmitteln durch die Unternehmung aufzeigen, so dürften hier nur Bruttobewegungen Eingang finden. Sie sind aber dem vorliegenden Datenmaterial nicht zu entnehmen, so dass man sich zwangsläufig mit den Nettobewegungen behelfen muss.

Darüber hinaus bereiten **Bewertungsmaßnahmen**, die zwar nichts mit Strömen von Finanzmitteln zu tun haben, aber das Datenmaterial "verzerren", Schwierigkeiten. Sie liegen zum einen in der Interpretation der Kapitalflussrechnung: Z.B. stellt eine Abnahme der Forderungen keinen Zufluss in derselben Höhe dar, sondern er fällt um die Abschreibungen auf die Forderungen geringer aus, die aber in den "sonstigen betrieblichen Aufwendungen" enthalten sind. Auch Erträge oder Aufwendungen, die aus einem (gegenüber dem Vorjahr) veränderten Umrechnungskurs von Fremdwährungsaktiva und -passiva resultieren, basieren auf reinen Wertveränderungen, die nicht (in der gleichen Periode) mit einem entsprechenden Finanzfluss verbunden sind.

Von daher würden weitere Zwischenabrechnungen (d.h. Bilden von Zwischensummen) zusätzlich zu den vier o.g. Bereichen wenig Sinn ergeben, da die einzelne GuV- bzw. Bilanzposition bezüglich einer eindeutigen Zuordnung als Zu-/Abfluss mit Unsicherheiten behaftet bleiben muss. Erst die Abrechnung hinreichend großer Bereiche kann ein für Analysezwecke ausreichend genaues Ergebnis liefern. Auf keinen Fall darf die Interpretation zu sehr ins Detail gehen, will man nicht in den Bereich der Spekulation abgleiten.

Zum anderen bereiten Bewertungsmaßnahmen auch **verfahrenstechnische Schwierigkeiten**. Werden z.B. Zuschreibungen auf das Anlagevermögen vorgenommen, so fällt die pauschale Betrachtung der "sonstigen betrieblichen Erträge" als Zufluss um diese Zuschreibungen zu hoch aus. Andererseits sind in dem obigen Schema der Kapitalflussrechnung die Abschreibungen auf Wertpapiere des Umlaufvermögens als Abfluss zu behandeln, da die durch sie bedingte Abnahme der Wertpapiere "irrtümlich" als Zufluss aufgefaßt wurde.

Sofern derartige Bewertungen in der GuV enthalten sind, geht die Kapitalflussrechnung "nicht auf". Dennoch steht der Aufwand für zusätzliche Datenhaltung und Berechnungsschritte, um auch noch diese Ungenauigkeiten zu beseitigen, in keinem Verhältnis zu diesen im Gesamtgefüge relativ unbedeutenden Größen. Daher wird den "Finanzwirksamen Umsätzen" noch eine letzte Position "Saldo nicht erfasster Zu/Abschreibungen" hinzugefügt. Dieser Saldo wird mit Hilfe der Fondsrechnung (s.u.) ermittelt. Für die späteren Analyseschritte ist die Kenntnis des Saldos i.d.R. ausreichend.

Die vorangegangenen Überlegungen dürften auch verdeutlicht haben, warum die Position 14 des obigen GuV-Gliederungsschemas ("Abschreibungen auf Vermögensgegenstände des Umlaufvermögens ...") als Abfluss behandelt werden muss: Die durch sie bedingte Bestandsverminderung wird fälschlicherweise als Zufluss betrachtet und macht damit die Aufnahme eines Korrekturpostens erforderlich.

Weisen die vorliegenden Jahresabschlussdaten weder Zuschreibungen auf das Anlagevermögen noch Abschreibungen auf Wertpapiere des Umlaufvermögens aus, so geht die hier entwickelte Kapitalflussrechnung auch ohne den oben beschriebenen Saldo "auf". Dies sind die "zusätzlichen Bedingungen", die weiter oben erwähnt wurden.

3.4.2. Schema der Kapitalflussrechnung beim Umsatzkostenverfahren

An der grundsätzlichen Logik und am Aufbau der Kapitalflussrechnung ändert sich bei Anwendung des Umsatzkostenverfahrens überhaupt nichts. Trotzdem erzwingt das veränderte Gliederungsschema sowie die andere inhaltliche Ausgestaltung der GuV einige Änderungen im Bereich "Finanzwirksame Umsätze". Dieser Bereich sieht nun bis einschließlich der "sonstigen betrieblichen Aufwendungen" wie folgt aus:

Aufbau der Kapitalflussrechnung:

(bei Anwendung des Umsatzkostenverfahrens)

Erläuterungen:

```
GuV (..) :=    Position des obigen, erweiterten GuV-
               Gliederungsschemas (nach dem Umsatzkostenverfahren)
x :=           Wird hier zugeordnet
```

Position		Zufluss	Abfluss
Finanzwirksame Erträge und Aufwendungen			
GuV	Umsatzerlöse	x	
GuV	Herstellungskosten der erbrachten Leistungen		x
GuV	sonstige betriebliche Erträge	x	
GuV	Rohergebnis	x	
GuV	Vertriebskosten		x
GuV	Verwaltungskosten		x
GuV	sonstige Kosten		x
GuV	Abschreibungen	x	
GuV	Abschreibungen auf immat. und Sachanlagen	x	

.
.
weiter wie im Schema des vorangegangenen Kapitels
.
.
.

Abb. 3.4.2.-1: *Schema der Kapitalflussrechnung (Umsatzkostenverfahren)*

Der Aufbau ist an sich klar und bedarf kaum weiterer Erläuterungen. Es mag lediglich verwundern, dass die **Abschreibungen** in diesem Schema nun als **Finanzmittelzuflüsse** ausgewiesen werden. Selbstverständlich sind Abschreibungen keine Finanzmittelzuflüsse. Aber hier gilt es zu bedenken, dass aufgrund der Systematik des Umsatzkostenverfahrens die Abschreibungen in den "Herstellungskosten der erbrachten Leistungen" enthalten sind. Die typisierende Behandlung dieser GuV-Position als Finanzmittelabfluss ist daher um den

Betrag der Abschreibungen zu hoch. Die Behandlung der Abschreibungen als Zufluss bedeutet also, dass sie lediglich einen **Korrekturposten** auf zu hoch ausgewiesene Abflüsse darstellen.

Ab der Position "sonstige betriebliche Aufwendungen" haben sich keine weiteren Änderungen gegenüber dem Gliederungschema nach dem Gesamtkostenverfahren ergeben.

3.4.3. In der Praxis empfohlene Schemata der Kapitalflussrechnung

Der Bilanzanalyst würde sich erhebliche Arbeit, Zuordnungs- und Interpretationsprobleme ersparen, wenn die Unternehmen als Bestandteil des Jahresabschlusses eine Kapitalflussrechnung nach einheitlichem, dem hier entwickelten Schema möglichst gut entsprechenden Konzept erstellen müssten. Einige Länder, so z.B. Australien, Schweden, Großbritannien und die USA, schreiben in der Tat Finanzflussrechnungen als notwendigen Bestandteil des Jahresabschlusses vor. Dem hier entwickelten Schema am nächsten kommt das für die USA gültige Schema (ähnlich in Australien). Dort hat der Financial Accounting Standards Board (FASB) 1987 mit dem „Statement of Financial Accounting Standards (SFAS) Nr. 95“ für alle börsengehandelten Unternehmen die Erstellung eines „Statement of Cash Flows“ verbindlich vorgeschrieben. Abb. 3.4..-5 zeigt beispielhaft den Aufbau eines solchen Cash Flow Statements [Quelle: Baker/Rapaccioli/Solomon 1995, S. 3084; zur Entwicklung und Detailfragen vgl. Schwarzecker 1992, insbes. S. 173 ff.].

Statement of cash flows of a typical US corporation for the year ended 31 December 19xx : direct method ($000)

Cash flows from operating activities	
Cash inflows from operating activities:	
From customers:	8,600
Interest received (on investments)	50
Cash outflows from operating activities:	
Cash paid to suppliers	(4,550)
Cash paid for remaining expenses	(1,000)
Cash paid for interest expense	(100)
Cash paid for income tax	(50)
Net cash inflow (outflow) from operating activities	2,950
Cash inflows (outflows) from investing activities	
Cash outflows (investments in the following):	
Property, plant, and equipment	(4,900)
Purchase of securities for investment	(4,700)
Cash loan	(7,500)
Cash inflows (cash collections related to 'investments'):	
Sale of property, plant, and equipment	2,500
Sale of investment securities	5,000
Collections on loan (excluding interest)	5,800
Net cash inflow (outflow) from investing activities	(3,800)
Cash inflows (outflows) from financing activities	
Cash inflows	
Cash from short-term debt	1,175
Cash from long-term debt	1,250
Issuance of company stock	500
Cash outflows	
Payment on long-term debt	(425)
Dividends paid	(450)
Net cash inflow (outflow) from financing activities	2,050
Net cash inflow (outflow) from currency exchange rate changes	100
Net increase (decrease) in cash during the period	1,300
Cash balance, 1 January 19xx	14,000
Cash balance, 31 December 19xx	15,300

Note A Paid a long-term note with stock and cash as follows:

Cash paid	$425
Common stock issued	575
Note paid in full	$1,000

Abb. 3.4.3.-1: *Statement of Cash Flows nach SFAS 95 (direkte Methode)*

In Deutschland dagegen sind Unternehmen, auch die börsennotierten, bislang nicht gesetzlich verpflichtet, als Bestandteil des Jahresabschlusses eine solche **Cash Flow-Rechnung** zu erstellen und zu veröffentlichen. Um Anschluss an die internationalen Gepflogenheiten und Kapitalmarktbedingungen zu gewinnen, hat der Hauptfachausschuss des Instituts der Wirtschaftsprüfer in Deutschland e.V. (IdW) zusammen mit dem Arbeitskreis „Finanzierungsrechnung“ der Schmalenbach-Gesellschaft/Deutsche Gesellschaft für Betriebswirtschaft e.V. 1995 eine „Stellungnahme HFA 1/1995: Die Kapitalflussrechnung als Ergänzung des Jahres- und Konzernabschlusses“ verfasst und veröffentlicht, die Empfehlungen zur Erstellung und Gestaltung freiwillig erstellter Kapitalflussrechnungen enthält. Sie soll eine Vereinheitlichung statt des bisherigen „Chaos“ unterschiedlichster Varianten und Darstellungsweisen der Finanzflussrechnungen deutscher (Groß)Unternehmen und eine Annäherung an den internationalen Standard bringen. Das bedeutet, dass auch eine möglichst weitgehende Übereinstimmung mit den noch unverbindlichen, aber zunehmend an Bedeutung gewinnenden Statements (für die Cash Flow Statement IAS 7) des International Accounting Standards Committee (IASC) anzustreben ist.

Ebenso wie SFAS 95 und IAS 7 sieht auch HFA 1/1995 zwei denkbare Methoden der Ermittlung der Zahlungssalden vor: die direkte und die indirekte Methode. Das empfohlene Schema nach der direkten Methode ist nachfolgend in Abb. 3.4.-6 wiedergegeben [vgl. HFA 1/1995, S. 478].

Es wird deutlich, dass es in seiner Grundstruktur, also der Ordnung der Finanzströme nach operativem Bereich, Investitionsbereich, Finanzbereich und Geldbereich dem oben vorgeschlagenen Schema folgt. Die Beschreibung der einzelnen Gliederungspunkte lässt eine Zuordnung von Positionen der GuV und von Bilanzdifferenzen nicht unmittelbar erkennen. Es dürfte allerdings unschwer nachzuvollziehen sein, dass die in unserem Schema vorgenommenen Zuordnungen in das Schema nach HFA 1/1995 mühelos übernommen werden können. So fallen z.B. unter die „sonstigen Einzahlungen, die nicht der Investitions- und Finanzierungstätigkeit zuzuordnen sind“, erhaltene Anzahlungen auf Bestellungen oder erhaltene Dividenden aus Beteiligungen.

Auf die von unserem Schema abweichende Zuordnung der Erträge und Verluste aus dem Abgang von Gegenständen des Anlagevermögens wurde weiter oben schon hingewiesen. Ihr Ausweis im Investitionsbereich ist korrekt und kann bei interner Erstellung der Kapitalflussrechnung auch ohne Probleme realisiert werden. Wir hatten aber schon darauf hingewiesen, dass bei Erstellung der Kapitalflussrechnung durch den Bilanzanalysten aus den Angaben des Jahresabschlusses diese Zuordnung in der Regel wegen fehlender Angaben nicht möglich ist.

1.		Einzahlungen von Kunden für den Verkauf von Erzeugnissen, Waren und Dienstleistungen
2.	–	Auszahlungen an Lieferanten und Beschäftigte
3.	+	Sonstige Einzahlungen, die nicht der Investitions- und Finanzierungstätigkeit zuzuordnen sind
4.	–	Sonstige Auszahlungen, die nicht der Investitions- und Finanzierungstätigkeit zuzuordnen sind
5.	=	**Mittelzufluss/-abfluss aus laufender Geschäftstätigkeit**
6.		Einzahlungen aus Abgängen (z.B. Verkaufserlöse, Tilgungsbeiträge) von Gegenständen des Anlagevermögens (Restbuchwerte der Abgänge erhöht um Gewinne und vermindert um Verluste aus dem Anlagenabgang)
7.	–	Auszahlungen für Investitionen in das Anlagevermögen
8.	=	**Mittelzufluss/-abfluss aus der Investitionstätigkeit**
9.		Einzahlungen aus Kapitalerhöhungen und Zuschüssen der Gesellschafter
10.	–	Auszahlungen an Gesellschafter (Dividenden, Kapitalrückzahlungen, andere Ausschüttungen)
11.	+	Einzahlungen aus der Begebung von Anleihen und aus der Aufnahme von (Finanz-)Krediten
12.	–	Auszahlungen für die Tilgung von Anleihen und (Finanz-)Krediten
13.	=	**Mittelzufluss/-abfluss aus der Finanzierungstätigkeit**
14.		Zahlungswirksame Veränderungen des Finanzmittelbestands (Summe der Zeilen 5, 8 und 13)
15.	+/–	Wechselkursbedingte und sonstige Wertänderungen des Finanzmittelbestands
16.	+	Finanzmittelbestand am Anfang der Periode
17.	=	**Finanzmittelbestand am Ende der Periode**

Abb. 3.4.3.-2: *Kapitalflussrechnung nach HFA 1/1995 (direkte Methode)*

Eine interne Erstellung erlaubt auch, die Ein- und Auszahlungen unsaldiert auszuweisen, also nicht nur mit Bestandsveränderungen zu arbeiten, sondern die Kontenbewegungen brutto in die Kapitalflussrechnung zu übernehmen.

Bei der **indirekten Methode** werden lediglich die Mittelzuflüsse und -abflüsse aus der laufenden Geschäftstätigkeit anders erfasst. Dabei wird in der Stellungnahme folgende Vorgehensweise vorgeschlagen:

1.		Jahresüberschuss/Jahresfehlbetrag
2.	+/–	Abschreibungen/Zuschreibungen auf Gegenstände des Anlagevermögens
3.	+/–	Zunahme/Abnahme der Rückstellungen
4.	+/–	Sonstige zahlungsunwirksame Aufwendungen/Erträge
5.	–/+	Gewinn/Verlust aus dem Abgang von Gegenständen des Anlagevermögens
6.	–/+	Zunahme/Abnahme der Vorräte, der Forderungen aus Lieferungen und Leistungen sowie anderer Aktiva
7.	+/–	Zunahme/Abnahme der Verbindlichkeiten aus Lieferungen und Leistungen sowie anderer Passiva
8.	=	Mittelzufluss/-abfluss aus laufender Geschäftstätigkeit

Abb. 3.4.3.-3: *Kapitalflussrechnung nach HFA 1/1995 (indirekte Methode)*

Die Position 8. (Mittelzufluss/-abfluss aus laufender Geschäftstätigkeit) ist identisch mit Position 5. des obigen Schemas. Alle folgenden Positionen des obigen Schemas (6. - 17.) werden unverändert in das Schema der indirekten Ermittlung übernommen und nach der Position 8. angefügt.

Bei der indirekten Form wird eine Rückrechnung vorgenommen. Der Jahresüberschuss/Jahresfehlbetrag wird zum einen um alle die Aufwendungen und Erträge korrigiert, die nicht zahlungswirksam waren. Um zu hoch ausgewiesene Auszahlungen zu korrigieren, werden nicht zahlungswirksame Aufwendungen wieder zum Jahresergebnis addiert. Analog müssen im Jahresüberschuss enthaltene Erträge, die nicht zu einem Geldzufluss geführt haben, subtrahiert werden. Zum andern sind alle die Bestandsveränderungen von Aktiv- und Passivpositionen der Bilanz zu berücksichtigen, die einen Finanzmittelzufluss oder -abfluss zur Folge hatten. Dies entspricht der Vorgehensweise in dem von uns empfohlenen Schema. Der Gewinn/Verlust aus dem Abgang von Gegenständen des Anlagevermögens (Position 5.) wird herausgerechnet, um ihn dem Investitionsbereich zuordnen zu können. Es war schon darauf hingewiesen worden, dass dies bei externer Erstellung der Kapitalflussrechnung in der Regel nicht möglich ist.

Das von uns vorgeschlagene obige Schema einer Kapitalflussrechnung ist also (abgesehen von solchen notwendigen Anpassungen) nicht nur in seiner Grundstruktur mit den Schemata nach SFAS 95 und nach HFA in der Variante der direkten Methode identisch, sondern es bietet auch eine mit diesen Schemata vereinbare Konkretisierung der dort teilweise nur typisiert angegebenen einzubeziehenden Posten.

Dem externen Bilanzanalysten kommt die indirekte Vorgehensweise entgegen. Sie ist etwas einfacher zu erstellen als die direkte Variante. Als weiterer Vorteil ist zu sehen, dass sie, wie noch zu zeigen sein wird, mit den klassischen Kennzahlen zur Cash Flow-Berechnung konform ist (oder gestaltet werden kann). Im übrigen dominiert, trotz der Empfehlungen des IASC für die direkte Methode, die indirekte Methode auch ganz eindeutig bei Unternehmen im In- und Ausland, die freiwillig oder aufgrund gesetzlicher Vorschriften Kapitalflussrechnungen aufstellen und zwischen der direkten und der indirekten Methode wählen dürfen. Ein entsprechendes Schema zur Aufstellung einer Cash Flow Statements aus dem Jahresabschluss, das dem Informationsstand eines externen Analysten Rechnung trägt, könnte wie folgt aussehen.

Cash Flow Statement

operativer Bereich	
	Jahresüberschuss/-fehlbetrag
+	Nettoabschreibungen auf AV
+	Δ Rückstellungen
+/−	Δ Sonderposten mit Rücklagenanteil
−	aktivierte Eigenleistungen
−/+	Δ Bestände an fertigen und unfertigen Erzeugnissen und Waren
−/+	Δ Bestände an R/H/B
−/+	Δ Forderungen aus LL und sonstige Forderungen
−/+	Δ aktive RAP (incl. Disagio)
−/+	Δ geleistete Anzahlungen
+/−	Δ Verbindlichkeiten aus LL, Wechsel, etc.
+/−	Δ passive RAP
+/−	Δ erhaltene Anzahlungen
=	**Cash Flow aus dem operativen Bereich OCF**
	(CF6 incl. Bilanzgewinn = betriebliche Bruttoeinnahmen)
Investitionsbereich	
−	Investitionen in AV
+	aktivierte Eigenleistungen
+	Abgänge aus AV zu Restbuchwerten
=	**Cash Flow aus dem Investitionsbereich ICF**
Finanzierungsbereich	
+	Einzahlungen aus Kapitalerhöhung (inkl. Agio)
+	Einzahlungen aus Gesellschafterzuschüssen
−	Auszahlungen an Gesellschafter (Bilanzgewinn, Rückzahlung)
+	Einzahlungen aus kfr. und lgfr. Krediten, Anleihen, Darlehen
−	Rückzahlung, Tilgungen kfr. und lgfr. Kredite, Anleihen, Darlehen
=	**Cash Flow aus dem Finanzbereich FCF**
Gegenrechnung:	
	Anfangsbestand der flüssigen Mittel
+/−	Gesamt Cash Flow **GCF** = OCF + ICF + FCF
$\overset{!}{=}$	**Endbestand der flüssigen Mittel**

Abb. 3.4.3.-4: *Gliederungsvorschlag Cash Flow Statement*

3.5. Die Fondsrechnung

Unter 3.1. wurde schon eingangs erwähnt, dass die Terminologie zur Kapitalflussrechnung und Fondsrechnung in der Literatur nicht eindeutig ist. So würden einige Autoren [Coenenberg 1994, S. 535 ff.; Perridon/Steiner 1995, S.

544 ff.] und auch das IdW [HFA 1/1978][2] die folgende Rechnung als "Kapitalflussrechnung mit ausgeschiedenen Fonds des Netto-Geldvermögens" oder nur als "Kapitalflussrechnung" bezeichnen. Wir wollen zur besseren Abgrenzung zur vorher beschriebenen Form der Kapitalflussrechnung hier von "Fondsrechnung" sprechen.

Die Grundkonzeption und Idee der Fondsrechnung seien an dieser Stelle nur kurz erläutert. Zunächst wird auf das Verständnis der oben dargestellten Kapitalflussrechnung zurückgegriffen: Der Bestand an Wertpapieren und Kassenmitteln kann als eine Art Fonds, nämlich als "Fonds der verfügbaren flüssigen Mittel" aufgefasst werden. Aus diesem Fonds heraus können Vorhaben finanziert werden bzw. nimmt er zurückfließende Mittel zwischenzeitlich auf. Dieser Fonds hat nun im Verlauf des Geschäftsjahres Zu- und Abflüsse erfahren und sich betrags- und strukturmäßig verändert. Die obige Kapitalflussrechnung kann somit als "Fondsrechnung der verfügbaren flüssigen Mittel" angesehen werden. Die Rechnung der Bereiche I. - III. stellt die **Fondsnachweisrechnung** dar, welche das Zustandekommen der **Fondsveränderung** nachweist, während die Rechnung des "Geldbereichs" als **Gegenrechnung** Aufschluss über die Strukturveränderung des Fonds gibt.

Die hier verwandte Abgrenzung eines Fonds stellt nur eine unter vielen anderen Möglichkeiten dar. Üblicherweise werden in der Praxis Netto-Fonds gebildet, d.h. Fonds, die sich als Saldo verschiedener Aktivposten mit verschiedenen Passivposten ergeben. Gebräuchliche Fonds sind die "Netto verfügbaren flüssigen Mittel", das "Netto-Geldvermögen" und das "Netto-Umlaufvermögen". Der Illustrierung der möglichen Abgrenzungen soll die nachstehende Abbildung dienen. Sie ist der Stellungnahme des Hauptfachausschusses des IDW [HFA 1/1978 i.d.F. 1990] entnommen, die der oben dargestellten Stellungnahme HFA 1/1995 vorausging, also bis 1995 den Unternehmen als Finanzflussrechnung eine Fondsrechnung mit getrenntem Ausweis eines der folgenden Fonds empfahl:

2 Im Zusammenhang mit dieser Stellungnahme muß auf Wysocki [Wysocki 1976, S. 14 ff.] verwiesen werden, dessen Aufsatz im weitesten Sinne die Grundlage der äußerst knappen Ausführungen in der HFA darstellt.

	Netto-verfüg-bare fl.Mittel	Netto-Geld-ver mögen	Netto-Umlauf-ver-mögen
Kurzfristige Aktiva			
Flüssige Mittel (Aktivseite B.IV)	x	x	x
Wertpapiere des Umlaufvermögens (Aktivseite B.III I., 3.)	-	x	x
Vorräte	-	-	x
Forderungen aus Lieferungen und Leistungen	-	x	x
Forderungen an verbundene Unternehmen und Unternehmen, mit denen ein Beteiligungsverhältnis besteht	-	x	x
Sonstige Vermögensgegenstände	-	x	x
Rechnungsabgrenzungsposten	-	-	x
Kurzfristige Passiva			
Steuerrückstellungen und sonstige Rückstellungen (kurzfristige)	-	x	x
Verbindlichkeiten aus Lieferungen und Leistungen	-	x	x
Wechselverbindlichkeiten	-	x	x
Verbindlichkeiten gegenüber Kreditinstituten (kurzfristige)	x	x	x
Erhaltene Anzahlungen	-	-	x
Verbindlichkeiten gegenüber verbundenen Unternehmen und Unternehmen, mit denen ein Beteiligungsverhältnis besteht	-	x	x
Sonstige Verbindlichkeiten	-	x	x
Rechnungsabgrenzungsposten	-	-	x

Abb. 3.5.-1: *Fondsabgrenzungen nach HFA 1/1978 i.d.F. 1990*

Als Beispiel einer Kapitalflussrechnung auf der Grundlage des **Netto-Geldvermögens** ergibt sich damit etwa folgendes Schema [HFA 1/1978 i.d.F. 1990]:

	19..	Vorjahr
	(Tausend DM)	
1. Mittelherkunft		
Jahresüberschuss unter Ausscheidung wesentlicher außerordentlicher finanzwirksamer Posten	x	- x
Zuzüglich (abzüglich) Aufwendungen (Erträge) die das Netto-Geldvermögen nicht mindern (erhöhen) (z.B. Abschreibungen und Wertberichtigungen auf Sach- und Finanzanlagen)	x	x
Verminderung langfristiger Rückstellungen	- x	-
Überschuss (Fehlbetrag) aus laufender Geschäftstätigkeit	xx	xx
Überschuss (Fehlbetrag) aus außerordentlichen finanzwirksamen Vorgängen (z.B. Zahlungseingang aus abgeschriebenen Forderungen)	x	x
Überschuss (Fehlbetrag) aus der Geschäftstätigkeit	xx	xx
Mittelzufluss aus dem Abgang von Gegenständen des Anlagevermögens	x	x
Verminderung der Vorräte	x	-
Kapitalerhöhung durch Bareinlage	-	x
Erhöhung langfristiger Verbindlichkeiten	x	-
2. Mittelverwendung		
Zugänge zum Anlagevermögen einschließlich Anzahlungen auf Anlagen	x	x
Erhöhungen der Vorräte	-	x
Dividendenausschüttung	x	-
Verminderung langfristiger Verbindlichkeiten	x	-
	xx	xx
Zunahme (Abnahme) des Netto-Geldvermögens	x	x
3. Zusammensetzung der Veränderungen des Netto-Geldvermögens		
Erhöhung (Verminderung) der kurzfristigen Aktivposten	x	x
Flüssige Mittel	x	x
sonstige kurzfristige Aktivposten	- x	x
Verminderung (Erhöhung) der kurzfristigen Passivposten	x	x
Verbindlichkeiten aus Lieferungen und Leistungen	x	- x
kurzfristige Rückstellungen	x	- x
	x	x

Abb. 3.5.-2: *Fondsrechnung nach HFA 1/1978 i.d.F. 1990 mit Fonds des Netto-Geldvermögens*

Die Stellungnahme HFA 1/1978 i.d.F. 1990 betont ausdrücklich den beispielhaften Charakter der vorangegangenen Darstellung und will andere Darstellungsformen nicht ausschließen. Im Gegensatz zur hier vorgestellten Kapitalflussrechnung fungiert bei der Fondsrechnung als Hauptgliederungskriterium die Trennung in Mittelherkunft und Mittelverwendung, die wir schon von der Bewegungsbilanz kennen.

Der in dieser Arbeit verwendeten Fondsrechnung wird ebenfalls das Netto-Geldvermögen zugrunde gelegt. Sie ist in Anlehnung an einen vorangegangenen Vorschlag des IdW [HFA 1/1978, S. 208] entwickelt worden und daher mit dem oben dargestellten Beispiel - wenig verwunderlich - weitgehend identisch. Sie besitzt in konkreter Ausgestaltung das folgende Bild:

I.	**Mittelherkunft**	
	Jahresüberschuss ./. außerordentliches Ergebnis =	xxx
+	Abschreibungen	xxx
+	Erhöhungen (./. Verminderungen) der Rückstellungen	xxx
+	Erhöhungen (./. Verminderungen) der Sonderposten mit Rücklageanteil	xxx
+	Verminderungen (./. Erhöhungen) der aktiven RAP	xxx
+	Erhöhung (./. Verminderungen) der passiven RAP	xxx
=	***Überschuss/Fehlbetrag aus der laufenden Geschäftstätigkeit***	***xxx***
+	außerordentliches Ergebnis	xxx
=	***Überschuss/Fehlbetrag aus der Geschäftstätigkeit***	***xxx***
+	Abgänge aus dem Anlagevermögen	xxx
+	Verminderung der Vorräte	xxx
+	Kapitalerhöhung (./. Kapitalverminderung)	xxx
+	Erhöhung langfristiger Verbindlichkeiten	xxx
=	***Mittelherkunft insgesamt***	***xxx***
II.	**Mittelverwendung**	
	Zugänge zum Anlagevermögen	xxx
+	Erhöhung der Vorräte	xxx
+	Dividendenausschüttung	xxx
+	Verminderung langfristiger Verbindlichkeiten	xxx
=	***Mittelverwendung insgesamt***	***xxx***
ZUNAHME/ABNAHME des Netto-Geldvermögens (Mittelherkunft ./. Mittelverwendung)		***xxx***
III.	**Zusammensetzung der Veränderung des Netto-Geldvermögens**	
	Erhöhung (./. Verminderung) der Forderungen	xxx
+	Erhöhung (./. Verminderung) der Wertpapiere	xxx
+	Erhöhung (./. Verminderung) der Kassenmittel	xxx
./.	Erhöhung (+ Verminderung) der kurz- und mittelfristigen Verbindlichkeiten	xxx
=	***VERÄNDERUNG des Netto-Geldvermögens insgesamt***	***xxx***

Abb. 3.5.-3: *Fondsrechnung auf Basis des Netto-Geldvermögens*

Ähnlich wie bei der Kapitalflussrechnung bereiten Bewertungsmaßnahmen Schwierigkeiten: Damit nämlich die Positionen "ZUNAHME/ABNAHME des Netto-Geldvermögens" und "VERÄNDERUNG des Netto-Geldvermögens insgesamt" übereinstimmen, müssen die "richtigen" Abschreibungen benutzt werden:

```
      Abschreibungen auf das Anlagevermögen
  ./. Zuschreibungen auf das Anlagevermögen
  ------------------------------------------
   =  Abschreibungen des obigen Fondsrechnungsschemas
```

Die Abschreibungen bzw. Zuschreibungen auf das Umlaufvermögen sind implizit in den jeweiligen Bestandsveränderungen enthalten und dürfen in dieser Rechnung nicht zusätzlich berücksichtigt werden. Verwendet man die Abschreibungen laut GuV, so sind diese durch einen entsprechenden Korrekturposten zu berichtigen. Dieser kann aus der Differenz der "ZUNAHME/ABNAHME des Netto-Geldvermögens" und der "VERÄNDERUNG des Netto-Geldvermögens insgesamt" bei Verwendung der Abschreibungen laut GuV berechnet werden. Dieses Vorgehen ist deshalb notwendig, weil der auf diese Weise berechnete Korrekturposten dem "Saldo nicht erfasster Zu-/Abschreibungen" in der Kapitalflussrechnung entspricht. Allerdings kann der hier berechnete Korrekturposten durch Rundungsdifferenzen in Höhe von einigen TDM verfälscht sein, was jedoch für Analysezwecke keine Rolle spielt.

3.6. Die Interpretation von Kapitalflussrechnung und Fondsrechnung

Die Analyse der Kapitalflussrechnung und Fondsrechnung ist im Rahmen der externen Bilanzanalyse ein wichtiger Schritt zur Beurteilung der Finanzlage. Aus den dargelegten Gründen sollte der Analyse der Kapitalflussrechnung das Schwergewicht zukommen.

Wie schon bei der Analyse der Bewegungsbilanz angesprochen, ist es schwierig, ein komplexes Zahlenwerk wie die Kapitalflussrechnung einer Unternehmung durch einige wenige Merkmale in seiner Aussagekraft zu beschreiben. Es ist nicht möglich, bestimmte Strukturen der Finanzströme eindeutig mit einem Urteil zur Finanzlage, vielleicht gar zur Insolvenzgefährdung des Unternehmens zu verknüpfen.

Aus der inneren Logik der Kapitalflussrechnung heraus lassen sich aber dennoch einige "Normen" formulieren und begründen. Die wichtigste Quelle finanzieller Mittel stellt der **Innenbereich** (oder auch **Umsatzbereich**) einer Unternehmung dar. Die Mindestanforderung an den Umsatzbereich, die gestellt werden kann, ist, dass **er sich selbst trägt**. Nur bei stark expandierenden Unternehmen und typischerweise auch bei Neugründungen kann eine Mittelbindung, die die Mittelfreisetzung im Umsatzbereich übersteigt, toleriert werden.

Doch zurück zum Allgemeinfall: Die reine Erfüllung der Mindestanforderung kann jedoch nicht befriedigen, da außerdem noch die Investitionen zu finanzieren sind. **Wünschenswert** ist daher, dass der Umsatzbereich einen deutlichen **Überschuss** an freigesetzten Mitteln über die gebundenen Mittel erbringt, der ausreicht, den Investitionsbereich zu erheblichen Teilen zu finanzieren. In seltenen Fällen reicht der Überschuss des Umsatzbereichs sogar vollständig zur Finanzierung des Innenbereichs aus, was natürlich noch höher einzuschätzen ist.

Hat der Umsatzbereich indes wenig Überschüsse oder gar finanzielle Defizite generiert, so ist als erstes zu prüfen, ob schon die finanzwirksamen Aufwendungen und Erträge zu diesem Ergebnis führen. Dies allerdings muss in der Tat meist als schlechtes Zeichen unzureichender Ertragskraft mit negativer Wirkung auf die Finanzlage gewertet werden. Resultiert der geringe Finanzbeitrag dagegen (überwiegend) aus zusätzlichen Kapitalbindungen im Umlaufvermögen und/oder aus dem Abbau von Verbindlichkeiten aus Lieferungen und Leistungen, so ist vor einem vorschnellen Urteil erst zu prüfen, ob diese Veränderungen vielleicht

- nur einmalige „Ausreisser" für dieses Geschäftsjahr sind,

- durch das Gesamtumsatzwachstum gerechtfertigt sind (Vorräte und Forderungen werden typischerweise in gewissem Umfang mit wachsen),

- evtl. auf überhöhten Forderungs- und Vorratsaufbau zurückzuführen sind

- oder sogar, beim Abbau von kurzfristigen Verbindlichkeiten, als Verbesserung der Bilanzstruktur gesehen werden müssen.

Der **Investitionsbereich** enthält, wie der Name schon sagt, die Abrechnung der Mittelbindung für Investitionen. Er wird i.d.R. mit einem Defizit abschließen, das vom Umsatz-, Kapital- und Geldbereich zu decken ist. Auch der Saldo aus Umsatz- und Investitionsbereich wird häufig (außer vielleicht bei Unternehmen mit sehr hoher Innenfinanzierungskraft oder/und solchen mit geringer Investitionstätigkeit und Wachstumsdynamik) noch ein Defizit ausweisen.

Der **Kapitalbereich**, der ja den Finanzmittelfluss des Unternehmens von und zu Finanzmärkten wiedergibt, dient im wesentlichen dazu, das Investitionsprogramm einer Unternehmung zu finanzieren. D.h. er soll in erster Linie ein verbleibendes Defizit aus Umsatz- und Investitionsbereich abdecken. Bei verlustreichen Unternehmen muss er nicht nur den Investitionsbereich komplett, sondern auch Teile des Umsatzbereichs abdecken. Auch bei stark expandierenden Unternehmen, insbesondere aber bei Neugründungen lassen sich ähnliche Verhältnisse beobachten (s.o.). Wichtig bei der Beurteilung des Kapitalbereichs ist auch dessen innere Struktur. Eine Zufuhr von Kapital durch Aufnahme von Eigenkapital wird man typischerweise für die Solidität der Unternehmensfinanzen positiver einzuschätzen haben als eine Erhöhung des Kreditvolumens, zumal wenn überwiegend kürzerfristige Mittel aufgenommen werden. Als besonders bedenkliche Anzeichen sind oft stark zunehmende Verbindlichkeiten in Verbindung mit einem defizitären Umsatzbereich zu werten.

Der **Geldbereich** repräsentiert die unmittelbare finanzielle Reserve, bildlich ausgedrückt die "Kriegskasse". Wir haben ihm hier die Kassenmittel und Wertpapiere zugeordnet. Verbleibt etwa nach der Abrechnung von Umsatz-, Investitions- und Kapitalbereich noch ein Überschuss, d.h. es sind insgesamt mehr Mittel zugeflossen als gebunden wurden ("es ist noch Geld übrig"), so werden sie vom Geldbereich aufgenommen und schlagen sich in der Erhöhung von Wertpapier- und/oder Kassenbeständen nieder. Ein verbleibendes Defizit des Umsatz-, Investitions- und Kapitalbereichs muss durch "Herunterfahren" der Wertpapier- und/oder Kassenbestände gedeckt werden.

Bei der Interpretation der Abrechnung des Geldbereichs können leicht Verwirrungen auftreten, da scheinbar das Vorzeichen falsch ist. Deshalb: Ein **negatives** Vorzeichen, also ein Fehlbetrag des Geldbereichs bedeutet eine **Erhöhung** der finanziellen Reserven, und umgekehrt bedeutet ein **positives** Vorzeichen (also ein Überschuss des Geldbereichs) eine **Verminderung** der finanziellen Reserven. Diese scheinbar widersprüchliche Darstellung resultiert aus der inneren Logik der Kapitalflussrechnung; sie kann damit erklärt werden, dass sich der Geldbereich quasi spiegelbildlich zu den anderen verhält.

Da die Kapitalflussrechnung insbesondere finanzielle Gefährdungen verdeutlichen soll, fassen wir die Krisensymptome zusammen:

- defizitärer Umsatzbereich, vor allem aus den finanzwirksamen Aufwendungen und Erträgen

- geringe Investitionstätigkeit

- Erhöhung der Verbindlichkeiten, um insbesondere den Umsatzbereich abzudecken

- ständiger Überschuss des Geldbereichs (das bedeutet Entnahmen aus der "Kriegskasse") bei geringen finanziellen Reserven.

Obwohl die Kapitalflussrechnung für eine Ursachenforschung nur bedingt anwendbar ist, vermag sie erste Hinweise zu liefern. Für eine Ursachenforschung sollte insbesondere die Struktur-GuV herangezogen werden, um mit ihrer Hilfe festzustellen, welcher Posten wohl zu "hoch" bzw. zu "niedrig" ausgefallen ist. Weitere Erkenntnisse liefert dann die Kennzahlenanalyse, auf die wir später noch eingehen werden.

Die Interpretation der Fondsrechnung ist aufgrund ihrer anderen Aufbaulogik anders vorzunehmen. Hilfreich für die Interpretation ist zunächst die nochmalige Betrachtung der **Struktur** der Fondsrechnung (vgl. Abb. 3.6.-1).

"Für die Beurteilung der Finanzlage kommt es weniger auf die stichtagsbezogene Fondsgröße, sondern auf dessen Veränderung im Zeitablauf an, die man durch einen Vergleich von zwei aufeinanderfolgenden Bestandsgrößen oder durch Feststellung der fondswirksamen Bewegungsgrößen einer Periode feststellt... Die Fondsrechnung ist somit ein einfaches Instrument mit indikativer Wirkung zur Feststellung der Einflußgröße auf das finanzielle Gleichgewicht einer Unternehmung" [Kerth/Wolf 1986, S. 128]. Die Zunahme eines Fonds wird dabei grundsätzlich positiv, die Abnahme negativ beurteilt, wobei jedoch auch der Umfang der Änderung zu beachten ist.

```
I.   Mittelherkunft

         Mittelherkunft aus dem Umsatzbereich
       + Mittelherkunft aus Abbau von Leistungsvermögen
       + Mittelherkunft aus Aufbau langfristigen Kapitals
       --------------------------------------------------
       = Mittelherkunft insgesamt

II.  Mittelverwendung

         Mittelbindung durch Aufbau von Leistungsvermögen
       + Mittelbindung durch Abbau langfristigen Kapitals
       --------------------------------------------------
       = Mittelverwendung (-bindung) insgesamt

         I.  ./.  II. = Veränderung des Netto-Geldvermögens

III. Gegenrechnung: Zusammensetzung der Veränderung
```

Abb. 3.6.-1: *Struktur der Fondsrechnung*

Diese "Interpretationsregel" lässt sich aus folgenden Überlegungen heraus ableiten:

- Die Zunahme des Netto-Geldvermögens bedeutet eine Zunahme der finanziellen Reserven. Je höher die finanziellen Reserven sind, desto geringer wird das Insolvenzrisiko ausfallen. Umgekehrt bedeutet eine Abnahme des Netto-Geldvermögens eine Verringerung der finanziellen Reserven und damit eine Erhöhung des Insolvenzrisikos.

- Bei der Zunahme des Netto-Geldvermögens, welches im Prinzip das Deckungsverhältnis von kurzfristigem Vermögen zu kurz- bis mittelfristigen Verbindlichkeiten beschreibt, stellt sich eine Verbesserung der Deckungsverhältnisse im kurzfristigen Bereich ein. Damit verbunden ist folglich auch eine Verbesserung der Deckungsverhältnisse im langfristigen Bereich. Auf eine Kurzformel gebracht lautet die Argumentation:

  Eine Zunahme des Netto-Geldvermögens verbessert
  das Bilanzbild, eine Abnahme verschlechtert es.

Die Mittelherkunft insgesamt sollte die Mittelverwendung decken. Besser wäre ein Überschuss der Mittelherkunft über die Mittelverwendung, da dies den Aufbau finanzieller Reserven ermöglicht. Ein Überschuss der Mittelverwendung über die Mittelherkunft kann aus einer kräftigen Investitionstätigkeit resultieren, aber auch aus einem schwachen oder defizitären Umsatzbereich. Generell ist dies ein Anzeichen zunehmender finanzieller Instabilität (soweit man gängigen Konventionen folgt; vgl. auch vorangegangenes Kapitel), es sei denn, dass aus einer hohen, über mehrere Jahre aufgebauten finanziellen Reserve Investitionen getätigt werden. Dieses Phänomen der Sprunginvestitionen, für die "angespart" wird, ist insbesondere bei kleineren und mittleren Unternehmen festzustellen und muss bei der Interpretation unbedingt berücksichtigt werden.

Trotzdem sei vor einer allzu "blauäugigen" Anwendung dieser Regel gewarnt: Bei Unternehmen, die schon über ein sehr hohes Netto-Geldvermögen verfügen, wird man bei einer Abnahme des Netto-Geldvermögens kaum Bedenken haben, wenn dessen Abbau zur Investitionsfinanzierung benutzt wird. Im Gegenteil: Hier könnte eine weitere Zunahme des Netto-Geldvermögens zu Lasten der Rentabilität gehen und wäre daher negativ zu beurteilen.

Nach den vorangegangenen Ausführungen dürfte deutlich geworden sein, warum der Begriff "Fondsrechnung" für diesen Typ von Finanzflussrechnung zutreffender ist. Die hier dargestellte Rechnung zeigt deutlich die Veränderung eines **Fonds** auf - aber auch nicht mehr. Sie ist insbesondere weit davon entfernt, Finanzmittelströme durch die Unternehmung transparent zu machen sowie deren Herkunft und Verwendung eine aussagekräftige Struktur zu geben. Die Fondsrechnung ist hinsichtlich Systematik, Gliederung und Aussagefähigkeit der weiter oben dargestellten Kapitalflussrechnung unterlegen. Wir sehen den Vorteil der Fondsrechnung in einer anschaulichen Kürze, der Vermeidung der Darstellung an sich redundanter Informationen und der leichteren Interpretierbarkeit.

Das gewichtigste Argument für die zusätzliche Aufnahme der Fondsrechnung in dieses Buch und in das Auswertungsprogramm entspringt aus ihrem (im Vergleich zur Kapitelflussrechnung) geringeren Datenbedarf. Wurde in der Literatur und bei der bisherigen Darstellung davon ausgegangen, dass die Fondsrechnung unter Verwendung der GuV aufgestellt wird, so ist dies bei genauer Betrachtung der Sachlage nicht erforderlich. Sowohl die Bestandsveränderungen als auch die hier benötigten Abschreibungen können vollständig der Bilanz bzw. dem Anlagengitter entnommen werden. Setzt man ferner für die Position "Jahresüberschuss ./. außerordentliches Ergebnis" die Veränderungen der Gewinnrücklagen einschließlich des Bilanzgewinns ein, so kann die Fondsrechnung **ohne** Rückgriff auf die GuV aufgestellt werden. Zwar entfällt hier die Behandlung der außerordentlichen Komponente, was aber angesichts der Tatsache, dass nun auch für **kleine** Kapitalgesellschaften eine Fondsrechnung aufgestellt werden kann, unerheblich ist. Gerade hierin liegt die eigentliche Bedeutung der Fondsrechnung.

Kapitalflussrechnung und Fondsrechnung zusammen gewährleisten den größten im Rahmen externer Analyse überhaupt möglichen Einblick in die letztendlich entscheidende **Finanzlage** einer Unternehmung. Sie sind allerdings durch eine Kennzahlenanalyse zu ergänzen.

3.7. Fallstudie Teil 6: Die Analyse von Kapitalflussrechnung und Fondsrechnung der Schering AG

Nach den allgemeinen Hinweisen zur Interpretation kann die Kapitalflussrechnung der Schering AG schnell abgehandelt werden. Ihre Struktur hat folgendes Aussehen:

Umsatzbereich		444 Mio. DM
Investitionsbereich	./.	239 Mio. DM
Kapitalbereich	./.	9 Mio. DM
Geldbereich	./.	196 Mio. DM
Abstimmung		0 DM

Auf eine Kurzformel gebracht lautet die Aussage: Der Überschuss des Umsatzbereichs reicht über die vollständige Finanzierung des Investitionsbereichs und des Mittelabflusses aus dem Kapitalbereich zu einer deutlichen Erhöhung der finanziellen Reserve aus. Dieses Ergebnis ist derartig phantastisch, dass es schon wieder nachdenklich stimmt: Warum wurde - gemessen an den verfügbaren finanziellen Mitteln - so "wenig" investiert? Warum wurden die Verbindlichkeiten des Kapitalbereichs sogar noch erhöht, wenn doch der gewaltige Umsatzüberschuss eine Rückführung der Verbindlichkeiten erlaubt hätte? Auch hier liegt die Vermutung nahe, dass der Umsatzüberschuss in Wertpapieren rentabler angelegt werden kann als in zusätzlichen Investitionen oder Rückführung von Verbindlichkeiten.

Auch die Fondsrechnung unterstreicht die bemerkenswert gute und solide Finanzlage. Die Mittelherkunft übersteigt deutlich die Mittelverwendung, was sich in einer kräftigen Erhöhung des Netto-Geldvermögens niederschlägt, die sich hauptsächlich in einer Erhöhung der Wertpapierposition ausdrückt.

KAPITALFLUSSRECHNUNG

I. UMSATZBEREICH

Finanzwirksame Umsätze	Zufluss	Abfluss
Umsatzerlöse	2.205.895	
Herstellungskosten der erbrachten Leistungen ...		1.118.237
sonstige betriebliche Erträge	284.741	
Rohergebnis		
Vertriebskosten		404.743
allgemeine Verwaltungskosten		302.966
sonstige Kosten (soweit angegeben; z.B. für F&E)		378.295
Abschreibungen		
auf immaterielle V.gegenstände u. Sachanlagen	161.078	
sonstige betriebliche Aufwendungen		166.242
Erträge aus Beteiligungen	50.105	
Erträge aus anderen Wertpapieren u. Ausleihungen	1.749	
sonstige Zinsen und ähnliche Erträge	46.288	
Zinsen und ähnliche Aufwendungen		25.704
außerordentliche Erträge	134.196	
außerordentliche Aufwendungen		151.393
Steuern vom Einkommen und Ertrag		53.133
sonstige Steuern		
Saldo nicht erfasster Zu-/Abschreibungen		411
Finanzwirksame Bestandsveränderungen		
Vorräte		
Roh-, Hilfs- und Betriebsstoffe		1.735
unfertige Erzeugnisse, unfertige Leistungen		
fertige Erzeugnisse und Waren	36.176	
geleistete Anzahlungen		14
Forderungen und sonstige Vermögensgegenstände		
Forderungen aus Lieferungen und Leistungen .	17.518	
Forderungen gegen verbundene Unternehmen ...	50.584	
Forderungen gegen beteiligte Unternehmen ...		569
Sonstige Vermögensgegenstände		32.169
Abgrenzung für künftige Steuerentlastung		
Rechnungsabgrenzungsposten		
Disagio		
sonstige		
Nicht durch Eigenkapital gedeckter Fehlbetrag ..		
Sonderposten mit Rücklageanteil	24.871	
Rückstellungen		
Rückstellungen für Pensionen	88.709	
Steuerrückstellungen		15.790
sonstige Rückstellungen	17.041	
erhaltene Anzahlungen auf Bestellungen		6.654
Verbindlichkeiten aus Lieferungen und Leist.		16.747
Verbindlichkeiten aus Wechseln		
Rechnungsabgrenzungsposten		
Zwischensumme	3.118.951	2.674.802
Überschuss / Fehlbetrag (-) Umsatzbereich		**444.149**

II. INVESTITIONSBEREICH		
Sachanlagen		
Zugänge		227.425
Abgänge	1.835	
Finanzanlagen		
Zugänge		30.597
Abgänge	16.801	
sonstiges Anlagevermögen		
Zugänge		
Abgänge		
Zwischensumme	18.636	258.022
Überschuss / Fehlbetrag (-) Investitionsbereich		**239.386-**
Überschuss / Fehlbetrag (-) Umsatz- u. Invest.bereich		**204.763**
III. KAPITALBEREICH		
Eigenkapital		
Gezeichnetes Kapital	1	
Kapitalrücklage	3	
Gewinnrücklagen	40.000	
gesetzliche Rücklage		
Rücklage für eigene Anteile		
satzungsmäßige Rücklage		
andere Rücklage		
Verbindlichkeiten		
Anleihen		
Verbindlichkeiten gegenüber Kreditinstituten	23.227	
Verbindlichkeiten gegenüber verb.Unternehmen	17.990	
Verbindlichkeiten gegenüber bet. Unternehmen	4.608	
sonstige Verbindlichkeiten	9.370	
Bilanzgewinn/-verlust		64.365
Zuführungen / Entnahmen aus den Rücklagen		40.000
Zwischensumme	95.199	104.365
Überschuss / Fehlbetrag (-) Kapitalbereich		**9.166-**
Überschuss / Fehlbetrag (-) Bereiche I.-III.		**195.597**
IV. GELDBEREICH		
Wertpapiere		227.260
Anteile an verbundenen Unternehmen		
eigene Anteile		
sonstige Wertpapiere		
Schecks, Kassenbestand und Guthaben	31.663	
Zwischensumme	31.663	227.260
Überschuss / Fehlbetrag (-) Geldbereich		**195.597-**
Abstimmung		

Fondsrechnung auf Basis des Netto-Geldvermögens in TDM

I. MITTELHERKUNFT	
Jahresüberschuss ./. außerordentliches Ergebnis ..	125.117
+ Abschreibungen (+ Saldo nicht erf. Zu/Abschrbg)	175.008
+ Erhöhung (- Verminderung) der Rückstellungen ..	89.960
+ Erhöhung (- Verminderung) der Sonderposten	24.871
+ Verminderung (- Erhöhung) der aktiven RAP	
+ Erhöhung (- Verminderung) der passiven RAP	
= Überschuss / Fehlbetrag (-) aus lfd. G.tätigkeit	414.956
+ außerordentliches Ergebnis	17.197-
= Überschuss / Fehlbetrag (-) a. Geschäftstätigkeit	397.759
+ Abgänge aus dem Anlagevermögen	18.636
+ Verminderung der Vorräte	34.427
+ Kapitalerhöhung (- Kapitalverminderung)	4
+ Erhöhung langfristiger Verbindlichkeiten	946
= Mittelherkunft insgesamt	**451.772**
II. MITTELVERWENDUNG	
Zugänge zum Anlagevermögen	258.022
+ Erhöhung der Vorräte	
+ Dividendenausschüttung	64.365
+ Verminderung langfristiger Verbindlichkeiten ..	
= Mittelverwendung insgesamt	322.387
ZUNAHME / ABNAHME (-) des Netto-Geldvermögens	**129.385**
Zusammensetzung der Veränderung des Netto-Geldvermögens	
Erhöhung (- Verminderung) der Forderungen	35.364-
+ Erhöhung (- Verminderung) der Wertpapiere	227.260
+ Erhöhung (- Verminderung) der Kassenmittel	31.663-
- Erhöhung (+ Verminderung) kurz-/mittelfr. Verb.	30.848-
= VERÄNDERUNG des Netto-Geldvermögens insgesamt ..	**129.385**

3.8. Zusammenfassung

- Die Veränderungsbilanz stellt die notwendige Vorstufe einer finanzwirtschaftlichen Analyse dar. Man erhält sie durch Bilden der Differenzen von Bilanzpositionen im Vorjahresvergleich, weshalb sie auch „Beständedifferenzenbilanz“ genannt wird.

- Ein (bescheidenes) Instrument der finanzwirtschaftlichen Analyse stellt die Bewegungsbilanz dar. Sie benötigt lediglich Bestandsdifferenzen aus der Bilanz und ordnet sie nach Mittelherkunft und Mittelverwendung. Sie gibt damit grobe Auskunft, aus welchen Bilanzbewegungen die Mittel stammen und wofür sie verwendet wurden.

- Zu den fortgeschrittenen Instrumenten der finanzwirtschaftlichen Analyse zählen die Cash Flow Statement und **Fondsrechnung**.

- Die Kapitalflussrechnung ist eine **Geldstromrechnung**, in der sich die monetären Vorgänge des Unternehmensgeschehens, resultierend aus den Beziehungen zu

  1) **Beschaffungs**- und **Absatzmärkten**,
  2) **Finanzmärkten**

  widerspiegeln.

- Die Kapitalflussrechnung dient der Untersuchung der Struktur und des Zustandekommens des **finanziellen Gleichgewichts**.

- Sie wird in Anlehnung an die Marktbeziehungen in vier Bereiche untergliedert, und zwar in einen

  1. Umsatzbereich,
  2. Investitionsbereich,
  3. Kapitalbereich,
  4. Geldbereich.

  Der **Umsatzbereich** stellt die Geldstromabrechnung aufgrund der Beziehungen zu Beschaffungs- und Absatzmärkten im Rahmen der gewöhnlichen Geschäftstätigkeit dar; der **Investitionsbereich** im Rahmen von Investitionsvorgängen.Der **Kapitalbereich** ist die Geldstromabrechnung aufgrund der Beziehungen zu Finanzmärkten.

  Im **Geldbereich** schließlich findet der Spitzenausgleich aller drei vorhergehenden Bereiche statt.

- Im Rahmen der externen Bilanzanalyse lässt sich die Kapitalflussrechnung eines Unternehmens nur der Struktur nach rekonstruieren. Ursache hierfür ist, dass der Jahresabschluss originär **keine** Angaben über **Zahlungsströme** enthält, die aber für die Aufstellung einer Kapitalflussrechnung benötigt werden!

- Das Rekonstruktionsverfahren bedient sich der GuV und der Veränderungsbilanz. Dabei werden bestimmte GuV-Positionen und Bestandsveränderungen als Finanzmittelzufluss, andere als Finanzmittelabfluss uminterpretiert. Das Verfahren selbst ist recht aufwendig, aber unkompliziert.

- Einen methodisch ähnlichen Ansatz stellt die Fondsrechnung dar. Grundlage der Fondsrechnung ist - wie der Name schon sagt - ein Fonds, der üblicherweise in drei verschiedenen Abgrenzungen verwendet wird. Es ist entweder der Fonds

  - der "**Netto verfügbaren flüssigen Mittel**",
  - des "**Netto-Geldvermögens**" oder
  - des "**Netto-Umlaufvermögens**".

  Meist wird das **Netto-Geldvermögen** zugrunde gelegt.

- Die Fondsrechnung ist wesentlich stärker bilanzorientiert als die Kapitalflussrechnung. Sie beschreibt im Prinzip die Veränderung bestimmter Dekkungsverhältnisse in der Bilanz.

- Systematisch lässt sich die Fondsrechnung in die Fondsnachweisrechnung und die Gegenrechnung untergliedern. Die **Fondsnachweisrechnung** weist das Zustandekommen der Veränderung nach, die **Gegenrechnung** zeigt die interne Struktur der Veränderung auf.

- Die Interpretation von Kapitalflussrechnung und Fondsrechnung sollte unter Berücksichtigung aller bekannten Umstände geschehen. Gerade weil beide Veränderungsrechnungen sind, darf man nicht über die Betrachtung dynamischer Vorgänge die dahinterstehenden statischen Verhältnisse vergessen (z.B. hohes Netto-Geldvermögen in Verbindung mit einer starken Abnahme des Netto-Geldvermögens).

- Regelanforderungen, bei denen nie die Ausnahmen übersehen werden dürfen, verlangen

  a) in der Kapitalflussrechnung einen Überschuss im Umsatzbereich, der zu großen Teilen das Defizit des Investitionsbereichs trägt,

b) in der Fondsrechnung eine Gleichheit oder besser ein Übersteigen der Mittelherkunft über die Mittelverwendung.

3.9. Übungsaufgaben

1) Ist die Aufstellung einer Strukturbilanz überhaupt notwendig, oder lassen sich die mit ihr bezweckten Aussagen nicht auch durch "scharfes Hinsehen" erzielen?

2) Würden Sie eine Veränderungsbilanz aufstellen, selbst wenn diese **nicht** für spätere Analyseschritte benötigt werden würde?

3) Diskutieren Sie die Vor- und Nachteile der Bewegungsbilanz!

4) Auf den nachfolgenden Seiten finden Sie (die Eingabedaten für) das erweiterte Bilanzgliederungsschema der "Übungsfall-AG".

a) Stellen Sie die Strukturbilanz für das Geschäfts- und Vorjahr auf!

b) Stellen Sie die Veränderungsbilanz auf!

c) Leiten Sie aus der Veränderungsbilanz die Bewegungsbilanz ab!

5) An die Bilanzdaten der "Übungsfall-AG" schließen sich die daraus abgeleitete Strukturbilanz, die Veränderungsbilanz und Bewegungsbilanz an.

a) Vergleichen Sie ihre Ergebnisse aus 4) mit den Auswertungen!

b) Analysieren Sie die Strukturbilanz, die Veränderungs- und Bewegungsbilanz!

6) Erstellen Sie, ausgehend von der Veränderungsbilanz und der GuV der "Übungsfall-AG", die Fondsrechnung und die Kapitalflussrechnung!

Vergleichen Sie Ihre Ergebnisse mit den folgenden Auswertungen!

7) Die der Veränderungs- und Bewegungsbilanz folgenden Seiten enthalten die Kapitalflussrechnung und Fondsrechnung der "Übungsfall-AG".

a) Beginnen Sie mit der Interpretation der Fondsrechnung, **ohne** sich **vorher** die Kapitalflussrechnung anzuschauen!

b) Analysieren Sie nun die Kapitalflussrechnung!

c) Vergleichen Sie Ihre gewonnenen Erkenntnisse aus der Interpretation der Fondsrechnung und Kapitalflussrechnung!

Wo decken sich Ihre Schlüsse, wo gelangen Sie zu abweichenden Aussagen? Versuchen Sie den Erkenntnisgehalt beider Instrumente zu vergleichen!

d) Welchem von beiden Instrumenten würden Sie den Vorzug geben? Warum?

Eingabedaten der Übungsfall-AG 1986

AKTIVA:	
Immaterielle Vermögensgegenstände	0
Sachanlagen	0
Grundstücke und Bauten	631.679.000
technische Anlagen und Maschinen	.567.618.000
andere Anlagen, Betriebs- und Geschäftsausst.	51.145.000
geleistete Anzahlungen	186.304.000
Finanzanlagen	0
Anteile an verbundenen Unternehmen	223.977.000
Ausleihungen an verbundene Unternehmen	1.770.000
Beteiligungen	6.949.000
Ausleihungen an beteiligte Unternehmen	150.499.000
sonstige Ausleihungen	17.933.000
Vorräte	0
Roh-, Hilfs- und Betriebsstoffe	80.478.000
unfertige Erzeugnisse, unfertige Leistungen	592.111.000
fertige Erzeugnisse und Waren	175.867.000
geleistete Anzahlungen	358.000
Forderungen und sonstige Vermögensgegenstände	0
Forderungen aus Lieferungen und Leistungen	438.173.000
davon Restlaufzeit über ein Jahr	148.000
Forderungen gegen verbundene Unternehmen	226.565.000
Forderungen gegen beteiligte Unternehmen	111.579.000
Sonstige Vermögensgegenstände	64.014.000
davon Restlaufzeit über ein Jahr	17.904.000
Wertpapiere	0
eigene Anteile	46.000
Schecks, Kassenbestand und Guthaben	6.848.000
Rechnungsabgrenzungsposten	0
Disagio	1.531.000
sonstige	11.073.000
Summe Aktiva	**4.826.517.000**

Eingabedaten der Übungsfall-AG 1986

PASSIVA:

EIGENKAPITAL...................................... :	0
Gezeichnetes Kapital........................ :	573.000.000
Gewinnrücklagen .... :	0
gesetzliche Rücklage .... :	57.300.000
Rücklage für eigene Anteile .... :	46.000
andere Rücklagen .... :	-20.311.000
RÜCKSTELLUNGEN .... :	0
Rückstellungen für Pensionen .... :	912.251.000
Steuerrückstellungen .... :	15.600.000
sonstige Rückstellungen .... :	221.873.000
VERBINDLICHKEITEN .... :	0
Verbindlichkeiten gegenüber Kreditinstituten .. :	1.578.825.000
davon Restlaufzeit über 5 Jahre .... :	103.278.000
davon Restlaufzeit unter 1 Jahr .... :	660.039.000
Verbindlichkeiten aus Lieferungen und Leistungen:	365.718.000
davon Restlaufzeit unter 1 Jahr .... :	365.718.000
Verbindlichkeiten aus Wechseln .... :	322.754.000
davon Restlaufzeit unter 1 Jahr .... :	322.754.000
Verbindlichkeiten gegenüber verbundenen Unter. :	137.701.000
davon Restlaufzeit unter 1 Jahr .... :	137.701.000
Verbindlichkeiten gegenüber beteiligten Unter. :	28.388.000
davon Restlaufzeit unter 1 Jahr .... :	28.388.000
sonstige Verbindlichkeiten .... :	633.372.000
davon Restlaufzeit über 5 Jahre .... :	52.756.000
davon Restlaufzeit unter 1 Jahr .... :	209.182.000
Rechnungsabgrenzungsposten .... :	0
Summe Passiva	**4.826.517.000**
Summendifferenz:	0

ANLAGENGITTER der Übungsfall AG (in TDM)

POSITION	AK/HK	Zugänge	Abgänge	Kumulierte Abschreibg.	Perioden-Abschr.
Immaterielle AV	0	0	0	0	0
Konzesssionen	725	0	0	725	0
Geschäftswert	0	0	0	0	0
geleist. Anzahl	0	0	0	0	0
Sachanlanlagen	0	0	0	0	0
Grundstücke	1.184.247	29.443	9.410	552.568	28.425
technische Anl.	4.969.242	311.322	71.330	3.401.624	218.744
andere Sachanl.	142.216	6.519	7.021	91.071	8.141
geleist. Anz.	186.304	-24.239	0	0	0
Finanzanlagen	0	0	0	0	0
Anteile	224.839	819	204	862	0
Ausleihungen	6.852	43	98	4.979	-78
Beteiligungen	87.310	1.209	8.585	361	0
Ausleihungen	180.968	337	44	30.497	309
Wertpapiere	0	0	0	0	0
sonstige Fin.anl.	28.455	1.789	3.957	11.233	-485

Eingabedaten der Übungsfall-AG 1985

AKTIVA		
Immaterielle Vermögensgegenstände	:	0
Sachanlagen	:	0
Grundstücke und Bauten	:	638.618.000
technische Anlagen und Maschinen	:	1.477.571.000
andere Anlagen, Betriebs- und Geschäftsausst.	:	52.894.000
geleistete Anzahlungen	:	210.543.000
Finanzanlagen	:	0
Anteile an verbundenen Unternehmen	:	223.362.000
Ausleihungen an verbundene Unternehmen	:	1.747.000
Beteiligungen	:	94.325.000
Ausleihungen an beteiligte Unternehmen	:	150.512.000
sonstige Ausleihungen	:	18.910.000
Vorräte	:	0
Roh-, Hilfs- und Betriebsstoffe	:	330.460.000
unfertige Erzeugnisse, unfertige Leistungen ..	:	651.673.000
fertige Erzeugnisse und Waren	:	192.463.000
geleistete Anzahlungen	:	1.125.000
Forderungen und sonstige Vermögensgegenstände ..	:	0
Forderungen aus Lieferungen und Leistungen ...	:	478.269.000
davon Restlaufzeit über ein Jahr	:	148.000
Forderungen gegen verbundene Unternehmen	:	227.780.000
Forderungen gegen beteiligte Unternehmen	:	93.523.000
Sonstige Vermögensgegenstände	:	32.789.000
davon Restlaufzeit über ein Jahr	:	17.904.000
Wertpapiere	:	0
eigene Anteile	:	55.000
Schecks, Kassenbestand und Guthaben	:	165.921.000
Rechnungsabgrenzungsposten	:	0
Disagio	:	1.531.000
sonstige	:	12.014.000
Summe Aktiva		**5.056.085.000**
PASSIVA		
EIGENKAPITAL	:	0
Gezeichnetes Kapital	:	573.000.000
Gewinnrücklagen	:	0
gesetzliche Rücklage	:	57.300.000
Rücklage für eigene Anteile	:	55.000
andere Rücklage	:	-78.168.000
RÜCKSTELLUNGEN	:	0
Rückstellungen für Pensionen	:	878.240.000
sonstige Rückstellungen	:	308.995.000
VERBINDLICHKEITEN	:	0
Verbindlichkeiten gegenüber Kreditinstituten ...	:	1.700.758.000
davon Restlaufzeit über 5 Jahre	:	660.039.000
davon Restlaufzeit unter 1 Jahr	:	103.278.000
Verbindlichkeiten aus Lieferungen und Leistungen	:	398.099.000
davon Restlaufzeit unter 1 Jahr	:	398.099.000
Verbindlichkeiten aus Wechseln	:	357.146.000
davon Restlaufzeit unter 1 Jahr	:	357.146.000
Verbindlichkeiten gegenüber verbundenen Unter. .	:	121.887.000
davon Restlaufzeit unter 1 Jahr	:	121.887.000
Verbindlichkeiten gegenüber beteiligten Unter. .	:	18.557.000
davon Restlaufzeit unter 1 Jahr	:	18.557.000
sonstige Verbindlichkeiten	:	720.216.000
davon Restlaufzeit über 5 Jahre	:	52.756.000
davon Restlaufzeit unter 1 Jahr	:	126.709.000
Rechnungsabgrenzungsposten	:	0
Summe Passiva		**5.056.085.000**

Auswertung des Jahresabschlusses: Übungsfall-AG 1986

STRUKTURBILANZ

AKTIVA

Positionen	Geschäftsjahr TDM	Geschäftsjahr %	Abw. %	Vorjahr %	Vorjahr TDM
ANLAGEVERMÖGEN					
Immaterielles Vermögen		0,0	0,0	0,0	
Sachanlagen	2.436.746	50,5	2,4	47,1	2.379.626
Finanzanlagen	481.128	10,0	1,6-	9,7	488.856
ZWISCHENSUMME: ANLAGEVERMÖGEN	2.917.874	60,5	1,7	56,8	2.868.482
UMLAUFVERMÖGEN					
Vorräte	1.048.814	21,7	10,8-	23,3	1.175.721
Addition: Leistungsvermögen	3.966.688	82,2	1,9-	80,0	4.044.203
Forderungen					
Mit. u. langfr. Ford., son. UV	18.052	0,4	0,0	0,4	18.052
Kurzfristige Forderungen	822.279	17,0	1,0	16,1	814.309
Wertpapiere	46	0,0	16,4-	0,0	55
Kassenmittel	6.848	0,1	95,9-	3,3	165.921
Addition: Finanzumlaufvermögen	847.225	17,6	15,1-	19,8	998.337
davon Ford. an verb./bet. U.	338.144	7,0	5,2	6,4	321.303
Rechnungsabgrenzung	11.073	0,2	7,8-	0,2	12.014
ZWISCHENSUMME: UMLAUFVERMÖGEN	1.907.112	39,5	12,8-	43,2	2.186.072
Endsumme: Gesamtvermögen	4.824.986	100,0	4,5-	100,0	5.054.554

PASSIVA

Positionen	Geschäftsjahr TDM	Geschäftsjahr %	Abw. %	Vorjahr %	Vorjahr TDM
EIGENKAPITAL					
Festes Eigenkapital	573.000	11,9	0,0	11,3	573.000
Variables Eigenkapital	35.504	0,7	258,9-	0,4-	22.344-
ZWISCHENSUMME: EIGENKAPITAL	608.504	12,6	10,5	10,9	550.656
FREMDKAPITAL					
Langfristiges Fremdkapital	1.068.285	22,1	32,9-	31,5	1.591.035
Addition: Langfr. Kapital	1.676.789	34,8	21,7-	42,4	2.141.691
Mittelfristiges Fremdkapital	1.215.302	25,2	17,8-	29,2	1.478.192
Kurzfristiges Fremdkapital	1.932.895	40,1	34,7	28,4	1.434.671
Addition: Kurz- u. mittelf. FK	3.148.197	65,2	8,1	57,6	2.912.863
Rechnungsabgrenzung		0,0	0,0	0,0	
ZWISCHENSUMME: FREMDKAPITAL	4.216.482	87,4	6,4-	89,1	4.503.898
davon Verb. g. verb./bet. U.	166.089	3,4	18,3	2,8	140.444
Endsumme: Gesamtkapital	4.824.986	100,0	4,5-	100,0	5.054.554

VERÄNDERUNGSBILANZ der Übungsfall AG	**AKTIVA**
Anlagevermögen	
Immaterielle Vermögensgegenstände	
Sachanlagen	
Grundstücke und Bauten	6.939.000-
technische Anlagen und Maschinen	90.047.000
andere Anlagen, Betriebs- und Geschäftsausst.	1.749.000-
geleistete Anzahlungen und Anlagen im Bau	24.239.000-
Finanzanlagen	
Anteile an verbundenen Unternehmen	615.000
Ausleihungen an verbundene Unternehmen	23.000
Beteiligungen	7.376.000-
Ausleihungen an beteiligte Unternehmen	13.000-
sonstige Ausleihungen	977.000-
Umlaufvermögen	
Vorräte	
Roh-, Hilfs- und Betriebsstoffe	49.982.000-
unfertige Erzeugnisse, unfertige Leistungen	59.562.000-
fertige Erzeugnisse und Waren	16.596.000-
geleistete Anzahlungen	767.000-
Forderungen und sonstige Vermögensgegenstände	
Forderungen aus Lieferungen und Leistungen	40.096.000-
Forderungen gegen verbundene Unternehmen	1.215.000-
Forderungen gegen beteiligte Unternehmen	18.056.000
Sonstige Vermögensgegenstände	31.225.000
Wertpapiere	
eigene Anteile	9.000-
Schecks, Kassenbestand und Guthaben	159.073.000-
Rechnungsabgrenzungsposten	
sonstige	941.000-
SUMME	**229.568.000-**

VERÄNDERUNGSBILANZ der Übungsfall AG	**PASSIVA**
Eigenkapital	
Gewinnrücklagen	
Rücklage für eigene Anteile	9.000-
andere Rücklage	57.857.000
Rückstellungen	
Rückstellungen für Pensionen	34.011.000
Steuerrückstellungen	15.600.000
sonstige Rückstellungen	87.122.000-
Verbindlichkeiten	
Verbindlichkeiten gegenüber Kreditinstituten	121.933.000-
davon Restlaufzeit über 5 Jahre	556.761.000-
davon Restlaufzeit unter 1 Jahr	556.761.000
Verbindlichkeiten aus Lieferungen und Leist.	32.381.000-
davon Restlaufzeit unter 1 Jahr	32.381.000-
Verbindlichkeiten aus Wechseln	34.392.000-
davon Restlaufzeit unter 1 Jahr	34.392.000-
Verbindlichkeiten gegenüber verbundenen Unter.	15.814.000
davon Restlaufzeit unter 1 Jahr	15.814.000
Verbindlichkeiten gegenüber beteiligten Unter.	9.831.000
davon Restlaufzeit unter 1 Jahr	18.528.612-
sonstige Verbindlichkeiten	86.844.000-
davon Restlaufzeit unter 1 Jahr	82.473.000
Rechnungsabgrenzungsposten	
SUMME	**229.568.000-**

STRUKTUR-VERÄNDERUNGSBILANZ

AKTIVA

Positionen	TDM
ANLAGEVERMÖGEN	
Immaterielles Vermögen	
Sachanlagen	57.120
Finanzanlagen	-7.728
ZWISCHENSUMME: ANLAGEVERMÖGEN	49.392
UMLAUFVERMÖGEN	
Vorräte	-126.907
Addition: Leistungsvermögen	-77.515
Forderungen	
Mit. u. langfr. Ford., son. UV	
Kurzfristige Forderungen	7.970
Wertpapiere	-9
Kassenmittel	-159.073
Addition: Finanzumlaufvermögen	-151.112
davon Ford. an verb./bet. U.	-16.841
Rechnungsabgrenzung	-941
ZWISCHENSUMME: UMLAUFVERMÖGEN	-278.960
Endsumme: Gesamtvermögen	-229.568

PASSIVA

Positionen	TDM
EIGENKAPITAL	
Festes Eigenkapital	
Variables Eigenkapital	57.848
ZWISCHENSUMME: EIGENKAPITAL	57.848
FREMDKAPITAL	
Langfristiges Fremdkapital	-522.750
Addition: Langfr. Kapital	-464.902
Mittelfristiges Fremdkapital	-262.890
Kurzfristiges Fremdkapital	498.224
Addition: Kurz- u. mittelf. FK	235.334
Rechnungsabgrenzung	
ZWISCHENSUMME: FREMDKAPITAL	-287.416
davon Verb. g. verb./bet. U.	25.645
Endsumme: Gesamtkapital	**-229.568**

BEWEGUNGSBILANZ der Übungsfall AG

Mittelverwendung

INVESTITION

technische Anlagen und Maschinen .... :	90.047.000
Anteile an verbundenen Unternehmen .... :	615.000
Ausleihungen an verbundene Unternehmen .... :	23.000
Forderungen gegen beteiligte Unternehmen ..... :	18.056.000
Sonstige Vermögensgegenstände .... :	31.225.000
SUMME	139.966.000

DEFINANZIERUNG

Rücklage für eigene Anteile .... :	9.000
sonstige Rückstellungen .... :	87.122.000
Verbindlichkeiten gegenüber Kreditinstituten . :	121.933.000
Verbindlichkeiten aus Lieferungen und Leist. . :	32.381.000
Verbindlichkeiten aus Wechseln .... :	34.392.000
sonstige Verbindlichkeiten .... :	86.844.000
SUMME	502.647.000

BEWEGUNGSBILANZ

Mittelherkunft

DESINVESTITION

Grundstücke und Bauten .... :	6.939.000
andere Anlagen, Betriebs- und Geschäftsausst. :	1.749.000
geleistete Anzahlungen und Anlagen im Bau .... :	24.239.000
Beteiligungen .... :	7.376.000
Ausleihungen an beteiligte Unternehmen .... :	13.000
sonstige Ausleihungen .... :	977.000
Roh-, Hilfs- und Betriebsstoffe .... :	49.982.000
unfertige Erzeugnisse, unfertige Leistungen .. :	59.562.000
fertige Erzeugnisse und Waren .... :	16.596.000
geleistete Anzahlungen .... :	767.000
Forderungen aus Lieferungen und Leistungen ... :	40.096.000
Forderungen gegen verbundene Unternehmen ..... :	1.215.000
eigene Anteile .... :	9.000
Schecks, Kassenbestand und Guthaben .... :	159.073.000
Rechnungsabgrenzungsposten (akt., sonstige) .. :	941.000
SUMME	369.534.000

FINANZIERUNG

andere Rücklage .... :	57.857.000
Rückstellungen für Pensionen .... :	34.011.000
Steuerrückstellungen .... :	15.600.000
Verbindlichkeiten gegenüber verbundenen Unter. :	15.814.000
Verbindlichkeiten gegenüber beteiligten Unter. :	9.831.000
SUMME	502.647.000

STRUKTUR-BEWEGUNGSBILANZ der Übungsfall AG	
Mittelverwendung	
INVESTITION	
Sachanlagen	57.120
Kurzfristige Forderungen	7.970
SUMME	**65.090**
DEFINANZIERUNG	
Langfristiges Fremdkapital	522.750
Mittelfristiges Fremdkapital	262.890
SUMME insgesamt	**850.730**
Mittelherkunft	
DESINVESTITION	
Finanzanlagen	7.728
Vorräte	126.907
Wertpapiere	9
Kassenmittel	159.073
Rechnungsabgrenzung	941
SUMME	**294.658**
FINANZIERUNG	
Variables Eigenkapital	57.848
Kurzfristiges Fremdkapital	498.224
SUMME insgesamt	**850.730**

Fondsrechnung auf Basis des Netto-Geldvermögens der Übungsfall AG in TDM

I. MITTELHERKUNFT	
Jahresüberschuss ./. außerordentliches Ergebnis ..	57.848
+ Abschreibungen (+ Saldo nicht erf. Zu/Abschrbg)	255.056
+ Erhöhung (- Verminderung) der Rückstellungen ..	37.511-
+ Erhöhung (- Verminderung) der Sonderposten	
+ Verminderung (- Erhöhung) der aktiven RAP	941
+ Erhöhung (- Verminderung) der passiven RAP	
= Überschuss / Fehlbetrag (-) aus lfd. G.tätigkeit	276.334
+ außerordentliches Ergebnis	
= Überschuss / Fehlbetrag (-) a. Geschäftstätigkeit	276.334
+ Abgänge aus dem Anlagevermögen	22.794
+ Verminderung der Vorräte	126.907
+ Kapitalerhöhung (- Kapitalverminderung)	
+ Erhöhung langfristiger Verbindlichkeiten	
= Mittelherkunft insgesamt	**426.035**
II. MITTELVERWENDUNG	
Zugänge zum Anlagevermögen	327.242
+ Erhöhung der Vorräte	
+ Dividendenausschüttung	
+ Verminderung langfristiger Verbindlichkeiten ..	556.761
= Mittelverwendung insgesamt	**884.003**
III. ZUNAHME / ABNAHME (-) des Netto-Geldvermögens	**457.968-**
Zusammensetzung der Veränderung des Netto-Geldvermögens	
Erhöhung (- Verminderung) der Forderungen	7.970
+ Erhöhung (- Verminderung) der Wertpapiere	9-
+ Erhöhung (- Verminderung) der Kassenmittel	159.073-
- Erhöhung (+ Verminderung) kurz-/mittelfr. Verb.	306.856-
= VERÄNDERUNG des Netto-Geldvermögens insgesamt ..	**457.968-**

KAPITALFLUSSRECHNUNG der Übungsfall AG

Position	Zufluss	Abfluss
I. UMSATZBEREICH		
Finanzwirksame Umsätze		
Umsatzerlöse	4.786.524	
Bestandsveränderungen an fert. u. unfert. Erzeug	76.158-	
andere aktivierte Eigenleistungen	10.282	
sonstige betriebliche Erträge	121.829	
Materialaufwand............................		
Aufwendungen für Roh-, Hilfs- und Betriebsstof		2.340.162
Aufwendungen für bezogene Leistungen		324.836
Rohergebnis		
Personalaufwand............................		
Löhne und Gehälter		1.043.702
soziale Abgaben und Altersversorgung		284.208
sonstige betriebliche Aufwendungen		379.597
Erträge aus Beteiligungen	29.394	
Erträge aus anderen Wertpapieren u. Ausleihungen	11.911	
sonstige Zinsen und ähnliche Erträge	24.244	
Zinsen und ähnliche Aufwendungen		190.633
außerordentliche Erträge		
außerordentliche Aufwendungen		
Steuern vom Einkommen und Ertrag		23.929
sonstige Steuern		7.223
Saldo nicht erfasster Zu-/Abschreibungen		832
Finanzwirksame Bestandsveränderungen		
Vorräte		
Roh-, Hilfs- und Betriebsstoffe	49.982	
unfertige Erzeugnisse, unfertige Leistungen	59.562	
fertige Erzeugnisse und Waren	16.596	
geleistete Anzahlungen	767	
Forderungen und sonstige Vermögensgegenstände		
Forderungen aus Lieferungen und Leistungen .	40.096	
Forderungen gegen verbundene Unternehmen ...	1.215	
Forderungen gegen beteiligte Unternehmen ...		18.056
Sonstige Vermögensgegenstände		31.225
Abgrenzung für künftige Steuerentlastung		
Rechnungsabgrenzungsposten		
Disagio		
sonstige	941	
Nicht durch Eigenkapital gedeckter Fehlbetrag ..		
Sonderposten mit Rücklageanteil		
Rückstellungen		
Rückstellungen für Pensionen	34.011	
Steuerrückstellungen	15.600	
sonstige Rückstellungen		87.122
erhaltene Anzahlungen auf Bestellungen		
Verbindlichkeiten aus Lieferungen und Leist.		32.381
Verbindlichkeiten aus Wechseln		34.392
Rechnungsabgrenzungsposten		
Zwischensumme	5.126.796	4.798.298
Überschuss / Fehlbetrag (-) Umsatzbereich		**328.498**

II. INVESTITIONSBEREICH		
Sachanlagen		
Zugänge		323.045
Abgänge	10.615	
Finanzanlagen		
Zugänge		4.197
Abgänge	12.179	
sonstiges Anlagevermögen		
Zugänge		
Abgänge		
Zwischensumme	22.794	327.242
Überschuss / Fehlbetrag (-) Investitionsbereich		**304.448-**
Überschuss / Fehlbetrag (-) Umsatz- u. Invest.bereich		**24.050**
III. KAPITALBEREICH		
Eigenkapital		
Gezeichnetes Kapital		
Kapitalrücklage		
Gewinnrücklagen		
gesetzliche Rücklage		
Rücklage für eigene Anteile		9
satzungsmäßige Rücklage		
andere Rücklage	57.857	
Verbindlichkeiten		
Anleihen		
Verbindlichkeiten gegenüber Kreditinstituten		121.933
Verbindlichkeiten gegenüber verb. Unternehmen	15.814	
Verbindlichkeiten gegenüber bet. Unternehmen	9.831	
sonstige Verbindlichkeiten		86.844
Zuführungen zu / Entnahmen aus den Rücklagen ...		57.848
Zwischensumme	83.502	266.634
Überschuss / Fehlbetrag (-) Kapitalbereich		**183.132-**
Überschuss / Fehlbetrag (-) Bereiche I.-III.		**159.082-**
IV. GELDBEREICH		
Wertpapiere		
Anteile an verbundenen Unternehmen		
eigene Anteile	9	
sonstige Wertpapiere		
Schecks, Kassenbestand und Guthaben	159.073	
Zwischensumme	159.082	
Überschuss / Fehlbetrag (-) Geldbereich		**159.082**
Abstimmung		

4. Die Wertschöpfungsanalyse

4.1. Der Aufbau der Wertschöpfungsrechnung

Zunehmende Bekanntheit im Rahmen der Bilanzanalyse erlangt die Wertschöpfungsanalyse, die auf der Wertschöpfungsrechnung basiert. Der historische Hauptzweck dieser Analyse besteht darin, die Bedeutung der betrachteten Unternehmung als integralen Bestandteil der Volkswirtschaft herauszuarbeiten. In jüngerer Zeit wird dagegen mehr die Tauglichkeit der Wertschöpfungsanalyse für die international vergleichende Jahresabschlussanalyse betont [vgl. dazu insbes. Haller 1997].

Die Wertschöpfungsrechnung stammt aus der Volkswirtschaftlichen Gesamtrechnung, wo sie den folgenden Aufbau ausweist:

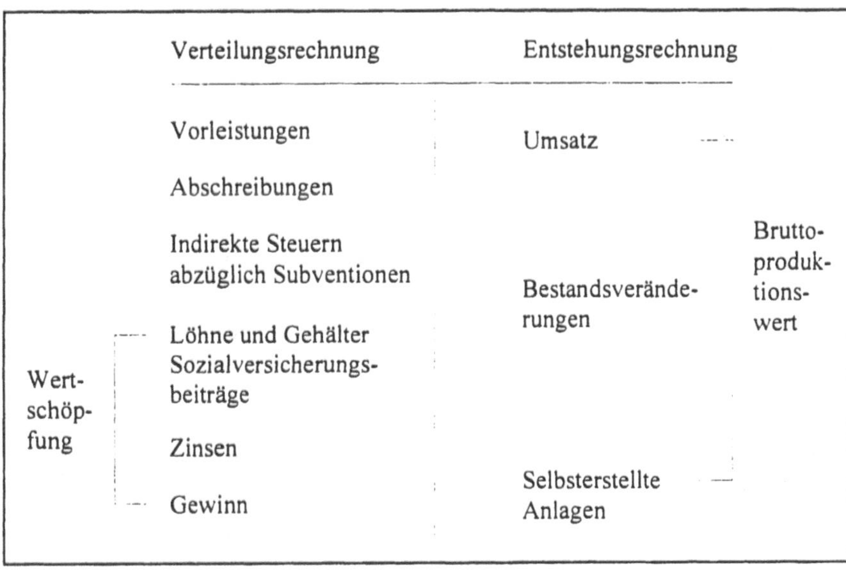

Abb. 4.1.-1.: *Aufbau der Wertschöpfungsrechnung innerhalb der volkswirtschaftlichen Gesamtrechnung*

Sie weist auf der Entstehungsseite den Wert der produzierten Güter und Dienstleistungen aus, während die Verteilungsrechnung Aufschluss über die Verteilung der Wertschöpfung auf die an der Leistungserstellung beteiligten Produktionsfaktoren geben soll.

Prinzipiell lässt sich diese Rechnung, die für eine Volkswirtschaft als Ganzes erfolgt, auch auf seine Teile, die einzelnen Unternehmen, übertragen. Vorschläge, die von dem obigen Schema leicht abweichen, finden sich bei Coenenberg und Gräfer [Coenenberg 1994, S. 620 f.; Gräfer 1985, S. 231 ff.; vgl. auch Weber 1980].

Hier erfolgt die Rechnung in der folgenden Form:

	Verteilungsrechnung	Entstehungsrechnung	
	Vorleistungen	Betriebliche Erträge	Produktionswert
	Abschreibungen		
Wertschöpfung	Arbeitserträge		
	Gemeinerträge (= Steuern)		
	Kapitalerträge		

Abb. 4.1.-2.: *Modifizierte Wertschöpfungsrechnung*

Wie sich eine solche Wertschöpfungsrechnung aus den Angaben des handelsrechtlichen Abschlusses aufstellen lässt, zeigen die beiden nachstehend abgebildeten Schemata, die in Anlehnung an Coenenberg [Coenenberg 1994, S. 623 f.] entwickelt wurden. Wir bauen weitgehend, bis auf die folgenden Punkte, auf seinem Vorschlag auf:

- als Produktionswert werden die "betrieblichen Erträge" angesetzt. Der Grund dafür besteht in der Erhaltung der Vergleichbarkeit: Die Wertschöpfung darf bei ansonsten gleichen Daten nicht unterschiedliche Werte annehmen, je nachdem, ob der Abschluss einer mittelgroßen oder großen Kapitalgesellschaft vorliegt. Da aber bei Vorliegen des Jahresabschlusses einer mittelgroßen Kapitalgesellschaft die "sonstigen betrieblichen Erträge" unbekannt sind, können sie nicht - wie es Coenenbergs Schema impliziert - bei der Berechnung des Restpostens berücksichtigt werden. Unter der o.g. Prämisse verbleibt kein anderer Weg, als sie dem Produktionswert zuzuordnen;

- es werden nur die Abschreibungen auf immaterielle Vermögensgegenstände, auf Sachanlagen und auf aktivierte Aufwendungen für die Ingangsetzung und Erweiterung berücksichtigt;

- es erfolgt keine Herausrechnung der nur auf steuerrechtlichen Vorschriften beruhenden Abschreibungen;
- die "sonstigen betrieblichen Aufwendungen" werden pauschal als Vorleistungen betrachtet und angesetzt;
- die Vergütungen an Mitglieder des Aufsichtsrates werden nicht herausgerechnet;
- die sonstigen Steuern werden als Gemeinerträge betrachtet, d.h. sie werden der Sphäre der "Wertschöpfung" statt der der "Vorleistungen" zugeordnet.

Damit ergeben sich folgende Schemata:

Verteilungsrechnung

	Arbeitserträge:	
		Löhne und Gehälter
+		soziale Abgaben und Aufwendungen für Altersversorgung und Unterstützung
	Gemeinerträge:	
+		EE-Steuern
+		sonstige Steuern
	Fremdkapitalerträge:	
+		Zinsen und ähnlicher Aufwand
	Eigenkapitalerträge:	
+		Zuführungen/Entnahmen zu/aus den Rücklagen
+		Bilanzgewinn/-verlust
./.	RESTPOSTEN	
=	**Wertschöpfung**	

Dabei berechnen sich die Restposten wie folgt:

```
      Finanzerträge
./.   Abschreibungen auf Gegenstände des UV, soweit sie die in
      der Kapitalgesellschaft üblichen überschreiten
./.   Abschreibungen auf Finanzwerte
 +    außerordentliches Ergebnis
-----------------------------------------------------
 =    RESTPOSTEN

Entstehungsrechnung

      Umsatzerlöse
 +    Bestandsveränderungen
 +    aktivierte Eigenleistungen
 +    sonstige betriebliche Erträge
-----------------------------------
 =    betriebliche Erträge
 =    Produktionswert
./.   Materialaufwand
./.   sonstiger betrieblicher Aufwand
./.   Abschreibungen auf immaterielle und Sachanlagen
-----------------------------------------------------
 =    Wertschöpfung
```

Die weiteren Gründe für dieses von Coenenberg abweichende Vorgehen liegen zum einen in der sich so ergebenden leichteren Handhabbarkeit der Wertschöpfungsrechnung, zum anderen in der nicht zweifelsfreien Möglichkeit der Zuordnung einzelner Positionen oder Teilen von ihnen zu den Vorleistungen bzw. zu der Wertschöpfung.

Ein zusätzliches Problem im Zusammenhang mit der Rekonstruktion einer Wertschöpfungsrechnung aus dem handelsrechtlichen Abschluss ist zu beachten: Aufgrund der größenklassenabhängigen Erleichterungen kann die **Entstehungsrechnung** nicht sinnvoll (beim Gesamtkostenverfahren) bzw. überhaupt nicht (beim Umsatzkostenverfahren) im Falle einer mittelgroßen Kapitalgesellschaft aufgestellt werden[1]. Deshalb beginnt die Wertschöpfungsrechnung in dieser Arbeit zunächst mit der **Verteilungsrechnung**, da sie sich systematisch immer (d.h. unabhängig davon, ob es sich um große oder mittelgroße Kapitalgesellschaft handelt) aufstellen lässt. Die Entstehungsrechnung wird nur bei Vorliegen einer großen Kapitalgesellschaft zusätzlich aufgestellt.

---

[1] In diesem Fall beginnt die GuV mit der Position "Rohergebnis". Damit ist auf jeden Fall der Produktionswert verloren. Während zwar das "Rohergebnis" nach dem Gesamtkostenverfahren noch für eine "abgemagerte" Entstehungsrechnung verwendbar wäre, ist das "Rohergebnis" nach dem Umsatzkostenverfahren für Zwecke der Wertschöpfungsrechnung völlig unbrauchbar.

Ferner ist bei der Interpretation der Wertschöpfungsrechnung und der darauf aufbauenden Kennzahlen folgendes zu beachten: Erstens weicht sie leicht vom äußeren Aufbau wie auch von der inhaltlichen Ausgestaltung der Positionen von der Wertschöpfungsrechnung ab, wie sie aus der Volkswirtschaftlichen Gesamtrechnung bekannt ist. Zweitens ist stets der Restposten zu beachten, der aus Transaktionen im Finanzbereich und außerordentlichen Bereich stammt. Ist er positiv, so wird um ihn die Wertschöpfung zu hoch, ist er negativ, wird die Wertschöpfung um ihn zu niedrig ausgewiesen. Er wird in der Verteilungsrechnung von den übrigen Positionen **abgezogen**!

Abschließend sei darauf hingewiesen, dass bei Vorliegen einer GuV auf Grundlage des Umsatzkostenverfahrens die Positionen der Wertschöpfungsrechnung aus der rekonstruierten Struktur-GuV auf Grundlage des Gesamtkostenverfahrens abgeleitet werden.

4.2. Fallstudie Teil 7: Die Analyse der Wertschöpfungsrechnung

Für unsere Fallstudie der SCHERING AG zeigt die Wertschöpfungsrechnung folgendes Bild:

WERTSCHÖPFUNGSRECHNUNG				
VERTEILUNGSRECHNUNG				
Arbeitserträge :				
Personalaufwendungen	820.000	TDM	=	87,2 %
Gemeinerträge :				
Gesamter Steueraufwand	53.133	TDM	=	5,7 %
Fremdkapitalerträge :				
Zinsen und ähnlicher Aufwand	25.704	TDM	=	2,7 %
Eigenkapitalerträge :				
Bilanzgewinn / Bilanzverlust	67.920	TDM	=	7,2 %
Zuführungen zu/Entnahmen aus den Rücklagen	40.000	TDM	=	4,3 %
./. RESTPOSTEN	66.604	TDM	=	7,1 %
Wertschöpfung	940.153	TDM	=	100,0 %

ENTSTEHUNGSRECHNUNG				
Produktionswert (= Betriebliche Erträge).	2.454.460	TDM	=	100,0 %
./. Materialaufwand	889.000	TDM	=	36,2 %
./. sonstige betriebliche Aufwendungen .	464.229	TDM	=	18,9 %
./. Abschreibungen	161.078	TDM	=	6,6 %
Wertschöpfung	940.153	TDM	=	38,3 %

Obwohl die Wertschöpfungsanalyse zunehmende Bedeutung in der Literatur erfährt, ist sie für den rein praktisch orientierten Analytiker von geringer Bedeutung. Die Wertschöpfungsrechnung wendet sich vielmehr an den an bestimmten Fragestellungen interessierten Analytiker, wie z.B. für volkswirtschaftliche Branchenanalysen zur Verteilung der betrieblichen Wertschöpfung. Im Rahmen unserer Fallstudie wollen wir daher diesen Punkt sehr kurz behandeln.

Die Entstehungsrechnung weist eine recht hohe Wertschöpfung - gemessen am Produktionswert - aus, was typisch für Produktionsunternehmen ist. Die Wertschöpfung ist hier auch ein Indikator für die Produktionstiefe. Handelsunternehmen dagegen haben im Vergleich dazu eine geringere, Dienstleistungsunternehmen eine noch höhere Wertschöpfung. Bei den Vorleistungen dominieren, wie kaum anders erwartet, die Material- und sonstigen betrieblichen Aufwendungen.

Bei der Verteilungsrechnung zeigt sich, dass die Kapitalerträge (26 Mio. DM + 68 Mio. DM + 40 Mio. DM ./. 67 Mio. DM) mit 67 Mio. DM einen geringen Anteil an der Verteilung haben. Bedenkt man, dass der Restposten mit 67 Mio. DM genau diesselbe Höhe annimmt wie der Anteil der gesamten Kapitalerträge an der Wertschöpfung, so werden hier Ungleichgewichte deutlich: Die "ausreichende" Entlohnung des Faktors "Kapital" ist nicht mehr im Rahmen der eigentlichen Geschäftstätigkeit möglich und muss durch den Finanzerfolg (Restposten) gestützt werden.

4.3. Zusammenfassung

- Ein neueres Instrument, welches im Rahmen der Bilanzanalyse zunehmende Verbreitung erfährt, ist die **Wertschöpfungsrechnung**.

- Die Wertschöpfungsrechnung geht von einem speziellen "Überschuss"-Begriff aus: Der Unternehmensleistung (dem Bruttoproduktionswert) stehen "Aufwendungen" in Form von Vorleistungen und Abschreibungen gegenüber. Der sich so ergebende "Überschuß" (die

Wertschöpfung) steht dann zur Verteilung auf die an der Leistungserstellung beteiligten Produktionsfaktoren bereit.

- Die Wertschöpfungsrechnung zerfällt in eine Entstehungsrechnung und eine Verteilungsrechnung. Die **Entstehungsrechnung** dokumentiert die Unternehmensleistung, die **Verteilungsrechnung** die Verteilung der Wertschöpfung.

- Auch die Wertschöpfungsrechnung lässt sich nur annähernd aus den Angaben des Jahresabschlusses rekonstruieren. Besondere Probleme bereitet der RESTPOSTEN, der der Systematik der Wertschöpfungsrechnung völlig fremd ist.

4.4. Übungsaufgaben

1) Auf der folgenden Seite finden Sie die Wertschöpfungsrechnung der "Übungsfall-AG".

a) Analysieren Sie die Wertschöpfungsrechnung!

b) Um welche Art von Unternehmen könnte es sich hier handeln? Können Sie Vermutungen über die Produktionstiefe anstellen?

WERTSCHÖPFUNGSRECHNUNG			
VERTEILUNGSRECHNUNG			
Arbeitserträge :			
Personalaufwendungen	1.327.910	TDM =	86,1 %
Gemeinerträge :			
Gesamter Steueraufwand	31.152	TDM =	2,0 %
Fremdkapitalerträge :			
Zinsen und ähnlicher Aufwand	190.633	TDM =	12,4 %
Eigenkapitalerträge :			
Bilanzgewinn / Bilanzverlust	0	TDM =	0,0 %
Zuführungen zu/Entnahmen aus den Rücklagen	57.848	TDM =	3,8 %
./. RESTPOSTEN	64.971	TDM =	4,2 %
Wertschöpfung	1.542.572	TDM =	100,0 %

ENTSTEHUNGSRECHNUNG			
Produktionswert (= Betriebliche Erträge).	4.842.477	TDM =	100,0 %
./. Materialaufwand	2.664.998	TDM =	55,0 %
./. sonstige betriebliche Aufwendungen..	379.597	TDM =	7,8 %
./. Abschreibungen	255.310	TDM =	5,3 %
Wertschöpfung	1.542.572	TDM =	31,9 %

5. Die Kennzahlenanalyse

5.1. Kennzahlen und ihre Bedeutung

Die Kennzahlenanalyse besitzt **traditionell** im Rahmen einer Bilanzanalyse den höchsten Stellenwert. In der Tat konnte lange Zeit Bilanzanalyse mit Kennzahlenanalyse gleichgesetzt werden. Die umfangreiche Literatur zum Themenbereich Kennzahlen, Kennzahlenanalyse, Kennzahlensysteme usw. bekräftigt diese Einschätzung. Erst in den neueren Werken zur Bilanzanalyse lässt sich eine gewisse Verschiebung der Gewichte zugunsten der - in unserem Sinne - aufbereitenden Methoden inklusive der Finanzflussverfahren erkennen, ohne aber die Bedeutung der Kennzahlen in Frage zu stellen.

Der gewichtigste **Vorteil** von Kennzahlen ist rein pragmatischer Natur: Wer die vorangegangenen Übungsaufgaben, die im Aufstellen von Strukturbilanz und -erfolgsrechnung, Veränderungs- und Bewegungsbilanz, Kapitalflussrechnung und Fondsrechnung bestanden, gewissenhaft bearbeitet hat, weiß, wie mühselig das war. Es ist nicht nur verfahrenstechnischer Aufwand, der leicht bei den vorangegangenen Methoden zum Ärgernis wird, sondern auch deren hohe Fehleranfälligkeit gegen Unachtsamkeiten. So kommt es bei der manuellen Aufstellung der Finanzflussrechnungen nur allzu häufig vor, dass z.B. fälschlicherweise ein Zufluss den Abflüssen zugeordnet wird. Dann muss man, teilweise nach mehreren Stunden Arbeit, zum Schluss feststellen, dass die Rechnung nicht "aufgeht", und sich an die Fehlersuche machen. Dieses Argument mag vor allem für Studenten schlagend sein, die sich in die Methoden der Jahresabschlussanalyse einarbeiten. In der Praxis verliert es selbstverständlich seine Bedeutung, wenn die Erstellung und Auswertung der Finanzflussrechnung maschinell erfolgt, denn dann sind die zutreffenden Zuordnungen der einzelnen Positionen des Jahresabschlusses zu den Mittelzu- und -abflüssen vorgegeben.

Ein viel stärkeres Argument als die Fehleranfälligkeit der Erstellung ist die Schwierigkeit ihrer Interpretation, d.h. der Ableitung schlüssiger Urteile über die aktuelle und künftige Unternehmenssituation aus dem Rechenwerk. Wir hatten bereits auf dieses Problem hingewiesen.

Daher ist die Suche nach einfacheren, dennoch (oder gerade deshalb) aussagekräftigeren Methoden und Verfahren nicht nur verständlich, sondern sogar geboten. Bleiben wir bei dem vorangegangenen Beispiel: Die Finanzkraft eines Unternehmens kann auch mit einigen Kennzahlen untersucht werden, die in vergleichsweise sehr viel geringerer Zeit ermittelt werden können.

Der grosse Vorteil von Kennzahlen liegt also in ihrer **einfachen**, **schnellen** und (verfahrenstechnisch) **zuverlässigen** Berechnungsmöglichkeit.

Wie fast jeder Vorteil, ist auch dieser mit (gravierenden) Nachteilen zu erkaufen. Die aufbereitenden Methoden stellen **komplexe** Sachverhalte in **geordneter, übersichtlicher** Weise, **vor allem aber im Zusammenhang**, dar. Kennzahlen zerreißen oft Zusammenhänge und verdichten sehr differenzierte Vorgänge oder Sachverhalte auf **einfache Punktgrößen.**

Gerade weil Kennzahlen komplexe Sachverhalte auf einfache Punktgrößen verdichten, ermöglichen sie, Unternehmen zu vergleichen. Das ist gerade für statistische Analysen von Jahresabschlüssen (vgl. Kapitel 7) ein unschätzbarer Vorteil.

Es dürfte einsichtig sein, dass sich etwa Bewegungsbilanzen oder Kapitalflussrechnungen verschiedener Unternehmen kaum oder nur sehr schwer vergleichen lassen. Bei Kennzahlen ist dies leichter möglich. Ebenso treten Schwierigkeiten bei Vergleichen im Zeitablauf für dasselbe Unternehmen auf, wenn dazu Bewegungsbilanzen, Kapitalflussrechnungen oder Fondsrechnungen herangezogen werden. Hier können Kennzahlen Entwicklungen in der Zeit wesentlich besser, klarer und eindrucksvoller dokumentieren. Sie bieten darüber hinaus leichter die Möglichkeit zur graphischen Darstellung.

Wir wollen hier nicht der Frage nachgehen, ob es **überhaupt** möglich ist, so komplexe Sachverhalte, wie sie eine Kapitalflussrechnung beschreibt, auf einige wenige Kennzahlen sinnvoll zu verdichten.

Das eigentliche Problem liegt nämlich ganz woanders: Die Interpretation von Kennzahlen ist ebenso schwierig und fehleranfällig wie die der aufbereitenden Methoden. Weil Kennzahlen Zusammenhänge zerreissen, komplexe Sachverhalte auf Punktgrößen verdichten, muss bei der Interpretation der innere Zusammenhang vom Bilanzanalysten wiederhergestellt werden. Gerade beim Arbeiten mit Kennzahlen wird in der Literatur und von erfahrenen Praktikern immer wieder darauf hingewiesen, Kennzahlen nie isoliert, sondern immer nur im Zusammenhang zu betrachten.

Auch diese Aussage greift eigentlich schon zu weit. Sie unterstellt die grundsätzliche Sinnhaftigkeit der Ableitung von Urteilen über das Unternehmen anhand von Kennzahlen, die aus dem Jahresabschluss berechnet wurden. Diese Annahme erscheint vordergründig auch berechtigt, hat doch der Jahresabschluss (der Kapitalgesellschaft) nach § 264,2 HGB „ein den tatsächlichen Verhältnissen entsprechendes Bild der Vermögens-, Finanz- und Ertragslage" zu vermitteln.

Doch es wurde bereits in der Einleitung darauf hingewiesen, dass es durchaus fraglich ist, ob der Jahresabschluss geeignet ist, die **aktuelle Lage des Unter-**

nehmens und die Entwicklung der vergangenen Periode adäquat abzubilden. Denn die Abbildung gelingt nicht vollständig,

- weil bestimmte Bilanzierungsverbote (z.B. für selbst erstellte immaterielle Güter) und Bewertungsvorschriften (z.B. die Höchstwertvorschrift des Ansatzes von Vermögensgegenständen zu Anschaffungs- oder Herstellungskosten) den Ausweis „richtiger" Vermögenswerte und Unternehmenserträge verhindern;

- weil die für den wirklichen Unternehmenswert entscheidende Attraktivität der Märkte, auf denen das Unternehmen agiert, und seine strategische Wettbewerbsposition im Jahresabschluss nur höchst unvollkommen widergespiegelt werden.

Zusätzlich ist es dem Bilanzersteller möglich, durch bewusste bilanzpolitische Maßnahmen, seien es Sachverhaltsgestaltungen oder zulässige Ausnutzungen von Bilanzierungs- und Bewertungswahlrechten [vgl. dazu Hilke 1995] den korrekten Ausweis der Vermögens-, Finanz- und Ertragslage zu verzerren oder durch Nutzung von Ausweiswahlrechten den Einblick zu erschweren.

Daher ist schon bei der Beurteilung der aktuellen Unternehmenssituation mit Hilfe von Kennzahlen Vorsicht geboten. Bei der Auswahl der heranzuziehenden Kennzahlen und ihrer Interpretation ist folgender Aspekt zu berücksichtigen:

> Wie **sensibel reagiert die Kennzahl** auf Datenänderungen und inwiefern ist eine **bilanzpolitische Manipulation** der Daten möglich? Die Kombination beider Dimensionen führt zu 4 Klassen von Kennzahlen.

Manipulation → Reaktion ↓	möglich	schwierig
sensibel	I Liquide Mittel / kfr. Verbindl.	II EE Steuern / Umsatz
nicht sensibel	III Umsatz / Bilanzsumme	IV Materialaufw. / Umsatz

Abb. 5.1.-1.: *Eine Systematisierung von Kennzahlen in 4 Klassen [Rehkugler/Schindel 1994, S. 252]*

Die Interpretation von Kennzahlen der Klasse I ist besonders schwierig und fehleranfällig. Am wenigsten Probleme bereiten Kennzahlen der Klasse IV.

Kennzahlen der Klasse II und III sind für eine Interpretation sicherlich geeigneter als die der Klasse I, obwohl auch bei ihnen Vorsicht geboten ist.

Wenn schon korrekte Aussagen über die vergangene Periode so schwierig und fragwürdig sind, um wieviel **problematischer** sind dann erst Ableitungen von **Urteilen über die Zukunft von Unternehmen.** Wie schon mehrfach betont, besteht der hauptsächliche Zweck der Jahresabschlussanalyse nicht in der Beurteilung der Ertragslage der abgelaufenen Periode, sondern in der Einschätzung der künftigen Entwicklung des Unternehmens, damit (vor allem) Kapitalgeber eine verlässliche Grundlage über die Sinnhaftigkeit eines finanziellen Engagements erhalten. Damit ist unterstellt, dass Kennzahlen aus Jahresabschlüssen überhaupt ein Urteil über die künftige Entwicklung erlauben.

Dazu wird für jede verwendete Kennzahl eine plausible **Aussagehypothese** und eine **Wirkungshypothese** benötigt. Die Aussagehypothese verbindet jede Kennzahl mit einem bestimmten Zielkriterium, d.h. sie soll näher beschreiben, zu welchem (Teil-)Komplex der künftigen Unternehmenssituation die Kennzahl etwas aussagen soll, welches (Teil-)Urteil damit also verknüpft wird. Typischerweise werden als solche Teilkomplexe die Ertragskraft, die Finanzlage und Liquiditätssicherung, die Stabilität und Sicherheit und die Unabhängigkeit unterschieden [Rehkugler/Schindel 1994, S. 253]. So wird z.B. leicht nachvollziehbar sein, dass aus der aktuellen Eigenkapitalrentabilität eine Aussage über die künftige Renditeentwicklung abgeleitet wird. Eigenkapitalquoten und Verschuldungsgraden wird eher ein Informationsgehalt über die Stabilität und (finanzielle) Sicherheit sowie über die Unabhängigkeit des Unternehmens zugesprochen werden.

Die **Wirkungshypothese** legt fest, ob der jeweiligen Kennzahlenwert mit einer „guten" oder einer „schlechten" Beurteilung des Unternehmens verbunden ist und ob eine Erhöhung oder Verminderung des Kennzahlenwerts zu einer besseren oder schlechteren Einstufung des Unternehmens führt.

Für einen wertenden Schluss von Kennzahlen auf die Unternehmensperspektive werden offenbar **Regeln** oder **Normen** benötigt. Um sie zu erhalten, lassen sich verschiedene Methoden anwenden.

Zunächst wäre denkbar und auch wünschenswert, Normen aufgrund **wissenschaftlicher Methoden** zu ermitteln. Dies würde bedeuten, theoretisch fundierte Regeln aufzustellen, welche Ausprägungen von Kennzahlen künftig eindeutig zu welchen ökonomischen Folgen führen, welche Kennzahlenwerte damit also für eine positive Unternehmenentwicklung akzeptabel wären und welche nicht. Die Ableitung solcher eindeutiger Wenn-Dann-Regeln ist aber bisher nicht gelungen. Der Schluss von Zahlen vergangener Perioden auf die Zukunft ist nämlich keineswegs trivial. Nur schwierig und selten lässt sich ein eindeutiger logisch-kausaler und damit theoretisch begründeter Zusammenhang zwischen einem aus historischen Daten berechneten Kennzahlenwert und der künftigen Finanz- und Ertragslage des Unternehmens konstruieren.

Anstelle theoretisch begründeter Aussage- und Wirkungshypothesen behilft man sich daher in den meisten Fällen mit plausiblen, auf Erfahrung beruhenden, nur teilweise empirisch bestätigten Zusammenhängen und Mittel-Zweck-Vermutungen, die sich in mehr oder weniger strikten und von den Beteiligten akzeptierten **Konventionen** der Praxis niederschlagen. Regeln wie: "Das Anlagevermögen muss mindestens durch das langfristige Kapital gedeckt sein" sind ein gutes Beispiel hierfür. Theoretisch ist dieser Satz jedenfalls nicht beweisbar, solange man nicht mit Verhaltensannahmen argumentiert, die selbst diesen Satz zum Inhalt haben. Trotzdem haben gerade Normen, die auf Konventionen beruhen, oft hohen Verpflichtungscharakter, sofern davon insbesondere Kapitalgeber ihre Entscheidungen abhängig machen. Dies gilt unabhängig davon, ob die Norm theoretisch gestützt ist oder nicht.

Für den überwiegenden Teil der anhand von Kennzahlen zu beurteilenden Sachverhalte gibt es jedoch nicht einmal Normen, die auf Konventionen beruhen. Hier sind **Hilfsnormen** heranzuziehen. Sie sind etwa aufgrund von **Betriebsvergleichen** aufzustellen: Aus einer Vielzahl von vergleichbaren Betrieben wird bezüglich eines Sachverhalts ein Durchschnittswert ermittelt, welcher dann dem entsprechenden Wert des zu analysierenden Unternehmens gegenübergestellt wird. Dieses Vorgehen ist jedoch fragwürdig: Was ist "vergleichbar"? Kann der Durchschnitt eine Norm sein, und was bringt die Aussage, dass ein Unternehmen "besser" oder "schlechter" als der Durchschnitt ist? Ist der „Einäugige“ wirklich König unter den „Blinden“? Ist also eine Unternehmen mit den besten Kennzahlenwerten in einer insgesamt schlecht einzustufenden Branche besser zu beurteilen als ein Unternehmen aus einer boomenden Branche, dessen Kennzahlen aber unter dem Mittel der Brache liegen?

Hilfsnormen können auch aus **Zeitvergleichen** gewonnen werden. Als Norm dient dann der entsprechende Vorjahreswert oder aber der Durchschnitt einer Reihe von Vorjahreswerten. Darf man aber in einer sich ständig wandelnden Umwelt Vorjahreswerte zur Norm erheben? Hinter dieser Vorgehensweise steht nicht selten die simple Idee einer Trendfortschreibung, also der Projektion der in den letzten Jahren angelegten und in der Kennzahlendynamik zum Ausdruck kommenden Unternehmensentwicklung auf die Zukunft. Durch den Markt verursachte (zyklische oder abrupte) Schwankungen oder ins Auge gefasste Restrukturierungsmaßnahmen bei Unternehmen, die ihre Schwierigkeiten beseitigen wollen, können dadurch nicht erfasst werden. Trotz all der oben beschriebenen Mängel der Hilfsnormen kann man mangels besserer Standards kaum ohne sie auskommen.

Die Möglichkeiten und Schwierigkeiten des Findens von aussagekräftigen Normen wollen wir anhand einer (später noch eimal aufgegriffenen) Kennzahl beispielhaft veranschaulichen.

Mit der Kennzahl,

$$\frac{\text{Liquide Mittel + kurzfristige Forderungen}}{\text{kurzfristige Verbindlichkeiten}}$$

häufig als Liquiditätsgrad II bezeichnet, wird üblicherweise die Aussagehypothese verbunden, sie sei ein guter Indikator für die kurzfristige Zahlungsfähigkeit von Unternehmen. Als Normwert wird meist 100 % gefordert, da dann, so die Argumentation, die Liquidität der nächsten Periode gesichert sei, wenn das vorhandene Finanzumlaufvermögen die gesamten kurzfristigen Zahlungsverpflichtungen abdecke. Je höher die Kennzahl ausfalle, desto besser sei die (künftige) Liquiditätslage des Unternehmens einzuschätzen. Diese Überlegung übersieht,

- dass auch bei globaler Deckung der zum Bilanzstichtag bestehenden, innehalb des nächsten Jahres fällig werdenden Verpflichungen durch Kassen- und Forderungsbestände ein zeitlich unterschiedlicher Anfall von Einnahmen und Ausgaben und damit innerhalb der Folgeperiode eine zeitweilige Unterdeckung möglich ist,

- dass künftige Ein- und Auszahlungen der nächsten Periode, die zum Bilanzstichtag noch keinen Forderungs- oder Verbindlichkeitscharakter haben (z.B. laufende Zahlungen für Löhne, Materialeinkäufe, Miet- und Leasingraten, Umsatzeinnahmen) ebenso wie finanzielle Reserven (z.B. Kreditlinien) nicht erfasst werden,

- dass diese Kennzahl leicht durch Maßnahmen (z.B. durch reine Bilanzverlängerungen durch Aufnahme kurzfristiger Kredite) noch kurz vor dem Bilanzstichtag manipuliert und in die gewünschte Größenordnung gebracht werden kann.

In der ersten Näherung scheint also diese Kennzahl weder im Hinblick auf den Untersuchungszweck tauglich, noch mit ihm logisch-kausal verknüpft zu sein. Eine theoretisch stringente Beweisführung des Zusammenhangs dieser Kennzahl mit der künftigen Liquiditätssituation ist nicht zu leisten. Erst über eine indirekte Argumentationskette lässt sich eine solche Beziehung herstellen:

> "In jeder gut geführten Unternehmung wird der Liquiditätsausweis zum Bilanzstichtag bilanzpolitisch bewusst gesteuert und strebt Kennzahlen an, die branchenüblich und normgerecht sind. 'Wenn wir davon ausge-

> hen, dass jede Unternehmung bestrebt ist, ihren Ausweis in dieser Form zu disponieren, dann muss eine Unternehmung, der das nicht mehr gelingt, in erheblichen Schwierigkeiten sein. Ihr Potential, den Liquiditätsausweis 'regeln'-gerecht vorzulegen, ist offenkundig schwer gestört. Dies ist ein deutlicher Hinweis auf Liquiditätsprobleme. Damit schließt sich der Kreis: Eine Unternehmung, die nicht einmal mehr ein hinreichendes Ausweis- und Manipulationspotential hat, steht unmittelbar vor der Insolvenz'" [Küting 1985, S. 1091].

Wir wollen hier nicht weiter die Plausibilität dieser Argumentation untersuchen. Vielmehr wird jetzt aber das ganze Dilemma der Interpretation von Kennzahlen deutlich: Zunächst müsste ihre Aussagefähigkeit für vergangene Perioden gewährleistet sein. Schon dies ist oft nicht gesichert, wobei vor allem ihre Manipulierbarkeit bzw. ihre Sensibilität gegenüber Manipulationen zu berücksichtigen ist; dann ist fraglich, ob ihr wirklich Prognosekraft für einen bestimmten Untersuchungszweck zukommt, wobei oftmals die (logisch-kausale) "Tauglichkeit" nur indirekt über lange, theoretisch nicht gestützte Argumentationsketten "zusammenkonstruiert" wird. Der erfahrene Praktiker weiß (?) um diese diffizilen Zusammenhänge. Er wird sie bei der Interpretation von Kennzahlen berücksichtigen und - wie gesagt - Kennzahlen im Zusammenhang deuten.

Die vorangegangenen Überlegungen möchten wir abschließend in ein paar Grundthesen fassen:

A. Vorteile der Kennzahlen (gegenüber den aufbereitenden Methoden):

1. Kennzahlen besitzen den Vorteil einer:

   - einfachen,
   - schnellen und
   - (verfahrenstechnisch) zuverlässigen

   Ermittlung.

2. Sie verdichten komplexe Sachverhalte auf einfache Punktgrößen und ermöglichen dadurch

   - den Betriebsvergleich,
   - eine übersichtliche Darstellung von Entwicklungen im Zeitablauf (insbesondere optische Darstellungen) und
   - statistische Analysen.

B. Nachteile der Kennzahlen (gegenüber den aufbereitenden Methoden):

1. Bei der Verdichtung komplexer Sachverhalte auf Kennzahlen gehen wichtige Details verloren.

2. Kennzahlen zerreißen (oft) innere Zusammenhänge, die bei der Interpretation wiederhergestellt werden müssen.

3. Der Schluss von Jahresabschlussdaten auf die künftige Entwicklung von Unternehmen ist problematisch und ist sachlogisch kaum begründbar. Den Aussagen- und Wirkungshypothesen fehlt fast durchgängig die theoretische Fundierung. Meist liegen ihnen nur auf Erfahrung und Plausibilität basierende Mittel-Zweck-Vermutungen zugrunde.

Die weiteren Darstellungen, insbesondere im 7. Kapitel, werden zeigen, dass die sehr rigide theoretische Position, die streng genommen zu einer völligen Ablehnung der Brauchbarkeit von Kennzahlenanalysen (und damit selbstverständlich auch der aufbereitenden Verfahren, die ja auf dem gleichen Datenset aufsetzen und grundsätzlich die gleiche „Logik" der Interpretation vergangener Daten als Indikatoren künftiger Entwicklungspfade von Unternehmen benutzen) führen müßte, nicht haltbar ist, sondern den Kennzahlenanalysen ein nicht zu unterschätzender Informationswert für Kapitalanleger zukommt. Wir werden sie daher nicht vernachlässigen und im weiteren aus der Vielfalt der in der Literatur erwähnten und in der Praxis verwendeten Kennzahlen über die 70 hinaus, die auch das Begleitprogramm berechnet, weitere Kennzahlen vorstellen. Schon von der Zahl her wird klar, dass ein detailliertes Eingehen auf jede Kennzahl nicht geleistet werden kann.

Im einzelnen gehen wir folgendermaßen vor:

- Jede Kennzahl wird definiert und es wird erläutert, wie sie konkret zu berechnen ist. Dieser Schritt ist deshalb wichtig, weil nicht selten unter gleichen Namen unterschiedliche Berechnungsvarianten kursieren. Zum weiteren ist durchaus strittig, wie bestimmte Kennzahlen sinnvollerweise zu bilden sind, damit sie die angestrebte Mittel-Zweck-Vermutung möglichst gut zum Ausdruck bringen. Eine wesentliche Frage ist hier, ob die originären Zahlen des jeweiligen Jahresabschlusses für die Berechnung heranzuziehen oder ob vorherige (normierende) Bearbeitungen vorzunehmen sind. Wir werden die Kennzahlen jeweils nicht aus dem originären Jahresabschluss, sondern aus den Zahlen der Strukturbilanz und der Struktur-GuV berechnen. Von weiteren Korrekturen der Werte, z.B. im Sinne einer Ermittlung standardisierter Ergebnisse nach der Formel der Deutschen Vereinigung für Finanzanalyse und Anlageberatung e.V. (DVFA) werden wir absehen. Für die Vergleichbarkeit von Analysen wäre es zweckmäßig, sich auf eine einheitliche Berechnungsbasis zu einigen. Da die Unterschiede einzelner praktischer Analyseverfahren aber teilweise gerade in der mehr oder weniger kreativen Entwicklung von möglichst aussagefähigen Kennnzahlen und Kennzahlenkombinationen beruhen, wird dies schwierig durchzusetzen sein. Erste Empfehlungen zu einer Vereinheitlichung der Berechnungsbasis für einige zentrale Kennzahlen sind inzwischen vom Arbeitskreis „Externe Rechnungslegung" der Schmalenbach-Gesellschaft [Arbeitskreis 1996] vorgelegt worden.

– In einem zweiten Schritt wird jeweils kurz auf die Frage der Interpretation der Kennzahlen eingegangen, also auf die mit ihnen verbundene Aussage- und Wirkungshypothese und die dabei auftretenden Fragen.

Die Kennzahlenanalyse selbst ist in drei Hauptabschnitte gegliedert, wie es schon der § 264 Abs. 2 Satz 1 HGB nahelegt; nämlich in die

- **Analyse der Vermögenslage**,
- **Analyse der Finanzlage**,
- **Analyse der Ertragslage**.

Diese Analysebereiche sind nicht eindeutig gegeneinander abzugrenzen, sondern überlappen sich. Ebenso ist die Zuordnung einzelner Kennzahlen zu den Analysebereichen nicht eindeutig möglich. So können z.B. aus der Eigenkapitalquote Aussagen über die Vermögens- und die Finanzlage abgeleitet werden.

Zur Veranschaulichung der wirtschaftlichen Verhältnisse westdeutscher Unternehmen und damit als grober Orientierungsrahmen für Betriebsvergleiche werden wir die Werte einiger ausgewählter Kennzahlen für den Durchschnitt aller westdeutschen Unternehmen angeben. Die Angaben sind dem Novemberbericht 1996 der Deutschen Bundesbank entnommen und beziehen sich auf die Auswertungen der Jahresabschlüsse 1994 [Deutsche Bundesbank 1996]. Für aktuellere Angaben ist jeweils auf den neuesten verfügbaren Novemberbericht zurückzugreifen. Da viele Werte im Zeitablauf keinen dramatischen Schwankungen unterworfen sind, können die folgenden Angaben durchaus als grobe Orientierung angesehen werden. Mehr können sie ohnehin nicht darstellen, da die Werte - je nach Branche - erhebliche Schwankungen aufweisen. Zudem sind in den laufenden Auswertungen der Deutschen Bundesbank keine spezifischen Auswertungen nach Rechtsformen und Größenklassen vorgenommen.

5.2. Analyse der Vermögenslage

5.2.1. Einleitung

Die Analyse der Vermögenslage zerfällt in drei Unterabschnitte, die drei unterschiedlichen Betrachtungsebenen Rechnung tragen sollen. Dies sind jeweils

- vertikale Betrachtungen der Aktivstruktur ("Kennzahlen der Vermögensstruktur"),
- vertikale Betrachtungen der Passivstruktur ("Kennzahlen der Kapitalstruktur"),
- horizontale Betrachtung der Entsprechung von Aktiv- zu Passivpositionen ("Kennzahlen der Finanzstruktur").

5.2.2. Kennzahlen der Vermögensstruktur

Den Kennzahlen zur Vermögensstruktur kommt gemeinhin nur untergeordnete Bedeutung bei der Beurteilung von Unternehmen zu. Sie sollen vorrangig über die Struktur des Vermögens und ihre Veränderung Auskunft geben und damit einerseits auf Risikopotentiale, andererseits auf die Wachstumsdynamik und die daraus resultierenden Erfolgschancen hinweisen. Generalisierte Aussagen- und auch konkrete Wirkungshypothesen lassen sich oft nur schwer formulieren, da die Ursachen für die Kennzahlenwerte sehr vielfältig und einzelfallspezifisch zu sehen sind und die eindeutige Folgerungen für die künftige Unternehmenssituation daraus kaum ableitbar sind.

Die erste hier zu nennende Kennzahl ist die "Vermögensänderung". Sie wird definiert als

Vermögensänderung

$$= \left(\frac{\text{Gesamtvermögen Geschäftsjahr}}{\text{Gesamtvermögen Vorjahr}} - 1\right) * 100$$

Sie ist schon als "Abweichung" in der Strukturbilanz enthalten und ist eine Maßzahl für das Wachstum des Unternehmens. Ein eindeutiger Normwert lässt sich nicht angeben. Tendenziell werden „gute“ Unternehmen einen höheren Kennzahlenwert ausweisen als „schlechte“. Dasselbe gilt für die Verfeinerungen:

Veränderung des Anlagevermögens

$$= \left(\frac{\text{Anlagevermögen Geschäftsjahr}}{\text{Anlagevermögen Vorjahr}} - 1 \right) * 100$$

und

Veränderung des Umlaufvermögens

$$= \left(\frac{\text{Umlaufvermögen Geschäftsjahr}}{\text{Umlaufvermögen Vorjahr}} - 1 \right) * 100$$

Bei der sorgfältigen Analyse der Strukturbilanz werden diese Kennzahlen schon automatisch berücksichtigt und interpretiert.

Auch andere in der Literatur gebräuchliche Kennzahlen wie die Intensität des Anlagevermögens, des Umlaufvermögens, des Geldvermögens und des Vorratsvermögens, jeweils definiert als Anteil einer Vermögensposition oder -gruppe am Gesamtvermögen, können in der Strukturbilanz nachgeschlagen werden; sie sind schon alle dort berechnet.

Statt der Bildung von **Gliederungszahlen** durch den Bezug bestimmter Vermögenspositionen zum Gesamtvermögen ist auch die Bildung von **Beziehungszahlen**, also von Relationen einzelner Vermögenspositionen zueinander möglich. Diese Kennzahlen drücken prinzipiell das Gleiche aus, der Kennzahlenwert spreizt aber deutlicher und lässt damit Unterschiede verglichener Unternehmen oder Perioden stärker hervortreten.

Dies zeigt z.B. das

Immobilisierungsverhältnis", das berechnet wird als

$$\frac{\text{Anlagevermögen}}{\text{Umlaufvermögen}} * 100$$

Entsprechend lässt sich die Kennzahl

Leistungsvermögensintensität

$$= \frac{\text{Leistungsvermögen}}{\text{Finanzumlaufvermögen}} * 100$$

bilden. Beide Kennzahlen erhält man durch Bilden von Relationen der entsprechenden Positionen der Strukturbilanz.

Das Immobilisierungsverhältnis ist letztendlich eine **Intensitätskennzahl**, die angibt, wie anlagenintensiv ein Unternehmen ist. Je höher diese Kennzahl, desto höher ist der Anteil des Anlagevermögens an der Bilanzsumme, umso größer die Fixkostenabhängigkeit, da Anlagen i.d.R. Fixkosten verursachen. Ähnlicher Natur ist die Kennzahl "Leistungsvermögensintensität". Sie zeigt an, wie leistungsvermögensintensiv ein Unternehmen ist. Wiederum lassen sich keine sinnvollen Normwerte angeben. Auch mit der Formulierung einer Wirkungshypothese tut man sich hier schwer. Wegen der angesprochenen Fixkostenabhängigkeit ist man geneigt, Unternehmen umso besser einzuschätzen, je kleiner der Kennzahlenwert ausfällt. Dies lässt sich aber keinesfalls generalisieren. Kommt z.B. der niedrige Wert durch das hohe Alter der Anlagen oder durch einen hohen Leasinganteil bei den Anlagen zustande, dann muss dies keinesfalls eine geringere Fixkostenbelastung bedeuten.

Generell wird an diesem Beispiel schon die Schwierigkeit offenkundig, für einzelne Kennzahlen jeweils sinnvolle Wirkungshypothesen zu formulieren. Oft erlauben Kennzahlen nur in Kombination mit anderen Kennzahlenwerten sinnvolle Aussagen. Vor allem ist die Abhängigkeit vieler Kennzahlenwerte von der Branche, der Größe und der Rechtsform zu beachten. Des weiteren wird das Urteil über ein Unternehmen nicht notwendig stetig mit höheren oder niedrigeren Kennzahlenwerten besser ausfallen. So mag vielleicht eine sehr hohe Anlagenintensität ebenso wie eine sehr niedrige als nicht vorteilhaft eingeschätzt werden. Nur mittlere Werte dürften dann gut eingeschätzt, hohe wie niedrige Werte eher schlecht beurteilt werden. Bei anderen zu besprechenden Kennzahlen wird diese „Zweischneidigkeit“ noch deutlicher zutage treten.

Die Deutsche Bundesbank weist für den Durchschnitt der westdeutschen Unternehmen für die Jahresabschlüsse 1994 einen Anteil des Sachanlagevermögens an der Bilanzsumme von 26,0 % aus. Damit beträgt das Immobilisierungsverhältnis etwa im Schnitt:

$$\frac{26.0}{74.0} * 100 = 35,1\ \%$$

Der "Gesamtvermögensumschlag" (oder auch Gesamtkapitalumschlag)[1], oft auch als Umschlagshäufigkeit des Kapitals bezeichnet, errechnet sich aus

Gesamtvermögensumschlag

$$= \frac{\text{Umsatzerlöse}}{\text{durchschnittliches Gesamtvermögen}} * 100$$

indem die Werte der Strukturerfolgsrechnung und Strukturbilanz eingesetzt werden. Diese Kennzahl wird oft im Zusammenhang mit der Analyse der Rentabilität analysiert. Wir definieren dazu eine Kennzahl "Gewinnrate", in der Literatur bekannt unter "**Return on Investment**", als das Verhältnis von Gewinn zu Gesamtkapital (= Gesamtvermögen), die bildlich gesehen ausdrückt, wieviel Pfennig Gewinn jede eingesetzte Mark erbringt. Diese Kennzahl können wir auch anders darstellen:

$$\text{Gewinnrate} = \frac{G}{K} = \frac{G * U}{K * U} = \frac{G}{U} * \frac{U}{K}$$

mit

$G :=$ Gewinn (Jahresüberschuss)
$U :=$ Umsatzerlöse
$K :=$ (durchschnittliches) Kapital
$\frac{G}{U} :=$ Umsatzgewinnrate (s.u.)
$\frac{U}{K} :=$ Gesamtvermögensumschlag

Damit wird deutlich, wovon die Gewinnrate abhängt: Erstens davon, wieviel **Gewinn jede umgesetzte Mark** erbringt (Umsatzrentabilität), zweitens davon, wie **schnell** das Gesamtkapital (=Gesamtvermögen) umgeschlagen wird. Bei beiden Kennzahlen sollte insbesondere auf Veränderungen im Zeitablauf geachtet werden. Je höher c.p. der Vermögensumschlag, desto günstiger ist das Unternehmen einzuschätzen. Deutliche Abnahmen im Zeitablauf können ernsthafte Krisenanzeichen sein. Besonders ein Vergleich mit Wettbewerbern aus

1 Hier und im folgenden wird unter "durchschnittlich" das arithmetische Mittel aus Geschäftsjahr und Vorjahr verstanden.

der gleichen Branche kann wertvolle Aufschlüsse geben. Allerdings ist auch hier zu beachten, dass unterschiedliche Umschlagshäufigkeiten auch Ausfluss abweichender Unternehmensstrategien sein können. Nur die Gesamtsicht der beiden Kennzahlen Vermögensumschlag und Umsatzrentabilität (= ihre Multiplikation) zeigt den erreichten wirtschaftlichen Erfolg des Unternehmens.

Für den Schnitt westdeutscher Unternehmen errechnet sich für 1994 ein Gesamtvermögensumschlag von:

$$\frac{4.822.9 \text{ Mrd. DM}}{3.005.3 \text{ Mrd. DM}} = 1,6$$

Viele Kennzahlen zur Vermögensstruktur beziehen sich auf das Anlagevermögen und versuchen vor allem, Aussagen über seine Altersstruktur und seine Veränderung und damit auch über die Investitions- und Abschreibungspolitik abzuleiten.

Eine gern benuzte Kennzahl ist die "**Gesamtabschreibungsquote**". Sie gibt an, welcher Anteil (in Prozent) des Anlagevermögens, bezogen auf die historischen AK/HK, bereits abgeschrieben wurde. Als komplementäre Kennzahl ergibt sich das "relative Anlagenalter", indem die Gesamtabschreibungsquote von 100 abgezogen wird. Das relative Anlagenalter drückt dann den Anteil des Wertes (in Prozent) aus, den das Anlagevermögen, bezogen auf die historischen AK/HK, noch besitzt. Beide Kennzahlen errechnen sich aus den Angaben des Anlagegitters. Da sich die eine Kennzahl leicht aus der anderen ableiten lässt, berechnet das Begleitprogramm nur das "**relative Anlagenalter**". Die gängige Hypothese ist, dass ein hohes relatives Anlagenalter auf ein wenig dynamisches Unternehmen hindeutet, das wenig Neuinvestitionen durchführt. Es dürfte daher auch nicht auf technologisch neuestem Stand sein. Zu beachten ist aber, dass sich hier hohe Kennzahlenwerte gerade auch bei gutgehenden Unternehmen einstellen können, die hohe steuerlich zulässige Sonderabschreibungen vornehmen und dadurch die Wertansätze möglicherweise weit unter die betriebswirtschaftlich gerechtfertigten drücken konnten. Auf solche Effekte ist daher zu achten. Hier noch einmal die genauen Definitionen:

Gesamtabschreibungsquote

$$= \frac{\text{kumulierte Abschreibungen auf Anlagen}^2}{\text{Summe der historischen AK/HK}} * 100$$

relatives Anlagenalter

= 100 - Gesamtabschreibungsquote

Eine Kennzahl zum Anlagenwachstum ist der "Substanzerhaltungsgrad". Er errechnet sich hier als

Substanzerhaltungsgrad

$$= \frac{\text{Summe Zugänge ./. Summe Abgänge Anlagen}^3}{\text{Abschreibungen des Geschäftsjahres}} * 100$$

Die dazu benötigten Angaben sind dem Anlagengitter (indirekt) zu entnehmen. Diese Kennzahl wird auch "Wachstumsrate", ihr Kehrwert "Investitionsdeckung" genannt. Diese Kennzahl soll darstellen, wieweit der Werteverzehr der Anlagen, gemessen an den Abschreibungen, durch "Nettoneuzugänge" kompensiert wird. Liegt diese Kennzahl über 100%, so ist mehr (netto) hinzugekommen, als an Werten verzehrt wurde, und die "Substanz" wurde ausgebaut. Werte unter 100% signalisieren Abnahmen an der "Substanz", Werte um 100% deren Erhaltung.

Als Kennzahlen zum relativen Umfang der Investitionen seien die "Investitionen in % der Gesamtleistung" und die Investitionsquote angeführt. Erstere wird in dieser Arbeit berechnet als

---

2 Planmäßige Abschreibungen erstrecken sich auf das immaterielle Anlagevermögen und das Sachanlagevermögen. Deshalb bezieht sich hier der Begriff "Anlagen" auf immaterielle und Sachanlagen.

3 Hier wird der Begriff "Anlagen" wie in der vorangegangenen Fußnote gefaßt. Die "Abgänge" verstehen sich hier und im folgenden als Abgänge zu Buchwerten! Sie sind bei der Aufstellung der Kapitalflußrechnung berechnet worden.

Investitionen in % der Gesamtleistung

$$= \frac{\text{Summe Zugänge ./. Summe Abgänge Anlagen}^4}{\text{Gesamtleistung}} * 100$$

mit:

Umsatzerlöse

\+ Bestandsveränderungen

\+ aktivierte Eigenleistungen

= **Gesamtleistung**

Die Kennzahl lässt erkennen, wieviel Prozent der Gesamtleistung für Investitionen "aufgewendet" wurden. Hohe Werte gelten tendenziell als Indiz für Wachstumsstärke. Ein theoretisch begründeter Normwert lässt sich nicht angeben.

Unter "Investitionsquote" wird in Anlehnung an Coenenberg [Coenenberg 1994, S. 504][5] die folgendermaßen definierte Kennzahl verstanden

Investitionsquote

$$= \frac{\text{Summe Zugänge ./. Summe Abgänge Anlagen}}{\text{Anlagen zu historischen AK/HK}} * 100$$

Die für die Berechnung beider Kennzahlen notwendigen Angaben werden dem Anlagengitter und der Strukturerfolgsrechnung entnommen. Die Investitionsquote soll den Anteil der (Netto-)Investitionen, bezogen auf die gesamten (historischen) AK/HK, ausdrücken, der in der abgelaufenen Abrechnungsperiode "reinvestiert" wurde. Auch sie ist also eine Kennzahl zum Anlagenwachstum, die aber aufgrund des Bezugs auf die historischen Anschaffungskosten nicht leicht zu interpretieren ist. Höhere Werte deuten c.p. auf stärkere Inve-

4 Diese Kennzahl soll zum Ausdruck bringen, wieviel insgesamt investiert wurde. Deshalb werden hier zweckmäßigerweise alle Anlagen (immaterielle, Sach- und Finanzanlagen) zusammen betrachtet.

5 Er beschränkt diese Kennzahl nur auf das Sachanlagevermögen. Hier wird sie auf alle Anlagen ausgedehnt.

stitionstätigkeit hin. Bei dieser Kennzahl ist zu beachten, dass **inflationäre Entwicklungen** die Kennzahl **verzerren**. Weist z.B. das Anlagevermögen einen recht hohen Anteil an Gebäuden, insbesondere aber an Grundstücken aus, die vor sehr langer Zeit zu (nominal!) geringen AK/HK erworben wurden, würde die Investitionsquote "zu hoch" - bezogen auf heutige Verkehrswerte - ausfallen. Je nach der Art und dem Altersaufbau des Anlagevermögens wird die Investitionsquote infolge inflationärer Entwicklungen verzerrt, weshalb bei einem Betriebs- oder Zeitvergleich Vorsicht geboten ist.

Die "Umschlagshäufigkeit des Anlagevermögens" berechnet sich nach Coenenberg [Coenenberg 1994, S. 502] als

Umschlagshäufigkeit des Anlagevermögens

$$= \frac{\text{Abschreibungen des Geschäftsjahrs auf das Anlagevermögen + Abgänge}^{6}}{\text{durchschnittlicher Bestand des Anlagevermögens zu historischen AK/HK}}$$

Die für die Berechnung erforderlichen Werte sind aus dem Anlagengitter ersichtlich. Mit dieser Kennzahl wird angegeben, welcher Anteil der durchschnittlich vorhandenen Anlagen innerhalb der Abrechnungsperiode wieder "zu Geld" geworden ist. Bildet man den **Kehrwert** dieser Zahl (der vom Programm als Prozentzahl berechnet und ausgegeben wird), erhält man die fiktive **Anzahl** der **Jahre**, die es dauert, bis der Anlagenbereich sich wieder in Geld "zurückverwandelt" hat. Kurze Rückflusszeiten dürften c.p. günstiger zu beurteilen sein als längere, wobei starke Abhängigkeiten von der Art der Vermögensgegenstände zu beachten sind.

Auch für das Umlaufvermögen werden gern Umschlagshäufigkeiten und Bindungsdauern berechnet. Den "Vorratsumschlag" erhält man durch

Vorratsumschlag

$$= \frac{\text{Gesamtleistung}}{\text{durchschnittlicher Bestand an Vorräten}}$$

Er zeigt an, wie häufig pro Jahr die Vorräte umgeschlagen wurden. Ein hoher Kennzahlenwert deutet auf eine geringe Kapitalbindung in den Vorräten hin und

6 Regelmäßig wird nur das Sachanlagevermögen umgeschlagen. Deshalb wird hier das Sachanlagevermögen zugrunde gelegt.

ist daher positiv einzuschätzen. Die zur Berechnung benötigten Werte werden der Strukturerfolgsrechnung und der Strukturbilanz entnommen. Für den Durchschnitt westdeutscher Unternehmen ergab sich für 1994 ein Wert von:

$$= \frac{4.848.6 \text{ Mrd. DM}}{594.2 \text{ Mrd.DM}} = 8{,}16$$

Die stark branchenabhängige Kennzahl "Reichweite der Vorräte" beschreibt die durchschnittliche Lagerdauer der Rohlagerbestände in Tagen. Je geringer die Lagerdauer, desto niedriger ist auch die Kapitalbindung in den Rohmateriallagern.

Reichweite der Vorräte

$$= \frac{\text{durchschnittlicher Rohlagerbestand}}{\text{Materialeinsatz}} * 365$$

Sofern die GuV auf Grundlage des Gesamtkostenverfahrens aufgestellt wurde, wird der Durchschnittswert der Bilanzposition "Roh-, Hilfs- und Betriebsstoffe" für das Geschäftsjahr und das Vorjahr zu den "Aufwendungen für Roh-, Hilfs- und Betriebsstoffe ..." in Beziehung gesetzt. Andernfalls werden hilfsweise die "Materialaufwendungen" der (rekonstruierten) Strukturerfolgsrechnung bzw. die Angaben des Anhangs benutzt. Die Reichweite der Vorräte betrug 1994 im Durchschnitt:

$$\frac{102.2 \text{ Mrd. DM}}{2.993.1 \text{ Mrd. DM}} * 365 = 12{,}46 \text{ Tage.}$$

Die "**Finanzmittelquote**" ist der Anteil des Finanzumlaufvermögens am Gesamtvermögen. Er geht unmittelbar aus der Strukturbilanz hervor. Für 1994 betrug sie 43,4 % der Bilanzsumme für den Durchschnitt westdeutscher Unternehmen.

Setzt man die durchschnittlichen "Forderungen aus Lieferungen und Leistungen" der Bilanz in Beziehung zu den "Umsatzerlösen" der Strukturerfolgsrechnung, lässt sich das "**Forderungs-Umsatzverhältnis**" berechnen. Multipliziert man diese Zahl mit 365, ergibt sich die "**Forderungsumschlagszeit**" in Tagen, auch **"Debitorenlaufzeit"**, "**Kundenziel**" oder "**Zahlungsziel**" genannt. Verschiedentlich wird statt der Umsätze auch die Gesamtleistung herangezogen. Wie bei der Reichweite der Vorräte wird es gemeinhin positiv eingeschätzt, wenn das Kundenziel und damit die Kapitalbindung in Forderungen niedrig ausfällt. Statt eines generellen Normwerts muss man sich mit Zeit- und Betriebsvergleichen begnügen. Mit den Angaben der Deutschen Bundesbank errechnet sich z.B. für 1994 eine Forderungsumschlagszeit von

$$\frac{442.6 \text{ Mrd. DM}}{4.882.9 \text{ Mrd. DM}} * 365 = 33{,}1 \text{ Tage}$$

für den Durchschnitt westdeutscher Unternehmen.

Aufgrund der in der Bilanz enthaltenen Informationen über die Unternehmensverflechtungen ist es naheliegend, die "aktive Konzernfinanzierung", die ein Unternehmen gegenüber den Konzernmitgliedern ausübt, durch eine Kennzahl zu beschreiben.

aktive Konzernfinanzierung

$$= \frac{\text{Forderungen an verbundene/beteiligte Unternehmen}}{\text{Finanzumlaufvermögen}} * 100$$

Hohe, vor allem im Zeitablauf deutlich gestiegene Werte können auf Gefährdungspotentiale, z.B. auf innerkonzernliche Stützungsmaßnahmen hindeuten, bedürfen aber zur Vermeidung von vorschnellen Fehlinterpretationen einer genaueren Ursachenanalyse.

5.2.3. Kennzahlen der Kapitalstruktur

Für die Beurteilung der Bonität von Unternehmen wird den Kennzahlen zur Kapitalstruktur gemeinhin erheblich größere Aussagekraft beigemessen als den Vermögensstrukturzahlen. Verschiedene Kennzahlen lassen sich analog zu den Relationen der Aktivseite bilden, so z.B. die Kennzahlen "Gesamtkapitaländerung", die "Eigenkapitaländerung" und die "Fremdkapitaländerung". Diese Kennzahlen stellen die prozentuale Veränderung gegenüber dem Vorjahr dar und errechnen sich als:

Gesamtkapitaländerung

$$= \left(\frac{\text{Gesamtkapital des Geschäftsjahrs}}{\text{Gesamtkapital des Vorjahrs}} - 1\right) * 100$$

Eigenkapitaländerung

$$= \left(\frac{\text{Eigenkapital des Geschäftsjahrs}}{\text{Eigenkapital des Vorjahrs}} - 1\right) * 100$$

Fremdkapitaländerung

$$= \left(\frac{\text{Fremdkapital des Geschäftsjahrs}}{\text{Fremdkapital des Vorjahrs}} - 1\right) * 100$$

Auch sie sind schon als "Abweichung" in der Strukturbilanz berechnet worden. Hier gelten die Ausführungen zur Veränderung des Vermögens sinngemäß.

Die **zentralen** Kennzahlen der Kapitalstruktur sind Relationen der Passivseite, die in unterschiedlicher Weise die **Versorgung des Unternehmens mit Eigenkapital** messen. Die am häufigsten benutzten Varianten sind

Eigenkapitalquote

$$= \frac{\text{Eigenkapital}}{\text{Gesamtkapital}} * 100$$

Fremdkapitalquote (oft auch als **Anspannungsgrad** bezeichnet),

$$= \frac{\text{Fremdkapital}}{\text{Gesamtkapital}} * 100$$

Verschuldungskoeffizient

$$= \frac{\text{Fremdkapital}}{\text{Eigenkapital}} * 100$$

Sie werden hier aus den entsprechenden Positionen der Strukturbilanz errechnet.

Am Beispiel der **Eigenkapitalquote**, der in Deutschland meist verwendeten Kennzahl als **Maß der Versorgung mit Eigenkapital**, soll noch einmal die Problematik der Ableitung von Aussage- und Wirkungshypothesen aufgezeigt werden. Es gilt allgemein als unbestritten, dass die Eigenkapitalquote ein aussagekräftiges Maß sowohl für die finanzielle Stabilität als auch für das Entwicklungspotential von Unternehmen darstellt. Der Sachverständigenrat hat dies mit folgenden Worten deutlich zum Ausdruck gebracht: „Eine niedrige Eigenkapitalausstattung der Wirtschaft ist sowohl unter gesamtwirtschaftlichen als auch unter einzelwirtschaftlichen Gesichtspunkten ein höchst bedrohlicher Zustand: Zum einen hemmt eine unzureichende Eigenkapitalausstattung notwendige Investitionen und damit gesamtwirtschaftliches Wachstum, zum andern vermindert sie die einzelbetriebliche Leistungs- und Wettbewerbsfähigkeit und erhöht die Insolvenzanfälligkeit des betroffenen Unternehmens“ [Sachverständigenrat 1978, TZ 380]. Niedrige Eigenkapitalquoten erhöhen demnach das Insolvenzrisiko und verringern die Möglichkeiten risiko- und ertragsträchtiger Investitionen, insbesondere in Forschung und Entwicklung [vgl. für viele Albach/Hunsdiek/Kokalj 1986, insbes. S. 3 ff.].

Nun ist in der Tat leicht nachvollziehbar, dass eine Aufzehrung des Eigenkapitals durch Verluste und damit der Eintritt des Konkursgrunds "Überschuldung" bei gegebenem Investitionsrisiko umso schneller eintritt, je geringer die Eigenkapitalquote ist. Mit Modellrechnungen lässt sich dies leicht zeigen. Ebenso folgt aus einer höheren Verschuldung eine stärkere liquiditätsmäßige Belastung, wenn auf die Fremdmittel erfolgsunabhängige Zahlungen zu leisten sind, was zu einem früheren Eintritt einer Zahlungsunfähigkeit führen kann. Die **Funktionen des Eigenkapitals** als **Verlustpuffer** und **Liquiditätsschonung** in ertragsschwachen Perioden kommen hier also zum Tragen. Auch zahlreiche empirische Belege scheinen den engen Zusammenhang zwischen der Eigenkapitalquote und der Insolvenzanfälligkeit zu bestätigen. Die Kreditvergabepraxis folgt weitgehend diesen Überlegungen und stuft daher c.p. Unternehmen umso besser ein, je höher ihre Eigenkapitalquote ist.

Faktum ist, dass die **Eigenkapitalquoten** der deutschen Unternehmen seit Mitte der 60er Jahre im Durchschnitt um **mehr als ein Drittel gefallen** sind und vom Rückgang der Quoten die kleinen und mittleren Unternehmen besonders betroffen sind. Für das Jahr 1994 betrug die Eigenkapitalquote im Durchschnitt der westdeutschen Unternehmen nach den Daten der Deutschen Bundesbank 17,9 %. Daraus ergibt sich eine Fremdkapitalquote von 82,1 % und ein Verschuldungskoeffizient von 458,6 %.

An dieser Aussage- und Wirkungshypothese der Eigenkapitalquote kann kritisch angemerkt werden, dass zum einen die Festlegung eines Normwertes erhebliche Schwierigkeiten bereitet und zum andern die Annahme eines stetigen Verlaufs der Wirkungsrichtung fragwürdig ist. Die Finanzierungstheorie liefert keine Anhaltspunkte für die Bestimmung einer notwendigen Mindesteigenkapitalquote bzw. eines gewünschten und anzustrebenden Niveaus. Historisch gewachsene „Normen“ im Sinne von Anforderungen der Banken sind zum einen nicht plausibel begründbar und haben sich zum andern jeweils der empirischen Entwicklung der Eigenkapitalquoten angepasst. So dominieren Orientierungen an Zeit- und Betriebsvergleichen, wobei wegen der unterschiedlichen Ermittlungsmethoden und finanzmarktlichen Rahmenbedingungen vor allem die gern angestellten internationalen Vergleiche in ihrer Aussagefähigkeit fragwürdig sind.

Es mag unbestritten sein, dass die finanzielle Stabilität eines Unternehmens im oben definierten Sinne c.p. mit der Eigenkapitalquote ansteigt. Ab einer (nicht exakt zu beschreibenden) Quote wird aber die Stabilitäszunahme nur noch marginal sein. Vor allem muss aber auch berücksichtigt werden, dass hohe Eigenkapitalanteile in Bezug auf andere finanzwirtschaftliche Ziele auch nachteilig sein können. Daher ist es wichtig, sich die Bedeutung des Verschuldungskoeffizienten für die erzielbare Eigenkapitalrendite zu vergegenwärtigen. Dies wollen wir an der bekannten Formel zum **Leverage-Effekt** verdeutlichen:

$$r_{EK} = r_{GK} + (r_{GK} - i) * \frac{FK}{EK}$$

mit

FK	:=	Fremdkapital
EK	:=	Eigenkapital
r_{EK}	:=	Rendite des Eigenkapitals
i	:=	Fremdkapitalzinssatz
r_{GK}	:=	Gesamtkapitalrendite

Diese Formel besagt, dass die Eigenkapitalrendite (Verzinsung des Eigenkapitals) gleich der Gesamtkapitalrendite (Verzinsung des gesamten im Unternehmen eingesetzten Kapitals) plus der Differenz aus Gesamtkapitalrendite und Fremdkapitalzinssatz, multipliziert mit dem Verschuldungskoeffizienten ist.

Der **Verschuldungskoeffizient** ist folglich ein **Multiplikator** (ein "Hebel"), der, sofern die Differenz aus Gesamtkapitalrendite und Fremdkapitalzinssatz **positiv** ist, die Eigenkapitalrendite beträchtlich verstärkt (quasi "nach oben hebelt"). **Dieser Effekt wirkt genauso "nach unten"**, wenn nämlich der Fremdkapitalzinssatz **über** der Gesamtkapitalrendite liegt. Je höher in dieser Situation der Verschuldungskoeffizient, umso geringer die Eigenkapitalrendite, die dann auch deutlich negativ (d.h. Verlust) werden kann.

Der Verschuldungskoeffizient ist also ein **Risiko- und Chancenmaß.** Bei schon hohen Eigenkapitalquoten wird eine weitere Erhöhung nicht mehr nennenswert zur Steigerung der Stabilität und Insolvenzsicherung beitragen, aber die Chancen auf Ausnutzung des Leverageeffekts vermindern. Dies könnte Anlass bieten, sehr hohe Eigenkapitalquoten in ihrer Gesamtwirkung schlechter einzustufen als darunter liegende Werte, damit also **keine stetig** steigende Beziehung zwischen der Eigenkapitalquote und der Unternehmensbeurteilung zu unterstellen. Dieser Gedanke wird aber nur selten aufgegriffen.

Viel grundsätzlicher als diese Anmerkungen richtet sich die Kritik von D. Schneider [1989; 1992, S. 577 ff.] gegen die generelle Sinnhaftigkeit und theoretische Fundierbarkeit von Wirkungsaussagen zur Eigenkapitalquote. Kann z.B. generell gesagt werden, ein gestiegenes Eigenkapital mindere das Insolvenzrisiko? Keinesfalls! Schneider hat sehr präzise herausgearbeitet, welche lange Liste zusätzlicher Annahmen gesetzt werden muss, damit sie Gültigkeit beanspruchen könnte. Insbesondere macht er deutlich [Schneider 1992, S. 597], dass die Eigenkapitalquote sowohl durch reine buchtechnische Maßnahmen (Auflösung stiller Reserven), durch Realisierung von Gewinnen, durch Abbau von Fremdkapital und durch Zuführung zusätzlichen Eigenkapitals erhöht werden kann. Die Insolvenzwahrscheinlichkeit sinkt dadurch nur, wenn die Erhöhung der Eigenkapitalquote mit einer Liquiditäts- und Vermögensmehrung verbunden ist. Zusätzlich ist die Bedingung zu erfüllen, dass dieses Sinken des Kapitalstrukturrisikos nicht durch die Erhöhung des leistungswirtschaftlichen Risikos (durch riskantere Anlagen der zugeflossenen Mittel) und eines Eigenfinanzierungsrisikos (z.B. Eigenkapital fließt ab durch Ausscheiden eines Gesellschafters) überkompensiert wird. Diese Anforderungen dürften in der Realität selten erfüllt sein; vor allem ist ihre Erfüllung durch eine externe Bilanzanalyse nicht zu überprüfen. Noch weniger könnte daher beim **zwischenbetrieblichen Vergleich** aus einer gleichen Eigenkapitalquote auf eine gleich große Insolvenzgefährdung geschlossen werden, da z.B. die leistungs- und finanzwirtschaftlichen Risiken völlig differieren können. Folglich sind keine theoretisch fundierten Aussagen erlaubt und möglich, aus bestimmten Jahresabschlussdaten und daraus berechneten Kennzahlenwerten folge eindeutig eine bestimmte beschreibbare Unternehmensentwicklung.

Wir möchten uns an dieser Stelle einer abwägenden Bewertung der Kritikpunkte enthalten. Immerhin wird durch die zutreffenden Argumente Schneiders deutlich, auf welch schwachen Fundamenten die Ableitung von Wirkungshypothesen für die meisten Kennzahlen steht.

Einige weitere Kennzahlen zur Kapitalstruktur setzen andere Teile der Passivseite zueinander in Beziehung. Die Kennzahl "Eigenkapitalsicherung" ergibt sich aus dem Verhältnis von Rücklagen zu Nominalkapital, hier errechnet als:

Eigenkapitalsicherung

$$= \frac{\text{Variables Eigenkapital}}{\text{Festes Eigenkapital}} * 100$$

Sie soll Auskunft darüber geben, um wieviel das Eigenkapital z.B. durch Verluste sinken kann, bevor das feste Eigenkapital angegriffen werden muss. Hohe Werte werden als positiv eingeschätzt.

Statt der Eigenkapialsicherung wird häufig der "**Bilanzkurs**" benutzt, für dessen Interpretation Analoges gilt. Er errechnet sich als

Bilanzkurs

$$= \frac{\text{gesamtes Eigenkapital}}{\text{festes Eigenkapital}} * 100$$

aus den Werten der Strukturbilanz. Ein Vergleich des Bilanzkurses mit dem Börsenkurs soll deutlich machen, in welchem Ausmaß der Markt die Vermögenssituation und die daraus sich ergebenden Zukunftsaussichten höher oder niedriger bewertet als die bilanzielle Bewertung des Eigenkapitals. Bei Unternehmen mit guten Ertragsaussichten wird der Börsenkurs oft weit über dem Bilanzkurs liegen, der Ertragswert den bilanziellen Substanzwert also übersteigen, während die Marktkapitalisierung ertragsschwacher Unternehmen häufig unter den Wert des gesamten Eigenkapitals abfällt.

Der "Innenfinanzierungsgrad" beschreibt den Anteil der aus dem Umsatzprozess gebildeten Mittel am Gesamtkapital. Je höher er ausfällt, desto besser wird das Unternehmen eingeschätzt, weil es offenbar in hohem Umfang aus sich selbst heraus Kapital bilden konnte (kann). Er wird hier folgendermaßen berechnet:

Innenfinanzierungsgrad

$$= \frac{\text{selbstgebildete Mittel}}{\text{Gesamtkapital}} * 100$$

mit

Gewinnrücklagen
+ Bilanzgewinn
+ Sonderposten mit Rücklageanteil
+ Rückstellungen

= selbstgebildete Mittel

Ähnliches wird durch die Kennzahl „Selbstfinanzierungsgrad" zum Ausdruck gebracht, die das Verhältnis der Gewinnrücklagen zum gesamten bilanziellen Eigenkapital misst.

Verschiedene Kennzahlen sollen mögliche Bedrohungen der Zahlungsfähigkeit aufgrund übermäßiger Verschuldung oder in Abhängigkeit von einzelnen Gläubigergruppen zum Ausdruck bringen. So macht die Kennzahl

Kurzfristiges zum gesamten Fremdkapital

$$= \frac{\text{Kurzfristiges Fremdkapital}}{\text{Gesamtes Fremdkapital}} * 100$$

die Liquiditätsbelastung durch kurzfristig fällige Fremdmittel deutlich. „Gute" Unternehmen weisen niedrigere Werte auf als „schlechte". Für den Durchschnitt westdeutscher Unternehmen betrug sie 1994:

$$\frac{1.730.0 \text{ Mrd. DM}}{2.457.7 \text{ Mrd. DM}} * 100 = 70{,}4~\%$$

Die Kennzahlen "Bankenabhängigkeit" und "Lieferantenabhängigkeit" zeigen den Anteil der jeweiligen Gläubigergruppe an den gesamten Verbindlichkeiten an:

Bankenabhängigkeit

$$= \frac{\text{Bankverbindlichkeiten}}{\text{Gesamte Verbindlichkeiten}} * 100$$

Lieferantenabhängigkeit

$$= \frac{\text{Lieferanten- und Wechselschulden}}{\text{Gesamte Verbindlichkeiten}} * 100$$

Sie werden in dieser Arbeit durch Bilden der Relationen der entsprechenden Bilanzpositionen und der Position "Verbindlichkeiten" der Strukturbilanz berechnet. Hohe Einzelabhängigkeiten werden als schlecht eingestuft.

Die Kennzahl

Verschuldungs-Umsatzverhältnis

$$= \frac{\text{durchschnittliche Verbindlichkeiten}}{\text{Umsatzerlöse}} * 100$$

wird aus den Werten von Strukturbilanz ("Verbindlichkeiten") und Strukturerfolgsrechnung ermittelt. Sie gehört systematisch zu der Klasse der Umschlagszahlen. Bildet man nämlich den Kehrwert dieses Verhältnisses, so ergibt sich die Umschlaghäufigkeit der Verbindlichkeiten für die betrachtete Abrechnungsperiode. Auch hier können im Zeitablauf abnehmende Werte (bei der Umschlagszahl, d.h. also eine **Zunahme des Verschuldungs-Umsatzverhältnisses**) häufig **Alarmsignale** sein.

Die Lieferantenumschlagszeit (durchschnittliche Kreditorenfrist), als Kennzahl "Lieferantenziel" bezeichnet, ergibt sich aus

Lieferantenziel

$$= \frac{\text{durchschnittliche Lieferanten- und Wechselschulden}}{\text{Wareneinkauf}} * 365$$

mit

Aufwendungen für Roh-, Hilfs- und Betriebsstoffe
\+ Bestandsveränderungen an Roh-, Hilfs- und Betriebsstoffen

= Wareneinkauf

Die Lieferanten- und Wechselschulden werden der Bilanz, die Aufwendungen für Roh-, Hilfs- und Betriebsstoffe sowie für bezogene Waren der GuV (sofern nicht vorhanden, wird hilfsweise der "Materialaufwand" der Strukturerfolgsrechnung angesetzt) und die Bestandsveränderungen der Veränderungsbilanz entnommen. Höhere Werte signalisieren eine schlechtere Situation. Bei dieser Kennzahl sollte aber insbesondere auf Veränderungen geachtet werden. Zunehmende finanzielle Schwierigkeiten äußern sich häufig in der Inanspruchnahme immer längerer Zahlungsziele. Sprunghafte Zunahmen von einem auf das andere Jahr oder stetige Zunahmen über mehrere Perioden verdienen also unbedingte Beachtung.

Mitunter wird die vorangegangene Kennzahl in leicht abgewandelter Form als Prozentzahl berechnet:

Lieferanten- + Wechselschulden / Wareneinkauf

$$= \frac{\text{Lieferanten- und Wechselschulden}}{\text{Wareneinkauf}} * 100$$

mit

Materialaufwand
\+ Bestandsveränderungen an Roh-, Hilfs- und Betriebsstoffen
\+ Veränderungen der geleisteten Anzahlungen

= Wareneinkauf

Für sie gelten die Erläuterungen zum "Lieferantenziel" entsprechend.
In Anlehnung an die "aktive Konzernfinanzierung" lässt sich die Kennzahl

passive Konzernfinanzierung

$$\frac{\text{Verbindlichkeiten gegen verbundene/beteiligte Unternehmen}}{\text{Gesamte Verbindlichkeiten}} * 100$$

formulieren, die die Finanzierung des Unternehmens durch Konzernmitglieder verdeutlichen soll.

5.2.4. Kennzahlen der Finanzstruktur

Zur Beurteilung der finanziellen Lage des Unternehmens, sowohl der längerfristigen Stabilität und der Solidität der Gesamtfinanzierung des Vermögens, als auch zur aktuellen kurzfristigen Liquiditätssituation, ist es sinnvoll, Vermögens- und Kapitalpositionen einander gegenüber zu stellen. Die wesentliche Überlegung dabei ist die Entsprechung der Fristigkeiten von Kapitalbindung und Kapitalverfügbarkeit. Wir hatten daher bei der Aufstellung der Strukturbilanz auf die Trennung nach Fristigkeiten besonderen Wert gelegt. Schon lange gilt es als Grundsatz der Banken für ihr eigenes Geschäft und als Beurteilungskriterium für Kreditanträge (und gilt daher dort als „goldene Bilanzregel"), dass sich die Vermögens- und Kapitalstruktur in ihrer Fristigkeit möglichst entsprechen sollte. Steht Kapital mindestens so lange zur Verfügung, wie es gebunden ist, dann kann die Kapitalrückzahlung idealtypisch aus der Amortisation des entsprechenden Vermögenspostens erfolgen. Es entsteht also kein zusätzlicher finanzieller Druck aufgrund der Verpflichtung zur Rückzahlung von Kapital, dem keine entsprechenden Kapitalfreisetzungen gegenüberstehen. Selbstverständlich kann ein solches Abstimmen der Fristigkeiten die Zahlungsfähigkeit eines Unternehmens aus mehreren Gründen nicht gewährleisten:

- bei nur grober Klassifikation der Fristigkeiten (kurz, mittel, lang) ist eine exakte Deckung der Bindungs- und Verfügbarkeitsfristen nicht gesichert; zudem sind die Fristigkeiten vor allem bei Vermögenspositionen häufig gar nicht eindeutig bestimmbar;

- in Verlustsituationen reichen die freigesetzten Mittel zur Rückzahlung der aufgenommenen Mittel nicht aus;

- laufende nicht bilanzwirksame Zahlungen werden dabei nicht berücksichtigt;

- die Finanzierung wiederkehrender oder zusätzlicher Investitionen ist durch diese Regel nicht gesichert.

Andererseits ist eine Fristenkongruenz auch keine notwendige Bedingung für die Sicherung der Liquidität, da Liquiditätsreserven jeder Art und Möglichkeiten der Substitution nicht berücksichtigt werden. Als grobe Regel erscheint dennoch die Abstimmung der Fristigkeiten als geeigneter Anhaltspunkt für die Einschätzung der Solidität der Finanzierung.

Die zum Nachweis der Fristigkeitsstruktur herangezogenen Kennzahlen werden zum einen aus dem langfristigen Vermögen und Kapital gebildet und dann als Anlagendeckungsgrade bezeichnet, zum andern aus der Gegenüberstellung von Positionen des kurzfristigen Umlaufvermögens und kurzfristigem Fremdkapital berechnet.

Häufig werden drei Anlagendeckungsgrade unterschieden. Der Anlagendeckungsgrad I misst, in welchem Umfang das Anlagevermögen durch Eigenkapital gedeckt ist. Hier sind zwei Interpretationen möglich. Zum einen kann er als eine Totalbetrachtung der Fristigkeit verstanden werden: Anlagevermögen ist dauernd gebunden, da es immer wieder erneuert werden muss; ihm muss in gleicher Höhe dauernd verfügbares Kapital, d.h. Eigenkapital, gegenüberstehen. Der Normwert ergibt sich aus der Logik der Kennzahl: Ein Wert von 100 % ist anzustreben. Werte unter 100 % (Unterdeckungen) sind unerwünscht, Überdeckungen werden als Indiz solider Finanzierung gewertet. Zum andern kann man diese Kennzahl, so z.B. Perridon/Steiner [1995, S. 505f.], auch als Maß der Sicherung der Kreditgeber verstehen. Dem liegt die Überlegung zugrunde, dass Anlagevermögen im Konkursfall häufig nur geringe, weit unter den Buchwerten liegende Liquidationserlöse erbringt. Je höher daher die Deckung des Anlagevermögens durch Eigenkapital, desto sicherer ist, dass die Gläubiger aus den Erlösen der anderen Vermögensgegenstände befriedigt werden können.

Anlagendeckungsgrad I

$$= \frac{\text{Eigenkapital}}{\text{Anlagevermögen}} * 100$$

Der Anlagendeckungsgrad II geht implizit von einer Partialbetrachtung der einzelnen Vermögensgegenstände aus. Langfristig gebundenes Vermögen soll auch langfristig finanziert sein. Daher werden hier dem Anlagevermögen, dessen Gegenstände pauschal als langfristig gebunden betrachtet werden, die Positionen des langfristigen Kapitals gegenübergestellt. In der Strukturbilanz hatten wir zum langfristigen Kapital das Eigenkapital, die langfristigen Verbindlichkeiten und die Pensionsrückstellungen gerechnet. Der Normwert von 100 % ergibt sich aus den obigen Überlegungen.

Anlagendeckungsgrad II

$$= \frac{\text{Langfristiges Kapital}}{\text{Anlagevermögen}} * 100$$

In Mischung der beiden obigen Überlegungen und ihrer konsequenten Fortführung wird verschiedentlich argumentiert, auch ein Teil des Umlaufvermögens sei langfristig gebunden und müsse daher durch langfristig verfügbare Mittel abgedeckt sein. Dieser Teil ist allerdings schwierig zu bestimmen. Zur Operationalisierung wählen wir das Vorratsvermögen. Die Summe von Anlagevermögen und Vorratsvermögen hatten wir in der Strukturbilanz als Leistungsvermögen bezeichnet.

Anlagendeckungsgrad III

$$= \frac{\text{Langfristiges Kapital}}{\text{Leistungsvermögen}} * 100$$

Für das Jahr 1994 ergaben sich für den Durchschnitt der westdeutschen Unternehmen folgende Werte, wobei unter dem Anlagevermögen die Positionen "Sachanlagevermögen" und "Beteiligungen" des Bundesbankberichts zusammengefasst wurden:

Anlagendeckungsgrad I:

$$\frac{536.7 \text{ Mrd. DM}}{1.094.9 \text{ Mrd. DM}} * 100 = 49 \%$$

Anlagendeckungsgrad II:

$$\frac{1.264.4 \text{ Mrd. DM}}{1.094.9 \text{ Mrd. DM}} * 100 = 115 \%$$

Analog zum langfristigen Bereich lässt sich die Einhaltung der Fristenkongruenz auch bei den kurzfristigen Kapitalbindungen und -verfügbarkeiten messen. Diese Kennzahlen sollen eine Aussage über die kurzfristige Liquiditätssituation erlauben und werden daher als Liquiditätsgrade bezeichnet.

Wir folgen hier der typischen Einteilung und Abgrenzung der drei Liquiditätsgrade und benutzen daher folgende Definitionen:

Liquidität 1. Grades oder **Barliquidität**

$$= \frac{\text{Kassenmittel}}{\text{kurzfristiges Fremdkapital}} * 100$$

Liquidität 2. Grades, Einzugsbedingte Liquidität, Quick Ratio, Acid Test

$$= \frac{\text{kurzfristig verfügbare Mittel}}{\text{kurzfristiges Fremdkapital}} * 100$$

mit

kurzfristige Forderungen
+ Wertpapiere
+ Kassenmittel

= kurzfristig verfügbare Mittel

Liquidität 3. Grades, Working Capital Ratio, Current Ratio

$$= \frac{\text{Umlaufvermögen}}{\text{kurzfristiges Fremdkapital}} * 100$$

Sie lassen sich alle leicht aus den Werten der Strukturbilanz berechnen. Aus den Angaben der Deutschen Bundesbank errechnen sich für das Jahr 1994 bezüglich der westdeutschen Unternehmen folgende Werte:

Liquidität 1. Grades:

$$\frac{239.4 \text{ Mrd. DM}}{1.730 \text{ Mrd. DM}} * 100 = 13,8 \%$$

Liquidität 2. Grades:

$$\frac{1.231.1 \text{ Mrd. DM}}{1.730 \text{ Mrd. DM}} * 100 = 71 \%$$

Liquidität 3. Grades:

$$\frac{1.825.7 \text{ Mrd. DM}}{1.730 \text{ Mrd. DM}} * 100 = 105,5 \%$$

In analoger Überlegung zu den Anlagendeckungsgraden ist die Fristenkongruenz gewahrt, wenn das kurzfristige Fremdkapital das (kurzfristige) Umlaufvermögen nicht übersteigt. Denn dann ist das Unternehmen rein rechnerisch in der Lage, alle kurzfristigen Verpflichtungen aus dem vorhandenen Umlaufvermögen zu erfüllen. Eine zusätzliche Liquiditätsbelastung durch Rückzahlungsverpflichtungen, die zu Zahlungsschwierigkeiten und im Extremfall zur Zahlungsunfähigkeit führen könnte, ist damit vermieden.

Für die Liquidität 1. Grades einen Normwert von 100 % anzusetzen, wäre allerdings nicht gerechtfertigt, da es unsinnig wäre, liquide und liquiditätsnahe Mittel in Höhe der gesamten im nächsten Jahr fälligen Verpflichtungen vorzuhalten. Die obigen empirischen Daten zeigen denn auch, dass diese Forderung weit verfehlt würde. Für die Liquidität 2. Grades wird demgegenüber meist die Erreichung dieses Normwerts gefordert und nicht erst für die Liquidität 3. Grades, da die Vorräte sich meist nicht innerhalb eines Jahres in Gänze freisetzen, immer wieder erneuert werden müssen und im Falle einer Liquidation nicht notwendig zum Buchwert veräußert werden können. Für die Liquidität 3. Grades wird ein möglichst hoher Wert über 100 % erwartet und als positiv eingeschätzt. Der absolute Betrag des Kapitals, das langfristig zur Verfügung steht, aber nur kurzfristig gebunden ist, wird als **Working Capital** bezeichnet. Es bringt zum Ausdruck, welches Kapital aufgrund seiner langfristigen Verfügbarkeit, aber kürzerfristigen Bindung disponibel eingesetzt werden kann. Das Verhältnis von kurzfristig gebundenem Vermögen und kurzfristigem Kapital, das diesen „freien“ Teil des langfristigen Kapitals als Relation zum Ausdruck bringt, wird daher auch als Working Capital Ratio bezeichnet.

Natürlich gilt die zu den Anlagendeckungsgraden geübte Kritik auch hier. Auf die Problematik der Aussagekraft der Liquiditätsgrade war schon bei der einführenden Diskussion um die Sinnhaftigkeit der Kennzahlenanalyse beispielhaft hingewiesen worden. Weder kann eine Einhaltung der Relationen die Sicherung der Zahlungsfähigkeit sicherstellen, noch ist ihre Einhaltung dazu notwendig. Dennoch sind sie als Konventionen zu sehen, deren Einhaltung viele Fremdkapitalgeber zu einer Grundlage ihrer Bonitätsbeurteilung und Kreditvergabeentscheidungen machen.

Aus dem Umlaufvermögen und den kurzfristigen Verbindlichkeiten wird verschiedentlich ein Teil gesondert betrachtet, um daraus eine weitere Kennzahl, die "Kreditanspannung" zu berechnen. Sie wird von Kerth/Wolf [Kerth/Wolf 1986, S. 176] als

Kreditanspannung

$$= \frac{\text{Lieferanten- und Wechselschulden}}{\text{Kundenforderungen}} * 100$$

definiert; andere wählen den Kehrwert. Wir folgen dem ersten Vorschlag, da hier ein relatives Ansteigen der Schulden konsequent auch einen höheren Wert der Kreditanspannung ausweist, der zu einer schlechteren Unternehmensbeurteilung führt. Für diese Kennzahl ist allerdings kein sinnvoller Normwert ableitbar.

Eine letzte Kennzahl, die Posten der Aktiv- und Passivseite gegenüberstellt, ist die

Konzernfinanzierung

$$= \frac{\text{Forderungen an verbundene/beteiligte Unternehmen}}{\text{Verbindlichkeiten gegen verbundene/beteiligte Unternehmen}} * 100$$

Dabei zeigen Werte über 100%, dass das Unternehmen andere Konzernunternehmen finanziert, wogegen Werte unter 100% signalisieren, dass das Unternehmen überwiegend von anderen Konzernmitgliedern finanziert wird. Ihr Nutzen für die Bonitätsbeurteilung ist allerdings fraglich, da sich weder eine sinnvolle, verallgemeinerbare Aussagehypothese noch eine Wirkungshypothese formulieren lässt.

5.3. Analyse der Finanzlage

5.3.1. Einleitung

Die Beurteilung der Finanzlage ist eines der zentralen Anliegen der Jahresabschlussanalyse, geht es doch darum, die Solidität der Finanzierung und eine evtl. Gefährdung der Zahlungsfähigkeit zu erkennen. Die sog. statische Liquiditätsanalyse, die die Finanzlage auf der Basis von Bilanzdaten analysiert, ist zu großen Teilen schon im letzten Abschnitt „Analyse der Finanzstruktur“ dargestellt worden. Sie sei hier nur noch durch einige wenige "Kennzahlen der Liquiditätslage" erweitert. Wesentlich ausführlicher gilt es dann, bei den "Kennzahlen der Finanzkraft" auf die sog. dynamische Liquidität einzugehen, die sich vorrangig an den Finanzflüssen orientiert. Die Kennzahlen zur Finanzlage bilden eine notwendige Ergänzung zu der schon früher dargestellten Varianten der Finanzflussrechnung.

5.3.2. Kennzahlen der Liquiditätslage

Neben den oben beschriebenen Liquiditätsgraden sollen hier nur noch zwei weitere Kennzahlen erwähnt werden, nämlich

Liquide Mittel zu Gesamtkapital

$$= \frac{\text{Wertpapiere} + \text{Kassenmittel}}{\text{Gesamtkapital}} * 100$$

und

Finanzmittelpotential

$$= \frac{\text{Netto verfügbare Mittel}}{\text{Betrieblicher Aufwand ./. Abschreibungen}} * 100$$

mit

Finanzumlaufvermögen
./. mittel- und langfr. Forderungen
./. kurzfristiges FK

= **Netto verfügbare Mittel**

Beide werden aus den entsprechenden Werten der Strukturbilanz bzw. der Strukturerfolgsrechnung ermittelt. Die ökonomische Aussagekraft beider Kennzahlen ist fragwürdig. Die erste bringt lediglich den Anteil liquider Mittel am Gesamtkapital zum Ausdruck, ohne dass ein plausibler Normwert angegeben werden könnte. Es lässt sich auch nicht sinnvoll begründen, dass das Urteil umso besser ausfällt, je höher der Anteil ist. Denn bei zu hoher Liquiditätshaltung verschenkt das Unternehmen rentable Kapitaleinsatzmöglichkeiten.

Die zweite Kennzahl soll zwar den Defekt der Liquiditätsgrade beseitigen, dass nämlich keine zukünftigen Ausgaben und Einnahmen berücksichtigt werden, die nicht schon zum Bilanzstichtag Vermögens- oder Fremdkapitalcharakter haben; aber als großer Mangel dieser Kennzahl verbleibt, dass sie diesen Mangel nur für die Ausgaben beheben kann, während die kurzfristigen zukünftigen

Einnahmen weiter unberücksichtigt bleiben. So sagt diese Zahl nur aus, inwieweit das am Bilanzstichtag vorhandene kurzfristige Netto-Finanzumlaufvermögen ausreicht, zukünftige Ausgaben auf Vorjahresbasis zu bestreiten. Für den Fall der Schering AG bedeutet dies, dass sie nach ungefähr einem Monat illiquide wäre, selbst wenn sie alle ihre Forderungen in dieser Zeit (z.B. durch Factoring) liquidisieren würde. Dies ist aber keine besonders hilfreiche und praktisch relevante Aussage. Jedes Unternehmen ist ohne weitere Umsatzeinnahmen sehr schnell illiquide. Zumindest müssten hier Liquiditätsreserven mit berücksichtigt werden, die bei den Unternehmen in unterschiedlichster Form verfügbar, aber für den externen Bilanzanalysten nicht erkennbar sind. Außerdem ist diese Kennzahl bei vielen Unternehmen negativ, was ihre ökonomische Intepretation weiter erschwert.

5.3.3. Kennzahlen der Finanzkraft

Wie die Kritik an den statischen Liquiditätskennzahlen, die ausschließlich aus Bilanzbestandsdaten gebildet werden, schon deutlich gemacht hat, kann über die finanzielle Lage und vor allem über die Finanzkraft von Unternehmen zur Tilgung von Schulden und/oder zur Finanzierung neuer Investitionen nur ein sinnvolles Urteil gefällt werden, wenn auch die Finanzmittelflüsse in der betrachteten Periode mit in die Analyse einbezogen werden. Die zentrale Kennzahl zur Messung der Finanzkraft ist der "**Cash Flow**", auf dem zahlreiche weitere Kennzahlen basieren. „Den" Cash Flow gibt es allerdings nicht. Nicht einmal seine Globaldefinition und inhaltliche Bedeutung wird in Theorie und Praxis gleich gefasst. Wie missverständlich und fehlerhaft er häufig in der Literatur definiert und interpretiert wird, zeigt die Zusammenstellung solcher Äußerungen von Seicht [Seicht 1989, S. 40 ff.].

Die Beliebtheit des "Cash Flow" resultiert sicherlich zu großen Teilen aus seiner leichten Berechnungsmöglichkeit und dem vermeintlich leichten Verständnis der ihm zugemessenen inhaltlichen Bedeutung. In der Praxis ersetzt die Cash Flow-Analyse oft die viel aufwendiger zu erstellende Kapitalflussrechnung und Fondsrechnung. Auch andere Gründe sprechen für die Cash Flow-Analyse: Im Falle einer kleinen Kapitalgesellschaft, die nur ihrer gesetzlichen Veröffentlichungspflicht nachkommt, muss sie zwangsläufig die Kapitalflussrechnung ersetzen.

Der Cash Flow wird vielfach sowohl als finanzwirtschaftliche als auch ertragswirtschaftliche Kennzahl verstanden. Wir wollen uns hier vorerst darauf beschränken, ihn als Indikator der Finanzkraft des Unternehmens zu interpretieren. Inhaltlich soll der Cash Flow den **Zahlungsmittelüberschuss** ausdrücken, den das Unternehmen in der abgelaufenen Periode in seinem Leistungsbereich erwirtschaftet hat. Er ist eine rein rechnerische Größe, da während der Periode ja in aller Regel auch über seine Verwendung entschieden worden ist und diese Mittel für Kredittilgungen, Eigenkapitalrückzahlungen oder neue Investitionen im Anlage- und Umlaufvermögen verwendet worden sind. Cash Flow und Veränderung des Kassenbestandes sind damit sachlich völlig unterschiedlich und betragsmäßig nur zufällig, meist aber nicht identisch.

Der Cash Flow lässt sich grundsätzlich direkt und indirekt berechnen. Da er ein Zahlungsmittelüberschuss ist, ergibt er sich direkt als Saldo der Einnahmen und laufenden Ausgaben des Leistungsbereichs des Unternehmens in der vergangenen Periode. Wir können zum Verständnis der Zuordnung der Zahlungen auf die Ausführungen zur Kapitalflussrechnung verweisen. Mit „Einnahmen und Ausgaben des Leistungsbereichs“ wird also zum Ausdruck gebracht, dass Ein- und Auszahlungen aus dem Investitionsbereich (Investitionen und Desinvestitionen) und aus dem Finanzierungsbereich (Aufnahmen und Rückzahlungen von Kapital) den Cash Flow nicht tangieren.

Viel häufiger, vor allem für Zwecke der externen Bilanzanalyse, wird der Cash Flow aber indirekt ermittelt. Man begnügt sich dabei in der Standardversion mit seiner **näherungsweisen** Ermittlung aus dem Jahresabschluss, die auf einer simplen Überlegung beruht: Wären alle Periodenerträge in der gleichen Höhe Einnahmen und alle Aufwendungen Ausgaben, dann würde der Jahresüberschuss genau dem Cash Flow entsprechen. Da nun aber einige Aufwandspositionen nicht zahlungswirksam sind, der Cash Flow um diese Beträge also zu niedrig ausgewiesen würde, werden sie, um den tatsächlichen Finanzmittelüberschuss zu erhalten, zum Jahresüberschuss wieder hinzuaddiert. Die Berücksichtigung anderer Differenzen zwischen Erfolgs- und Finanzgrößen unterbleibt in der Standardversion.

Die in dieser Arbeit und auch in der Praxis am häufigsten verwandte Berechnung des Cash Flow nach der **indirekten Ermittlung** folgt dem Vorgehen der Deutschen Bundesbank, die dafür den Begriff "**Eigenerwirtschaftete Mittel**" - der sicherlich zutreffender ist - verwendet:

Jahresüberschuss (nach Steuern)
+ Abschreibungen
+ Veränderung der Rückstellungen (Zunahme - Abnahme)
+ Veränderung der Sonderposten mit Rücklageanteil (Zunahme - Abnahme)
= Cash Flow (CF 1)

Der Jahresüberschuss (nach Steuern) wird der Strukturerfolgsrechnung entnommen, bzw. aus der Veränderung der Gewinnrücklagen zuzüglich des Bilanzgewinns/-verlusts (sofern eine kleine Kapitalgesellschaft vorliegt) berechnet. Als Abschreibungen werden hier - insbesondere aus Gründen der Vergleichbarkeit - die Nettoabschreibungen (Abschreibungen ./. Zuschreibungen) auf das gesamte Anlagevermögen angesetzt. Verschiedentlich finden sich auch Berechnungsvarianten, die nur die Abschreibungen auf Sachanlagen und nur die Veränderung der langfristigen Rückstellungen (bzw. der Pensionsrückstellungen) einbeziehen.

Der sich so errechnende "**Brutto**"-**Cash Flow**, der den **erwirtschafteten Cash Flow** zeigt, könnte in einem nächsten Schritt um die aus ihm heraus zu bestreitenden Gewinnausschüttungen bereinigt werden. Man würde dann einen "Netto"-Cash Flow erhalten, der die für Kredittilgungen, Eigenkapitalrückzahlungen und/oder Investitionen verfügbaren Finanzmittel ausweist. Offen ist dabei, ob sinnvoller die im Geschäftsjahr vorgenommenen, also aus dem Jahresüberschuss des Vorjahrs stammenden Ausschüttungen oder die aus dem Geschäftsjahr stammenden, im Jahresabschluss zur Ausschüttung vorgesehenen, damit erst im Folgejahr zur Ausschüttung kommenden Gewinnanteile angesetzt werden sollen. Soll der Cash Flow den Periodenfinanzüberschuss messen, muss die erste Variante gewählt werden:

Cash Flow
./. Ausschüttung/Bilanzgewinn (des Vorjahres)
= "Netto"-Cash Flow (CF 2)

Daneben sind auch noch andere Bereinigungen oder Berichtigungen denkbar, wie es das nachfolgende Schema beispielhaft zeigt. Die Absicht ist dabei meist, den Gesamt-Cash Flow nach seinen Quellen weiter zu spezifizieren, um so evtl. präzisere Aussagen über seine für die nächsten Perioden zu erwartende Nachhaltigkeit oder sinnvollere, durch nationale Steuerbelastungen nicht verzerrte Werte für internationale Vergleiche von Unternehmen zu erhalten.

	CF 1
+	außerordentliche Aufwendungen
./.	außerordentliche Erträge
=	**ordentlicher Cash Flow (CF 3)**
+	Finanzergebnis (Finanzaufwand ./. Finanzerträge)
=	**betrieblicher Cash Flow (CF 4)**
+	Steuern
=	**ordentlicher betrieblicher Cash Flow vor Steuern**

Insbesondere aus Gründen der Vergleichbarkeit verwenden wir aber im folgenden, vor allem für die aus dem Cash Flow abgeleiteten Kennzahlen, den Cash Flow in der Fassung der Deutschen Bundesbank (CF 1).

Will man es nicht bei der groben Näherungsrechnung belassen, sondern einen Cash Flow berechnen, der dem tatsächlich erwirtschafteten Finanzmittelüberschuss deutlich näher kommt, so gilt es, die Differenzen zwischen Erfolgs- und Finanzgrößen konsequenter zu berücksichtigen, als dies in der Standardversion geschieht. Bei der indirekten Berechnung wären dabei folgende Korrekturen notwendig:

	Jahresüberschuss
+	Aufwendungen, die keine Ausgaben verursachten
-	Erträge, die zu keinen Einnahmen führten
-	Ausgaben, die nicht als Aufwand verbucht sind
+	Einnahmen, die nicht als Ertrag gebucht sind
	„Korrekter“ Cash Flow: Betriebliche Nettoeinnahmen

Werden diese allgemeinen Formulierungen in Positionen des Jahresabschlusses umgesetzt, so ergibt sich daraus folgendes Berechnungsschema der betrieblichen Nettoeinnahmen:

	Jahresergebnis (Überschuss/Fehlbetrag)
+	Abschreibungen
–	Zuschreibungen
+/–	Veränderungen der Rückstellungen
+/–	Veränderungen der Sonderposten mit Rücklageanteil
=	**Standard-Cash Flow**
–	Aktivierte Eigenleistungen
–/+	Veränderung der Bestände an unfertigen und fertigen Erzeugnissen
–/+	Veränderung der Bestände an Roh-/Hilfs- und Betriebsstoffen
–/+	Veränderung geleisteter Anzahlungen
+/–	Veränderung erhaltener Anzahlungen
–/+	Veränderung der Posten der aktiven Rechnungsabgrenzung
+/–	Veränderung der Posten der passiven Rechnungsabgrenzung
–/+	Veränderung der Forderungen aus Lieferungen und Leistungen
–/+	Veränderung der sonstigen Vermögensgegenstände
+/–	Veränderung der Verbindlichkeiten aus Lieferungen und Leistungen
+/–	Veränderung der Verbindlichkeiten aus der Annahme gezogener Wechsel und der Ausstellung eigener Wechsel
=	**„Korrekter" Cash Flow: Betriebliche Nettoeinnahmen**

Abb. 5.3.-1: *Schema der Berechnung der Betrieblichen Nettoeinnahmen*

Die Ausage über die wirklichen erwirtschafteten Finanzmittelsalden wird mit dieser Berechnungsvariante deutlich präziser als bei der Standardvariante. Die zusätzlichen Kapitalbindungen und -freisetzungen im Working Capital, also im Umlaufvermögen und dem kurzfristigen, umsatzbedingten Fremdkapital werden offengelegt, so dass der wirklich „freie" Teil des Cash Flow zutage tritt.

Bei näherer Betrachtung des Schemas wird im übrigen erkennbar, dass es sachlich mit dem **ersten Teil des Cash Flow-Statements identisch** ist, das im Kapitel 3.4. schon vorgestellt worden war. Das Cash Flow-Statement basiert also auf der Berechnung des „korrekten" Cash Flow und erweitert die Darstellung um die Zahlungen des Investitions- und des Finanzierungsbereichs, so dass eine geschlossene Übersicht über alle Finanzbewegungen des Unternehmens erreicht wird.

Der Cash Flow ist eine absolute Zahl, bedarf zu seiner Interpretation also der Relativierung. Dazu wird er mit anderen Positionen der Bilanz oder der GuV in

Beziehung gesetzt. Auf dieser Basis sind dann sinnvolle Zeit- und Betriebsvergleiche möglich.

Eine erste auf dem Cash Flow aufbauende Kennzahl, die häufig benutzt wird, ist die "Cash Flow-Umsatzrate" oder auch "Umsatzverdienstrate":

Cash Flow-Umsatzrate

$$= \frac{\text{Cash Flow}}{\text{Umsatzerlöse}} * 100$$

Sie lässt erkennen, wieviel Prozent der Umsätze als Cash Flow verblieben sind. Finanzstarke Unternehmen werden c.p. höhere Kennzahlenwerte ausweisen. Die hohe Branchenabhängigkeit ist zu berücksichtigen. Der Begriff „Umsatzverdienstrate“ deutet darauf hin, dass diese Kennzahl auch für die Ertragsanalyse verwandt wird. Darauf wird bei der Diskussion der Ertragskennzahlen noch zurückzukommen sein.

Wir hatten hervorgehoben, dass der Cash Flow als Kennzahl der Finanzkraft besonders über die Schuldentilgungsfähigkeit von Unternehmen Auskunft geben sollte. Eine dafür geeignete, insbesondere von der Deutschen Bundesbank benutzte Kennzahl ist der

Cash Flow in % der Fremdmittel

$$= \frac{\text{Cash Flow}}{\text{Fremdkapital./.Kassemittel}} * 100$$

Der Kennzahlenwert spricht für sich selbst: Er bringt zum Ausdruck, wie hoch der in der Betrachtungsperiode erwirtschaftete Cash Flow in Relation zur gesamten Nettoverschuldung (Fremdkapital ./. Kassenmittel) war, wieviel Prozent der Schulden das Unternehmen rein rechnerisch also mit dem Cash Flow hätte zurückführen können, wenn sie ihn voll dafür verwendet hätte. Für 1994 weist er für die westdeutschen Unternehmen im Durchschnitt einen Wert von 12,3 % aus. Er streut aber sehr stark über die einzelnen Branchen.

Verschiedentlich finden sich für diese Kennzahl auch Versionen, die nicht die Netto-Verschuldung, sondern das gesamte Fremdkapital, die (Netto-)Verbindlichkeiten oder das langfristige Fremdkapital heranziehen oder unter Netto- oder Effektivverschuldung den Saldo aus Fremdkapital und monetärem Umlaufvermögen verstehen. Für die Verwendung einer Netto-Verschuldungsgröße spricht, dass der Cash Flow ja nur den Teil des Fremdkapitals rechnerisch tilgen muss, dem nicht ohnehin Vermögensgegenstände in liquider oder liquiditätsnaher Form gegenüberstehen.

Die Kennzahl lässt sich wesentlich leichter interpretieren, wenn der Kehrwert gebildet und auf die Prozentuierung verzichtet wird. Wir erhalten dann die Kennzahl

Fremdkapital zu Cash Flow

$$= \frac{\text{Fremdkapital}}{\text{Cash Flow}}$$

Sie wird auch als **dynamischer Verschuldungsgrad** bezeichnet. Allerdings wird dabei oft, so auch hier, nicht von der Netto-Verschuldung, sondern der Gesamtverschuldung ausgegangen. Wiederum sind aber, wie bei der obigen Darstellungsform, zahlreiche Varianten möglich und auch in der Praxis der Bonitätsprüfung verbreitet.

So findet sich z.B. eine etwas abgewandelte Version bei Kerth/Wolf [1986, S. 197], der sie aber ebenfalls als dynamischen Verschuldungsgrad bezeichnet:

Dynamischer Verschuldungsgrad

$$= \frac{\text{Fremdkapital ./. Pensionsrückstellungen ./. Kassenmittel}}{\text{Cash Flow}} * 100$$

Der dynamische Verschuldungsgrad gibt recht anschaulich die fiktive "Schuldentilgungsdauer" der Gesamtverschuldung (oder der jeweils herangezogenen Größe) in Jahren an, falls der Cash Flow konstant bliebe und voll zur Tilgung verwendet würde. Niedrige Werte weisen auf eine hohe Entschuldungsfähigkeit und daher auf ein noch vorhandenes Verschuldungspotential hin. Je kleiner der Kennzahlenwert also ausfällt, desto besser ist die Finanzkraft einzuschätzen. Berechnet als Kehrwert der obigen Kennzahl "Cash Flow in % der Fremdmittel" ergibt sich für die westdeutschen Unternehmen eine durchschnittliche Schuldentilgungsdauer von 1 / 0,123 = 8,13 Jahre für das Jahr 1994.

Um diesen und im jeweils beurteilten Unternehmen ermittelten Kennzahlenwert zu würdigen, ist zum einen ein Zeitvergleich sinnvoll, um Verschlechterungen oder Verbesserungen aufzuzeigen, zum andern ein Vergleich mit den Fristigkeiten der Schulden (soweit sie erkennbar sind). Zeigt der Verbindlichkeitenspiegel z.B. einen sehr hohen Anteil an kurz- und mittelfristigen Schulden, so ist bei einer errechneten Schuldentilgungsdauer von weit über fünf Jahren zu befürchten, dass das Unternehmen die Kreditrückzahlungen nicht aus ihren Cash Flows bestreiten kann, sondern durch andere Finanzierungs- oder Desinvestitionsmaßnahmen abdecken muss. Dies ist sicher ein Krisenwarnsignal.

Zur Absicherung dieses Urteils kann zusätzlich der

Dynamische Liquiditätsgrad

$$\frac{\text{durchschnittlich (kurzfristiges FK ./. Kassenmittel)}}{\text{Cash Flow}} * 100$$

berechnet werden. Er soll ausdrücken, wieviele Perioden beim jetzigen Cash Flow nötig wären, um rechnerisch die kurzfristige Netto-Verschuldung abzudecken. Oft wird hier auch mit dem Kehrwert der Kennzahl gearbeitet. Soll die Liquidität nicht gefährdet werden, müsste der Cash Flow eigentlich höher ausfallen als die kurzfristigen Zahlungsverpflichtungen.

Zwei weitere Kennzahlen leiten aus dem Cash Flow Aussagen zum Potential der Investitionsfinanzierung aus eigenerwirtschafteten Mitteln ab. Setzt man den Cash Flow zum (durchschnittlichen) Gesamtkapital in Beziehung, so erhält man die Kennzahl "**Wachstumsmöglichkeit**" oder „**Kapitalrückflussquote**“. Dabei wird die Überlegung zugrunde gelegt, der Cash Flow würde vollständig für Investitionen verwandt, was sich dann in einem Unternehmenswachstum niederschlägt. Sie besagt fiktiv (!), wieviel Prozent des eingesetzten Kapitals als Finanzmittel wieder erwirtschaftet worden sind und damit für Investitionen verwendet werden könnten. Die Einschätzung steigt mit der Höhe der Kennzahl.

Rechnet man vorher dem Cash Flow noch die Fremdkapitalzinsen hinzu, so ergibt sich die "**Kapitalnutzungsrate**".

Der "Innenfinanzierungsgrad der Investitionen" errechnet sich aus

Innenfinanzierungsgrad der Investitionen

$$= \frac{\text{Cash-Flow}}{\text{Zugänge Anlagen ./. Abgänge Anlagen}^{7}}$$

und drückt aus, welcher Anteil der Nettoinvestitionen aus dem Cash Flow heraus bestritten werden konnte. So beliebt diese Kennzahl ist, so schwierig ist die Formulierung einer eindeutigen Hypothese. Ertragsstarke, aber nicht sehr dynamisch wachsende Unternehmen weisen häufig hohe, über 1 liegende Kennzahlenwerte auf. Sie können ohne Aufnahme von Fremdmitteln ihre Investitionen aus ihrem Cash Flow finanzieren. Dies kann aber auch bei ertragsschwachen Unternehmen auftreten, die kaum mehr Investitionsmöglichkeiten sehen, vielleicht sogar schon Substanz abbauen. Einem mäßig hohen Cash Flow stehen hier sehr niedrige Investitionen gegenüber. Demgegenüber werden ertragsstarke, sehr schnell wachsende Unternehmen trotz hoher Cash Flows oft nicht alle ihre Investitionen aus eigenerwirtschafteten Mitteln finanzieren können. Gleiches gilt für Unternehmen in einer Turn around-Situation, die hohe Investitionen vornehmen, um z.B. Anschluss an neue Technologien zu finden, deren Cash Flow aber aufgrund ihrer Verlustausweise eher niedrig ausfällt. Ob hohe Innenfinanzierungsgrade also typische Kennzeichen für „gute“ oder „schlechte“ Unternehmen sind, lässt sich nicht eindeutig sagen. Nur im Kontext mit anderen Kennzahlen ist ein Urteil möglich.

Ein anderer Typ dynamischer Kennzahlen zur Finanzkraft sei hier noch kurz erwähnt: die **Deckungsrelationen (Cover Ratios)**. Im angelsächsischen Raum kommt der Zinsdeckungsrate (interest coverage ratio) besondere Bedeutung zu. Sie misst den Gewinn vor Steuern und Fremdkapitalzinsen in Relation zu den gezahlten Zinsen [vgl. Stickney 1993, S. 394; Mills/Robertson 1990, S. 101; verschiedentlich wird statt des Gewinns auch der Netto-Cash Flow herangezogen, vgl. Stickney 1993, S. 398; Jacobs 1994, S. 133]. Die Kennzahl lässt damit erkennen, um wieviel die zu zahlenden Zinsen durch das Ergebnis überdeckt sind, d.h. um wieviel das Ergebnis (vor Zinsen) sich verschlechtern könnte, ohne dass das Unternehmen in Schwierigkeiten käme, daraus seine Zinsverpflichtungen zu erfüllen. Analoges zeigt die Dividendendeckungsrate.

7 Hier beziehen sich die "Anlagen" auf sämtliche Anlagen, d.h. immaterielle Anlagen, Sachanlagen und Finanzanlagen.

5.4. Analyse der Ertragslage

Die Analyse der Ertragslage soll deutlich machen, wie ertragreich das Unternehmen in der betrachteten Periode gearbeitet hat. Weil die Ertragskraft nicht nur unmittelbar Urteile über die Attraktivität einer Kapitalbeteiligung zulässt, sondern mittelbar auch auf die Finanzkraft und damit die Insolvenzgefährdung von Unternehmen einwirkt, ist sie ein Untersuchungsfeld, das für aktuelle und potentielle Eigenkapitalgeber gleichermaßen interessant und wichtig ist wie für Gläubiger. Bevor wir die zentralen „Kennzahlen der Kapitalrentabilität“ vorstellen, sollen einige „Kennzahlen der Ertragsstruktur“ angesprochen werden.

5.4.1. Kennzahlen der Ertragsstruktur

Bei der Diskussion der Struktur-Gewinn- und-Verlustrechnung haben wir auf die Bedeutung der Aufspaltung des Periodengesamterfolges in das **Betriebsergebnis**, das **Finanzergebnis** (die zusammen das Ergebnis der gewöhnlichen Geschäftstätigkeit bilden) und das **außerordentliche Ergebnis** hingewiesen. Deren prozentuale Anteile am Gesamtergebnis lassen erkennen, aus welchen Quellen der Erfolg gespeist wurde, und erlauben vorsichtige Schlüsse auf die zu erwartende Nachhaltigkeit des Ergebnisses. In der Praxis wird allerdings oft auf die von uns vorgeschlagene Umgruppierung ordentlicher und außerordentlicher Ergebnisanteile verzichtet. Die Kennzahlen werden dann unmittelbar aus den im veröffentlichten Jahresabschluss enthaltenen Zahlenwerten berechnet. Normwerte lassen sich nicht formulieren, da z.B. die Holdinggesellschaft eines Weltkonzerns völlig andere Erfolgsstrukturen aufweisen wird als ein mittelständisches Unternehmen ohne jegliche Tochtergesellschaften. Hohe positive Anteile außerordentlicher Erfolge werden sicher Anlass zu Zweifeln geben, ob diese auch in Folgeperioden zu erwarten oder vielleicht nur Ausfluss von Bemühungen zur „Schönung“ des Gesamtergebnisses sind. Die für die Einschätzung von Unternehmen sehr aufschlussreiche Spaltung nach Teilerfolgen aus einzelnen Produkt- oder Kundengruppen oder nach Regionen ist in Deutschland nicht möglich, da diese Informationen, im Gegensatz zu den Vorschriften für börsennotierte Unternehmen in den USA oder nach IAS, nicht veröffentlicht werden müssen.

Analog zur Spaltung der Erfolge nach ihren Quellen werden auch häufig die Anteile der einzelnen Aufwandsarten am Gesamtaufwand, am Umsatz oder an der Gesamtleistung aufgeschlüsselt. Während sie bei einer GuV nach dem Gesamtkostenverfahren typischerweise auf die Gesamtleistung bezogen werden, bietet sich bei einer GuV nach dem Umsatzkostenverfahren der Umsatz an, da die Gesamtleistung dort ja nicht ausgewiesen wird. Bei Bezug auf die Gesamtleistung lassen sich folgende Kennzahlen errechnen.

Materialaufwandsquote, Materialintensität

$$= \frac{\text{Materialaufwand}}{\text{Gesamtleistung}} * 100$$

Personalaufwandsquote, Personalintensität

$$= \frac{\text{Personalaufwand}}{\text{Gesamtleistung}} * 100$$

Abschreibungsaufwandsquote, Kapitalintensität

$$= \frac{\text{Abschreibungsaufwand}}{\text{Gesamtleistung}} * 100$$

Diese Aufwandsanteilsquoten eignen sich insbesondere für den Zeit- und Betriebsvergleich, um z.B. in einer Branchenanalyse mögliche strategische Vorteile oder Restrukturierungsbedarfe einzelner Unternehmen zu entdecken. Unterschiede in den Bewertungsansätzen, vor allem in der Abschreibungspolitik, sind dabei aber zu berücksichtigen.

Aus den Angaben der Deutschen Bundesbank errechnen sich für den Durchschnitt der westdeutschen Unternehmen, mit großen Abweichungen von Branche zu Branche, 1994 folgende Werte:

Materialaufwandsquote:

$$\frac{2.993.1 \text{ Mrd. DM}}{4.848.6 \text{ Mrd. DM}} * 100 = 61,7\ \%$$

Personalaufwandsquote:

$$\frac{952.6 \text{ Mrd. DM}}{4.848.6 \text{ Mrd. DM}} * 100 = 19,6\ \%$$

Abschreibungsaufwandsquote:

$$\frac{199.3 \text{ Mrd. DM}}{4.848.6 \text{ Mrd. DM}} * 100 = 4,1\ \%$$

Ähnliche Kennzahlen liessen sich für den Zins- und den Steueraufwand berechnen. Konsequenterweise kann dann auch die Residualgröße, der Jahresüberschuss, auf den Umsatz oder die Gesamtleistung bezogen werden. Die Deutsche Bundesbank berechnet regelmäßig das Verhältnis von Jahresüberschuss zu Umsatz und weist für 1994 dabei einen Durchschnittswert von 1,6 % aus. Nimmt man den Jahresüberschuss vor Gewinnsteuern, ergibt sich für 1994 ein Wert von 2,4 %. Diese Kennzahl, vor oder nach Steuern berechnet, wird verschiedentlich als **Umsatzrendite** bezeichnet. Die beiden Größen Jahresüberschuss und Umsatz korrespondieren aber betriebswirtschaftlich nicht sinnvoll, weil im Jahresüberschuss auch Gewinnanteile enthalten sind, die aus dem Finanzergebnis und dem außerordentlichen Ergebnis stammen. Daher wird der Begriff "Umsatzrendite" oder "**Umsatzgewinnrate**" häufiger und korrekter für eine Relation verwendet, die das (ordentliche) Betriebsergebnis zum Umsatz in Beziehung setzt.

Umsatzgewinnrate

$$= \frac{\text{ordentliches Betriebsergebnis}}{\text{Umsatzerlöse}} * 100$$

Mit dieser Kennzahl wird ausgedrückt, wieviel Pfennig Gewinn (hier genauer: ordentliches Betriebsergebnis, d.h. also Gewinn vor Steuern aus der laufenden Geschäftstätigkeit) pro umgesetzter Mark dem Unternehmen verbleiben. Die Unternehmensbeurteilung steigt mit dem Kennzahlenwert. Auch hier lassen sich keine theoretisch begründeten Normwerte angeben, sondern nur Zeit- und Betriebsvergleiche durchführen.

Statt des Jahresüberschusses oder des Betriebsergebnisses könnte auch der Brutto- oder Rohgewinn Verwendung finden. Gerade für Handelsunternehmen mag es wichtig sein, die Marge auf den Umsatz zu kennen, die nach Abzug des Wareneinstands verbleibt. Das Rohergebnis kann der Strukturerfolgsrechnung[8] entnommen werden.

Das "Rohgewinn-Umsatzverhältnis", teilweise auch als Rohgewinnspanne bezeichnet, errechnet sich als

8 Das "Rohergebnis" wird dabei der originären GuV entnommen, d.h. bei einer GuV, die nach dem Umsatzkostenverfahren aufgestellt wurde, handelt es sich um das Rohergebnis "laut Umsatzkostenverfahren". Es ist auf gar keinen Fall mit einem Rohergebnis "laut Gesamtkostenverfahren" vergleichbar. Bei der Interpretation der folgenden Kennzahlen ist hierauf zu achten!

Rohgewinn-Umsatzverhältnis

$$= \frac{\text{Rohergebnis}}{\text{Umsatzerlöse}} * 100$$

Mit dieser Kennzahl lassen sich weitergehende Einsichten erzielen, was folgende Überlegungen verdeutlichen sollen. Bei Anwendung des Gesamtkostenverfahrens soll das "Rohergebnis" Ausdruck der Gesamtleistung des Unternehmens abzüglich der Materialaufwendungen, also des meist wesentlichen Teils der beschäftigungsabhängigen, d.h. variablen Kosten sein. Die übrigen variablen Aufwandsanteile (Löhne, Energie etc.) werden dabei vernachlässigt. Es stellt damit eine Art Bruttodeckungsbeitragsmarge für das Gesamtunternehmen dar:

Umsatz $= p * x$

variable Kosten $= k_v * x$

Rohergebnis = Umsatz ./. variable Kosten

$= p * x - k_v * x$

$= x * (p - k_v)$

mit
- p: Stückpreis der (imaginären) Leistungseinheit
- x: abgesetzte Menge an Leistungseinheiten
- k_v: Stückkosten der Leistungseinheiten

Teilt man das Rohergebnis durch den Umsatz, erhält man den **Anteil des Gesamtunternehmensdeckungsbeitrags pro umgesetzter Mark:**

$$\frac{\text{Rohergebnis}}{\text{Umsatz}} = \frac{x * (p - k_v)}{p * x} = \frac{p - k_v}{p}$$

Damit drückt das Rohgewinn-Umsatzverhältnis aus, wie hoch der Gesamtunternehmensdeckungsbeitrag pro umgesetzter Mark ist. Hieraus lassen sich Rückschlüsse über die Anfälligkeit des Unternehmens gegenüber einem Beschäftigungsrückgang ableiten, aber auch über dessen Ertragspotential bei einer

Umsatzsteigerung. Aus den Angaben der Deutschen Bundesbank errechnet sich für den Durchschnitt der westdeutschen Unternehmen ein Wert von

$$\frac{1.855.5 \text{ Mrd. DM}}{4.822.9 \text{ Mrd. DM}} * 100 = 38,5 \%$$

für das Jahr 1994. Demnach verblieben von einer umgesetzten Mark ca. 38 Pfennig nach Abzug des Materialaufwands als Beitrag zur Deckung der anderen Unternehmensaufwendungen.

Bei Anwendung des Umsatzkostenverfahrens kann diese Kennzahl zwar in der gleichen Weise berechnet, aber nicht analog interpretiert werden. Denn hier errechnet sich der Rohgewinn als Saldo des Umsatzes und der Herstellungskosten der umgesetzten Leistungen. Je nach dem angewandten Verfahren zur Bewertung der Herstellungskosten der umgesetzten Leistungen sind darin schon Anteile von fixen Kosten enthalten. Damit ist der verbleibende Umsatzanteil nicht sinnvoll als Deckungsbeitrag interpretierbar.

5.4.2. Kennzahlen der Kapitalrentabilität

Zur Beurteilung der Ertragskraft eines Unternehmens bietet sich insbesondere an, die auf das eingesetzte Kapital erwirtschaftete Rendite zu berechnen und sie mit Renditen anderer, im Risiko ähnlicher Anlagemöglichkeiten zu vergleichen. Kennzahlen der Kapitalrentabilität zeigen dieses Verhältnis aus Unternehmenserfolg und Kapitaleinsatz auf. Dabei ist darauf zu achten, dass der jeweils zugrundegelegten Kapitalgröße die adäquate Erfolgsposition gegenübergestellt wird.

Die **Gesamtkapitalrentabilität** misst den auf das gesamte im Unternehmen eingesetzte Kapital erwirtschafteten Überschuss. Sie ist damit eine Art Investitionsrendite ohne Berücksichtigung der Art der Finanzierung. Die adäquate Erfolgsgröße ist der Kapitalgewinn, also der auf alle Kapitalanteile zusammen entfallende Erfolg. Auf das Eigenkapital ist dabei der Jahresüberschuss/Jahresfehlbetrag, auf das Fremdkapital sind die gezahlten Fremdkapitalzinsen verdient worden. Sie berechnet sich daher als:

Gesamtkapitalrentabilität

$$= \frac{\text{Jahresüberschuß (vor Steuern)} + \text{Zinsen u.ä. Aufwand}}{\text{durchschn. Gesamtkapital}} * 100$$

Als durchschnittliches Gesamtkapital wird vereinfachend das Mittel der (korrigierten) Bilanzsummen des Geschäftsjahrs und des Vorjahrs angesetzt. Es bringt nicht notwendig das während der Periode wirklich im Unternehmen arbeitende Kapital zum Ausdruck, wenn es starken Schwankungen unterliegt und z.B., wie bei Saisonbetrieben nicht atypisch, der Bilanzstichtag in eine Zeit gelegt wird, wo systematisch geringere Kapitalbindungen gegeben sind. Die wirklichen Verläufe der Kapitalbindung sind dem externen Analysten aber nicht ersichtlich. Noch weniger korrekt ist allerdings, was verschiedentlich vorgeschlagen wird, einfach die Bilanzssumme zu Ende oder zu Anfang des Geschäftsjahrs zugrunde zu legen. Bei wachsenden Unternehmen wird dann die Gesamtkapitalrentabilität systematisch unter- oder überschätzt.

Als Beurteilungsmaßstab der ausgewiesenen Gesamtkapitalrendite dient die erzielbare Rendite in Kapitalanlagen, deren Risiko vergleichbar hoch ist. Als absolute Mindestforderung müsste die Investitionsrendite über dem Zins langfristiger risikoloser Anlagen, z.B. in Staatsanleihen liegen. Bei darunter liegenden Rentabilitäten haben die betrieblichen Aktivitäten Kapital vernichtet bzw. realisierbare Erfolgschancen nicht ausgenutzt. Allerdings ist dies eine eher statisch orientierte Sichtweise, die z.B. das Alter des Unternehmens und vor allem seine Position im Lebenszyklus außer acht lässt. Bei einem noch im Aufbau begriffenen Unternehmen, das hohe Sachinvestitionen tätigt und vor allem viel Geld in die Entwicklung von neuen Produkten und Märkten investiert (ohne dass sich dies in der Bilanz entsprechend niederschlägt), wird man eine unter der Marktrendite liegende Gesamtkapitalrentabilität eher hinnehmen und anders würdigen als bei einem „reifen“ Unternehmen in reifen Märkten.

Die Auswertungen der Deutschen Bundesbank weisen für 1994 folgende Durchschnittsrendite auf das gesamte Kapital aus:

Gesamtkapitalrentabilität (vor Steuern):

$$\frac{114{,}9 \text{ Mrd. DM} + 78{,}5 \text{ Mrd. DM}}{2.997{,}3 \text{ Mrd. DM}} * 100 = 6{,}5\ \%$$

Sie erreichte damit wohl kaum die vergleichbare Marktrendite.

Zur weiteren Analyse der Komponenten der Gesamtkapitalrentabilität wird sie meist in zwei weitere Kennzahlen **zerlegt**, die man durch **Erweiterung** der Berechnungsformel mit dem **Umsatz** erreicht. Wir erhalten dadurch zwei uns schon bekannte Kennzahlen, nämlich eine Variante der **Umsatzrendite** und den **Gesamtvermögensumschlag**. Die Gesamtkapitalrentabilität ergibt sich als Produkt der beiden Kennzahlenwerte.

Gesamtkapitalrentabilität

$$= \frac{\text{Jahresüberschuss} + \text{Fremdkapitalzinsen}}{\text{Umsatz}} \times \frac{\text{Umsatz}}{\text{Gesamtkapital}}$$

Die Aufspaltung erlaubt, in Zeit- oder Betriebsvergleichen zu analysieren, welchen Beitrag die beiden Kennzahlen zum Gesamtergebnis liefern. Umsatzrendite und Umschlagshäufigkeit sind in starkem Maße **branchenabhängig**. Kapitalintensive Branchen wie die Telekommunikation, Energieversorgung oder der Großanlagenbau mit relativ niedriger Kapitalumschlagshäufigkeit müssen dies durch höhere Umsatzrenditen ausgleichen, während wenig kapitalintensive Branchen wie der Handel aufgrund ihres hohen Kapitalumschlags auch mit relativ niedrigen Umsatzrenditen ordentliche Gesamtkapitalrenditen erzielen können. Abbildung 5.4.2.-1 gibt für die USA einen Überblick über die Durchschnittswerte einiger wichtiger Branchen für die beiden Kennzahlen und die dadurch erreichten Gesamtkapitalrenditen für die Jahre 1980-1989.

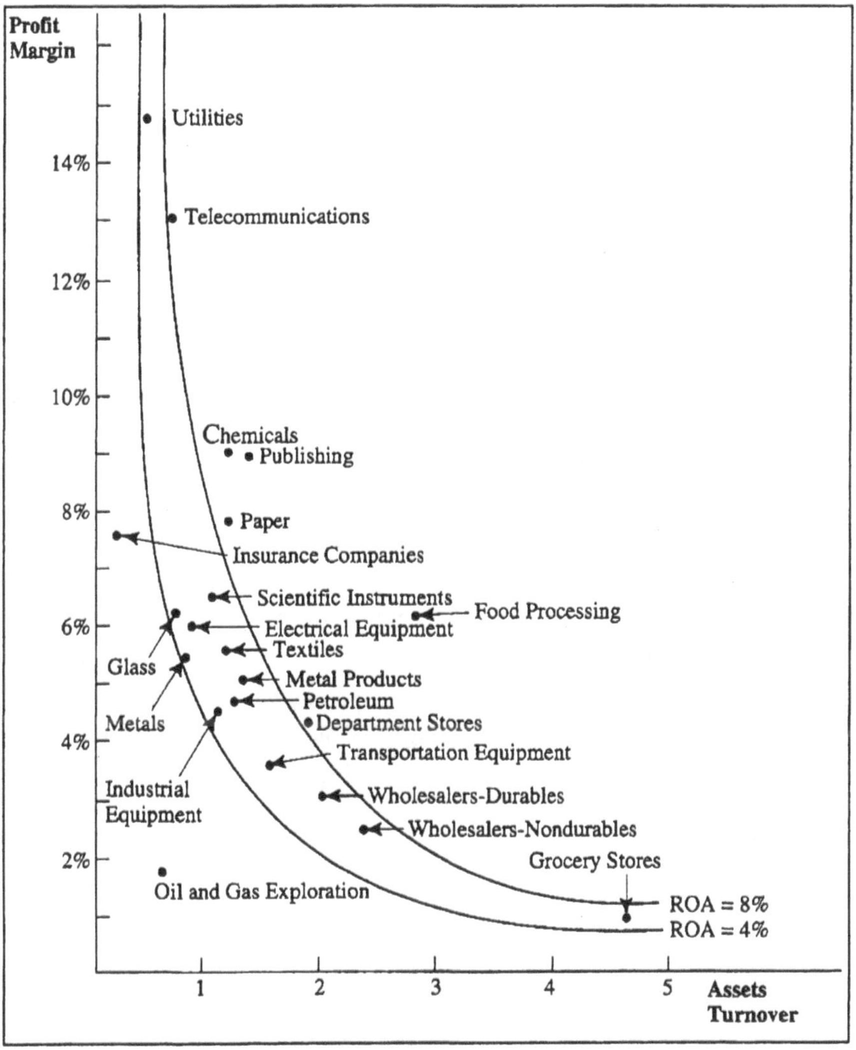

Abb. 5.4.2.-1: *Gesamtkapitalrentabilität und ihre Komponenten*
Quelle: Stickney 1993, S. 315

Zur Konkurrenzanalyse eingesetzt, können die beiden Kennzahlen als unterschiedliche strategische Optionen interpretiert werden, mit deren Wahl ein Unternehmen seine angestrebte Gesamtkapitalrendite zu realisieren versucht. So wird ein Discounter versuchen, durch möglichst geringe Kapitalbindung und Konzentration auf „schnelldrehende" Produkte hohe Umschlagshäufigkeiten zu erzielen, so dass er auch mit sehr geringen Gewinnmargen auf den Umsatz insgesamt eine hohe Kapitalrendite erzielt. Ein Fachhändler wird dagegen möglicherweise auf hohe Kundenzufriedenheit durch ein umfassendes Produktangebot setzen, was ihm einerseits erlaubt, höhere Gewinnaufschläge zu kalkulieren, aber andererseits seine Kapitalbindung erhöht und damit die Umschlagshäufigkeit senkt. Die Beobachtung der Kennzahlenwerte der Wettbewerber über mehrere Perioden lässt die Verschiebung der Renditepositionen und ihre Ursachen deutlich zutage treten. Bei einer unternehmensinternen Analyse, für die auch segmentspezifische Erfolge und Kapitalbindungen verfügbar sind, lassen sich mit diesem Instrument leicht Stärken-Schwächen-Profile der Produktbereiche, Kundengruppen oder Regionen ableiten.

Die Eigenkapitalgeber sind besonders daran interessiert, zu erfahren, welche Rendite auf das von ihnen eingebrachte Kapital erwirtschaftet worden ist. Darüber gibt die **Eigenkapitalrentabilität** Auskunft, die berechnet wird als

Eigenkapitalrentabilität

$$= \frac{\text{Jahresüberschuß (vor Steuern)}}{\text{durchschn. Eigenkapital}} * 100$$

Oft wird auch der Jahresüberschuss nach Steuern herangezogen. Für die Berechnung der Kapitalbasis gilt das oben Gesagte analog. Hat während des Geschäftsjahrs eine Kapitalerhöhung stattgefunden, so könnte prinzipiell eine genauere Aufteilung des verfügbaren Eigenkapitals pro rata temporis erfolgen. Solche „Feinheiten“ werden aber meist vernachlässigt. Wiederum ist als Normwert zur Beurteilung der erreichten Rendite die erzielbare Verzinsung bei (im Risiko) vergleichbaren Anlagemöglichkeiten heranzuziehen. Auch hier muss aber auf die obigen Einschränkungen der Interpretation hingewiesen werden.

Aus den Zahlen der Deutschen Bundesbank errechnet sich für alle westdeutschen Unternehmen für 1994 eine durchschnittliche Eigenkapitalrendite von

Eigenkapitalrentabilität vor Steuern:

$$\frac{114{,}9 \text{ Mrd. DM}}{528{,}1 \text{ Mrd. DM}} * 100 = 21{,}7\ \%$$

Eigenkapitalrentabilität nach Steuern:

$$\frac{75{,}2 \text{ Mrd. DM}}{528{,}1 \text{ Mrd. DM}} * 100 = 14{,}2\ \%$$

Noch 1989 wurden vor Steuern fast 50 % Eigenkapitalrendite ausgewiesen. Die deutlich über der Gesamtkapitalrendite liegende Eigenkapitalrentabilität ist u.a. auf die niedrige Eigenkapitalquote und den damit hohen Verschuldungskoeffizienten zurückzuführen und weist auf eine niedrige durchschnittliche Verzzinsung des Fremdkapitals hin, so dass der Verschuldungshebel positiv gewirkt hat. Aus diesem Grund darf der hohe Wert vor Steuern, der sicher vergleichbaren Anlagerenditen standhält, nicht über das hohe Leverage-Risiko hinwegtäuschen, welches hinter dieser Zahl steht. Damit wird die Eigenkapitalrentabilität auch hohen Schwankungen ausgesetzt bleiben.

Auch die Eigenkapitalrentabilität lässt sich in **zwei Unterkennzahlen** aufspalten, die Erklärungsbeiträge zur Entstehung und Höhe der Rendite liefern. Durch Erweiterung mit der (korrigierten) Bilanzsumme erhält man die beiden Kennzahlen **„Bilanzsumme/Eigenkapital"** und **„Jahresüberschuss/Bilanzsumme"**, als deren Produkt sich die Eigenkapitalrendite berechnet. Die erste, im angelsächsischen Raum meist **Gearing** oder **Leverage** benannt, ist (als Kehrwert der Eigenkapitalquote) ein **Indikator der Verschuldung**. Ihre Hebelwirkung ist aus der Diskussion des Leverage-Effekts bekannt: Durch eine abnehmende Eigenkapitalquote lässt sich c.p. die Eigenkapitalrentabilität steigern. Problematisch ist hier allerdings die Ceteris paribus-Annahme.

Die zweite Kennzahl wird oft als **Return on Investment** (ROI) bezeichnet. Sie bezieht zwei Größen aufeinander, die sich nicht entsprechen. Der resultierende Wert ist aus diesem Grund ökonomisch nicht vernünftig interpretierbar. Vor allem lässt sich kein begründbarer Normwert angeben. Zum weiteren ist der ROI von der zweiten Kennzahl, der Verschuldung, nicht unabhängig. Bei einer gegebenen Investitionsrendite fällt der Jahresüberschuss wegen der zu zahlenden Fremdkapitalzinsen umso geringer aus, je geringer die Eigenkapitalquote ist. Liegt die Gesamtkapitalrendite unter dem Zinsssatz für Fremdkapital, so muss für jede Mark aufgenommenen Kredits mehr bezahlt werden, als mit ihr verdient wird. Die rentabilitätssteigernde Wirkung der zusätzlichen Verschuldung über die erste Kennzahl wird also durch die rentabilitätsschwächende Wirkung beim ROI überkompensiert.

Wie eben schon angesprochen, ist die Höhe der Fremdkapitalverzinsung mit entscheidend, wie sich Gesamtkapital- und Eigenkapitalrentabilität zueinander verhalten. Die durchschnittliche Höhe des Fremdkapitalzinses gibt die Fremdkapitalrentabilität wieder. Meist wird sie errechnet als

Fremdkapitalrentabilität

$$= \frac{\text{Zinsen u.ä. Aufwand}}{\text{durchschn. Fremdkapital}} * 100$$

Aus den Angaben der Deutschen Bundesbank errechnet sich für 1994 folgende Fremdkapitalrentabilität (bezogen auf alle westdeutschen Unternehmen):

Fremdkapitalrentabilität:

$$\frac{78{,}5 \text{ Mrd. DM}}{2.438{,}5 \text{ Mrd. DM}} * 100 = 4{,}1\ \%$$

Diese Zahl liegt unter der Gesamtkapitalrentabilität, womit sich die positive Leveragewirkung der Verschuldung bestätigt.

Die Fremdkapitalrentabilität gilt auch als Indikator der Bonität des Unternehmens. Die nachvollziehbare Hypothese lautet, dass Unternehmen mit schlechter Bonität im Durchschnitt höhere Zinsen auf ihr Fremdkapital bezahlen müssen, also eine höhere Fremdkapitalrendite aufweisen als andere. Diese Interpretation könnte insofern problematisch sein, als gerade schlechte Unternehmen, die bei der Aufnahme weiterer Bankkredite hohe Risikozuschläge bezahlen müssten, solche verzinslichen Kredite durch buchmäßig unverzinsliche Lieferantenkredite ersetzen. Auf das gesamte Fremdkapital würde sich dann eine Reduzierung der Fremdkapitalrendite ergeben.

Da in den Unternehmen unterschiedlich hohe Teile des Fremdkapitals unverzinslich sind (zumindest wird das darauf zu zahlende Entgelt nicht als Zinsaufwand ausgewiesen), empfiehlt es sich, in einer weiteren Kennzahl zusätzlich den Zinsaufwand zum verzinslichen Fremdkapital in Beziehung zu setzen, das vereinfachend als Summe der Verbindlichkeiten ohne die Verbindlichkeiten aus Lieferungen und Leistungen ermittelt wird. Dann müsste der unterstellte Effekt deutlicher zutage treten. Statt des obigen Wertes errechnet sich für 1994 dann ein Durchschnittswert von 5,6 %.

Da die Berechnung von Renditen immer den unternehmerischen Gesamterfolg ohne weitere Trennung zugrundelegt, ist verständlich, dass vielfach zur isolierten Beurteilung der Rentabilität des Kapitaleinsatzes im betrieblichen Bereich zusätzlich eine Betriebsrentabilität berechnet wird. Dabei taucht aber das Problem der korrekten Aufspaltung des Gesamtkapitals auf. Die übliche Definition der Betriebsrentabilität lautet:

Betriebsrentabilität

$$= \frac{\text{Betriebsrentabilität}}{\text{durchschn. betriebsnotwendiges Vermögen}} * 100$$

Die Bestimmung des "betriebsnotwendigen Vermögens" ist ohne Schätzungen und grobe Zuordnungen nicht möglich. Wir schätzen das "betriebsnotwendige Vermögen" mit dem Leistungsvermögen ab. Dies enthält aber auf der einen Seite auch das Finanzanlagevermögen, dessen Erträge als Finanzerfolg erfasst werden, auf der anderen Seite dürfte normalerweise auch ein Teil des Finanzumlaufvermögens betriebsnotwendig sein. Coenenberg [1994, S. 614 f.] korrigiert daher zur Ermittlung des betriebsnotwendigen Vermögens das Gesamtkapital um die Finanzanlagen, die sonstigen Vermögensgegenstände und die Wertpapiere des Umlaufvermögens.

Betriebsrentabilität

$$= \frac{\text{ordentliches Betriebsergebnis}}{\text{durchschn. Leistungsvermögen}} * 100$$

Bei der Interpretation all dieser Rentabilitätskennzahlen und der Ableitung von Bonitätsurteilen gilt es zu bedenken, dass es sich um reine **Buchrenditen** handelt, d.h. dass sie auf der Basis der im Jahresabschluss ausgewiesenen Größen berechnet werden. Kritik an ihrer Aussagefähigkeit und Verbesserungsvorschläge könnten sowohl an der Kapitalbasis als auch an der jeweils herangezogenen Erfolgsgröße ansetzen.

Eine **Korrektur der Kapitalbasis** würde bedeuten, statt des in der Bilanz ausgewiesenen Wertes des Eigen- und Gesamtkapitals die **realen Werte** zu verwenden, also die stillen Reserven mit zu berücksichtigen. Denn bei hohen stillen Reserven (seien es Zwangs- oder Willkürreserven) werden die Renditen gegenüber dem wirklich erwirtschafteten Satz zu hoch ausgewiesen. Dem externen Analysten wird sich bedauerlicherweise kaum die Möglichkeit bieten, die stillen Reserven in ihrer Gänze auch nur näherungsweise abzuschätzen, weil er z.B. die Lage und den Marktwert von Grundstücken gar nicht kennt. Die Aufdeckung stiller Reserven würde darüber hinaus eine Konzeption „echter" Werte erfordern, d.h. eine eindeutige Festlegung, ob damit z.B. Wiederbeschaffungspreise, Einzelveräußerungspreise oder Ertragswerte gemeint sind. Es spricht also viel für die Überlegung, auf Korrekturen zu verzichten und sich nur des möglichen Fehlers und seiner Richtung bewusst zu sein.

Vor allem ist auch **nicht sinnvoll**, den Jahresüberschuss auf den **Marktwert des Eigenkapitals**, die Börsenkapitalisierung bei börsennotierten Unternehmen, zu beziehen und daraus eine „korrektere" Eigenkapitalrentabilität zu berechnen. Denn zum einen hat diese Kapitalgröße dem Management nie für Investitionen zur Verfügung gestanden. Zum andern würde ein Steigen des Börsenkurses aufgrund positiver Einschätzung der künftigen Ertragspotentiale des Unternehmens die so errechnete Rentabilität drücken und damit gerade das

Gegenteil von dem zum Ausdruck bringen, was die Steigerung des Marktwerts signalisiert.

Mehr Anstrengungen werden unternommen, um die **Erfolgsgröße** zu **korrigieren**. Da der Jahresüberschuss bekanntermaßen recht leicht durch Ausnutzen von Bilanzierungs- und Bewertungswahlrechten zu beeinflussen ist, gilt es, eine verlässlichere Erfolgsgröße zu finden. Der eine hier beschrittene Weg ist, den Jahresüberschuss zu korrigieren, der andere Weg ist, ihn durch eine andere Erfolgsgröße zu ersetzen.

Für börsennotierte Aktiengesellschaften besteht die Möglichkeit, statt des ausgewiesenen Jahresüberschusses das sog. **Ergebnis nach DVFA/SG** heranzuzeihen. Die Deutsche Vereinigung für Finanzanalyse und Anlageberatung e.V. (DVFA) veröffentlichte bereits 1968 ein Berechnungsschema zum Zweck einer einheitlichen und "wahren" Gewinnermittlung [Loistl 1992, S. 211 ff.]. Dieses wurde seitdem mehrfach überarbeitet und wird in seiner aktuellen Fassung als DVFA/SG-Schema (SG = Schmalenbach-Gesellschaft / Deutsche Gesellschaft für Betriebswirtschaft) bezeichnet. Kern des Jahresergebnisses nach DVFA/SG ist die Bereinigung des ausgewiesenen Jahresergebnisses vorwiegend um Bewertungsmaßnahmen und außerordentliche Vorgänge. Man strebt hier die Ermittlung eines nachhaltig erzielbaren Gewinns auf der Basis einer möglichst einheitlichen Erfolgsermittlung an [zur Berechnungsmethodik vgl. Busse von Colbe u.a. 1996, Küting/Weber 1994, S. 265 ff.]. Für den externen Bilanzaanalytiker sind die zur Ermittlung des Gewinns nach DVFA/SG-Formel notwendigen Informationen nicht erhältlich. Er weiß also nicht, welche Korrekturen vorgenommen worden sind. Dennoch wird er sinnvollerweise in den Fällen, wo er das DVFA/SG-Ergebnis kennt, es auch für die Berechnung der Kennzahlen zumindest zusätzlich heranziehen. Durch die vergleichende Gegenüberstellung von Kennzahlen auf der Basis des Jahresabschlusses und des Ergebnisses nach DVFA/SG werden weitere Einsichten in die Bilanzpolitik des Unternehmens möglich.

Schon bei der Diskussion der Struktur-Erfolgsrechnung wurde auf eine weitere Möglichkeit der Korrektur des Jahresüberschussses (vor Steuern) hingewiesen, nämlich die **Schätzung des Steuerbilanzgewinns**. Das Argument für diese Korrektur liegt in der Annahme, der Steuerbilanzgewinn sei weniger manipulationsfähig und damit dem „wahren“ Ergebnis näher als der Jahresüberschuss/Jahresfehlbetrag im handelsrechtlichen Jahresabschluss. Auf die Schwierigkeiten und möglichen Mängel dieser Vorgehensweise wurde ebenfalls schon früher hingewiesen. Es hat sich gezeigt, dass vor allem bei international tätigen Unternehmen der über die effektiv gezahlten Steuern rückgerechnete Steuerbilanzgewinn keinesfalls eine verlässlichere Basis zur Abschätzung des „wirklichen“ Gewinns darstellt.

Der „radikalere“ Weg, die Schwächen des Jahresüberschusses zu bereinigen, besteht darin, ihn bei der Berechnung von Kennzahlen durch den **Cash Flow** zu **ersetzen**. In der Tat wird in der Literatur wie in der Praxis nicht selten bei vielen der obigen Rentabilitätskenzahlen der Cash Flow (meist in der Standardvariante) statt des Jahresüberschusses als Erfolgsgröße benutzt. Der Charme dieser Vorgehensweise liegt darin, dass mit einer Summe aus Jahresüberschuss, Abschreibungen und Veränderung der Rückstellungen eine Erfolgsgröße entsteht, die die wichtigsten Möglichkeiten der Ergebnismanipulation durch Bewertungsmaßnahmen neutralisiert. Überhöhte Abschreibungen mindern den Jahresüberschuss, zu gering dotierte Rückstellungen erhöhen ihn. Die Summe wird davon nicht berührt. Dies bewirkt eine wesentlich bessere Vergleichbarkeit der Unternehmensergebnisse, gerade auch im internationalen Kontext. Insoweit spricht vieles für diesen Weg. Beispielsweise ergäbe sich damit als „neue“ Eigenkapitalrendite dann die Kennzahl

Cash Flow zu Eigenkapital

$$= \frac{\text{Cash Flow}}{\text{durchschn. Eigenkapital}} * 100$$

Es bleibt aber zu bedenken, ob damit die angestrebte Aussage möglich und zulässig ist. Keinesfalls darf die so berechnete „Cash Flow-Rendite“ als **Erfolgsgröße** in dem Sinne verstanden werden, dass das Unternehmen oder die Eigentümer um diesen Betrag in der betrachteten Periode **reicher geworden** sind. Auch bei hohem Cash Flow kann ein Unternehmen reale Verluste für die Eigentümer erwirtschaftet haben, wenn bei einem ausgewiesenen Jahresfehlbetrag die Abschreibungen und die Zuführungen zu den Rückstellungen betriebswirtschaftlich gerechtfertigt waren. Eine positive „Cash Flow-Rendite signalisiert nicht notwendigerweise eine erwirtschaftete Verzinsung auf das eingesetzte Eigenkapital. Wir warnen daher davor, den Cash Flow als Ersatz des Jahresüberschusses zur Berechnung von Rentabilitäten heranzuziehen, und empfehlen, ihn ausschließlich als Indikator der Finanzkraft des Unternehmens zu verwenden.

Bei börsennotierten oder vor dem Börsengang stehenden Aktiengesellschaften werden die obigen Erfolgsgrößen und Rentabilitätskennzahlen in der ursprünglichen oder in korrigierter Form oft herangezogen, um über sog. **Enterprise Multiples** die Angemessenheit oder Attraktivität von aktuellen Aktienkursen oder geplanten Emissionspreisen und damit die Rentabilitätschancen der Anleger im Vergleich zu anderen Unternehmen zu beurteilen. Dazu gilt es in einem ersten Schritt, die jeweils herangezogene Erfolgsgröße auf die einzelne Aktie zu beziehen. Auf der Basis des Jahresüberschusses errechnet sich der "Gewinn je Aktie" als (wir legen dabei einen "Standardnennbetrag" von 50 DM pro Aktie zugrunde; bei anderen Nennwerten muss entsprechend angepasst werden)

Gewinn je Aktie

$$= \frac{\text{Jahresüberschuß (vor Steuern)} * 50}{\text{Festes Eigenkapital}}$$

Häufiger wird hier allerdings das Ergebnis nach DVFA/SG zugrundegelegt. Der Gewinn je Aktie kann zur Berechnung des **Kurs-Gewinn-Verhältnisses** (Price-Earnings-Ratio) benutzt werden.

Selten wird statt des "Jahresüberschusses vor Steuern" laut Handelsbilanz der geschätzte Steuerbilanzgewinn verwendet; man erhält dann die Kennzahl

Geschätzter Steuerbilanzgewinn je Aktie

$$= \frac{\text{geschätzter Steuerbilanzgewinn} * 50}{\text{Festes Eigenkapital}}$$

Häufiger wird auch hier mit dem Cash Flow (in der Regel in der Standardvariante oder als ordentlicher Cash Flow) gearbeitet:

Cash Flow je Aktie

$$= \frac{\text{Cash Flow}*50}{\text{Festes Eigenkapital}}$$

Diese Kennzahl dient als Grundlage zur Berechnung des **Kurs-Cash Flow-Verhältnisses**, das gerne bei internationalen Unternehmensvergleichen Verwendung findet.

Allen diesen Vorgehensweisen zur Berechnung von Rentabilitätsgrößen liegt die **Erwartung** zugrunde, dass die in der **Vergangenheit erwirtschafteten Renditen** Hinweise auf die künftige Ertragskraft liefern, dass sie also **Prognosekraft** haben. Die Untersuchungen von Harris/Lang/Möller [1995] und Booth/Broussard/Loistl [1994] zeigen, dass zwar der einperiodige Zusammenhang zwischen dem Gewinn je Aktie und der Rendite nicht sehr ausgeprägt ist, dass aber bei einer Ausdehnung der Betrachtung auf längere Zeiträume deutlich stärker wird. Das Ergebnis nach DVFA führt dabei zu etwas besseren Prognoseergebnissen als der ausgewiesene Jahresüberschuss. Für die kurzfristigen Aktienkursentwicklung konnte dagegen Schulte [1996] nur eine geringe Prognosekraft der Jahresabschlussdaten feststellen.

5.5. Kennzahlen der Wertschöpfungsanalyse

Zur Wertschöpfungsanalyse werden hier vier Kennzahlen benutzt, die sich bei Gräfer [1985, S. 235] finden. Es sind zum einen die Anteile der Arbeits-, Gemein- und Kapitalerträge an der Wertschöpfung in Prozent

Arbeitserträge in % der Wertschöpfung

$$= \frac{\text{Arbeitserträge}}{\text{Wertschöpfung}} * 100$$

Gemeinerträge in % der Wertschöpfung

$$= \frac{\text{Gemeinerträge}}{\text{Wertschöpfung}} * 100$$

Kapitalerträge in % der Wertschöpfung

$$= \frac{\text{Kapitalerträge}}{\text{Wertschöpfung}} * 100$$

zum anderen die Wertschöpfungsquote in Prozent:

Wertschöpfungsquote

$$= \frac{\text{Wertschöpfung}}{\text{Gesamtleistung}} * 100$$

Die Kennzahlen der Wertschöpfungsanalyse stellen eine nähere Beschreibung der schon aus der Wertschöpfungsrechnung ersichtlichen Sachverhalte dar.

5.6. Fallstudie Teil 8: Die Kennzahlen der Schering AG

Die Kennzahlen für die Schering AG nehmen die folgenden Werte an:

KENNZAHLENANALYSE (Alle Angaben in Prozent, wenn nicht anders vermerkt !)

	1986	1985	1984	INDEX
Kennzahlen der Vermögensstruktur				
Vermögensänderung	5,7	12,6	0,0	1
Veränderung des Anlagevermögens	3,9	3,4	0,0	2
Veränderung des Umlaufvermögens	7,4	22,9	0,0	3
Immobilisierungsverhältnis	90,0	93,1	110,6	4
Leistungsvermögensintensität	196,6	222,8	269,0	5
Gesamtvermögensumschlag	62,3	67,8	66,5	6
Relatives Anlagenalter	33,9	34,0	0,0	7
Substanzerhaltungsgrad	140,1	133,1	0,0	8
Investitionen in % der Gesamtleistung ..	11,0	9,0	0,0	9
Investitionsquote	6,5	6,0	0,0	10
1 / Sachanlagenvermögensumschlag	1.513,4	1.650,5	0,0	11
Vorratsquote	18,9	20,8	20,4	12
Vorratsumschlag (keine Prozentzahl!) ...	3,1	3,4	3,3	13
Reichweite der Vorräte (in Tagen)	59,8	56,4	61,8	14
Finanzmittelquote	33,7	31,0	27,1	15
Forderungs-Umsatzverhältnis	8,2	9,6	11,6	16
Forderungsumschlagszeit (in Tagen)	29,9	35,2	42,2	17
aktive Konzernfinanzierung	24,9	33,3	40,3	18
Kennzahlen der Kapitalstruktur				
Gesamtkapitaländerung	5,7	12,6	0,0	19
Eigenkapitaländerung	4,0	22,1	0,0	20
Fremdkapitaländerung	6,8	7,5	0,0	21
Eigenkapitalquote	37,4	38,0	35,1	22
Fremdkapitalquote	62,6	62,0	64,9	23
Verschuldungskoeffizient	167,3	163,0	185,0	24
Eigenkapitalsicherung	380,9	362,4	323,0	25
Innenfinanzierungsgrad	60,2	59,0	60,0	26
Bilanzkurs	480,9	462,4	423,0	27
Kurzfristige zu ges. Verbindlichkeiten .	44,3	45,1	45,0	28
Bankenabhängigkeit	6,5	5,8	7,2	29
Lieferantenabhängigkeit	5,9	7,1	6,1	30
passive Konzernfinanzierung	13,8	13,7	15,7	31
Verschuldungs-Umsatzverhältnis	99,9	93,5	97,6	32
Lieferantenziel	58,4	53,1	52,2	33
Lieferanten+Wechselschulden/Wareneinkauf	15,1	16,1	14,3	34
Kennzahlen der Finanzstruktur				
Anlagendeckungsgrad I	79,0	78,9	66,8	35
Anlagendeckungsgrad II	133,8	130,5	115,7	36
Anlagendeckungsgrad III	95,7	91,1	83,4	37
Working capital ratio (UV/kurzfr. FK) ..	189,8	185,3	162,5	38
Quick ratio (FinanzUV/kurzfristiges FK)	118,8	107,5	92,6	39
Kreditanspannung	77,9	79,6	51,7	40
Konzernfinanzierung	97,1	121,7	107,0	41
Kennzahlen der Liquiditätslage				
Liquidität 1. Grades	0,6	3,9	6,0	42
Liquidität 2. Grades	118,8	107,5	92,6	43
Liquide Mittel zu Gesamtkapital	17,1	12,4	5,4	44
Finanzmittelpotential	8,7	3,2	3,2-	45

Kennzahlen der Finanzkraft

Cash Flow in TDM :	397.759			
Betriebliche Nettoeinnahmen in TDM :	372.009			
Cash Flow-Umsatzrate	18,0	18,7	5,7	46
Cash Flow in Prozent der Fremdmittel	17,5	19,6	6,1	47
Fremdkapital zu Cash Flow	572,4	518,1	1.697,4	48
Kapitalnutzungsrate (CF + Zinsen / GK)	12,0	13,6	4,7	49
Dynamischer Verschuldungsgrad	29,5	32,7	10,0	50
Wachstumsmöglichkeit (CF / GK)	11,2	12,7	3,8	51
Innenfinanzierungsgrad der Investitionen	166,2	198,8	0,0	52
Dynamischer Liquiditätsgrad	41,3	46,7	13,9	53
FK ./. kurzfr.FinanzUV zu betr. Nettoein.	290,1	424,2	719,1	54

Kennzahlen des Umsatzerfolges und der Ertragskraft

Umsatzwachstum	0,2	8,4	0,0	55
Umsatzgewinnrate	5,4	7,9	9,2	56
Materialaufwandsquote bezogen auf GL	41,0	40,6	41,8	57
Personalaufwandsquote bezogen auf GL	37,8	32,6	35,1	58
Abschreibungsaufwandsquote bez. auf GL	7,4	6,1	0,0	59
Rohgewinnänderung	2,1-	12,6	0,0	60
Rohgewinn-Umsatzverhältnis	62,2	63,7	61,3	61
Rohgewinn zu Anlagevermögen	79,6	84,5	77,6	62

Kennzahlen der Kapitalrentabilität

Eigenkapitalrentabilität	12,1	16,8	15,8	63
Fremdkapitalrentabilität	1,2	1,4	1,3	64
Gesamtkapitalrentabilität	5,3	7,0	6,4	65
Betriebsrentabilität	5,0	7,5	8,4	66
Gewinn je Aktie (in DM !)	28,5	35,3	33,5	67
Gesch. St.bilanzgewinn je Aktie (in DM !)	20,6	29,9	30,4	68
Cash Flow zu Eigenkapital	29,8	34,6	10,9	69
Cash Flow je Aktie (in DM !)	70,3	72,7	23,0	70

Kennzahlen der Wertschöpfungsrechnung

Arbeitserträge in % der Wertschöpfung	87,2	81,2	79,2	71
Gemeinerträge in % der Wertschöpfung	5,7	9,5	8,8	72
Kapitalerträge in % der Wertschöpfung	14,2	15,3	13,0	73
Wertschöpfungsquote	43,3	40,1	44,3	74

Kennzahlen der Vermögenslage:

Bei der Betrachtung der folgenden Kennzahlen wollen wir uns nur auf diejenigen beziehen, die nicht Sachverhalte beschreiben, welche schon an anderer Stelle behandelt wurden. Ferner möchten wir auf eine wesentliche Schwachstelle dieser Fallstudie, gerade im Bezug auf die Kennzahlenanalyse, hinweisen. Während für die vorangegangenen Instrumente die Kenntnis der Vorjahresabschlüsse für die Interpretation zumindest wünschenswert ist, ist sie bei der Kennzahlenanalyse unerläßlich. Hier zeigt sich ein Nachteil der Beibehaltung der Fallstudiendaten, denn auf Basis des BiRiLiG liegt für die Schering AG nur noch der Geschäftsbericht des Jahres 1985 vor. Wir können daher nur andeutungsweise eine Kennzahlenanalyse vornehmen, was aber aufgrund des Beispielcharakters dieser Fallstudie ausreichend erscheint.

Es muss darauf hingewiesen werden, dass die Kennzahlen für 1984 nur aufgrund der Angaben der Vorjahreswerte im Geschäftsbericht 1985 ermittelt wurden. Daher liessen sich viele von ihnen nicht berechnen (wegen der fehlenden Daten). Von den übrigen Kennzahlen sind aus demselben Grund wiederum die meisten **unbrauchbar**. Dazu zählen u.a. alle auf dem Cash Flow basierenden Kennzahlen. Lediglich diejenigen Kennzahlen (von 1984!), die **statische** Verhältnisse beschreiben, sind für Vergleichszwecke brauchbar.

Bei dem Vergleich der Kennzahlen mit den Vorjahreswerten muss beachtet werden, dass die Schering AG 1985 eine Kapitalerhöhung durchführte, wobei die dabei hereingenommenen Mittel in Wertpapieren (!) "geparkt" (?) wurden. So gesehen dürfte der Rückgang des Vermögenswachstums von 12,6% auf 5,7% nicht vergleichbar sein. Für den Durchschnitt der chemischen Industrie weist die Deutsche Bundesbank für 1986 ein Vermögenswachstum von 9,2% aus, so dass das Vermögenswachstum der Schering AG unterdurchschnittlich ausfällt.

Bemerkenswert erscheint, dass sich das Anlagenwachstum auf einem recht konstanten Pfad (3,4% und 3,9%) bewegt. Im Branchenvergleich stellt sich allerdings das Anlagenwachstum als unterdurchschnittlich dar, denn für 1986 ergibt sich ein Wachstum des Sachanlagevermögens von 9,6% und ein Wachstum der Sachanlagen inklusive Beteiligungen von 16,5% für den Durchschnitt der chemischen Industrie.

Die Kennzahl "Leistungsvermögensintensität" zeigt deutlich den "Umbau" in der Vermögensstruktur auf (84 : 269%, 85 : 223%, 86 : 197%)! Für den Durchschnitt der chemischen Industrie beträgt sie 156,3%. Hier scheint doch ein klarer Trend hin zum "Bankbetrieb" vorzuliegen, insbesondere wenn man sich die Entwicklung der einzelnen Positionen des Finanzumlaufvermögens anschaut. Allerdings ist zu bedenken, dass die Leistungsvermögensintensität noch deutlich überdurchschnittlich im Branchenvergleich ausfällt und der Schering AG damit noch ein gewisser "Nachholbedarf" eingeräumt werden darf.

Bemerkenswert ist, dass der Gesamtvermögensumschlag gesunken ist, allerdings sollte man hier mit der Interpretation vorsichtig sein: Der Gesamtvermögensumschlag ist bei konstantem Umsatz gesunken, d.h. der Rückgang ist auf die Erhöhung des Vermögens zurückzuführen. Da sich die Erhöhung des Vermögens hauptsächlich in der Erhöhung der Wertpapierposition niedergeschlagen hat, deren Erträge aber nicht im Umsatz berücksichtigt sind, sind streng genommen die Kennzahlen von Geschäftsjahr und Vorjahr nicht vergleichbar. Mit diesem Beispiel wollen wir darauf hinweisen, dass selbst bei gleicher Berechnungsweise Kennzahlen des Geschäftsjahres und Vorjahres inhaltlich nicht übereinstimmen müssen. Im Vergleich zum Durchschnitt der chemischen Industrie (Gesamtvermögensumschlag hier 142%) liegt er jedoch auffällig niedrig.

Beim "relativen Anlagenalter" und dem "Substanzerhaltungsgrad" haben sich im Vorjahresvergleich keine bedeutsamen Veränderungen ergeben. So sind die Anlagen zu ca. 2/3 abgeschrieben, und es wird über die reine Substanzerhaltung hinaus investiert. Auch die Investitionen in Prozent der Gesamtleistung bewegen sich mit 11% auf hohem Niveau. Betrachtet man den (Kehrwert des) Sachvermögensumschlag(s), so hat er sich von 16,5 "Jahren" auf 15,1 "Jahre" verbessert.

Im Bereich der Vorräte sind auch keine wesentlichen Veränderungen erkennbar. Im Branchenvergleich fällt die Vorratsquote mit 18,9% gegenüber dem Branchendurchschnitt mit 17,5% nicht aus dem Rahmen. Auffällig sind dagegen die Werte für Vorratsumschlag (3,1) und Reichweite der Vorräte (59,8 Tage), die gegenüber den Branchendurchschnitten (7,53 beim Vorratsumschlag und einer Reichweite der Vorräte von 28,3 Tagen) deutlich schlechter liegen. Damit scheinen die Vorprodukte bei der Schering AG länger auf Lager zu liegen als im Branchendurchschnitt. Hier bieten sich möglicherweise Rationalisierungsmaßnahmen zur Senkung der Lagerkosten an.

Bei den Forderungen fällt positiv auf, dass sich die Forderungsumschlagszeit von 35,2 auf 29,9 Tage verringert hat. Der Anteil der Forderungen gegenüber Konzernmitgliedern ist deutlich abgebaut worden. Im Branchenvergleich liegt die Schering AG bei der Forderungsumschlagszeit signifikant besser (Branchenmittel: 70,5 Tage).

Bei den Kennzahlen der Kapitalstruktur wird in der "Eigenkapitaländerung" des Vorjahres (1985) mit 22,1% die Auswirkung der Kapitalerhöhung deutlich. Aufgrund der im bundesdeutschen Vergleich recht hohen Eigenkapitalquote (um die 38%) fällt der Verschuldungskoeffizient niedrig aus. Dies wird jedoch im Branchenvergleich schnell relativiert, denn die Deutsche Bundesbank weist für den Durchschnitt der chemischen Industrie eine Eigenkapitalquote von 41,0% aus. Somit fällt sie bei der Schering AG leicht unterdurchschnittlich aus.

Die schon bei der Analyse der Kapitalflussrechnung deutlich gewordene Innenfinanzierungskraft wird von dem hohen Innenfinanzierungsgrad (60,2%) unterstrichen, d.h. nahezu zwei Drittel der Bilanzsumme sind aus dem Umsatzprozess heraus gebildet worden. Bei den Kennzahlen der einzelnen Gläubigergruppen ist kein besonders einflussreicher Hauptgläubiger erkennbar.

Die Kennzahlen der Finanzstruktur brauchen nicht weiter kommentiert zu werden, da auf die Deckungsverhältnisse, die sie beschreiben, schon bei der Strukturbilanz eingegangen wurde. Lediglich ist auf den Branchenvergleich hinzuweisen, wo der Anlagendeckungsgrad I mit 79,0% unterdurchschnittlich

(Branchenmittel: 95,3%), der Anlagendeckungsgrad II mit 133,8% dagegen überdurchschnittlich (Branchenmittel: 110,0%) ausfällt.

Bemerkenswert erscheint die doch recht geringe Änderung bei den meisten dieser Kennzahlen im Vorjahresvergleich. Lediglich die "Konzernfinanzierung" zeigt eine deutlichere Strukturverschiebung an. Wurde die Schering AG im Vorjahr noch leicht überwiegend von den übrigen Konzernmitgliedern finanziert, ist dieses Verhältnis im Geschäftsjahr ausgeglichen.

Abschließend möchten wir die wesentlichen Aussagen zur Vermögenslage festhalten. Wir fassen dabei die Erkenntnisse der Strukturbilanz, der Veränderungs- und Bewegungsbilanzen und der hier betrachteten Kennzahlen zusammen:

Der eigentliche Geschäftsbereich befindet sich auf einem moderaten, aber stetigen Wachstumskurs. Die Entwicklung der letzten Jahre lässt den Aufbau eines "Bankbetriebes" vermuten. Die Schering AG verfügt über eine sehr solide Kapital- und Finanzstruktur, die die Konventionsnormen erfüllt und in vielen Bereichen dem Branchendurchschnitt entspricht.

Die Kennzahlen der Finanzlage:

Wesentlich für die Beurteilung der Finanzlage ist die Analyse von Kapitalflussrechnung und Fondsrechnung. Dennoch können Kennzahlen in einer anschaulichen Kürze Entwicklungen im Zeitablauf zusammenfassen. Wir werden uns, wie schon erwähnt, lediglich auf einen Vergleich mit dem Vorjahr beschränken.

Bei den Kennzahlen der Liquiditätslage ist festzustellen, dass in beiden Jahren der Liquiditätsgrad II. der geforderten Norm entspricht. Im Branchenvergleich ist er mit 118,8% unterdurchschnittlich (Branchenmittel: 166,2%), was aber aufgrund der ohnehin mit dieser Kennzahl verbundenen Problematik nicht weiter bedenklich erscheint. Die steigenden Wertpapierbestände finden auch ihren Niederschlag in einem deutlich erhöhten Finanzmittelpotential.

Der Cash Flow ist im Vorjahresvergleich leicht gesunken, alle auf dem Cash Flow basierenden Kennzahlen zeigen leichte Verschlechterungen an. Dennoch sollte nicht über das hohe Niveau dieser Kennzahlen hinweggesehen werden.

So liegt die Cash Flow-Umsatzrate mit 18,0% recht hoch; ebenso der Innenfinanzierungsgrad der Investitionen (166,2%). Die fiktiven Schuldentilgungsdauern (1/0,175 = 5,7 Jahre bzw. 1/0,295 = 3,4 Jahre) liegen - gemessen am Durchschnitt bundesdeutscher Unternehmen - sehr niedrig. Für den Durchschnitt der Branche beträgt diese jedoch 1,56 Jahre, womit die Schering AG deutlich oberhalb des Branchenmittels - und damit schlechter - liegt.

Insbesondere im Zusammenhang mit der Kapitalflussrechnung lässt sich der Schering AG eine eindrucksvolle Finanzkraft bescheinigen, die einen sehr viel expansiveren Wachstumskurs im eigentlichen Geschäftsbereich unterstützen könnte.

Die Kennzahlen der Ertragslage:

Bei den Kennzahlen des Umsatzerfolges fällt noch einmal, wie schon in der Struktur-GuV beobachtet, der Rückgang des Umsatzwachstums auf. Betrug das Wachstum im Vorjahr noch 8,4%, ging es im Geschäftsjahr auf 0,2% zurück. Allerdings ist zu bedenken, dass die chemische Industrie von 1985 auf 1986 einen Umsatzrückgang von 4,4% verzeichnete, so dass die Schering AG damit im Branchenvergleich recht gut darsteht.

Insbesondere bei der Umsatzgewinnrate ist ein starker Rückgang um 2,5 Prozentpunkte von 7,9% auf 5,4% festzustellen. Neben dem stagnierenden Umsatz scheinen hier in erster Linie die Personalaufwendungen (Zunahme von 32,6% auf 37,8% an der Gesamtleistung) dafür verantwortlich zu sein. Ein Branchenvergleich ist hier recht schwierig, da sich das ordentliche Betriebsergebnis aus den Angaben der Deutschen Bundesbank nur näherungsweise berechnen lässt. Danach betrug 1986 die Umsatzgewinnrate 7,6% gegenüber 7,1% im Vorjahr. Geht man der Vorsicht halber von einer gleichgebliebenen Umsatzgewinnrate für die Branche aus, so steht die Schering AG im Branchenvergleich dennoch schlechter dar. Innerhalb der Branche stieg der Anteil der Personalaufwendungen an der Gesamtleistung von 21,6% (1985) auf 23,7% (1986). Damit wurde die Schering AG leicht überproportional vom Anstieg der Personalaufwendungen betroffen.

Die rückläufige Umsatzgewinnrate, bei (fast) konstantem Vermögensumschlag, schlägt sich dann auch in der Eigenkapitalrentabilität nieder. Die "Verzinsung" des eingesetzten Eigenkapitals ging im Geschäftsjahr von 16,8% auf 12,1% zurück, liegt aber doch auf einem hohen Niveau. Für die chemische Industrie errechnet sich allerdings aus den Angaben der Deutschen Bundesbank eine Eigenkapitalrentabilität vor Steuern von 24,9%.

Erstaunlich gering ist die Verzinsung des eingesetzten Fremdkapitals, was nur mit dem hohen Anteil nicht verzinslicher Fremdmittel (Rückstellungen) erklärt werden kann. Die Gesamtkapitalrentabilität (Verzinsung des gesamten eingesetzten Kapitals) liegt mit 5,3% doch um 4,1 Prozentpunkte deutlich über der Fremdkapitalverzinsung, was insbesondere im Zusammenhang mit dem o.g.

Verschuldungskoeffizienten auf ein geringes "Leverage-Risiko" hinweist. Für die chemische Industrie errechnet sich jedoch mit 11,2% eine mehr als doppelt so hohe Gesamtkapitalrentabilität, so dass sich die Ertragssituation insgesamt als unterdurchschnittlich darstellt.

Der doch deutlich niedrigere Wert der Betriebsrentabilität, auch wenn sie mit erheblichen Schätzproblemen belastet ist, deutet auf einen Rückgang der Rentabilität im eigentlichen Geschäftsbereich hin. Fasst man hier die Ergebnisse der Analyse der Struktur-GuV und die o.g. Resultate (stark rückläufige(s) Umsatzwachstum, Umsatzgewinnrate und Betriebsrentabilität) zusammen, so kann nur gefolgert werden, dass der Aufbau des "Bankbetriebes" ursächlich im Rückgang der Rentabilität im eigentlichen Geschäftsbereich begründet ist. Gestützt werden diese Vermutungen durch den Branchenvergleich, wo die Schering AG eine unterdurchschnittliche Ertragslage aufweist.

Der Gewinn je Aktie ist deutlich zurückgegangen, wesentlich mehr als der Cash Flow je Aktie. Damit könnte also vermutet werden, dass der "tatsächliche" Gewinn je Aktie etwas besser als dargestellt ist, sehr groß dürfte allerdings dieser Unterschied nicht sein.

Die Kennzahlen der Wertschöpfungsanalyse:

Zunächst sei die Verteilung der Erträge der Schering AG analysiert:

	1985	1986
Arbeitserträge	81,2 %	87,2 %
Gemeinerträge	9,5 %	5,7 %
Kapitalerträge	15,3 %	14,2 %
Restposten	./. 6,0 %	./. 7,1 %
Summe	100,0 %	100,0 %

Die schon bei der Analyse der Ertragslage deutlich gewordene Erhöhung der Personalaufwendungen schlägt sich hier in einem deutlichen Anstieg der Arbeitserträge an der Wertschöpfung nieder. Dies geht dann zu Lasten der Kapitalerträge und in deren Gefolge zu Lasten der Gemeinerträge. Hier zeigt sich auch deutlich die Bedeutung des Bankbetriebes (ausgedrückt im Restposten). Er trägt wesentlich zur Stabilisierung der Kapitalerträge bei. Würde der Restposten wegfallen, würden die Kapitalerträge um die Hälfte sinken.

Die Erhöhung der Wertschöpfungsquote ist im wesentlichen auf den Anstieg der Personalaufwendungen zurückzuführen. Sie liegt mit 43,3% deutlich über dem Branchendurchschnitt (31,4%). Im Branchenvergleich liegt der Anteil der Personalaufwendungen an der Wertschöpfung mit 75,6% deutlich niedriger als der entsprechende Wert bei der Schering AG (87,2%).

5.7. Zusammenfassung

- Die Kennzahlenanalyse ist ein traditionelles Instrument der Bilanzanalyse.

- Kennzahlen sind **einfach**, **schnell** und (verfahrenstechnisch) **zuverlässig** zu ermitteln. Sie verdichten Sachverhalte auf Punktgrößen, wodurch insbesondere **Betriebs-**, aber auch **Zeitvergleiche** in übersichtlicher Weise ermöglicht werden.

- Sie besitzen den Nachteil, oftmals Zusammenhänge zu zerreißen. Daher muss der Analytiker dies bei der Interpretation berücksichtigen. Er darf nie Kennzahlen isoliert, sondern nur im Verbund betrachten, wo dies logisch erforderlich ist.

- Die Interpretation von Kennzahlen kann erhebliche Schwierigkeiten bereiten. Vor allem fehlt es oft an theoretisch begründeten Hypothesen über ihre Wirkungsrichtung und über anzustrebende Normwerte.

- Kennzahlen lassen sich in Gruppen und Untergruppen systematisieren. **Eine** denkbare Systematik ist die folgende:

  1. Kennzahlen zur Vermögenslage
     - 1.1. Kennzahlen der Vermögensstruktur
     - 1.2. Kennzahlen der Kapitalstruktur
     - 1.3. Kennzahlen der Finanzstruktur
  2. Kennzahlen zur Finanzlage
     - 2.1. Kennzahlen der Liquiditätslage
     - 2.2. Kennzahlen der Finanzkraft
  3. Kennzahlen zur Ertragslage
     - 3.1. Kennzahlen der Ertragsstruktur
     - 3.2. Kennzahlen der Kapitalrentabilität

5.8. Übungsaufgaben

Auf den nachfolgenden Seiten finden Sie die Kennzahlen der "Übungsfall-AG". Bitte beachten Sie, dass aufgrund fehlender Vorjahreszahlen die Kennzahlen von 1985 nur insoweit vergleichbar sind, als dass sie sich auf statische Verhältnisse beziehen.

1. Wie würden Sie Kennzahlen, "die sich auf statische Verhältnisse beziehen", definieren? Klassifizieren Sie aufgrund Ihrer Definition die hier verwandten Kennzahlen! Würden Sie der Aussage, dass sie "überflüssig" sind, zustimmen?

2. Wir definieren Kennzahlen, die sich auf statische Verhältnise beziehen, als solche, zu deren Berechnung **keine** Veränderungen im Vorjahresvergleich benötigt werden.

   a) An welchem Zweck orientiert sich diese Definition? Vergleichen Sie sie mit Ihrer!

   b) Klassifizieren Sie die Kennzahlen der "Übungsfall-AG" aufgrund unserer Definition!

   c) Überprüfen Sie, ob dies alle Kennzahlen sind, die sich (wenn auch behelfsweise) aus den Angaben zur "Übungsfall-AG" 1986 ermitteln lassen könnten.

   d) Führen Sie die Kennzahlenanalyse für die "Übungsfall-AG" durch! Welche Kennzahlen beschreiben Sachverhalte, die Sie bis zu dieser Stelle schon kannten? Wo gelangten Sie zu neuen Erkenntnissen? Welche Kennzahlen waren für Sie besonders aufschlussreich?

3. a) Fassen Sie alle Analyseergebnisse in einer umfassenden Gesamtbeurteilung zusammen! Wie schätzen Sie die wirtschaftliche Lage der "Übungsfall-AG" ein? Stellen Sie Vermutungen an, um welches Unternehmen es sich handeln könnte (Hinweis: Den Namen des Unternehmens finden Sie bei den Literaturangaben; schauen Sie dort aber bitte erst nach der Bearbeitung sämtlicher Aufgaben nach).

   b) Ist die "Übungsfall-AG" für Sie "attraktiv", wenn Sie

      a) Eigenkapitalgeber,
      b) Fremdkapitalgeber,

c) Arbeitnehmer,
d) Kunde,
e) Lieferant

dort

1. schon sind oder
2. erst werden wollen?

Wo gelangen Sie zu unterschiedlichen Einschätzungen in Abhängigkeit, "ob Sie schon sind" oder "erst werden wollen"? Nehmen Sie an, "alle anderen" teilten Ihre Einschätzung! Welche Konsequenzen hätte dies für das Unternehmen?

c) Tatsächlich verhalten sich die Marktpartner, wie z.B. Fremdkapitalgeber, nicht unbedingt so, wie es eine Bilanzanalyse erwarten lassen würde, obwohl auch Sie eine solche durchgeführt haben dürften. Diskutieren Sie mögliche Gründe!

KENNZAHLENANALYSE

(Alle Angaben in Prozent, wenn nicht anders vermerkt !)

	1986	1985	1984	INDEX
Kennzahlen der Vermögensstruktur				
Vermögensänderung	4,5-	0,0	0,0	1
Veränderung des Anlagevermögens	1,7	0,0	0,0	2
Veränderung des Umlaufvermögens	12,8-	0,0	0,0	3
Immobilisierungsverhältnis	153,0	131,2	0,0	4
Leistungsvermögensintensität	468,2	405,1	0,0	5
Gesamtvermögensumschlag	96,9	103,3	0,0	6
Relatives Anlagenalter	37,6	0,0	0,0	7
Substanzerhaltungsgrad	122,4	0,0	0,0	8
Investitionen in % der Gesamtleistung ..	6,4	0,0	0,0	9
Investitionsquote	4,3	0,0	0,0	10
1 / Sachanlagenvermögensumschlag	2.437,5	0,0	0,0	11
Vorratsquote	21,7	23,3	0,0	12
Vorratsumschlag	4,2	4,5	0,0	13
Reichweite der Vorräte (in Tagen)	47,6	40,6	0,0	14
Finanzmittelquote	17,6	19,8	0,0	15
Forderungs-Umsatzverhältnis	9,6	9,2	0,0	16
Forderungsumschlagszeit (in Tagen)	34,9	33,4	0,0	17
aktive Konzernfinanzierung	39,9	32,2	0,0	18

Kennzahlen der Kapitalstruktur

Gesamtkapitaländerung	4,5-	0,0	0,0	19
Eigenkapitaländerung	10,5	0,0	0,0	20
Fremdkapitaländerung	6,4-	0,0	0,0	21
Eigenkapitalquote	12,6	10,9	0,0	22
Fremdkapitalquote	87,4	89,1	0,0	23
Verschuldungskoeffizient	692,9	817,9	0,0	24
Eigenkapitalsicherung	6,2	3,9-	0,0	25
Innenfinanzierungsgrad	24,6	23,0	0,0	26
Bilanzkurs	106,2	96,1	0,0	27
Kurzfristige zu ges. Verbindlichkeiten	45,8	31,9	0,0	28
Bankenabhängigkeit	37,4	37,8	0,0	29
Lieferantenabhängigkeit	16,3	16,8	0,0	30
passive Konzernfinanzierung	3,9	3,1	0,0	31
Verschuldungs-Umsatzverhältnis	91,1	86,3	0,0	32
Lieferantenziel	115,0	92,9	0,0	33
Lieferanten+Wechselschulden/Wareneinkauf	26,3	23,2	0,0	34

Kennzahlen der Finanzstruktur

Anlagendeckungsgrad I	20,9	19,2	0,0	35
Anlagendeckungsgrad II	57,5	74,7	0,0	36
Anlagendeckungsgrad III	42,3	53,0	0,0	37
Working capital ratio (UV/kurzfr. FK)	98,7	152,4	0,0	38
Quick ratio (FinanzUV/kurzfristiges FK)	42,9	68,3	0,0	39
Kreditanspannung	157,1	157,9	0,0	40
Konzernfinanzierung	203,6	228,8	0,0	41

Kennzahlen der Liquiditätslage

Liquidität 1. Grades	0,4	11,6	0,0	42
Liquidität 2. Grades	42,9	68,3	0,0	43
Liquide Mittel zu Gesamtkapital	0,1	3,3	0,0	44
Finanzmittelpotential	25,2-	9,0-	0,0	45

Kennzahlen der Finanzkraft

Cash Flow in TDM : 275.393
Betriebliche Nettoeinnahmen in TDM : 422.752

Cash Flow-Umsatzrate	5,8	6,1	0,0	46
Cash Flow in Prozent der Fremdmittel	6,5	7,3	0,0	47
Fremdkapital zu Cash Flow	1.531,1	1.423,3	0,0	48
Kapitalnutzungsrate (CF + Zinsen / GK)	9,4	10,6	0,0	49
Dynamischer Verschuldungsgrad	8,4	9,1	0,0	50
Wachstumsmöglichkeit (CF / GK)	5,6	6,3	0,0	51
Innenfinanzierungsgrad der Investitionen	90,5	0,0	0,0	52
Dynamischer Liquiditätsgrad	17,2	24,9	0,0	53
FK ./. kurzfr.FinanzUV zu betr. Nettoein.	801,3	1.504,1	0,0	54

Kennzahlen des Umsatzerfolges und der Ertragskraft

Umsatzwachstum	8,3-	0,0	0,0	55
Umsatzgewinnrate	4,5	4,8	0,0	56
Materialaufwandsquote bezogen auf GL	56,5	61,7	0,0	57
Personalaufwandsquote bezogen auf GL	28,1	24,6	0,0	58
Abschreibungsaufwandsquote bez. auf GL	5,4	5,0	0,0	59
Rohgewinnänderung	5,2-	0,0	0,0	60
Rohgewinn-Umsatzverhältnis	45,5	44,0	0,0	61
Rohgewinn zu Anlagevermögen	74,6	80,0	0,0	62

Kennzahlen der Kapitalrentabilität

Eigenkapitalrentabilität	15,4	10,5	0,0	63
Fremdkapitalrentabilität	4,4	4,8	0,0	64
Gesamtkapitalrentabilität	5,7	5,5	0,0	65
Betriebsrentabilität	5,4	6,2	0,0	66
Gewinn je Aktie (in DM !)	7,8	5,1	0,0	67
Gesch. St.bilanzgewinn je Aktie (in DM !)	3,3	0,0	0,0	68
Cash Flow zu Eigenkapital	47,5	57,5	0,0	69
Cash Flow je Aktie (in DM !)	24,0	27,6	0,0	70

Kennzahlen der Wertschöpfungsrechnung

Arbeitserträge in % der Wertschöpfung ...	86,1	83,8	0,0	71
Gemeinerträge in % der Wertschöpfung	2,0	0,5	0,0	72
Kapitalerträge in % der Wertschöpfung ...	16,1	17,3	0,0	73
Wertschöpfungsquote	32,7	29,3	0,0	74

6. Ansätze zur Verbesserung der Qualität der Bilanzanalyse

6.1. Ein kurzes Zwischenfazit

Die bisherigen Darstellungen und Überlegungen haben drei gewichtige Problemfelder der Jahresabschlussanalyse erkennen lassen:

- Die Güte und Verlässlichkeit der verfügbaren Daten

- Die schwache theoretische Fundierung der Ableitung von Urteilen aus Einzeldaten

- Die Schwierigkeit der Integration der Einzelurteile zu einer Gesamteinschätzung des analysierten Unternehmens.

Vor allem der zweite Punkt erscheint der kritischste bei der Beurteilung der generellen Brauchbarkeit der Jahresabschlussanalyse. Im Rahmen der Analyse des Finanzflusses und insbesondere bei der Kennzahlenanalyse haben wir immer wieder Bewertungen und Interpretationen vorgenommen, was bestimmte Jahresabschlussdaten, zu Vorjahresdaten oder zu anderen Größen ins Verhältnis gesetzt, über die Vermögens-, Finanz- und Ertragslage des Unternehmens aussagen. Die Absicht der Jahresabschlussanalyse ist, daraus auf die zukünftige Entwicklung des Unternehmens, auf Wachstums- und Ertragsaussichten und vor allem auf eine Insolvenzgefahr zu schließen. Dies setzt einen möglichst eindeutigen, beschreibbaren Zusammenhang zwischen Jahresabschlusswerten und der künftigen Entwicklung voraus. Aber eben solche "immer wenn, dann..."-Zusammenhänge oder gar Kausalitätsbeziehungen zwischen einzelnen Kennzahlen und der künftigen Unternehmenssituation lassen sich, wie oben mehrfach am Beispiel einzelner Kennzahlen gezeigt worden ist, theoretisch nicht begründen.

Dies ist auch gar nicht erstaunlich, wird doch schon, wie bekannt und eingangs dargestellt, die aktuelle wirtschaftliche Situation eines Unternehmens zum Zeitpunkt der Erstellung des Jahresabschlusses nicht adäquat abgebildet. Zahlreiche den Unternehmenswert und die finanzielle Situation bestimmende Faktoren finden keinen Niederschlag in der Bilanz und der Erfolgsrechnung. Durch das Realisationsprinzip gesetzte Wertobergrenzen können zu stillen Zwangsreserven führen. Zusätzlich verfälscht eine bewusste Bilanzpolitik durch Ausnutzung von Bilanzierungs- und Bewertungswahlrechten die Darstellung der Vermögens-, Finanz- und Ertragslage des Unternehmens.

Umso mehr muss eine eindeutige Verknüpfung von Jahresabschlusswerten mit **künftigen** Unternehmensentwicklungen scheitern, da ja eine Vielzahl von Aktivitäten des Unternehmens, der Kapitalgeber und des Unternehmensumfelds (Nachfrager, Konkurrenz, Branchenstruktur und Konjunktur, politisches und gesellschaftliches Umfeld) zwischen der abgebildeten und der künftigen Situation liegt, die die ökonomische Lage des Unternehmens entscheidend verändern und angelegte Tendenzen verstärken, aber auch umkehren können. Vor allem am Beispiel der Eigenkapitalquote haben wir diese Schwierigkeiten deutlich gemacht und wollen hier nur an die fundamentale Kritik D. Schneiders erinnern, die die theoretische Unmöglichkeit und Unzulässigkeit solcher Schlüsse hervorhebt.

Muss nun wiederum aus diesen ernüchternden theoretischen Erwägungen der Schluss gezogen werden, eine Analyse und Interpretation von Jahresabschlussdaten sei überhaupt nicht sinnvoll? Auch dies wäre die falsche, weil völlig überzogene Konsequenz. Wetterprognosen werden nicht dadurch völlig obsolet, dass sie verschiedentlich daneben liegen, so lange ihre Trefferquote über einer Zufallsauswahl liegt. Wenn auch aus den beschriebenen Gründen keine präzisen Aussagen über künftige "Einzelschicksale" von Unternehmen aus ihren Jahresabschlussdaten abgeleitet werden können, so behält die Bilanzanalyse dann ihre Berechtigung, wenn die behaupteten Zusammenhänge zwischen heute ermittelten Kennzahlenwerten und künftigen Unternehmensentwicklungen in einer großen Zahl von Fällen zutreffen, d.h. wenn eine Wahrscheinlichkeitsaussage möglich ist. Solche unscharfen "wenn, dann häufig..."-Beziehungen sind für eine Wissenschaft wie die Betriebswirtschaftslehre, bei der es auch um die Beschreibung menschlichen Handelns geht, nicht untypisch, vermutlich sogar der adäquate Aussagentyp. So treten ja Insolvenzen nicht "automatisch" auf, wenn bestimmte Bedingungen gegeben sind, sondern werden durch Entscheidungen von Managern, Kapitalgebern und anderen Beteiligten nach mehr oder minder rational ablaufenden Entscheidungsprozessen ausgelöst. Dabei mögen in vielen Fällen gleichartige Überlegungen Platz greifen, aber auch abweichende Entscheidungen sind möglich.

Die Gleichartigkeit der Verhaltensweisen auf bestimmte Kennzahlenstrukturen wird dadurch gefördert, dass sie vielfach als Konventionen gesetzt werden, deren Einhaltung gemeinhin als Signal für eine solide Finanz- und/oder Ertragslage gilt und deren Verletzung zumindest weitere Prüfungen, wenn nicht die Verweigerung der Überlassung von Finanzmitteln nach sich zieht. Soweit solchen als Finanzierungsregeln ausgedrückten Konventionen praktische Bedeutung zukommt (und offenbar sind sie von erheblicher Bedeutung bei der Prüfung der Beteiligung- und Kreditwürdigkeit), dann tun Unternehmen gut daran, diese Regeln einzuhalten, auch wenn sich keinerlei theoretische Begründung für den jeweiligen als Norm gesetzten Kennzahlenwert ableiten lassen sollte.

Dem Bilanzanalytiker sagt die Beobachtung, dass ein Unternehmen solche Konventionen eingehalten hat, streng genommen nur, dass es die Regel offenbar kennt, akzeptiert und in der Lage ist, sie einzuhalten, und dass es dadurch Kapitalgebern keinen Anlass zu für das Unternehmen nachteiligem Handeln gibt.

Die Beurteilung der Lage und der künftigen Entwicklung von Unternehmen anhand von Kennzahlen und anderen Analyseinstrumenten wird allerdings noch durch ein weiteres Problem erschwert. Es gilt, die (wie gut oder schwach auch immer theoretisch begründeten) Urteile, die auf einzelnen Kennzahlenwerten beruhen, zu einem bündigen Gesamturteil zu verdichten[vgl. Hauschildt 1996, S. 6ff]. Wie soll z.B. ein Unternehmen beurteilt werden, das bei 30 der 70 berechneten Kennzahlen unter dem Norm- oder Vergleichswert bleibt, bei weiteren 30 Kennzahlen in etwa den Normwert erreicht und ihn bei den restlichen 10 Kennzahlen übererfüllt? Eine einfache Abzählregel wird, schon allein wegen der völlig unterschiedlichen Wichtigkeit der einzelnen Kennzahlen, zu keiner sinnvollen Aggregation führen.

Um die angesprochenen Schwächen der Ableitung von Aussagen aus Jahresabschlüssen für die künftige Unternehmensentwicklung zu mildern, wurden in Theorie und Praxis mehrere, höchst unterschiedliche Wege beschritten, die aber meist nur jeweils Teilaspekte des Gesamtproblems angehen und zu bewältigen versprechen:

- Arbeiten mit Kennzahlenkombinationen und Kennzahlensystemen,
- Qualitative Bilanzanalyse,
- Einsatz von Expertensystemen,
- Einsatz empirisch-induktiver Methoden.

Wegen ihrer zunehmenden praktischen Bedeutung widmen wir den empirisch - induktiven Methoden ein eigenes ausführliches Kapitel.

6.2. Kennzahlenkombinationen und Kennzahlensysteme

Die Aussagekraft der Kennzahlenanalyse könnte möglicherweise gesteigert werden, wenn zur Ableitung von Urteilen statt einzelner Kennzahlenwerte Kennzahlenkombinationen herangezogen werden. Mit diesem Weg wird also eine Verdichtung von Einzelaussagen zu Gesamturteilen angestrebt. Ein Unternehmen, das bei Kennzahl 1 **und** Kennzahl 2 Werte aufweist, die auf schlechte Unternehmensperspektiven hindeuten, lässt sich eindeutiger der Kategorie der "schlechten" Unternehmen zuordnen. Als geeignete Kennzahlenkombinationen oder -matrizen schlägt Haeseler [1989, insb. S.90 ff.] z.B. die Kreditkapitalquote (= statischer Verschuldungsgrad) und den dynamischen Verschuldungsgrad oder die Eigenkapitalrendite und die Cash Flow-Tangente (Cash Flow in % des Umsatzes) vor. Bei einer jeweiligen Dreiteilung der Kennzahlenausprägungen kommt man so zu Neun-Felder-Matrizen, in die die Kennzahlenwerte dann eingetragen werden.

Sicher können mit Hilfe solcher Kombinationen die Extrempositionen (bei beiden Kennzahlen gute oder schlechte Ausprägungen) mit größerer Wahrscheinlichkeit identifiziert werden. Bei den mittleren Positionen dagegen (bei beiden Kennzahlen "mittel" oder bei je einer "gut" und "schlecht") bleibt die Schwierigkeit der richtigen Klassifikation bestehen. Das noch größere Problem besteht darin, dieses Verfahren auf eine größere Menge an Kennzahlen anzuwenden.

Als konsequente Fortführung der Idee der Kombination von Kennzahlen lassen sich die von vielen Banken und Bankengruppen eingesetzten DV-gestützten Bilanzauswertungsprogramme interpretieren, die eine Vielzahl von Kennzahlen aus den jeweiligen Jahresabschlüssen generieren und deren Werte den Durchschnittswerten vergleichbarer Unternehmen (nach Branche, Größe, Rechtsform) gegenüberstellen. Die Systeme der einzelnen Banken und Bankengruppen sind unter Kürzeln wie EBIL, MABILA und ähnlichen bekannt geworden [zur Übersicht Meyer 1989]. Diese Verfahren bleiben allerdings, zumindest in ihren Standardvarianten, bei der Bildung von Kennzahlenprofilen stehen und verzichten auf den letzten Schritt der Verdichtung, also der Berechnung eines Gesamtkennzahlenwerts. Sie erlauben damit keine endgültigen Klassifikationen und können deshalb in ihrer Prognosegüte nicht beurteilt werden.

Vorschläge zur Aggregation von Kennzahlenurteilen liegen schon lange, so z.B. von Antoine [Antoine 1956] und Tamari [Tamari 1966] vor. Tamari legt für jede der von ihm herangezogenen subjektiv ausgewählten Kennzahlen zur Beurteilung der Unternehmenssituation eine maximal erreichbare Punktzahl fest. Sie ist bei den einzelnen Kennzahlen unterschiedlich hoch und enthält damit implizit eine Gewichtung. Jedem konkreten Kennzahlenwert für ein Unternehmen wird nun ein Punktwert zwischen 0 und der Höchstpunktzahl zugeordnet. Die dafür notwendige Klassenbildung gibt Tamari z.B. für die Eigenkapitalquote in der Form vor:

Über 50%	25 Punkte
41 - 50%	18 Punkte
31 - 40%	15 Punkte
21 - 30%	10 Punkte
10 - 20%	5 Punkte
unter 10%	0 Punkte

Der Gesamtkennzahlenwert errechnet sich aus der Summe der Einzelpunktzahlen. Den letzten konsequenten Schritt, die Festlegung eines Grenzwerts, dessen Unterschreiten "gute" von "schlechten" Unternehmen trennen würde, unterlässt Tamari.

Theoretisch ist eine solche Vorgehensweise vor allem wegen der nur auf Plausibilitäten und subjektivem Urteil basierenden Auswahl der einbezogenen Kennzahl, der Bildung von Beurteilungsstufen und der Findung von Gewichten äußerst fragwürdig. Zur praktischen Bewährungsprobe müßte für eine genügend große Zahl bekannter Fälle die Trefferquote, also die Rate der entsprechend ihrer tatsächlichen Entwicklung richtig zugeordneten Unternehmen gemessen werden. Tamari kann zumindest empirisch belegen, dass ein Großteil später insolvent gewordener Unternehmen vorher deutlich niedrigere Gesamtpunktwerte aufwies als die "überlebenden".

Einen gänzlich anderen Typ von Kennzahlenkombination stellen **deduktiv** entwickelte **Kennzahlensysteme** dar. Sie sind **hierarchisch** aufgebaut und leiten aus einer oder mehreren Spitzenkennzahlen durch Aufspaltung Unterkennzahlen ab. Das bekannteste dieser Kennzahlensysteme ist das Du Pont-Kennzahlenschema, das in Abb. 6.2.-1. wiedergegeben ist. Ähnliche Kennzahlensysteme haben der Zentralverband der Elektroindustrie [ZVEI 1989] und Reichmann [Reichmann 1990] entwickelt.

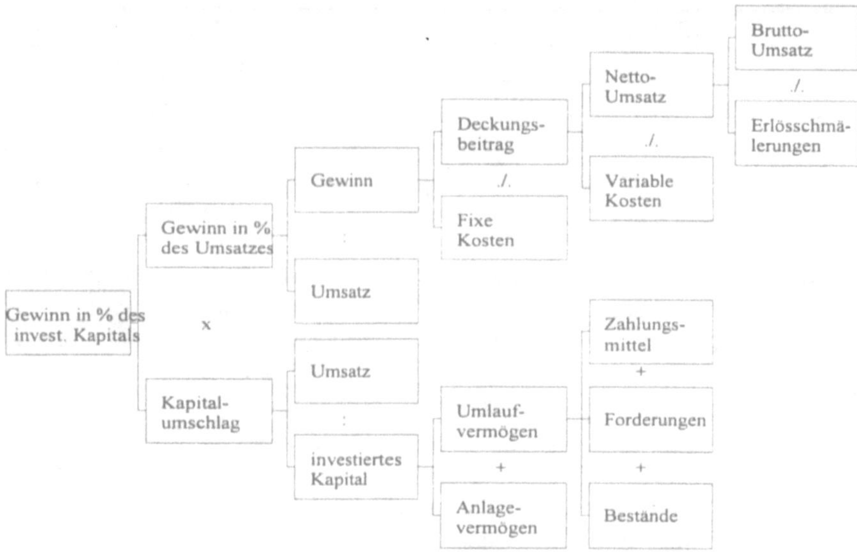

Abb. 6.2.-1.: *Das Du Pont-Kennzahlenschema*

Solche Kennzahlensysteme sind vorrangig als interne Steuerungs- und Kontrollinstrumente, nicht als Instrumente der externen Jahresabschlussanalyse entwickelt worden. Einsetzbarkeit und Nutzen für die externe Analyse sind daher beschränkt.

Als eindeutiger **Fortschritt** gegenüber der Analyse von Einzelkennzahlen ist die hierarchische Anordnung zu sehen, die sowohl die **sachlich-logischen Verknüpfungen** zwischen den Kennzahlen als auch deren Bedeutung für das Gesamturteil ersichtlich macht. Ebenso ermöglicht es eine **zielgerichtete Analyse**, auf welche Einzeleinflüsse Differenzen hierarchisch höher angesiedelter Kennzahlen im Zeit- oder Betriebsvergleich zurückzuführen sind.

Nachteilig ist, dass nur auf den obersten Hierarchieebenen Kennzahlen benutzt werden, die aus dem Jahresabschluss generiert werden können. Weitere Analyseschritte würden nur innerbetrieblich verfügbare Aufschlüsselungen, z.B. nach Deckungsbeiträgen für einzelne Produktbereiche, erfordern. Das früher angesprochene generelle Problem der Ableitung von Urteilen über die Unternehmenssituation aus Kennzahlen bleibt auch hier ungelöst.

6.3. Qualitative Jahresabschlussanalyse

Die klassische Jahresabschlussanalyse orientiert sich ausschließlich an den "harten" Daten aus Bilanz und Erfolgsrechnung und leitet daraus ihre Urteile ab. Dabei liegt der Gedanke durchaus nahe, das Urteil über die Unternehmenssituation durch die zusätzliche Auswertung verbaler Berichterstattung zu stabilisieren oder zu überprüfen. Dies bezeichnet Küting [1992] als qualitative Bilanzanalyse. Dabei geht es im engeren Sinn um die Analyse der Ausnutzung des bilanzpolitischen Instrumentariums, im weiteren Sinn um eine Sprachanalyse der Unternehmensinformationen.

Bei Kapitalgesellschaften ist der Anhang Bestandteil des Jahresabschlusses. In ihm werden die angewandten Bilanzierungs- und Bewertungsmethoden dargestellt und zusätzliche erläuternde Angaben zu zahlreichen Einzelaspekten gemacht. Folglich bedeutete es, wichtige Zusatzinformationen außer Acht zu lassen, wenn sein Inhalt nicht auch zum Gegenstand der Analyse gemacht würde. Insbesondere kommt es darauf an, Indizien dafür zu finden, ob der bilanzpolitische Spielraum dazu benutzt worden ist, die ausgewiesene Vermögens-, Finanz- und Ertragslage nach oben oder nach unten zu korrigieren.

Stabile und erfolgskräftige Unternehmen werden es sich leisten können, ihre Situation eher schlechter erscheinen zu lassen, um Ansprüche von Anteilseignern zurückzudrängen oder um "Luft" (stille Reserven) für schlechtere Zeiten zu schaffen und so einen möglichst gleichmäßigen Erfolgsausweis zu bewerkstelligen. In Jahren mit schlechtem Ergebnis dagegen werden Unternehmen eher geneigt sein, das Ergebnis zu "schönen". Insgesamt werden wir somit mit einer Tendenz zur Mitte zu rechnen haben: Unternehmen mit "guten" Jahresabschlussdaten sind vermutlich noch besser, Unternehmen mit "schlechten" Kennzahlenwerten stehen noch schlechter da als tatsächlich ausgewiesen. Hinweise zur Erhärtung solcher Vermutungen lassen sich aus den Angaben zu den Bilanzierungs- und Bewertungsmethoden und zu einzelnen Positionen finden. So sind als Beispiele für eine konservative, d.h. eher gewinnreduzierende Bilanzpolitik die Ermittlung von Herstellungskosten zu Teilkosten, die Anwendung der degressiven Abschreibung, die Bewertung von Vorräten zu LIFO oder die Bildung von Aufwandsrückstellungen zu nennen. Auf bewusste Maßnahmen zur Erhöhung des Gewinnausweises lassen dagegen z.B. die Aktivierung von Geschäfts- und Firmenwerten, die Anwendung der linearen Abschreibung, die Einbeziehung von Gemeinkosten in die Herstellungskosten und vor allem der Wechsel von gewinnschmälernden zu gewinnerhöhenden Bilanzierungs- und Bewertungsmethoden schließen [Küting 1992, S. 728 ff.; Küting/Weber 1994, S. 382 ff.].

Darüber hinausgehend versucht die semiotische Bilanzanalyse, aus der Intensität der freiwilligen Berichterstattung, dem Grad der Bestimmtheit der Aussagen und der Analyse der Wortwahl zusätzliche Schlüsse auf den Realitätsgehalt der "harten" Jahresabschlussdaten zu ziehen.

Insgesamt gesehen erscheint es plausibel, dass die zusätzliche Auswertung qualitativer, "weicher" Informationen ein präziseres Urteil über die Unternehmenssituation zulässt als die alleinige Analyse von quantitativen Daten. Sicher werden einleuchtende Hypothesen zum Zusammenhang von qualitativen Daten und der Unternehmenssituation für die bilanzpolitischen Maßnahmen leichter zu formulieren sein als für sprachanalytische Auswertungen. Der entscheidende empirische Test der Leistungsfähigkeit, d.h. der besseren Klassifikation von guten und schlechten Unternehmen mit Hilfe der qualitativen Bilanzanalyse, steht allerdings noch aus. So haben zumindest unsere Auswertungen zur Bilanzierung von Aufwandsrückstellungen [Rehkugler 1993] die Hypothese nicht bestätigen können, dass erfolglose Unternehmen häufiger auf die Bildung von Aufwandsrückstellungen verzichten als erfolgreiche. Bötzel (1993) dagegen konnte empirisch belegen, dass Konzerne tendenziell bilanzpolitische Instrumente wie auch die Publizitätspolitik dazu einsetzen, wirtschaftlich schlechte Lagen zu kaschieren.

6.4. Exkurs: Überlegungen zur formalen Bilanzpolitik

Die Entwicklung von Verfahren zur Bilanzanalyse nach dem neuen Handelsrecht war an vielen Stellen durch Probleme geprägt, die sich insbesondere aus

1. den größenklassenabhängigen Erleichterungen

2. der Anwendung Gesamtkostenverfahren/Umsatzkostenverfahren,

3. aus dem gleichzeitigen Zusammenspiel von 1. und 2. ergeben.

Wir wollen in diesem Exkurs aufgrund der verbliebenen Probleme die umgekehrte Frage stellen: Welche **bilanzpolitischen** Schlüsse können gezogen werden? Wie soll der **Bilanzersteller** die ihm eingeräumten Freiheitsgrade der formalen Gestaltung des Jahresabschlusses nutzen?

Zunächst ist festzustellen, dass sich mit zunehmenden Aggregationsgrad der Bilanzpositionen (von der großen zur kleinen Kapitalgesellschaft) die Kapital- und Finanzstruktur der Strukturbilanz, und in Folge die darauf aufbauenden Kennzahlen, verschlechtern. Der Grund dafür liegt darin, dass der Bilanzanalytiker aggregierte Positionen nicht mehr in seine Komponenten zerlegen kann, was zur Folge hat, dass dann pauschale Zuordnungen erfolgen, wobei tendenziell vom "schlimmsten" Fall ausgegangen wird. Ein gutes Beispiel sind die Rückstellungen: Sind sie genau aufgegliedert, lassen sie sich gut auf lang-, mittel- und kurzfristiges Fremdkapital aufteilen. Wenn sie dagegen in einer Position zusammengefasst sind, erfolgt eine pauschale Zuordnung zum kurzfristigen Fremdkapital mit der Folge einer schlechteren Kapital- und Finanzstruktur, fallender Deckungsgrade usw... Hier lässt sich deshalb folgende bilanzpolitische Regel formulieren: Sofern eine Aufgliederung von Bilanzpositionen ein bilanzanalytisch besseres Bild ergibt, so sollte stets über die vorgeschriebene Mindestgliederung hinausgegangen werden. Verfügt etwa eine kleine Kapitalgesellschaft im Vergleich zu den übrigen Rückstellungen über hohe Pensionsrückstellungen, so sollten die Rückstellungen aufgegliedert angegeben werden.

Eine weitere Überlegung betrifft die Wahl Gesamtkostenverfahren / Umsatzkostenverfahren. Diese Wahl stellt sich allerdings nur, sofern man ohnehin über eine funktionierende Kostenrechnung verfügt. Rekapituliert man alle in der vorliegenden Arbeit im Zusammenhang mit dem Umsatzkostenverfahren auftauchenden Schwierigkeiten, so lässt sich zusammenfassen:

a) Bei Anwendung des Umsatzkostenverfahrens kann der Analytiker nur Aussagen über einen Zeitvergleich treffen. Da die Schlüsselung der Kosten dem Analytiker unbekannt bleibt, hat er keinerlei Möglichkeiten eines Betriebsvergleichs.

b) Bei einer großen Kapitalgesellschaft ist die Transformation in eine GuV auf Grundlage des Gesamtkostenverfahrens schwierig, ab der mittelgroßen Kapitalgesellschaft überhaupt nicht mehr möglich.

c) Das Umsatzkostenverfahren bietet die Möglichkeit, bestimmte Abschreibungen nicht ausweisen zu müssen.

d) Es erschwert deutlich die traditionelle Kennzahlenanalyse, wobei manche Kennzahlen nicht mehr zuverlässig bzw. überhaupt nicht mehr gebildet werden können.

Die vorangegangenen, kurzen Überlegungen sollten Anlass geben, über die Problematik: **Offensive Informationspolitik versus defensive Informationspolitik** nachzudenken.

"Verschleierungstaktiken" wie z.B. die

- Beschränkung der Offenlegung von Jahresabschlussinformationen auf das gesetzlich geforderte Mindestmaß (insbesondere bei kleinen Kapitalgesellschaften),

- konsequente Ausnutzung der Möglichkeiten des Umsatzkostenverfahrens

können sich als "Bumerang" erweisen. Fehlende Informationen **zwingen** den Bilanzanalytiker zu Annahmen, und zwar zur Annahme des "**schlimmsten**" Falls. Sobald aber an die Stelle gesicherter Informationen (wenn man sie im Jahresabschluss veröffentlicht hätte) negative Annahmen für das Unternehmen treten, kann dies sehr ernsthafte Rückwirkungen, z.B. in Verhandlungen mit Kapitalgebern, Kunden oder Lieferanten, haben. Gerade weil bald eine Vielzahl von Jahresabschlüssen offenliegt, müssen insbesondere kleine und mittlere Unternehmen darüber nachdenken, ob sie den Jahresabschluss als notwendiges Übel oder aber als **offensives Instrument** der **Selbstdarstellung** und **Imagepflege** betrachten wollen.

6.5. Expertensysteme

Im Zuge der rasanten Entwicklung in der Erforschung der Grundlagen und Anwendung der Künstlichen Intelligenz (KI-Forschung) lag es nahe, die dabei generierten Verfahren, die in vielen Bereichen erfolgreich eingesetzt werden, auch für die Jahresabschlussanalyse nutzbar zu machen. So sind von verschiedenen Autoren Expertensysteme zur Jahresabschlussanalyse vorgestellt worden [Krakl/Nolte-Hellwig 1990; Mertens 1989; Neibecker 1990], wobei allerdings der Begriff des Expertensystems sehr unterschiedlich ausgelegt wird.

Expertensysteme sind allgemein gesagt Datenverarbeitungsprogramme, die komplexe Aufgabenstellungen selbständig "wie ein Experte" zu bewältigen vermögen. Häufig sind sie intern als wissensbasierte Systeme aufgebaut, d.h. Fachwissen und prozedurales Wissen sind in einer separaten Wissensbasis repräsentiert und über Wenn-Dann-Regeln verbunden. Der besondere Zweck und Nutzen eines Expertensystems zur Jahresabschlussanalyse könnte also in dessen Fähigkeit bestehen, aus den Jahresabschlussdaten "automatisch" Urteile zur Unternehmenssituation zu gewinnen, die auf dem Wissen von Experten basieren.

Die derzeit verfügbaren Systeme erheben allerdings überwiegend geringere Ansprüche. Sogenannte Expertisesysteme [Mertens 1989] beschränken sich darauf, bei der Kennzahlenanalyse die Höhe und deren Veränderung bzw. Abweichung zu Vergleichsdaten festzustellen und sie in verbale Formulierungen (z.B. "das Eigenkapital ist stark gestiegen") umzusetzen. Dabei erfolgt allerdings eine gezielte Analyse starker Veränderungen, so dass der Output am Informationsbedarf des Nutzers orientiert ist.

Andere Expertensysteme setzen Kennzahlenwerte über feste, von Kreditsachbearbeitern als Experten vorgegebene Regeln in Noten und diese wiederum in ein Gesamturteil um, nutzen also die oben beschriebenen Verfahren der intuitiven Ableitung von Gesamturteilen aus Kennzahlenkombinationen. Prinzipiell liessen sich in Expertensystemen aber auch die Erkenntnisse aus den noch zu besprechenden empirisch-induktiven Verfahren verarbeiten.

Die Leistungsfähigkeit von Expertensystemen steht und fällt mit der Qualität der Wissensbasis. Dies ist bei den Systemen zur Jahresabschlussanalyse die entscheidende Schwäche. Mit der Schwierigkeit, aus Kennzahlen zu korrekten Schlüssen auf die künftige Unternehmenssituation zu kommen, sehen auch sie sich konfrontiert. Das angesprochene theoretische Defizit der Erklärung der Zusammenhänge von Jahresabschlussdaten und Unternehmensentwicklung können auch sie nicht überspielen. "Die Grenzen der Jahresabschlussanalyse sind letztlich auch die von Expertensystemen" [Näger 1991, S. 631].

7. Moderne empirisch-induktive Verfahren der Bilanzanalyse

7.1. Einleitung

Wenn auch, wie gezeigt, der theoretisch einwandfreie **kausale** Schluss von einer Kennzahlenausprägung auf die Unternehmenssituation nicht möglich ist, könnte eine empirische Untersuchung auch für die Vergangenheit einen **statistischen Zusammenhang** der Größen zeigen. Damit wäre zwar **keine Begründung** geliefert, warum z.B. bei Unternehmen mit hohen Eigenkapitalquoten eine geringere Häufigkeit von Insolvenzen festzustellen war als bei schlechterer Eigenkapitalausstattung. Wenn aber für einen längeren Beobachtungszeitraum dieser Zusammenhang gegolten hat, könnte die Eigenkapitalquote zumindest als ein brauchbarer **Indikator** für die künftige Unternehmensentwicklung betrachtet werden. Wenn dann auch im Einzelfall das daraus abgeleitete Urteil falsch sein mag, so kann sich doch bei einer genügend großen Zahl von Fällen ein Vorteil bei der Anwendung dieser Klassifikationsregel zeigen. Diese Erkenntnis auf aktuelle Beurteilungsfälle anzuwenden bedeutet, die "weitgehende" zeitliche Invarianz des beobachteten Zusammenhangs zu unterstellen. Die Zulässigkeit dieser Annahme kann nur durch wiederholte empirische Tests geprüft werden. Der Schluss von Beobachtungen der Vergangenheit auf die zukünftige Entwicklung, eine sicher auch Experten der praktischen Jahresabschlussanalyse nicht fremde Vorgehensweise, liegt den "modernen" Verfahren der Bilanzanalyse zugrunde, die wir im folgenden behandeln werden.

Unter "modernen" Verfahren der Bilanzanalyse sollen dabei mathematisch-statistische Verfahren verstanden werden, die aufgrund einer vorhergehenden empirischen Datenanalyse zur Klassifikation von Jahresabschlüssen eingesetzt werden. Klassifikationsverfahren werden allgemein dazu eingesetzt, Objekte anhand der Ausprägungen ihrer Merkmale bestimmten, vorgegebenen Objektklassen zuzuordnen. Die Objekte werden also aufgrund ihrer "Merkmalsmuster" erkannt, d.h. klassifiziert. Für manche Analysezwecke innerhalb der Jahresabschlussanalyse ist diese Sichtweise häufig ausreichend. So reicht es etwa im Rahmen einer Kreditwürdigkeitsprüfung, zu beurteilen, ob das antragstellende Unternehmen potentiell "insolvenzgefährdet" oder "nicht insolvenzgefährdet" ist. Als Entscheidungshilfe für die Kreditvergabe ist eine solche einfache Klassifikation des Unternehmens ausreichend. Für andere Adressaten der Jahresabschlussanalyse können dagegen andere Klassifikationen erforderlich sein, wie z.B. für Kapitalanleger die Klassifikation von Unternehmen nach "erfolgreich" oder "nicht erfolgreich" zweckadäquater sein dürfte.

Wie schon die Begriffe "insolvenzgefährdet" oder "erfolgreich" andeuten, beginnen die Schwierigkeiten bei der Anwendung von Verfahren zur Klassifikation von Unternehmen bei deren Operationalisierung. Die Operationalisierung von "erfolgreich" könnte z.B. als "wachstumsstark" oder "renditestark" versucht werden, Begriffe, die wiederum näher zu beschreiben wären. Auch der Begriff "insolvenzgefährdet" ist nicht eindeutig und hängt stark von dem Analysezweck des Bilanzanalytikers ab. Ein Kreditinstitut wird unter "insolvenzgefährdet" sinnvollerweise nicht nur den tatsächlichen Eintritt eines Konkurses verstehen, sondern bereits versuchen wollen, Störungen der vertraglich vereinbarten Leistungen (Total-, Teilausfall oder Verzug von Zins- oder Tilgungszahlungen) rechtzeitig zu erkennen. Man spricht in diesem Zusammenhang auch von der Klassifikation nach potentiell "leistungsgestörten" bzw. "nicht leistungsgestörten" Unternehmen.

Die nächste Frage betrifft die Merkmale, anhand deren Ausprägungen die Unternehmen später klassifiziert werden sollen. Gemäß der Aufgabenstellung müßten hier eigentlich alle Merkmale betrachtet werden, die die wirtschaftliche Leistungsfähigkeit der betrachteten Unternehmung charakterisieren. Dies sind an erster Stelle Merkmale wie z.B. Qualität des Managements, Marktstellung, Produktlinien, Forschungs- und Entwicklungsaktivitäten etc. und erst an zweiter Stelle Jahresabschlussinformationen. Aus verschiedenen Gründen, wie z.B. dem Fehlen der erforderlichen Daten oder deren mangelnder Operationalisierbarkeit, bezieht man die weit wichtigeren erstgenannten Merkmale in derartige Verfahren nicht ein. Vielmehr greift man auf die oftmals einzig verfügbaren Jahresabschlussdaten zurück, verbunden mit all ihren Mängeln, auf die schon ausdrücklich hingewiesen wurde.

Aus diesem Grund ist es streng genommen nicht berechtigt, von einer Klassifikation eines "Unternehmens" zu sprechen, sondern vielmehr von der Klassifikation dessen Jahresabschlusses. Die zu klassifizierenden Objekte sind damit die Jahresabschlüsse von Unternehmen. Die Merkmale dieser Objekte (Jahresabschlüsse) sind die einzelnen Positionen der Bilanz, GuV und des Anhangs, sowie die daraus abgeleiteten Kennzahlen. Die Merkmalsausprägungen sind die konkreten Werte, die eine Position der Bilanz, GuV, des Anhangs oder eine daraus abgeleitete Kennzahl annimmt. In der bisherigen Praxis ist es meist üblich, als Merkmale lediglich aus dem Jahresabschluss abgeleitete Kennzahlen zu betrachten. Aufgabe ist es nun, den konkreten Jahresabschluss anhand der Ausprägungen seiner Merkmale (Kennzahlenwerte) einer vorher definierten Klasse von Jahresabschlüssen (z.B. potentiell "leistungsgestört" bzw. "nicht leistungsgestört") zuzuordnen.

Allen hier betrachteten Verfahren ist gemeinsam, dass die "Klassifikationsfunktion", anhand derer später die einzelnen Objekte ihren Objektklassen zugeordnet werden, zunächst aufgrund vorgegebener Beispiele extrahiert wird. In einem ersten Schritt muss erst einmal eine möglichst repräsentative Zusammenstellung von Objekten, deren Klassenzugehörigkeit bekannt ist, mit ihren zugehörigen Merkmalsausprägungen erfolgen. Im Bezug auf die Anwendung innerhalb der Jahresabschlussanalyse bedeutet dies eine repräsentative Zusammenstellung von Jahresabschlüssen, deren Zugehörigkeiten zu einem "leistungsgestörten" oder zu einem "nicht leistungsgestörten" Unternehmen bekannt sind.

Anhand der vorgegebenen Beispieldaten wird anschließend - von jedem Verfahren spezifisch - die "Klassifikationsfunktion" extrahiert, die innerhalb dieser Menge die beste Zuordnung von Objekten (Jahresabschlüssen) zu Objektklassen (z.B. "leistungsgestört" bzw. "nicht leistungsgestört") erlaubt (d.h. möglichst wenig Fehlklassifikationen produziert). Unter den Annahmen, dass

1. die Beispieldaten exakt (oder abgeschwächt: möglichst gut) die "wahren" Strukturen wiedergeben und

2. diese Strukturen zeitlich stabil sind

kann eine Anwendung der gefundenen "Klassifikationsfunktion" auf neue, noch unbekannte Objekte (Jahresabschlüsse) erfolgen. Dazu werden die Merkmalsausprägungen (Kennzahlenwerte) des neuen, noch unbekannten Objektes (Jahresabschlusses) erhoben, in die "Klassifikationsfunktion" eingesetzt und die Klassifikation ermittelt (z.B. nach "leistungsgestört" oder "nicht leistungsgestört"). Sie kann für die weitere Entscheidungsfindung (z.B. Entscheidung über die Kreditvergabe) wichtige Hinweise liefern.

Wie (implizit) deutlich geworden sein dürfte, betrachten wir hier induktive Klassifikationssyteme, da die Art, Zahl und Gewichte einbezogener Kennzahlen endogen aus einer vorgegeben Beispielmenge ermittelt werden. Sachlogische Gesichtspunkte spielen hier streng genommen keine Rolle, lediglich die Trennfähigkeit der Merkmale (Kennzahlen) ist entscheidend. Davon abzugrenzen sind die deduktiven Klassifikationsverfahren, die exogen Art, Zahl und Gewichte einbezogener Kennzahlen vorgeben. Dies geschieht aufgrund theoretischer Überlegungen, aber auch aufgrund von "Erfahrungswissen". Im letzteren Fall gewinnt allerdings die Bezeichnung als "deduktives" Klassifikationsverfahren eine gewisse Aufweichung.

Obwohl der Einsatz von Klassifikationsverfahren innerhalb der Jahresabschlussanalyse eine lange Tradition besitzt, ist bisher eine systematische Aufarbeitung in Lehrbüchern erst spärlich erfolgt. Der Grund hierfür dürfte in erster Linie an dem Datenproblem liegen: Wie bereits skizziert, erfordert der Einsatz dieser Verfahren eine möglichst große und repräsentative Menge an Jahresabschlüssen, für die die entsprechende Klassenzugehörigkeit bekannt ist. Gerade was die Klasse der "leistungsgestörten" Unternehmen betrifft, ist es bisher nahezu unmöglich gewesen, ausreichende und öffentlich verfügbare Informationen zu sammeln. Lediglich großen Kreditinstituten oder Institutsverbänden war es möglich, aus ihren eigenen Datenbeständen ausreichende Stichprobengrößen zusammenzustellen. Diese dürfen oder wollen aus datenschutzrechtlichen Vorschriften oder Konkurrenzüberlegungen ihre Daten und Untersuchungsergebnisse nicht öffentlich zugänglich machen.

Um dennoch im Rahmen eines Lehrbuchs diese theoretisch wie praktisch zunehmend wichtigeren Verfahren der Jahresabschlussanalyse behandeln zu können, basieren die folgenden Ausführungen auf generierten Daten, die von ihrer Struktur her kaum von "echten" Daten unterscheidbar sind. Wegen der besonderen Gefahr, die der fehlerhaften Anwendung oder einer falschen Interpretation dieser Datensätze innewohnt, sollte das folgende Kapitel vor der Verwendung dieser Datensätze mit besonderem Bedacht gelesen werden.

Der theoretisch nicht bekannte, durch die empirisch-induktiven Verfahren gesuchte Zusammenhang zwischen einem Bündel an Kennzahlen und der künftigen Unternehmensentwicklung kann grundsätzlich linear oder nicht-linear modelliert werden. Im folgenden werden wir im Detail auf zwei Verfahren eingehen, die bei der Klassifikation von Jahresabschlussinformationen in Wissenschaft und Praxis Anwendung finden. Der erste, ältere Ansatz betrifft die sogenannte **Diskriminanzanalyse**, deren erste Anwendungen sich bis in die 30er zurück verfolgen lassen und die heute schon weite Verbreitung innerhalb der praktischen Kreditwürdigkeitsprüfung gefunden hat. Er findet typischerweise in seiner **linearen Variante** Verwendung. Jüngeren Datums ist dagegen die Anwendung von **Künstlichen Neuronalen Netzen,** einem Verfahrenstyp aus dem Bereich der Künstlichen Intelligenz, die in jüngerer Zeit stark und schnell zunehmende Bedeutung erlangt haben. Sie sind geeignet, auch **nicht-lineare Zusammenhänge** zwischen den Kennzahlen zu modellieren.

7.2. Die Beispieldaten

Wie schon erwähnt, scheiterte die systematische Aufarbeitung von modernen Verfahren der Jahresabschlußanalyse im Rahmen eines Lehrbuchs bisher an der mangelnden Verfügbarkeit ausreichender Datenmengen. Da es auch uns nicht möglich war, für die folgenden Ausführungen an ausreichende, öffentlich verfügbare Jahresabschlußinformationen zu gelangen, mußte ein anderer Weg gefunden werden. Eine für unsere Zwecke ausreichende Möglichkeit wäre es, die Daten von einem Zufallszahlengenerator produzieren zu lassen. Ein derartiges Vorgehen würde jedoch reine "Phantasiewerte" erzeugen, deren Struktur darüber hinaus mit "echten" Daten kaum etwas zu tun hätte.

Um die Beispieldaten möglichst realitätsnah gestalten zu können, wurde als Ausgangspunkt auf das Zahlenmaterial einer Untersuchung mit echten Jahresabschlußdaten zurückgegriffen. Obwohl wir diese aus hier nicht zu erläuternden Gründen nicht veröffentlichen dürfen, konnten aus ihnen Vorgaben für den Prozeß der Datengenerierung abgeleitet werden, um Daten zu erzeugen, die möglichst gut "echten" gleichen.

Bei einer Anwendung von Klassifikationsverfahren auf Jahresabschlußinformationen besteht der erste Schritt in einer Zusammenstellung von Jahresabschlüssen für "leistungsgestörte" und "nicht leistungsgestörte" Unternehmen (s. o.). Für die vorliegenden Jahresabschlüsse werden nun deren Merkmale definiert. In der gängigen Praxis sind dies meist die von dem jeweiligen Bilanzanalytiker präferierten Kennzahlen. Um nicht von vornherein eventuell gut klassifizierende Kennzahlen auszuschließen, sollte ein möglichst breites Spektrum an Kennzahlen einbezogen werden. In unseren Projekten waren dies z.B. einmal 45 Kennzahlen und einmal 62 Kennzahlen. Berechnet man anschließend die Werte der Kennzahlen für die jeweiligen Jahresabschlüsse und unterzieht sie einer ersten Analyse, so zeigen sich immer wieder einige typische Befunde.

Zunächst zeigen sich hohe Korrelationen zwischen den einzelnen Kennzahlen. Dies hat im wesentlichen zwei Gründe: Der erste Grund besteht schlicht darin, daß viele Kennzahlen nahezu gleich berechnet werden. Ein Beispiel wäre die Eigenkapitalrentabilität vor und nach Steuern:

Eigenkapitalrentabilität vor Steuern

$$= \frac{\text{Jahresüberschuß vor Steuern}}{\text{Eigenkapital}} * 100$$

Eigenkapitalrentabilität nach Steuern

$$= \frac{\text{Jahresüberschuß nach Steuern}}{\text{Eigenkapital}} * 100$$

Beide Kennzahlen besitzen den gleichen Nenner (das Eigenkapital) und unterscheiden sich nur im Zähler (einmal Jahresüberschuß vor Steuern, einmal Jahresüberschuß nach Steuern). Da - in etwa - die Steuern einen bestimmten Anteil des Jahresüberschusses betragen, stehen beide Kennzahlen in einem relativ konstanten Verhältnis zueinander. Idealisierend stellt die eine Kennzahl nur eine andere Berechnungsweise der anderen dar.

Der zweite Grund für die hohen Korrelationen zwischen den Kennzahlen liegt darin, daß sie zwar unterschiedlich berechnet werden, aber sachlogisch zusammenhängen. Ein einfaches Beispiel sind hier die Eigen- und Fremdkapitalquote:

Eigenkapitalquote

$$= \frac{\text{Eigenkapital}}{\text{Gesamtkapital}} * 100$$

Fremdkapitalquote

$$= \frac{\text{Fremdkapital}}{\text{Gesamtkapital}} * 100$$

Da Eigen- und Fremdkapital zusammen das Gesamtkapital bilden, sind sie zueinander komplementäre Größen. Sie drücken damit bei unterschiedlicher Berechnungsweise denselben wirtschaftlichen Tatbestand (nämlich die "Verschuldung" des Unternehmens) aus.

Unter Berücksichtigung beider Effekte liegt die Vermutung einer hohen Redundanz der erhobenen Merkmale nahe. In der Tat lassen sich auch die 45 anfänglich erhobenen Kennzahlen des einen Projektes zu ca. 8 bis 10 Informationsgruppen verdichten.

Betrachtet man jede einzelne Kennzahl für sich, inwieweit sie geeignet ist, zwischen "guten" und "schlechten" Jahresabschlüssen zu unterscheiden, stellt man gravierende Unterschiede fest: Einzelne Kennzahlen trennen schon isoliert recht gut, andere erlauben überhaupt keine Trennung.

Diese wichtigen Beobachtungen sollten auch für die hier verwendeten Daten charakteristisch sein, d.h.

- hohe Korrelationen zwischen einzelnen Kennzahlen,

- die Möglichkeit, eine anfänglich hohe Anzahl von Kennzahlen zu Informationsgruppen zusammenfassen zu können und

- über gut und schlecht trennende Kennzahlen zu verfügen.

Ferner erschien es für Lehr- und Übungszwecke übertrieben, wie in echten Untersuchungen mit 45 Kennzahlen pro Jahresabschluß eines Unternehmens zu starten. Eine anfängliche Anzahl von 10 Kennzahlen erschien ausreichend, um alle o.g. Effekte einfangen zu können. Dazu wurden unter Berücksichtigung der oben genannten Kriterien aus den echten Daten 10 Kennzahlen ausgewählt. Für diese Kennzahlen wurden statistische Kennwerte ermittelt und dem Datengenerierungsprozeß vorgegeben. Der Datengenerierungsprozeß selbst beruhte im Kern auf recht ausgefeilten Algorithmen für die Erzeugung standardnormalverteilter Zufallszahlen [Press et al. 1990, S. 209 ff. und S. 216 ff.], die gemäß der vorgegebenen statistischen Kennwerte zu "Kennzahlen" weiter verarbeitet wurden.

Bei den im folgenden verwendeten Daten handelt es sich also um von einem Zufallszahlengenerator erzeugte Kennzahlenwerte, die in ihren statistischen Eigenschaften weitgehend echten Kennzahlenwerten für "leistungsgestörte" und "nicht leistungsgestörte" Unternehmen gleichen. Sie weisen annähernd gleiche Mittelwerte, Standardabweichungen und Kovarianzmatrizen wie die echten Daten auf.

Um die weitgehende Ähnlichkeit der statistischen Eigenschaften zwischen echten und generierten Daten zu illustrieren, werden die Ergebnisse eines kleinen Experiments nachfolgend wiedergegeben, an das wir aber eine deutliche Warnung hängen wollen:

Aus dem Projekt, welches für den Datengenerierungsprozeß "Pate" stand, standen die Jahresabschlußinformationen für 150 "leistungsgestörte" und 150 "nicht leistungsgestörte" Unternehmen, verdichtet in 45 Kennzahlen, für jeweils drei, zwei und ein Jahr(e) vor Eintritt der Leistungsstörung zur Verfügung. Diese Daten wurden in eine "Trainingsgruppe" (100 "leistungsgestörte" und 100 "nicht leistungsgestörte" Unternehmen, jeweils drei, zwei und ein Jahr(e) vor Eintritt der Leistungsstörung = 3 * 2 * 100 = 600 Datensätze) und eine "Testgruppe" (50 "leistungsgestörte" und 50 "nicht leistungsgestörte" Unternehmen, 300 Datensätze) getrennt.

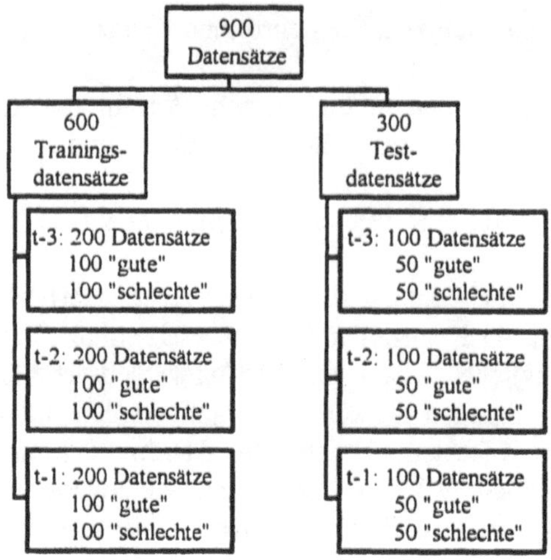

Abb. 7.2.-1.: *Aufteilung des Datenmaterials*

Anhand der zehn für den Datengenerierungsprozeß ausgesuchten Kennzahlen wurde für die **echten Daten** eine Diskriminanzanalyse auf Basis der Trainingsgruppe durchgeführt. Anschließend wurden die Jahresabschlüsse von Trainings- und Testgruppe klassifiziert. Danach wurden vom Datengenerierungsprozeß genauso große Trainings- und Testgruppen für das Fallbeispiel erzeugt. Auch hier wurden nach der Diskriminanzanalyse auf Basis der Trainingsgruppe die "Jahresabschlüsse" von Trainings- und Testgruppe klassifiziert. Die Klassifikationsquoten für echte und generierte Daten gibt die nachfolgende Tabelle wieder:

	echte Daten	generierte Daten
richtige Klassifikationen in der Trainingsgruppe	77,13%	81,83%
richtige Klassifikationen in der Testgruppe	82,33%	78,67%

Tab. 7.2.-1.: *Klassifikationsquoten der Diskriminanzfunktion auf Basis der echten Daten*

Dann wurde eine Diskriminanzanalyse auf Basis der Trainingsgruppe der **generierten Daten** durchgeführt die zur Klassifizierung der echten Daten der Testgruppe herangezogen wurde:

richtige Klassifikationen in der Trainingsgruppe (generierte Daten)	81,83%
richtige Klassifikationen in der Testgruppe (echte Daten)	80,33%

Tab. 7.2.-2.: *Klassifikationsquoten der Diskriminanzfunktion auf Basis der generierten Daten*

Die vorangegangenen Tabellen zeigen recht deutlich, daß aus der Sicht der Anwendung statistischer Verfahren sich die generierten Daten wie echte Daten verhalten. Aber gerade wegen dieses Umstandes sind deutliche Worte der Warnung im Umgang mit den generierten Daten erforderlich.

Zunächst wollen wir hier vor einer Wiederholung des letzten Experiments warnen, nämlich der Anwendung von anhand der generierten Daten ermittelten Klassifikationsfunktionen auf echte Daten. Das Experiment sollte lediglich zeigen, daß die im folgenden zu verwendenden Daten bestimmte Strukturen der Realität wiedergeben, also nicht völlig "aus der Luft" gegriffen sind. Sie aber als "Ersatzdaten" für in der Praxis nicht erhältliche Daten zu betrachten, an ihnen dann Klassifikationsfunktionen zu ermitteln und anschließend damit echte Jahresabschlüsse zu klassifizieren, wäre verhängnisvoll und darf keinesfalls versucht werden. Tatsächlich gibt es gravierende Unterschiede zwischen den echten und generierten Daten, die auch in anderen Zusammenhängen unbedingt zu beachten sind:

- Dem Datengenerierungsprozeß lag ein Zufallszahlengenerator für die Erzeugung (standard-) normalverteilter Zufallszahlen zugrunde. Echte Kennzahlenwerte sind dagegen selten normalverteilt.

- Der Datengenerierungsprozeß basierte auf einer linearen Kombination von mehreren Zufallszahlen. Die generierten Daten enthalten daher keine Nicht-Linearitäten. Echte Kennzahlenwerte besitzen - wie unsere neueren Untersuchungen zeigen - Nicht-Linearitäten. Die generierten Daten geben daher nur die lineare Teilstruktur der echten Daten wieder.

- Bei einer echten Untersuchung erhebt man für dasselbe Unternehmen die Jahresabschlüsse für drei, zwei und ein Jahr(e) vor Eintritt der Leistungsstörung (gegebenenfalls sogar noch weiter zurückliegend). Faßt man die Daten für die verschiedenen Zeitpunkte vor Eintritt der Leistungsstörung in einem gemeinsamen Datenpool zusammen, so ist hier bei echten Daten jedes Unternehmen dreimal vertreten (jeweils mit seinem Kennzahlensatz drei, zwei und ein Jahr(e) vor Eintritt der Leistungsstörung). Ein solcher Datenpool verfügt also über Teilgruppen hoch korrelierender Datensätze (nämlich die drei Datensätze eines Unternehmens). Dies ist bei den generierten Daten nicht der Fall. Sie wirken in etwa so, als ob die Datensätze für ein Jahr vor Eintritt zu anderen Unternehmen gehören als die für zwei Jahre vor Eintritt und diese wiederum zu anderen als für drei Jahre vor Eintritt der Leistungsstörung.

- Die echten Daten, deren statistische Kenngrößen für den Datengenerierungsprozeß benutzt wurden, beziehen sich auf ein europäisches Ausland. Aufgrund unterschiedlicher Bilanzierungsvorschriften können die Eigenschaften derselben Kennzahlen für die Bundesrepublik Deutschland anders aussehen.

Alles zusammengenommen stellen die generierten Daten eine Idealisierung der tatsächlichen Verhältnisse dar. Sie spiegeln nur die lineare Struktur der echten Daten wider, da deren nichtlineare Struktur zu wenig erforscht und bereits verstanden ist, um hier berücksichtigt zu werden.

Immerhin erlauben sie uns, die folgenden Betrachtungen durchaus realitätsgerecht zu gestalten. Wo die Realität nach unserer Erfahrung ernstzunehmende Abweichungen zeigt, werden wir jeweils gesondert darauf hinweisen.

Die fiktive Ausgangssituation für das weitere Vorgehen läßt sich damit z.B. wie folgt vorstellen: Ein Kreditinstitut möchte zur Unterstützung bei der Entscheidung über die Kreditvergabe an Firmenkunden Klassifikationsverfahren auf Jahresabschlussdaten einsetzen. Aus den Archivbeständen werden die Jahresabschlüsse von Kunden herausgesucht, bei denen eine "Leistungsstörung" in der Vergangenheit eintrat. Die Jahresabschlüsse werden für die Zeitpunkte drei, zwei und ein Jahr(e) vor Eintritt der Leistungsstörung erhoben. Als Kontrollgruppe werden per Zufallsstichprobe die Jahresabschlüsse einer gleich großen Gruppe von Unternehmen aus demselben betrachteten Zeitraum erhoben, bei denen keine Leistungsstörung eintrat. Gemäß den in dem Kreditinstitut benutzten Kennzahlenkatalog werden die Jahresabschlussinformationen zu 10 Kennzahlen verdichtet. Die Daten werden für jeweils 600 "leistungsgestörte" und 600 "nicht leistungsgestörte" Unternehmen, jeweils drei, zwei und ein

Jahr(e) vor Eintritt der Leistungsstörung[1] ermittelt (3 * 2 * 600 = 3.600 Datensätze). Die Erhöhung der Datenbasis dient dem Ausschalten von Zufallseffekten, die kleineren Datenbasen innewohnen. Diese große Datenbasis dürfte zwar weniger realen Verhältnissen entsprechen, ist aber für unsere Zwecke besser geeignet. Um die bei kleineren Fallzahlen entstehenden Effekte zu studieren, kann die Datenbasis beliebig verkleinert werden. Für Übungszwecke sind die Daten auf Diskette erhältlich.

7.3. Die Diskriminanzanalyse zur Klassifikation von Jahresabschlüssen

Im folgenden wollen wir an einem praktischen Beispiel die einzelnen Schritte durchgehen, welche beim Einsatz statistischer Verfahren zur Klassifikation von Jahresabschlüssen im einzelnen anfallen. Ausgangspunkt eines solchen Ansatzes ist zunächst die Erhebung der notwendigen Daten.

7.3.1. Die Datenerhebung

Allgemein geht es in der ersten Phase darum, eine ausreichende Anzahl von Jahresabschlüssen zu sammeln, deren zugehörige Klassifikation bekannt ist. Dazu ist zunächst eine ausreichende Anzahl an Unternehmen zusammenzustellen, bei denen eine Leistungsstörung eintrat. Zweckmäßigerweise sollten für sie dann nicht nur die Jahresabschlüsse unmittelbar vor dem Eintritt der Leistungsstörung erhoben werden, sondern auch weiter zurückliegende. Im Idealfall sollten für jedes Unternehmen alle verfügbaren Jahresabschlüsse vom Eintritt der Leistungsstörung zurückreichend in die Vergangenheit erhoben werden. Die bisherige Praxis zeigt allerdings, daß mehr als fünf Jahre vor Eintritt der Leistungsstörung nicht mehr sinnvoll zwischen leistungsgestörten und nicht leistungsgestörten Unternehmen unterschieden werden kann. Daher reicht eine Erhebung der letzten fünf Jahresabschlüsse vor Eintritt der Leistungsstörung meistens aus.

Bei der Auswahl der leistungsgestörten Unternehmen ist eine gewisse Vorsicht geboten, nicht jedes sollte als Beispielfall Berücksichtigung finden. In der Pra-

---

1 Die Zählung "drei, zwei und ein Jahr(e) vor Eintritt der Leistungsstörung" bezieht sich selbstverständlich nur auf die leistungsgestörten Unternehmen. Bei nicht leistungsgestörten Unternehmen ergibt sie streng genommen keinen Sinn. Genauer ausgedrückt meint also diese Zählung: "die Jahresabschlüsse leistungsgestörter Unternehmen drei, zwei und ein Jahr(e) vor Eintritt der Leistungsstörung sowie eine gleich große Anzahl von Jahresabschlüssen von Unternehmen, bei denen keine Leistungsstörung auftrat und die aus demselben Zeitraum stammen, in welchem die Leistungsstörungen der leistungsgestörten Unternehmen auftraten". Da diese genaue Bezeichnung für das weitere Vorgehen zu lang ist, verwenden wir weiterhin die kürzere, wenn auch ungenauere Form.

xis schließt man nicht repräsentative Unternehmen von einer solchen Untersuchung aus [Baetge 1989, S.799].

Dies sind zunächst Branchenbesonderheiten. **Versicherungen** und **Kreditinstitute** verfügen im Vergleich zu den übrigen Unternehmen über eine völlig andere Geschäftstätigkeit und Jahresabschlussstruktur. Weiterhin finden **konzernabhängige Unternehmen** keine Berücksichtigung. Hier entscheidet in erster Linie die wirtschaftliche Lage der Muttergesellschaft bzw. des gesamten Konzerns über die Zukunft des einzelnen Unternehmens. In Falle der Insolvenz eines gesamten Konzerns würde es im übrigen zu einer Art "Doppelzählung" kommen. Ebenfalls auszuschließen sind Unternehmen, die überwiegend im Besitz staatlicher Institutionen stehen, da auch sie eine nicht typische Risikosituation aufweisen. Aus ähnlichen Erwägungen werden sinnvollerweise auch **öffentliche Unternehmen** ausgesondert.

Zuletzt sind **kleine Unternehmen** von einer solchen Untersuchung auszuschließen. Hier wird argumentiert, daß gerade bei kleinen Unternehmen die Verzahnung zwischen Unternehmer und Unternehmen sehr groß ist. Damit schlagen sich aber Ursachen, die in der Person des Unternehmers begründet sind, unmittelbar auf das Unternehmen durch. So kann z.B. der plötzliche Tod des Unternehmers (z.B. durch einen Autounfall) den Konkurs seines Unternehmens auslösen. Derartige Ursachen stehen außerhalb der wirtschaftlichen Entwicklung des Unternehmens und sind unmöglich anhand des Jahresabschlusses ersichtlich. Die Berücksichtung solcher Fälle würde eine erhebliche Verzerrung der repräsentativen Beispiele leistungsgestörter Unternehmen bedeuten. Von mittleren und größeren Unternehmen wird dagegen angenommen, daß hier der Einfluß der persönlichen Sphäre des oder der Unternehmer vernachlässigbar ist, und deren Leistungsstörung wenigstens überwiegend auf wirtschaftliche Umstände zurückführbar sei.

Was in diesem Zusammenhang "klein" bedeutet, wird vor dem Hintergrund pragmatischer Überlegungen definiert. Baetge benutzte in einer Untersuchung für die Bundesrepublik Deutschland in Zusammenarbeit mit der Bayerischen Vereinsbank die Grenze von DM 500.000, d.h. Unternehmen mit einer **Gesamtleistung** unterhalb dieses Betrages wurden von der Untersuchung ausgeschlossen [Baetge 1989, S. 799]. In einer unserer Untersuchungen für ein europäisches Ausland wurde eine Grenze für den **Jahresumsatz** von umgerechnet ca. DM 10 Mio. zugrunde gelegt. Derartige pragmatische Grenzen stellen einen Kompromiss zwischen folgenden Überlegungen dar:

- Ab welcher Größe darf man einen vernachlässigbaren Einfluß der persönlichen Sphäre des Unternehmers erwarten?

- Passt die Grenze einigermaßen vernünftig zur später beabsichtigten Kreditwürdigkeitsprüfung? So würde es nur wenig Sinn ergeben, die Grenze etwa bei DM 10 Mio. festzulegen, wenn der überwiegende Teil des Firmenkundengeschäfts sich auf Kunden mit Jahresumsätzen zwischen DM 1 Mio. und DM 8 Mio. bezieht. Man wird also versuchen, die Grenzen einigermaßen sinnvoll im Hinblick auf die spätere Verwendung der Untersuchungsergebnisse anzupassen.

- Stehen nach Festlegung der Grenze noch ausreichende Fallzahlen leistungsgestörter Unternehmen zur Verfügung? Hier wird man mitunter die anfänglich erwünschte Grenze aufheben müssen, da man sonst zu wenig Fälle zusammenbekommt.

Die letzte Frage leitet zur wichtigen Überlegung bezüglich der "ausreichenden" Fallzahl leistungsgestörter Unternehmen über. Aus statistischen Überlegungen heraus erscheint ein Stichprobenumfang von ca. 200 leistungsgestörten Unternehmen ausreichend. Allerdings ist zu bedenken, daß für den späteren Test der ermittelten Klassifikationsfunktion Jahresabschlüsse von Unternehmen verwendet werden sollten, die nicht für deren Ermittlung herangezogen wurden. Damit benötigt man insgesamt schon eine Zahl von ca. 400 leistungsgestörten Unternehmen. Die zugehörige Vergleichsgruppe von Unternehmen, bei denen keine Leistungsstörung eintrat, sollte denselben Umfang besitzen. Deren Erhebung bereitet in der Regel keine Schwierigkeiten, da diese die überwiegende Mehrheit aller Unternehmen bilden. Sie sind nach den gleichen Kriterien wie die leistungsgestörten Unternehmen, allerdings rein zufällig, auszuwählen.

Besonders das Finden einer genügend großen Zahl leistungsgestörter Unternehmen bereitet Schwierigkeiten. Vor dem Inkrafttreten des BiRiLiG waren lediglich die Jahresabschlüsse von börsennotierten Unternehmen verfügbar, unter denen - glücklicherweise - nur sehr wenige leistungsgestörte Unternehmen vertreten waren. Aus diesem Grund mußten ältere Untersuchungen, die auf öffentlich zugänglichen Informationen beruhten, mit sehr geringen Fallzahlen innerhalb der Gruppe leistungsgestörter Unternehmen auskommen, wie die Zusammenstellung bei Rösler [Rösler 1988, S. 105 ff.] zeigt. Allerdings sind in solchen Fällen die hier zu besprechenden Verfahren streng genommen nicht einsetzbar.

Das Inkrafttreten des BiRiLiG nährte die Hoffnung, bald über Zugriff auf die Handelsregister an eine ausreichende Fallzahl leistungsgestörter Unternehmen heranzukommen. Leider kam der Großteil der zur Veröffentlichung verpflichteten Unternehmen aber ihrer Pflicht nicht nach, so daß eine breite, öffentlich zugängliche Datenbasis nach wie vor faktisch nicht existiert.

Wenig verwunderlich verfügen denn auch allein große Kreditinstitute oder Institutsgruppen über vergleichsweise bequeme Zugriffsmöglichkeiten auf eine ausreichend große Anzahl leistungsgestörter Unternehmen. Aber auch für sie ist eine Zusammenstellung leistungsgestörter Unternehmen in der oben genannten wünschenswerten Anzahl kaum möglich. Baetge berichtet von einem gemeinsamen Projekt mit der Bayerischen Vereinsbank (s.o.), wo von anfänglich 500 leistungsgestörten Unternehmen nach Aussiebung aller nicht repräsentativen Fälle gerade noch 90 Unternehmen verblieben [Baetge 1989, S. 799]. Lediglich die Deutsche Bundesbank, welche über einen einzigartigen Fundus an Jahresabschlüssen verfügt, war in der Lage, eine Untersuchung anhand von 800 leistungsgestörten und 800 nicht leistungsgestörten Unternehmen durchzuführen [Thomas 1985, S. 196 ff.].

Je geringer die Fallzahlen werden, mit denen die Untersuchung durchgeführt wird, umso mehr schlagen Effekte, die ausschließlich in der Stichprobe begründet sind, auf die Untersuchungsergebnisse durch (Kapitel 7.4.3.2. befaßt sich näher mit diesem Phänomen). Werden neue, bisher unbekannte Unternehmen mittels einer Klassifikationsfunktion, die an geringen Fallzahlen ermittelt wurde, einer der beiden Klassen zugeordnet, können sich hier stark abweichende Trefferquoten ergeben. Die Anwendung der im folgenden zu behandelnden Verfahren bei Fallzahlen leistungsgestörter Unternehmen unterhalb von ca. 50 dürfte zumindest als äußerst gewagt bezeichnet werden.

Für die folgenden Betrachtungen gehen wir von dem idealen Fall aus, wir würden über 600 Jahresabschlüsse leistungsgestörter Unternehmen, jeweils für drei, zwei und ein Jahr(e) vor Eintritt der Leistungsstörung verfügen. Weiterhin stehen aus demselben Zeitraum, für den die Jahresabschlüsse leistungsgestörter Unternehmen erhoben wurden, die Jahresabschlüsse von 600 Vergleichsunternehmen zur Verfügung, bei denen keine Leistungsstörung eintrat. Um den besonderen Effekt zu illustrieren, der bei kleineren Stichproben resultieren kann, werden wir an den passenden Stellen auf Übungen verweisen, die mit einer verkleinerten Stichprobe von nur 150 Unternehmen pro Gruppe durchzuführen sind.

Wie oben bereits erwähnt, werden für die Untersuchung nun die Gruppen - rein zufällig - in jeweils zwei Teilgruppen aufgeteilt. Im Fall der 600 Unternehmen pro Gruppe teilen wir diese in eine "Trainingsmenge" mit jeweils 300 Unternehmen pro Gruppe (leistungsgestörte und nicht leistungsgestörte) und eine gleich große "Testmenge" (300 leistungsgestörte und 300 nicht leistungsgestörte Unternehmen) auf. Der Grund besteht darin, später die ermittelten Klassifikationsfunktionen an Fällen zu testen, die nicht für deren Ermittlung benutzt wurden ("out-of-sample-test"). Die Quote der richtigen Klassifikationen innerhalb der Testmenge zeigt damit die Validität der ermittelten Klassifikationsfunktion an. Im Falle der verkleinerten Stichprobe umfaßt die Trainingsmenge 100 Unternehmen pro Gruppe, die Testmenge nur 50 pro Gruppe. Bei derartig geringen Fallzahlen sollte die Teilmenge, anhand derer die Klassifikationsfunktion ermittelt wird, so groß wie möglich sein, um den Einfluß der Zufälligkeiten in den Daten auf die Ermittlung der Klassifkationsfunktion so gering wie möglich zu halten. Andererseits darf die Testmenge auch nicht zu klein sein, sonst basieren die hier ermittelten Trefferquoten auf Zufälligkeiten. Die Aufteilung im Verhältnis 2:1 ist zwar willkürlich, mag aber einen vertretbaren Kompromiss darstellen.

7.3.2. Die Aufbereitung der Jahresabschlussinformationen

Im nächsten Schritt sind die Jahresabschlüsse der einzelnen Unternehmen durch ihre Merkmale zu charakterisieren. Bei einem Jahresabschluß sind dies die einzelnen Positionen der Bilanz, GuV und des Anhangs sowie alle quantitativen und qualitativen Erläuterungen des Anhangs und des Lageberichts. Die im folgenden zu betrachtenden Verfahren verarbeiten indessen nur quantifizierbare Informationen.

Die direkte Charakterisierung der Jahresabschlüsse durch die Werte der einzelnen Positionen der Bilanz, GuV und des Anhangs ist aus zweierlei Gründen nicht sinnvoll: Zum ersten beziehen sich die Werte der einzelnen Positionen auf Unternehmen mit unterschiedlichen Größen, so daß deren absoluter Wert keine vergleichbare Basis darstellt. Zweitens sind für die hier interessierende Fragestellung viele Positionen viel zu detailliert. Es erscheint sinnvoller, sie zu einer Strukturbilanz und Struktur-GuV zusammenzufassen. Um den Größeneffekt zu beseitigen, könnten hier die reinen Gliederungszahlen der Strukturbilanz (Anteil der jeweiligen Position der Strukturbilanz an der Bilanzsumme) und der Struktur-GuV (Anteil der jeweiligen Position der Struktur-GuV an den betrieblichen Erträgen) betrachtet werden. Schon unter Benutzung dieser relativ nah am originären Jahresabschluß orientierten Strukturdaten lassen sich die Jahresabschlüsse leistungsgestörter von denen nicht leistungsgestörter Unternehmen ebenso gut trennen, wie unter der sonst üblichen Verwendung von Kennzahlen. Unsere eigenen Untersuchungen zeigten, daß der folgende Schritt eigentlich unnötig ist, da er aber in der Praxis dominiert, wollen wir auch hier den üblichen Vorgehensweisen folgen.

Diese besteht nun darin, die Jahresabschlusspositionen zu Kennzahlen zu verdichten. Da man im Vorfeld einer solchen Untersuchung kaum wissen kann, welche der zu bildenden Kennzahlen sich hinterher als besonders diskriminierend zwischen den Jahresabschlüssen leistungsgestörter und nicht leistungsgestörter Unternehmen erweisen werden, bildet man aus pragmatischen Gründen zunächst einmal "alle" denkbaren. "Alle" meint in diesem Zusammenhang all diejenigen Kennzahlen, die von dem die Untersuchung durchführenden Bilanzanalytiker für sinnvoll erachtet werden. Die anfängliche Kennzahlenbildung unterliegt damit in der Praxis oftmals erheblichen subjektiven Vorurteilen. Andererseits wurde bereits angedeutet, daß die meisten Kennzahlen ohnehin nur die Informationen doppeln, die schon von anderen ausgedrückt werden. Insofern erweist sich das subjektive Moment im Vorfeld der Kennzahlenbildung als nicht so gravierend. Stark übertrieben läßt sich vielleicht formulieren: Solange man im Vorfeld nur genügend Kennzahlen zu allen Teilbereichen bildet, erfaßt man auf jeden Fall sämtliche im Jahresabschluß ausgedrückte Information. So könnte man etwa den im Kapitel 5. vorgestellten Kennzahlenkatalog als Ausgangsbasis wählen. Dabei kann pro Unterabschnitt von denjenigen Kennzahlen, die denselben wirtschaftlichen Tatbestand ausdrücken, jeweils eine ausgewählt und die anderen fortgelassen werden.

Wie auch immer man hier im einzelnen vorgehen möchte, wird man mit einem Kennzahlenkatalog von ca. 40 bis 60 Kennzahlen starten, der in etwa inhaltlich alle Unterabschnitte des Kapitels 5 abdeckt. Für diesen Katalog ausgewählter Kennzahlen werden nun für alle Unternehmen der Untersuchung die entsprechenden Kennzahlenwerte aus den Angaben des jeweiligen Jahresabschlusses berechnet. Jeder Jahresabschluss ist damit zu einem Satz von Kennzahlenwerten verdichtet worden.

Die skizzierte Vorgehensweise mag gerade an dieser Stelle ausgesprochen pragmatisch, ja geradezu "hemdsärmlig" wirken, ist ihr doch jegliches theoretisch fundiertes Vorgehen fremd. Viele mögen gerade an dieser Stelle einwenden, daß die Vorauswahl der Kennzahlen bzw. deren Definitionen einem betriebswirtschaftlich-theoretischen Vorverständnis folgen müsse.

Diesem Einwand ist seine Berechtigung keinesfalls abzusprechen. Selbstverständlich verfügt man aufgrund einiger theoretischer Vorüberlegungen zumindest über Hypothesen, welches "vernünftige" Kennzahlen sein könnten. Darüber hinaus stellen die bisherigen empirischen Untersuchungen Ergebnisse bereit, die eine zielgerichtete Auswahl von Kennzahlen zulassen. Dennoch ist man mitunter überrascht, daß sich in einer Untersuchung andere Kennzahlen als besonders trennfähig erweisen, als man eigentlich erwartet hätte. Möchte man vermeiden, diese im Vorfeld auszuschließen, bleibt - jedenfalls bisher - nur die skizzierte "safety-first"-Vorgehensweise.

Hätten wir im übrigen plausible, empirisch gesicherte theoretische Zusammenhänge zwischen einzelnen Kennzahlen und der Unternehmensentwicklung, wären Klassifikationsverfahren der hier beschriebenen Art ohnehin überflüssig. Wie schon im ersten Teil bei der Diskussion der Kennzahlen angesprochen, sind derzeit aber wohl nur "Erste Schritte zu einer Theorie der Bilanzanalyse" (so der Titel eines Aufsatzes von Schneider (1989)) gegangen worden.

Für unsere Beispieldaten wollten wir dagegen nicht - wie in der Praxis üblich - mit ca. 40 bis 60 Kennzahlen pro (fiktivem) Jahresabschluss beginnen. Dies hätte die folgenden Betrachtungen nur unnötig aufgebläht, ohne neuartige Einsichten zu vermitteln. Aus diesem Grund wurde eine anfängliche Anzahl von 10 Kennzahlen zugrundegelegt. Sie wurden dabei mehr nach statistischen Gesichtspunkten ausgewählt, um möglichst genau die realen Verhältnisse abzubilden und die Schwierigkeiten zu illustrieren, mit denen man im folgenden umzugehen hat. Besondere Schwierigkeiten werden aus der Redundanz einiger Kennzahlen und/oder deren Untauglichkeit, zwischen beiden Gruppen zu trennen, resultieren. Daher sollte der folgende Katalog - aus didaktischen Überlegungen - redundante und untaugliche Kennzahlen enthalten. Damit deckt aber der beispielhafte Kennzahlenkatalog nicht alle Informationsbereiche des Jahresabschlusses (d.h. alle Gruppen, zu denen sich die Kennzahlen zusammenfassen lassen) ab. Dies ist die einzig gravierende Abweichung unseres beispielhaften Vorgehens gegenüber der einer echten Untersuchung.

Wir wollen für unsere folgenden Betrachtungen also annehmen, der anfängliche Kennzahlenkatalog umfasse folgende zehn Kennzahlen:

K1: Return-on-Investment vor Steuern

$$= \frac{\text{Betriebsergebnis vor Steuern}}{\text{Bilanzsumme}} * 100$$

K2: Return-on-Investment nach Steuern

$$= \frac{\text{Betriebsergebnis nach Steuern}}{\text{Bilanzsumme}} * 100$$

K3: Fremdkapitalrentabilität

$$= \frac{\text{Zinsaufwendungen}}{\text{Fremdkapital}} * 100$$

K4: Jahresüberschuss nach Steuern zu Fremdkapital

$$= \frac{\text{Jahresüberschuss nach steuern}}{\text{Fremdkapital}} * 100$$

K5: Zinsdeckungsrate nach Steuern

$$= \frac{\text{Betriebsergebnis nach Steuern}}{\text{Zinsaufwendungen}} * 100$$

K6: Anlagendeckungsgrad I

$$= \frac{\text{Eigenkapital}}{\text{Anlagevermögen}} * 100$$

K7: Anlagendeckungsgrad I (Variante)

$$= \frac{\text{Eigenkapital}}{\text{Sachanlagevermögen ./. Grundstücke / Gebäude}} * 100$$

K8: Durchschnittliche Außenstände

$$= \frac{\text{Kundenforderungen}}{\text{Umsätze}} * 12$$

K9: Umschlagshäufigkeit des Anlagevermögens

$$= \frac{\text{Umsätze}}{\text{Anlagevermögen}} * 100$$

K10: Debitoren-Laufzeit

$$= \frac{\text{Kundenforderungen}}{\text{Gesamtleistung}} * 360$$

Der Nachteil der oben skizzierten Vorgehensweise, mit vielen Kennzahlen zu starten, ist auf jeden Fall ihre hohe Redundanz. Es läßt sich hier gar nicht vermeiden, denselben wirtschaftlichen Tatbestand in mehreren Kennzahlen zu duplizieren. Dies wird auch im beispielhaften Kennzahlenkatalog deutlich. Die Hauptaufgabe der nächsten Schritte wird denn auch darin bestehen, diese Redundanz zu beseitigen und die wirklich wichtigen Kennzahlen zu extrahieren. Die folgenden Schritte können ab hier durchaus in unterschiedlicher Reihenfolge vorgenommen werden. Um aber den eigentlichen Hintergrund der nächsten Schritte zu verdeutlichen, wollen wir uns zunächst mit den Eigenschaften der gebildeten Kennzahlen beschäftigen, die ja erst eine Unterscheidung in leistungsgestörte und nicht leistungsgestörte Unternehmen zulassen.

7.3.3. Eigenschaften der Kennzahlen und univariate Trennungen

Eine Unterscheidung von Objekten ist erst möglich, wenn diese zumindest hinsichtlich eines Merkmals systematisch unterschiedliche Ausprägungen annehmen. Für die Unterscheidung von Jahresabschlüssen leistungsgestörter oder nicht leistungsgestörter Unternehmen bedeutet dies, daß die Kennzahlen der Jahresabschlüsse leistungsgestörter Unternehmen typischerweise (d.h. im Mittel) deutlich andere Werte annehmen müssen als die nicht leistungsgestörter.

Um festzustellen, ob und wie stark diese Eigenschaft in den einzelnen Kennzahlen vorhanden ist, hilft eine Betrachtung der Verteilung der Werte einer Kennzahl innerhalb beider Gruppen. Graphisch läßt sich dies durch Histogramme darstellen. Nachfolgend werden die Verteilungen der Kennzahlenwerte für die Kennzahl K1 (Return-on-Investment vor Steuern) innerhalb der Gruppe der leistungsgestörten und der nicht leistungsgestörten Unternehmen, bezogen auf die 300 Unternehmen der Trainingsgruppe, jeweils für die Zeitpunkte drei, zwei und ein Jahr(e) vor Eintritt der Leistungsstörung wiedergegeben.

Zur Durchführung der folgenden statistischen Analysen kann beispielsweise das Programm „SPSS“ eingesetzt werden, welches an Universitäten weit verbreitet sein dürfte. Das selbständige Nachvollziehen unserer Beispiele sowie die Durchführung eigener Übungen mit den Beispieldaten kann folglich mit diesem Programm vorgenommen werden. Diejenigen Passagen, die sich dabei ausschließlich auf die Anwendung von SPSS beziehen und für eigenständige Übungen gedacht sind, werden im folgenden durch Trennstriche (====) vom übrigen Text abgegrenzt. All diejenigen, für die ein eigenständiges Nacharbeiten der hier präsentierten Beispiele nicht interessant ist, mögen die eingeschlossenen Textpassagen überspringen, ohne Gefahr zu laufen, den "Faden zu verlieren".

====================================

Die Daten der Beispiele liegen auf Diskette als reine ASCII-Datei vor und sind damit leicht von SPSS aus einzulesen. Das Einlesen von anderen Statistikprogrammen sollte aber auch keine Schwierigkeiten bereiten. Die Kennzahlenwerte für die einzelnen Unternehmen sind spaltenweise organisiert:

K1	K2	K3	.....	K10	Klasse	Kennung
	...	...	...	.....	0	0
.						
.						
.						
	...	...	...	.....	1	0

Jede Zeile der Datei stellt den Kennzahlensatz eines Unternehmens dar. Dieser enthält zunächst die Werte für die 10 Kennzahlen, die aus dem Jahresabschluß "ermittelt" wurden. Die elfte Spalte gibt die Klassenzugehörigkeit des Jahresabschlusses wieder. Die Klasse 0 sind dabei die nicht leistungsgestörten Unternehmen, die Klasse 1 die leistungsgestörten. Die zwölfte Spalte enthält eine Kennung, die eigentlich überflüssig ist, das Arbeiten mit SPSS aber an manchen Stellen etwas erleichtert. Die Kennung 0 kennzeichnet einen Jahresabschluss aus der Trainingsmenge, die Kennung 1 einen Jahresabschluß der Testmenge ein Jahr vor Eintritt der Leistungsstörung, die Kennung 2 einen Jahresabschluß der Testmenge zwei Jahre vor Eintritt der Leistungsstörung und die Kennung 3 einen Jahresabschluss aus der Testmenge drei Jahre vor Eintritt der Leistungsstörung.

Die Daten sind in folgenden Dateien untergebracht:

st300_3.txt: 300 Jahresabschlüsse leistungsgestörter und 300 Jahresabschlüsse nicht leistungsgestörter Unternehmen der Trainingsmenge drei Jahre vor Eintritt der Leistungsstörung
st300_2.txt: wie oben, nur zwei Jahre vorher
st300_1.txt: wie oben, nur ein Jahr vorher
sa300_3.txt: wie st300_3.txt, nur die Daten der Testmenge
sa300_2.txt: wie oben, nur zwei Jahre vorher
sa300_1.txt: wie oben, nur ein Jahr vorher

st100_3.txt: verkleinerte Stichprobe, d.h. 100 Jahresabschlüsse leistungsgestörter und 100 Jahresabschlüsse nicht leistungsgestörter Unternehmen der Trainingsmenge drei Jahre vor Eintritt der Leistungsstörung
st100_2.txt: wie oben, nur zwei Jahre vorher
st100_1.txt: wie oben, nur ein Jahr vorher
sa50_3.txt: wie st100_3.txt, nur 2 * 50 Unternehmen der Testmenge
sa50_2.txt: wie oben, nur zwei Jahre vorher
sa50_1.txt: wie oben, nur ein Jahr vorher

Für das Nacharbeiten der Beispiele ist mitunter die Zusammenfassung einzelner Dateien oder deren Zerlegung notwendig, was mit einem beliebigen Texteditor leicht möglich ist. Wir werden bei den einzelnen Schritten - soweit notwendig - darauf aufmerksam machen.

Um die nachfolgenden Histogramme zu erstellen, ist ein solcher Schritt bereits ratsam. Dazu sollten die drei Dateien der Trainingsmenge in jeweils zwei Teile zerlegt werden. Der erste Teil enthält die Datensätze der nicht leistungsgestörten, der zweite die der leistungsgestörten Unternehmen. Da die Datensätze blockweise angeordnet sind (die ersten 300 Datensätze sind die der nicht leistungsgestörten Unternehmen, die zweiten 300 die der leistungsgestörten) ist eine derartige Zerlegung einfach zu bewerkstelligen. In den folgenden Beispielen lauten etwa die Namen der auf diese Weise zerlegten Dateien "s300_3.txt" (leistungsgestörte Unternehmen drei Jahre vor Eintritt der Leistungsstörung), "g300_3.txt" (Vergleichsgruppe für drei Jahre vor Eintritt der Leistungsstörung, "s300_2.txt", "g300_2.txt", "s300_1.txt" und "g300_1.txt" (analog wie für drei Jahre vor Eintritt der Leistungsstörung, nur zwei und ein Jahr(e) vor Eintritt).

Nach dem Start von SPSS sind nun in einem ersten Schritt die Daten einzulesen. Anschließend können für die einzelnen Kennzahlen Histogramme erstellt werden. Die jeweiligen Kommandos können den SPSS-Handbüchern entnommen werden.

Der nachfolgende Auszug aus dem SPSS-Protokoll für unser Beispiel illustriert die Vorgehensweise. Es handelt sich dabei um die Histogramme zur Kennzahl K1. Als eigenständige Übung empfehlen wir das Erstellen der entsprechenden Histogramme für die Kennzahlen K2 bis K10 für drei, zwei und ein Jahr(e) vor Eintritt der Leistungsstörung.

```
DATA LIST FILE 's300_3.txt' FREE / k1 to k10 klasse kennung.

FREQUENCIES /VARIABLES K1 /FORMAT NOTABLE /HISTOGRAM MIN (-42) MAX (30)
INCREMENT (6).

The raw data or transformation pass is proceeding
    300 cases are written to the compressed active file.

***** Memory allows a total of  12166 Values, accumulated across all Vari-
      ables.
      There also may be up to    1521 Value Labels for each Variable.
```

```
K1
    Count   Midpoint
        0     -39.00 |
        0     -33.00 |
        1     -27.00 |*
        5     -21.00 |***
       21     -15.00 |**************
       51      -9.00 |**********************************
       72      -3.00 |************************************************
       67       3.00 |*********************************************
       52       9.00 |***********************************
       23      15.00 |***************
        8      21.00 |*****
        0      27.00 |
                     I....+....I....+....I....+....I....+....I....+....I
                     0         15        30        45        60        75
                               Histogram frequency
Valid cases      300       Missing cases       0


DATA LIST FILE 'g300_3.txt' FREE / k1 to k10 klasse kennung.
FREQUENCIES /VARIABLES K1 /FORMAT NOTABLE /HISTOGRAM MIN (-42) MAX (30)
INCREMENT (6).

The raw data or transformation pass is proceeding
    300 cases are written to the compressed active file.

***** Memory allows a total of  12166 Values, accumulated across all Vari-
      ables.
      There also may be up to    1521 Value Labels for each Variable.


K1
    Count   Midpoint
        0     -39.00 |
        0     -33.00 |
        0     -27.00 |
        0     -21.00 |
        2     -15.00 |*
        4      -9.00 |*
       25      -3.00 |******
       72       3.00 |******************
      110       9.00 |****************************
       63      15.00 |****************
       22      21.00 |******
        2      27.00 |*
                     I....+....I....+....I....+....I....+....I....+....I
                     0         40        80        120       160       200
                               Histogram frequency
Valid cases      300       Missing cases       0
```

```
DATA LIST FILE 's300_2.txt' FREE / k1 to k10 klasse kennung.

FREQUENCIES /VARIABLES K1 /FORMAT NOTABLE /HISTOGRAM MIN (-42) MAX (30)
INCREMENT (6).

The raw data or transformation pass is proceeding
    300 cases are written to the compressed active file.

***** Memory allows a total of  12166 Values, accumulated across all Vari-
      ables.
      There also may be up to   1521 Value Labels for each Variable.



K1
    Count   Midpoint
        0     -39.00 |
        0     -33.00 |
        0     -27.00 |
        1     -21.00 |
       15     -15.00 |****
       71      -9.00 |******************
      101      -3.00 |*************************
       83       3.00 |*********************
       24       9.00 |******
        5      15.00 |*
        0      21.00 |
        0      27.00 |
                     I....+....I....+....I....+....I....+....I....+....I
                     0         40        80        120       160       200
                               Histogram frequency
Valid cases     300      Missing cases      0


DATA LIST FILE 'g300_2.txt' FREE / k1 to k10 klasse kennung.

FREQUENCIES /VARIABLES K1 /FORMAT NOTABLE /HISTOGRAM MIN (-42) MAX (30)
INCREMENT (6).

The raw data or transformation pass is proceeding
    300 cases are written to the compressed active file.

***** Memory allows a total of  12166 Values, accumulated across all Vari-
      ables.
      There also may be up to   1521 Value Labels for each Variable.
```

```
K1
     Count   Midpoint
         0     -39.00 |
         0     -33.00 |
         0     -27.00 |
         0     -21.00 |
         2     -15.00 |*
         1      -9.00 |
        20      -3.00 |*****
        65       3.00 |****************
       114       9.00 |*****************************
        66      15.00 |*****************
        30      21.00 |********
         2      27.00 |*
                       I....+....I....+....I....+....I....+....I....+....I
                       0        40        80       120       160       200
                                  Histogram frequency
Valid cases      300      Missing cases       0
```

```
DATA LIST FILE 's300_1.txt' FREE / k1 to k10 klasse kennung.

FREQUENCIES /VARIABLES K1 /FORMAT NOTABLE /HISTOGRAM MIN (-42) MAX (30)
INCREMENT (6).

The raw data or transformation pass is proceeding
    300 cases are written to the compressed active file.

***** Memory allows a total of  12166 Values, accumulated across all Vari-
      ables.
      There also may be up to    1521 Value Labels for each Variable.

------------------------------------------------------------------------------
Page  11                          SPSS/PC+                              9/7/92

K1
     Count   Midpoint
         8     -39.00 |********
        24     -33.00 |************************
        27     -27.00 |***************************
        24     -21.00 |************************
        43     -15.00 |*******************************************
        33      -9.00 |*********************************
        32      -3.00 |********************************
        29       3.00 |*****************************
        25       9.00 |*************************
        18      15.00 |******************
         7      21.00 |*******
         6      27.00 |******
                       I....+....I....+....I....+....I....+....I....+....I
                       0        10        20        30        40        50
                                  Histogram frequency
Valid cases      300      Missing cases       0
```

```
DATA LIST FILE 'g300_1.txt' FREE / k1 to k10 klasse kennung.

FREQUENCIES /VARIABLES K1 /FORMAT NOTABLE /HISTOGRAM MIN (-42) MAX (30)
INCREMENT (6).

The raw data or transformation pass is proceeding
    300 cases are written to the compressed active file.

***** Memory allows a total of  12166 Values, accumulated across all Vari-
      ables.
      There also may be up to   1521 Value Labels for each Variable.



K1
    Count   Midpoint
        0     -39.00 |
        0     -33.00 |
        0     -27.00 |
        0     -21.00 |
        1     -15.00 |
        2      -9.00 |*
       14      -3.00 |****
       70       3.00 |******************
      129       9.00 |*********************************
       74      15.00 |*******************
        8      21.00 |**
        2      27.00 |*
                     I....+....I....+....I....+....I....+....I....+....I
                     0        40        80       120       160       200
                               Histogram frequency
Valid cases      300       Missing cases       0

=====================================================
```

In einem ersten Schritt werden also für die einzelnen Kennzahlen Häufigkeitsverteilungen dargestellt, die zeigen, wie die Kennzahlenwerte für "gute" und "schlechte" Unternehmen streuen.

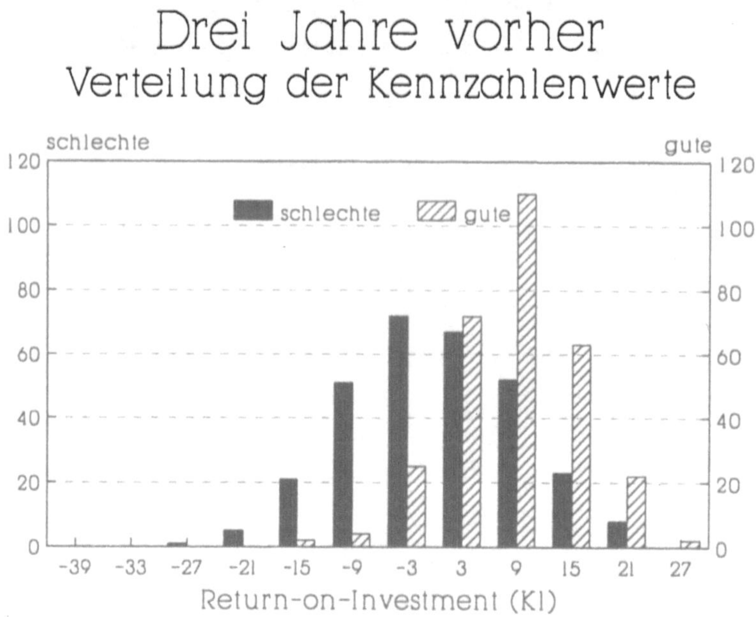

Abb. 7.3.3.-1.: *Verteilung der Kennzahlenwerte in den Gruppen drei Jahre vor Eintritt der Leistungsstörung*

Wie aus der Abbildung 7.3.3.-1. deutlich wird, verteilen sich die Werte der Kennzahl K1 (Return on Investment) in beiden Gruppen unterschiedlich. Die Kennzahl K1 nimmt dabei tendenziell für leistungsgestörte Unternehmen ("schlechte") niedrigere Werte an als bei nicht leistungsgestörten ("gute"). Dies entspricht auch den Erwartungen: So wird man als plausible Hypothese unterstellen dürfen, daß eine Insolvenzgefährdung eines Unternehmens tendenziell durch eine verschlechterte Ertragssituation - ausgedrückt im ROI - signalisiert wird. Demnach müßten potentiell leistungsgestörte Unternehmen hier in der Tendenz niedrigere Kennzahlenwerte aufweisen.

Abb. 7.3.3.-2.: *Verteilung der Kennzahlenwerte in den beiden Gruppen zwei Jahre vor Eintritt der Leistungsstörung*

Vergleicht man die Situation zwei Jahre vor Eintritt der Leistungsstörung mit der drei Jahre vorher, so erkennt man ein Auseinanderrücken der beiden Kennzahlenverteilungen. Die Kennzahlenwerte der leistungsgestörten Unternehmen fallen im Mittel zwei Jahre vor Eintritt der Leistungsstörung noch schlechter aus als drei Jahre vorher. Damit kann anhand dieser Kennzahl zwei Jahre vor Eintritt der Leistungsstörung noch deutlicher als drei Jahre vorher zwischen beiden Gruppen unterschieden werden.

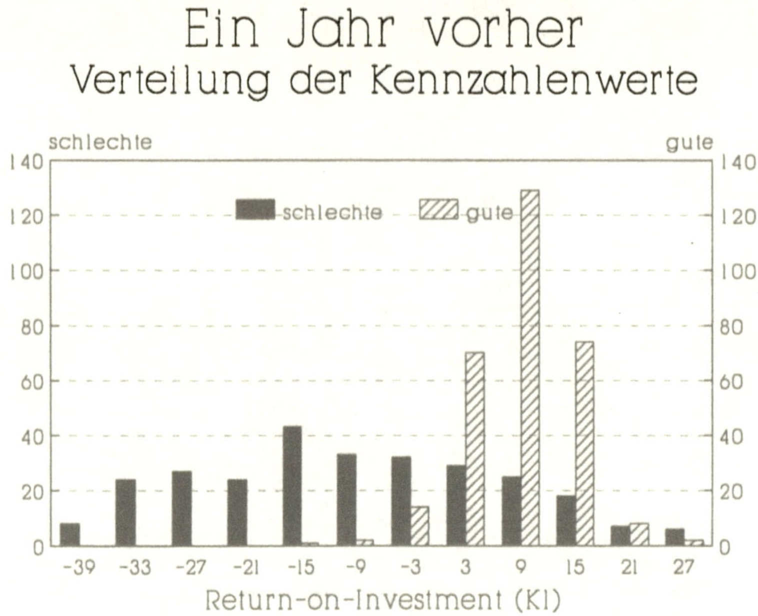

Abb. 7.3.3.-3.: *Verteilung der Kennzahlenwerte in beiden Gruppen ein Jahr vor Eintritt der Leistungsstörung*

Ein Jahr vor Eintritt der Leistungsstörung haben sich beide Kennzahlenverteilungen doch schon recht weit voneinander getrennt. Obwohl es zwar immer noch leistungsgestörte Unternehmen gibt, die selbst noch ein Jahr vor Eintritt der Leistungsstörung sehr hohe ROI-Werte aufweisen, liegt die Mehrzahl dieser Unternehmen in den ROI-Werten doch deutlich niedriger.

Was hier exemplarisch an der Kennzahl K1 aufgezeigt wurde, gilt nicht nur in etwa gleicher Weise für einige der übrigen Kennzahlen unserer Beispieldaten, sondern stellt eine in der Realität beobachtbare Systematik dar:

- Die Werte bestimmter Kennzahlen verteilen sich in der Gruppe der leistungsgestörten Unternehmen deutlich anders als in der Gruppe der nicht leistungsgestörten.

- Die Verteilungen der Kennzahlen rücken in der Gruppe der leistungsgestörten Unternehmen mit zunehmender zeitlichen Nähe zum Eintritt der Leistungsstörung von denen der nicht leistungsgestörten in immer stärker werdenden Maße ab.

Diese Beobachtung läßt bereits ein recht einfaches Verfahren zur Klassifikation naheliegend erscheinen. Dazu ist in einem ersten Schritt für alle erhobenen Kennzahlen die trennfähigste Kennzahl zu ermitteln. Hierzu wird für jede Kennzahlen der Merkmalswert bestimmt, ab der ein Jahresabschluss der Gruppe der leistungsgestörten bzw. nicht leistungsgestörten Unternehmen zugeordnet wird (Trennwert). Soll schließlich im konkreten Anwendungsfall ein Jahresabschluß klassifiziert werden, braucht dieser nur hinsichtlich seines konkreten Kennzahlenwertes betrachtet und mit dem Trennwert verglichen zu werden. Daraus ergibt sich seine Zuordnung zu einer der beiden Gruppen.

Dieses univariate (d.h. nur auf einer einzigen Kennzahl basierende) Trenn- oder Klassifikationsverfahren wird sicherlich keine überragenden Leistungen aufweisen, erleichtert aber den Einstieg in die Behandlung fortgeschrittener Methoden, weshalb wir uns damit noch etwas beschäftigen wollen.

Als ein erstes, einfaches Verfahren zur Überprüfung der Trennfähigkeit einer Kennzahl kann der Median-Test herangezogen werden. Der Median ist durch die Eigenschaft definiert, daß 50% aller Merkmalswerte kleiner oder gleich dem Median und 50% aller Merkmalswerte auch größer oder gleich sind. Dazu werden die Merkmalswerte (hier Kennzahlenwerte einer Kennzahl) der Größe nach geordnet. Bei einer ungeraden Anzahl von Beobachtungen (hier Jahresabschlüsse) stellt der mittlere Wert (Kennzahlenwert, der in der Mitte der Reihe liegt) den Median dar. Im Falle einer geraden Anzahl von Beobachtungswerten wird das arithmetische Mittel der beiden mittleren Werte gebildet [Bamberg/Baur 1989, S. 17].

Beim Median-Test wird nun der Median einer Kennzahl bestimmt und anschließend ermittelt, wieviele Jahresabschlüsse leistungsgestörter bzw. nicht leistungsgestörter Unternehmen oberhalb und unterhalb des (gemeinsamen) Medians bezüglich ihrer Kennzahlenwerte liegen. Bei einer gut trennenden Kennzahl liegen möglichst viele "gute" Unternehmen auf der einen und möglichst viele "schlechte" Unternehmen auf der anderen Seite des Medians. Dies liefert erste Hinweise zur Beurteilung der Trennfähigkeit einer Kennzahl. Die nachfolgenden Programmausdrucke zeigen die Auswertungen des Median-Tests für alle zehn Kennzahlen der Beispieldaten, bezogen auf den Zeitpunkt drei Jahre vor Eintritt der Leistungsstörung.

= =

Nach dem Aufruf des SPSS-Programmsystems ist die Datei "st300_3.txt" mit den Daten für die leistungsgestörten und nicht leistungsgestörten Unternehmen einzulesen. Anschließend kann die Durchführung des Median-Tests für alle zehn Kennzahlen drei Jahre vor Eintritt der Leistungsstörung vorgenommen werden. Hinsichtlich der jeweiligen Kommandos verweisen wir - falls SPSS eingesetzt wird - erneut auf das SPSS-Handbuch.

```
=====================================

NPAR TESTS /MEDIAN K1 TO K10 BY KLASSE (0,1).

 ***** WORKSPACE allows for    4118 cases for NPAR TESTS *****


- - - - - Median Test

     K1
  by KLASSE


                                 KLASSE
                              .00       1.00
                         |---------|---------|
          Gt Median      |    208  |      92 |
 K1                      |---------|---------|
          Le Median      |     92  |     208 |
                         |---------|---------|

          Cases          Median     Chi-Square     Significance
           600           5.236       88.1667            .0000
```

Die Auswertung ist dabei wie folgt zu interpretieren: Der (gemeinsame) Median der Kennzahl K1 (Return-on-Investment vor Steuern) beträgt (bezogen auf den Zeitpunkt drei Jahre vor Eintritt der Leistungsstörung) 5,236. Von der Gruppe der nicht leistungsgestörten Unternehmen (für die die Variable KLASSE den Wert 0 besitzt) haben 208 Unternehmen einen Kennzahlenwert, der größer als der Median (5,236) ist, und nur 92 Unternehmen besitzen einen Kennzahlenwert, der kleiner oder gleich dem Median ist. Umgekehrt verhält es sich für die leistungsgestörten Unternehmen (für sie hat die Variable KLASSE den Wert 1): Von ihnen haben nur 92 einen Kennzahlenwert, der größer als der Median (5,236) ist, dagegen weisen 208 Unternehmen einen kleineren oder gleichen Kennzahlenwert auf.

Faßt man hier den Median als einen Trennwert auf, so lassen sich mit ihm die 600 Unternehmen der Trainingsgruppe drei Jahre vor Eintritt der Leistungsstörung mit einer "Trefferquote" von 416 / 600 = 0,693 entsprechend 69,3% richtig klassifizieren. Dieser Kennzahl scheint zumindest eine gewisse Trennfähigkeit innezuwohnen.

Genaugenommen testet der Median-Test hier aber nur, ob der Median in den beiden Gruppen (leistungsgestörte und nicht leistungsgestörte Unternehmen) gleich ist. Es wird die Hyptohese "der Median ist in beiden Gruppen gleich" gegen die Alternativhypothese "der Median ist unterschiedlich" getestet. Die Resultate dieses Tests sind der Chi-Quadrat-Wert (88,1667) mit seinem korrespondierenden Signifikanzniveau (0,0000). Letzteres zeigt die sogenannte Irrtumswahrscheinlichkeit an, d.h. die Wahrscheinlichkeit, die getestete Hypothese zu verwerfen, obwohl diese richtig ist. Im vorliegenden Fall beträgt diese nahezu 0. Die Wahrscheinlichkeit, einen Irrtum zu begehen, nämlich die Hypothese "der Median ist in beiden Gruppen gleich" abzulehnen und von einer Unterschiedlichkeit des Medians in beiden Gruppen auszugehen, obwohl er tatsächlich in beiden gleich ist, ist also unbedeutend. Hinsichtlich dieser Kennzahl unterscheiden sich folglich beide Gruppen.

Ferner liegen gemäß dem Median-Test die Kennzahlenwerte des ROI für die nicht leistungsgestörten Unternehmen tendenziell höher als für die leistungsgestörten Unternehmen. Dieses Ergebnis ist konsistent mit der graphischen Auswertung und den oben angestellten Plausibilitätsüberlegungen.

Die nachfolgenden Auswertungen zeigen die Ergebnisse für die übrigen Kennzahlen.

```
- - - - - Median Test

     K2
  by KLASSE


                           KLASSE
                         .00      1.00
                    |---------|---------|
        Gt Median   |   206   |     94  |
K2                  |---------|---------|
        Le Median   |    94   |    206  |
                    |---------|---------|

        Cases        Median    Chi-Square    Significance
         600         3.287      82.1400           .0000
```

```
- - - - - Median Test

     K3
  by KLASSE

                                       KLASSE
                                     .00       1.00
                               |---------|---------|
          Gt Median |        92 |       208 |
  K3                          |---------|---------|
          Le Median |       208 |        92 |
                               |---------|---------|

          Cases          Median    Chi-Square      Significance
           600           4.502       88.1667             .0000
```

```
- - - - - Median Test

     K4
  by KLASSE

                                       KLASSE
                                     .00       1.00
                               |---------|---------|
          Gt Median |       211 |        89 |
  K4                          |---------|---------|
          Le Median |        89 |       211 |
                               |---------|---------|

          Cases          Median    Chi-Square      Significance
           600           4.421       97.6067             .0000
```

```
- - - - - Median Test

     K5
  by KLASSE

                                       KLASSE
                                     .00       1.00
                               |---------|---------|
          Gt Median |       229 |        71 |
  K5                          |---------|---------|
          Le Median |        71 |       229 |
                               |---------|---------|

          Cases          Median    Chi-Square      Significance
           600         105.851      164.3267             .0000
```

```
- - - - - Median Test

    K6
 by KLASSE

                           KLASSE
                          .00      1.00
                     |---------|---------|
         Gt Median   |     190 |     110 |
K6                   |---------|---------|
         Le Median   |     110 |     190 |
                     |---------|---------|

         Cases        Median    Chi-Square    Significance
          600        140.508      41.6067          .0000
```

```
- - - - - Median Test

    K7
 by KLASSE

                           KLASSE
                          .00      1.00
                     |---------|---------|
         Gt Median   |     183 |     117 |
K7                   |---------|---------|
         Le Median   |     117 |     183 |
                     |---------|---------|

         Cases        Median    Chi-Square    Significance
          600        306.973      28.1667          .0000
```

```
- - - - - Median Test

    K8
 by KLASSE

                           KLASSE
                          .00      1.00
                     |---------|---------|
         Gt Median   |     139 |     161 |
K8                   |---------|---------|
         Le Median   |     161 |     139 |
                     |---------|---------|

         Cases        Median    Chi-Square    Significance
          600          2.354       2.9400          .0864
```

```
- - - - - Median Test

    K9
 by KLASSE

                              KLASSE
                           .00       1.00
                        |---------|---------|
           Gt Median    |   148   |   152   |
K9                      |---------|---------|
           Le Median    |   152   |   148   |
                        |---------|---------|

           Cases        Median    Chi-Square    Significance
            600       2527.667       .0600           .8065
```

```
- - - - - Median Test

    K10
 by KLASSE

                              KLASSE
                           .00       1.00
                        |---------|---------|
           Gt Median    |   139   |   161   |
K10                     |---------|---------|
           Le Median    |   161   |   139   |
                        |---------|---------|

           Cases        Median    Chi-Square    Significance
            600        69.750       2.9400           .0864
```

Eine Betrachtung der Auswertung weist die Kennzahl K5 als trennfähigste von allen aus. Keinerlei Trennfähigkeit scheint dagegen die Kennzahl K9 aufzuweisen. Die Irrtumswahrscheinlichkeit, bei ihr von einem in beiden Gruppen unterschiedlichen Median auszugehen, beträgt mehr als 80%. Aber auch die Kennzahlen K8 und K10 scheinen nicht besonders gut zwischen beiden Gruppen zu trennen. Wenig verwunderlich beträgt deren Irrtumswahrscheinlichkeit ca. 8%, so daß man üblicherweise die getestete Hypothese (Gleichheit der Mediane in beiden Gruppen) nicht zugunsten der Alternativhypothese verwerfen würde.

Schon bei der graphischen Betrachtung wurde deutlich, wie sich die Kennzahlenverteilungen mit zunehmender zeitlicher Nähe zum Eintritt der Leistungsstörung voneinander trennen. Dieser Effekt schlägt sich ebenfalls im Median-Test nieder. Nachfolgend werden die Auswertungen des Median-Tests für die Kennzahl K1, bezogen auf zwei und ein Jahr(e) vor Eintritt der Leistungsstörung, wiedergegeben.

Median-Test der Kennzahl K1 für zwei Jahre vorher

```
- - - - - Median Test

    K1
  by KLASSE


                       KLASSE
                     .00       1.00
                 |---------|---------|
       Gt Median |   247   |      53 |
K1               |---------|---------|
       Le Median |    53   |     247 |
                 |---------|---------|

       Cases          Median    Chi-Square     Significance
        600           3.655     248.3267           .0000
```

Median-Test der Kennzahl K1 für ein Jahr vorher

```
- - - - - Median Test

    K1
  by KLASSE


                       KLASSE
                     .00       1.00
                 |---------|---------|
       Gt Median |   235   |      65 |
K1               |---------|---------|
       Le Median |    65   |     235 |
                 |---------|---------|

       Cases          Median    Chi-Square     Significance
        600           4.334     190.4067           .0000
```

Die Kennzahl unterscheidet für zwei und ein Jahr(e) vorher signifikant zwischen beiden Gruppen. Überraschenderweise ist die Trennfähigkeit für zwei Jahre vor Eintritt der Leistungsstörung am höchsten. Sie fällt für ein Jahr vorher wieder ab. Derartige Effekte können in der Tat auftreten. Solange jedoch die betrachtete Kennzahl in allen Perioden vor Eintritt der Leistungsstörung signifikant und in der gleichen Richtung trennt, ist dies nicht weiter bedenklich.

Wird dagegen bei einer Kennzahl beobachtet, daß deren Trennfähigkeit zwischenzeitlich insignifikant wird oder deren Richtung wechselt, sollte sie von einer weiteren Betrachtung ausgeschlossen werden. Unter dem Wechseln der Richtung ist zu verstehen, daß die betrachtete Kennzahl bezüglich eines Zeitpunkts tendenziell höhere Kennzahlenwerte für die leistungsgestörten Unternehmen aufweist, für einen anderen aber tendenziell niedrigere (oder umgekehrt). Baetge schlägt hierfür einen graphischen Mittelwertvergleich vor. Dabei werden für eine Kennzahl die Mittelwerte in beiden Gruppen für alle Perioden vor Eintritt der Leistungsstörung ermittelt. Deren Verläufe werden in einem Diagramm abgetragen. Schneiden sich die Kurven der Mittelwerte zu irgendeinem Zeitpunkt, sollte die Kennzahl von einer weiteren Analyse ausgeschlossen werden [Baetge 1989, S. 800].

Die nachfolgende Abbildung zeigt den Verlauf der Mittelwerte für die Kennzahl K1 in den Perioden vor Eintritt der Leistungsstörung.

= =

Zur Anfertigung der entsprechenden Graphiken ist zunächst für alle Kennzahlen in den einzelnen Gruppen eine Ermittlung der Mittelwerte erforderlich. Dazu sind zunächst erneut die Datendateien einzulesen. Anschließend kann die Berechnung der Mittelwerte, getrennt nach Gruppen, mittels entsprechender Kommandos vorgenommen werden.

Nachfolgend werden einige Auszüge aus dem SPSS-Protokoll für die Kennzahl K1 wiedergegeben:

```
DATA LIST FILE 'st300_3.txt' FREE / k1 to k10 klasse kennung.

MEANS /TABLES K1 BY KLASSE.

The raw data or transformation pass is proceeding
    600 cases are written to the compressed active file.

***** Given WORKSPACE allows for  7439 Cells with  1 Dimensions for MEANS.


Summaries of    K1
By levels of    KLASSE

Variable       Value  Label                      Mean     Std Dev    Cases

For Entire Population                           4.3424     9.0178      600

KLASSE           .00                            8.4367     6.8523      300
KLASSE          1.00                             .2482     9.0731      300

  Total Cases =      600
```

```
---------------------------------------------------------------------------

DATA LIST FILE 'st300_2.txt' FREE / k1 to k10 klasse kennung.

MEANS /TABLES K1 BY KLASSE.

The raw data or transformation pass is proceeding
    600 cases are written to the compressed active file.

***** Given WORKSPACE allows for  7439 Cells with  1 Dimensions for MEANS.


Summaries of    K1
By levels of    KLASSE

Variable        Value  Label                         Mean      Std Dev      Cases

For Entire Population                              3.5913       8.6119        600

KLASSE            .00                              9.3947       6.4153        300
KLASSE           1.00                             -2.2120       6.3117        300

  Total Cases =      600

---------------------------------------------------------------------------

DATA LIST FILE 'st300_1.txt' FREE / k1 to k10 klasse kennung.

MEANS /TABLES K1 BY KLASSE.
The raw data or transformation pass is proceeding
    600 cases are written to the compressed active file.

***** Given WORKSPACE allows for  7439 Cells with  1 Dimensions for MEANS.


Summaries of    K1
By levels of    KLASSE

Variable        Value  Label                         Mean      Std Dev      Cases

For Entire Population                             -1.1050      17.2920        600

KLASSE            .00                              8.7194       5.7525        300
KLASSE           1.00                            -10.9294      19.2939        300

  Total Cases =      600
```

Als Übung sollte für die übrigen Kennzahlen eine Berechnung der Mittelwerte für beide Gruppen und für alle drei Perioden vor Eintritt der Leistungsstörung erfolgen. Mit Hilfe eines Diagramms kann dann leicht der vorgeschlagene graphische Mittelwertvergleich erfolgen.

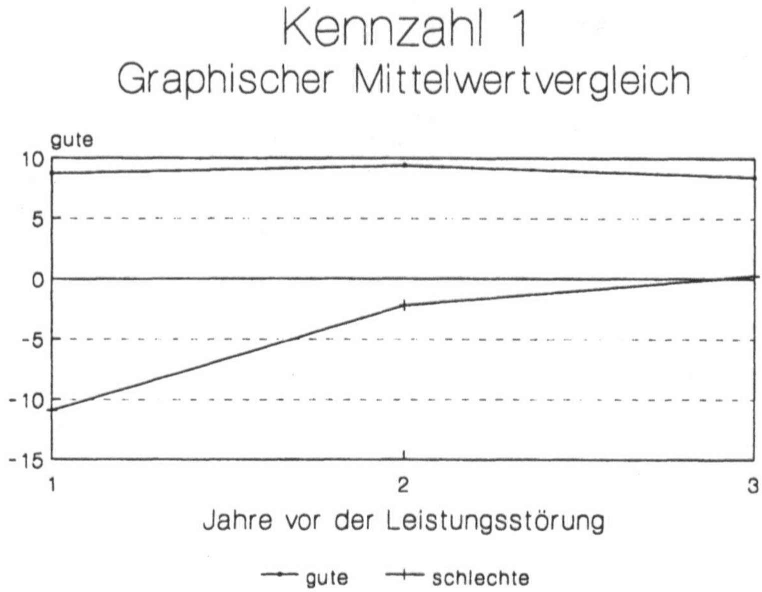

Abb. 7.3.3.-4.: *Graphischer Mittelwertvergleich für die Kennzahl K1*

Der graphische Mittelwertvergleich zeigt recht eindrucksvoll, wie mit zunehmender zeitlichen Nähe zum Eintritt der Leistungsstörung sich der Mittelwert des ROI der leistungsgestörten Unternehmen von dem der nicht leistungsgestörten entfernt. Im Vergleich zu den Abbildungen 7.3.3.-1. bis 7.3.3.-3. geht allerdings hier nicht die sehr hohe Streuung der Kennzahl in beiden Gruppen hervor.

Der ROI vor Steuern (Kennzahl 1) besitzt bei Betrachtung des graphischen Mittelwertvergleichs nahezu einen idealtypischen Verlauf. Sie wird daher nicht von einer weiteren Analyse ausgeschlossen. Weniger idealtypisch sind die Verhältnisse für die Kennzahl K10. Da es aber auch hier nicht zu einem Schneiden der Mittelwertverläufe kommt, kann aufgrund des graphischen Mittelwertvergleichs diese Kennzahl ebenfalls nicht von der weiteren Untersuchung ausgeschlossen werden.

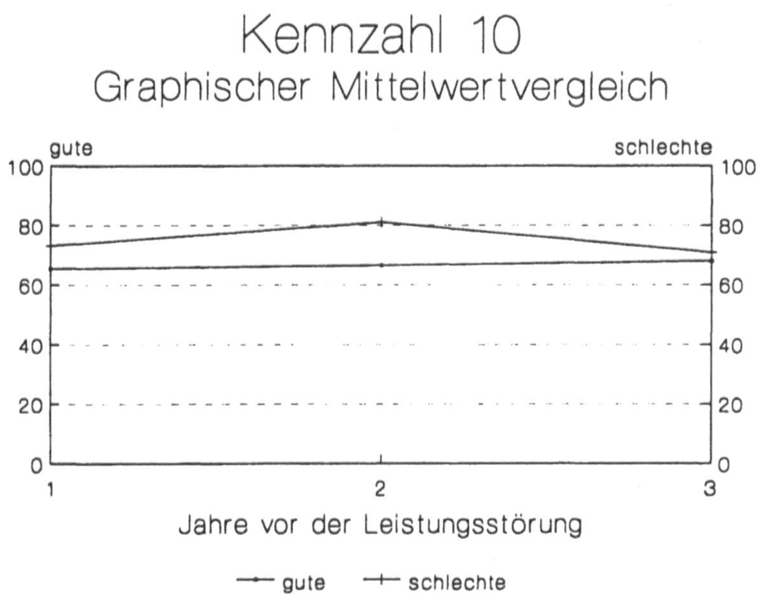

Abb. 7.3.3.-5.: *Graphischer Mittelwertvergleich für die Kennzahl K10*

Mit "zwischenzeitlich insignifikant" ist nicht das kontinuierliche Insignifikantwerden einer Kennzahl mit zunehmender zeitlichen Ferne vom Eintritt der Leistungsstörung gemeint, was durchaus vorkommen kann. Ein Beispiel hierfür wäre etwa die Kennzahl K8, die mit zunehmender Nähe zum Eintritt der Leistungsstörung signifikant wird, bzw. mit zunehmender zeitlichen Ferne insignifikant wird:

Drei Jahre vor Eintritt der Leistungsstörung

```
- - - - - Median Test

     K8
  by KLASSE


                              KLASSE
                           .00       1.00
                      |---------|---------|
         Gt Median    |     139 |     161 |
K8                    |---------|---------|
         Le Median    |     161 |     139 |
                      |---------|---------|

         Cases           Median    Chi-Square    Significance
          600            2.354        2.9400           .0864
```

Zwei Jahre vor Eintritt der Leistungsstörung

```
- - - - - Median Test

     K8
  by KLASSE


                               KLASSE
                            .00       1.00
                       |---------|---------|
           Gt Median   |    133  |    167  |
  K8                   |---------|---------|
           Le Median   |    167  |    133  |
                       |---------|---------|

           Cases          Median    Chi-Square    Significance
            600           2.433       7.2600           .0071
```

Ein Jahr vor Eintritt der Leistungsstörung

```
- - - - - Median Test

     K8
  by KLASSE


                               KLASSE
                            .00       1.00
                       |---------|---------|
           Gt Median   |    133  |    167  |
  K8                   |---------|---------|
           Le Median   |    167  |    133  |
                       |---------|---------|

           Cases          Median    Chi-Square    Significance
            600           2.385       7.2600           .0071
```

Es soll nur der Fall ausgeschlossen werden, daß eine Kennzahl drei Jahre vorher signifikant, zwei Jahre vorher überhaupt nicht und anschließend ein Jahr vorher wieder signifikant trennt.

Als ein ergänzender Test bietet sich hier der Mann-Whitney-Test an. Hier wird die Hypothese, die Verteilung der Kennzahlenwerte sei in beiden Gruppen gleich, getestet. Im Sinne der vorangegangenen Erläuterungen sind hier diejenigen Kennzahlen auszusondern, bei denen ein zwischenzeitlicher Verlust der Trennfähigkeit (entsprechend eine Gleichheit der Kennzahlenverteilungen) festgestellt wird. Der folgende Protokollauszug gibt die Ergebnisse dieses Tests für die als "kritisch" zu betrachtenden Kennzahlen K8, K9 und K10 wieder.

= =

Für die Durchführung dieses Tests sind die Datendateien für drei, zwei und ein Jahr(e) vor Eintritt der Leistungsstörung zu testen. Nach dem Einlesen einer

Datendatei wird anschließend der Mann-Whitney-Test durch entsprechende Kommandos aufgerufen.

= =

Drei Jahre vor Eintritt der Leistungsstörung

```
- - - - - Mann-Whitney U - Wilcoxon Rank Sum W Test

    K8
 by KLASSE


     Mean Rank    Cases

        292.98      300  KLASSE =   .00
        308.02      300  KLASSE = 1.00
                    ---
                    600  Total

                                        Corrected for Ties
          U              W              Z       2-tailed P
      42745.0        87895.0        -1.0621         .2882

------------------------------------------------------------------------


- - - - - Mann-Whitney U - Wilcoxon Rank Sum W Test

    K9
 by KLASSE


     Mean Rank    Cases

        292.66      300  KLASSE =   .00
        308.34      300  KLASSE = 1.00
                    ---
                    600  Total

                                        Corrected for Ties
          U              W              Z       2-tailed P
      42648.0        87798.0        -1.1078         .2679
```

```
- - - - - Mann-Whitney U - Wilcoxon Rank Sum W Test

     K10
  by KLASSE

      Mean Rank    Cases

         293.13      300  KLASSE =   .00
         307.87      300  KLASSE =  1.00
                     ---
                     600  Total

                                      Corrected for Ties
          U              W               Z       2-tailed P
       42789.0        87939.0         -1.0414         .2977
```

Zwei Jahre vor Eintritt der Leistungsstörung

```
- - - - - Mann-Whitney U - Wilcoxon Rank Sum W Test

     K8
  by KLASSE

      Mean Rank    Cases

         280.51      300  KLASSE =   .00
         320.49      300  KLASSE =  1.00
                     ---
                     600  Total

                                      Corrected for Ties
          U              W               Z       2-tailed P
       39002.0        84152.0         -2.8251         .0047
```

```
- - - - - Mann-Whitney U - Wilcoxon Rank Sum W Test

     K9
  by KLASSE

      Mean Rank    Cases

         282.78      300  KLASSE =   .00
         318.22      300  KLASSE = 1.00
                     ---
                     600  Total

                                        Corrected for Ties
          U              W                Z       2-tailed P
       39683.0        84833.0          -2.5044        .0123

----------------------------------------------------------------------------

- - - - - Mann-Whitney U - Wilcoxon Rank Sum W Test

     K10
  by KLASSE

      Mean Rank    Cases

         280.21      300  KLASSE =   .00
         320.79      300  KLASSE = 1.00
                     ---
                     600  Total

                                        Corrected for Ties
          U              W                Z       2-tailed P
       38912.0        84062.0          -2.8675        .0041
```

Ein Jahr vor Eintritt der Leistungsstörung

```
- - - - - Mann-Whitney U - Wilcoxon Rank Sum W Test

     K8
  by KLASSE

      Mean Rank    Cases

         281.27      300  KLASSE =   .00
         319.73      300  KLASSE = 1.00
                     ---
                     600  Total

                                        Corrected for Ties
          U              W                Z       2-tailed P
       39231.0        84381.0          -2.7173        .0066
```

```
- - - - - Mann-Whitney U - Wilcoxon Rank Sum W Test

     K9
  by KLASSE


       Mean Rank    Cases

          291.37       300  KLASSE =   .00
          309.63       300  KLASSE = 1.00
                       ---
                       600  Total

                                        Corrected for Ties
          U              W               Z       2-tailed P
       42260.0        87410.0        -1.2906         .1969

----------------------------------------------------------------------------


- - - - - Mann-Whitney U - Wilcoxon Rank Sum W Test

     K10
  by KLASSE


       Mean Rank    Cases

          286.02       300  KLASSE =   .00
          314.98       300  KLASSE = 1.00
                       ---
                       600  Total

                                        Corrected for Ties
          U              W               Z       2-tailed P
       40656.0        85806.0        -2.0461         .0407
```

Die Irrtumswahrscheinlichkeiten für das Verwerfen der getesteten Hypothese werden unter "2-tailed P" ausgewiesen. Betrachtet man die vorangegangene Auswertung, ist die Kennzahl K9 von der weiteren Untersuchung auszuschließen. Für sie kann in t-3 die getestete Hypothese (Gleichheit der Kennzahlenverteilung in beiden Gruppen) nicht verworfen werden. In t-2 trennt sie dagegen signifikant (die getestete Hypothese kann mit einer Irrtumswahrscheinlichkeit von ca. 1% verworfen werden), dann aber in t-1 wieder nicht.

Die Kennzahlen K8 und K10 trennen zwar bei einem geforderten Signifikanzniveau von 5% in t-3 nicht signifikant, jedoch in t-2 und t-1. Sie können für die weiteren Analysen beibehalten werden.

Ein weiterer Vortest der Kennzahlen ist mitunter ein **Test auf Normalverteilung der Kennzahlenwerte** in den einzelnen Gruppen, da die nachfolgend zu behandelnde Diskriminanzanalyse dies erfordert. Für unsere Beispieldaten ergibt ein solcher Test wenig Sinn, da sie ja von einem Zufallszahlengenerator für normalverteilte Zufallszahlen erzeugt wurden. Bei realen Daten stellt man dagegen fest, daß sie meistens nicht normalverteilt sind und von der weiteren Analyse ausgeschlossen werden müßten. Oftmals bleiben dann aber keine (trennenden) Kennzahlen mehr übrig. Aus pragmatischen Gründen ignoriert man dann die Testergebnisse und verwendet die Kennzahlen trotzdem innerhalb der Diskriminanzanalyse. Überspitzt formuliert erbringt in einem solchen Fall ein derartiger Test nur die Erkenntnis, daß man beim weiteren Vorgehen gegen gewisse Anwendungsvoraussetzungen verstoßen wird. Ansonsten ist er für das weitere Vorgehen ohne Belang.

= =

Für eine praktische Übung bietet sich hier der Kolmogorov-Smirnov-Test auf Normalverteilung an. Vor der Durchführung ist zu bedenken, daß dieser Test für die einzelnen Gruppen getrennt durchzuführen ist. Daher sind in einem ersten Schritt - soweit nicht früher schon einmal durchgeführt - die Datendateien mittels eines Texteditors in Teildateien für leistungsgestörte und nicht leistungsgestörte Unternehmen zu zerlegen.

Nach dem Einlesen einer Teildatei wird dann der Kolmogorov-Smirnov-Test auf Normalverteilung (z.B. für die Kennzahl 1) mittels geeignetem Kommando aufgerufen.

Die nachfolgenden Protokollauszüge stellen exemplarisch die Testergebnisse für die "reale" Kennzahl K1[2] dar (also nicht die Ergebnisse für unsere Beispieldaten):

Leistungsgestörte Unternehmen (t-3)

```
- - - - - Kolmogorov - Smirnov Goodness of Fit Test

     K9

     Test Distribution  -  Normal                  Mean:      .4393
                                    Standard Deviation:     9.8351

          Cases:  100

          Most Extreme Differences
      Absolute      Positive       Negative          K-S Z      2-tailed P
       .20035        .14025        -.20035           2.003            .001
```

2 Bei den realen Daten wird die Kennzahl K1 unserer Beispieldaten als Kennzahl K9 geführt.

Nicht leistungsgestörte Unternehmen (t-3)

```
- - - - - Kolmogorov - Smirnov Goodness of Fit Test

     K9


     Test Distribution   -  Normal                       Mean:   7.8530
                                              Standard Deviation:   7.2314

              Cases:   100

              Most Extreme Differences
       Absolute          Positive          Negative            K-S Z        2-tailed P
         .17585            .17585          -.12200             1.758              .004
```

In beiden Fällen kann die Hypothese der Normalverteilung der Kennzahlenwerte mit einer Irrtumswahrscheinlichkeit nahe null verworfen werden. Die Beispieldaten sind dagegen normalverteilt:

Leistungsgestörte Unternehmen (t-3)

```
- - - - - Kolmogorov - Smirnov Goodness of Fit Test

     K1


     Test Distribution   -  Normal                       Mean:    .2482
                                              Standard Deviation:   9.0731

              Cases:   300

              Most Extreme Differences
       Absolute          Positive          Negative            K-S Z        2-tailed P
         .02518            .02086          -.02518              .436              .991
```

Nicht leistungsgestörte Unternehmen (t-3)

```
- - - - - Kolmogorov - Smirnov Goodness of Fit Test

     K1


     Test Distribution   -  Normal                       Mean:   8.4367
                                              Standard Deviation:   6.8523

              Cases:   300

              Most Extreme Differences
       Absolute          Positive          Negative            K-S Z        2-tailed P
         .03244            .02470          -.03244              .562              .910
```

Dieser Befund läßt sich in gleicher Weise für die übrigen Kennzahlen und Perioden zeigen. Bezüglich der Normalverteilungseigenschaft entsprechen also die Beispieldaten nicht den Verhältnissen der Realität.

Für größere Stichproben bietet sich als ergänzender Test die Überprüfung auf Normalverteilung anhand der Kennwerte für Schiefe und Wölbung an. Da man aber beim weiteren Vorgehen ohnehin die Ergebnisse dieses Tests ignoriert, wollen wir auch diesen Aspekt nicht weiter vertiefen.

= =

Fassen wir zusammen: Die Möglichkeit, überhaupt die Jahresabschlüsse leistungsgestörter Unternehmen von denen nicht leistungsgestörter unterscheiden zu können, beruht auf der Eigenschaft der unterschiedlichen Verteilung von Kennzahlenwerten innerhalb beider Gruppen zumindest für einige Kennzahlen. Im Idealfall sollten dabei die Verteilungen der Kennzahlenwerte mit zunehmender zeitlichen Nähe zum Eintritt der Leistungsstörung auseinanderrücken. In diesem Fall trennt die Kennzahl mit zunehmender zeitlicher Nähe immer besser. Als Mindestanforderung sollte jedoch die Unterschiedlichkeit der Kennzahlenverteilung stabil bleiben. Mit Hilfe der oben skizzierten Vortests werden die anfänglich gebildeten Kennzahlen auf diese Eigenschaften hin untersucht. All diejenigen Kennzahlen, welche diese Anforderungen nicht erfüllen, sollten zweckmäßigerweise von der weiteren Untersuchung ausgeschlossen werden. Im Falle unserer Beispieldaten ist dies die Kennzahl K9 (Umschlagshäufigkeit des Anlagevermögens).

Bereits an dieser Stelle kann eine einfache, univariate (d.h. nur auf einer Kennzahl beruhende) Klassifikation der Jahresabschlüsse vorgenommen werden. Dazu ließe sich etwa auf die Ergebnisse des Median-Tests zurückgreifen. Für den Zeitpunkt drei Jahre vor Eintritt der Leistungsstörung erwies sich im Median-Test die Kennzahl K5 am trennfähigsten. Gehen wir bei dieser Kennzahl von einer zumindest stabilen Trennfähigkeit aus, könnte bereits der für t-3 ermittelte Median als Trennwert für eine Klassifkation benutzt werden. In diesem Fall würde man also einen Jahresabschluss, dessen Kennzahlenwert für K5 (Zinsdeckungsrate nach Steuern) größer als 105,851 ist, der Gruppe nicht leistungsgestörter Unternehmen zuordnen. Ist er jedoch kleiner oder gleich 105,851, wird er der Gruppe leistungsgestörter Unternehmen zugeordnet. Den Ausgang dieses ersten naiven Experiments anhand der Testmenge zeigen die nachfolgenden Auszüge aus dem Auswertungsprotokoll.

= =

Die Durchführung dieses Tests erfolgt genau in der gleichen Weise wie der Median-Test. Abweichend sind lediglich die Datendateien der Testmenge zu laden und der Wert des Medians fest vorzugeben.

= =

Drei Jahre vor Eintritt der Leistungsstörung

```
- - - - - Median Test

     K5
  by KLASSE

                                   KLASSE
                                .00       1.00
                             |---------|---------|
                Gt Median    |   229   |    71   |
   K5                        |---------|---------|
                Le Median    |    71   |   229   |
                             |---------|---------|

                Cases        Median    Chi-Square    Significance
                 600        105.851     164.3267            .0000
```

Zwei Jahre vor Eintritt der Leistungsstörung

```
- - - - - Median Test

     K5
  by KLASSE

                                   KLASSE
                                .00       1.00
                             |---------|---------|
                Gt Median    |   209   |    90   |
   K5                        |---------|---------|
                Le Median    |    91   |   210   |
                             |---------|---------|

                Cases        Median    Chi-Square    Significance
                 600        105.851      92.8277            .0000
```

Ein Jahr vor Eintritt der Leistungsstörung

```
- - - - - Median Test

     K5
  by KLASSE

                                   KLASSE
                                .00       1.00
                             |---------|---------|
                Gt Median    |   230   |    22   |
   K5                        |---------|---------|
                Le Median    |    70   |   278   |
                             |---------|---------|

                Cases        Median    Chi-Square    Significance
                 600        105.851     293.1650            .0000
```

Diese einfache Vorgehensweise erzielt vielleicht keine überragenden Ergebnisse, arbeitet jedoch einigermaßen passabel. Eine mögliche Verbesserung könnte darin bestehen, die Daten aller drei Perioden vor Eintritt der Leistungsstörung zusammenzufassen, dort gemäß dem Median-Test die am besten trennende Kennzahl zu identifizieren und deren Median als Trennwert für die Klassifikation der Testmenge zu benutzen. Wir möchten dies als Übung dem Leser überlassen.

Die letzte Vorgehensweise soll im übrigen nicht weiter vertieft werden, da sie zu einfach und nicht weiter entwicklungsfähig ist. Sie verdeutlicht aber ein Prinzip, welches wir nachfolgend wiederfinden werden. Zunächst wird anhand einer Trainingsgruppe ein trennfähiges Merkmal identifiziert und der zugehörige Trennwert ermittelt. Die Klassifikation unbekannter Jahresabschlüsse erfolgt dann über den Vergleich mit dem Trennwert. Die Funktionsweise der linearen, multivariaten Diskriminanzanalyse (MDA) läßt sich nach diesem Prinzip interpretieren.

7.3.4. Die multivariate lineare Diskriminanzanalyse (MDA)

Die lineare MDA stellt von den modernen Verfahren der Jahresabschlussanalyse das in Wissenschaft und Praxis mittlerweile am häufigsten benutzte Instrument dar. Die folgenden Betrachtungen und Interpretationen der MDA beziehen sich ausschließlich auf deren Einsatz bei der Klassifikation von Jahresabschlüssen. Manche Ausführungen sind in erster Linie didaktischen Erwägungen untergeordnet und sind aus der streng mathematisch-statistischen Sicht so nicht ganz zutreffend. Für einen allgemeineren Einstieg mit einer methodisch präziseren Behandlung der MDA sei daher dringend auf die entsprechende Fachliteratur verwiesen [z.B. Backhaus et al. 1994; Hartung/Elpelt 1995].

7.3.4.1. Das Grundkonzept der multivariaten Diskriminanzanalyse

Bisher haben wir zur Unterscheidung von Jahresabschlüssen leistungsgestörter Unternehmen von nicht leistungsgestörten die Kennzahlen nur isoliert im Hinblick auf ihre Trennfähigkeit betrachtet. Der Nachteil dieser Vorgehensweise ist offensichtlich: Die insgesamt zur Verfügung stehenden Informationen (nämlich alle Kennzahlen) werden nicht optimal ausgenutzt. Insofern dürfte man von einer besseren Nutzung der insgesamt zur Verfügung stehenden Informationen eine Verbesserung der Klassifikationsleistungen erhoffen.

Der nächste Schritt nach einer univariaten Betrachtung ist eine bivariate, d.h. die gleichzeitige Berücksichtigung zweier Kennzahlen. Wir wollen uns dies an einem einfachen Beispiel klarmachen, bei dem zwei Kennzahlen X und Y simultan betrachtet werden. In diesem Beispiel nehmen die Kennzahlen X und Y in den einzelnen Gruppen folgende Werte an [das Beispiel orientiert sich an Backhaus et al. 1994, S. 177]:

	nicht leistungsgestörte		leistungsgestörte	
Unternehmen	X	Y	X	Y
1	2	3	5	4
2	3	4	4	3
3	6	5	7	5
4	4	4	3	3
5	3	2	4	4
6	4	7	5	2
7	3	5	4	2
8	2	4	5	5
9	5	6	6	7
10	3	6	6	7
11	3	3	6	4
12	4	5	6	6

Tab. 7.3.4.1.-1.: *Kennzahlenwerte leistungsgestörter und nicht leistungsgestörter Unternehmen für zwei Kennzahlen*

Trägt man in einem Diagramm auf der Ordinate die Werte der Kennzahl Y ab, auf der Abzisse die der Kennzahl X und kennzeichnet man die Jahresabschlüsse nicht leistungsgestörter Unternehmen durch Punkte, die Jahresabschlüsse leistungsgestörter durch Kreuze, ergibt sich ein sogenannter Scatterplot:

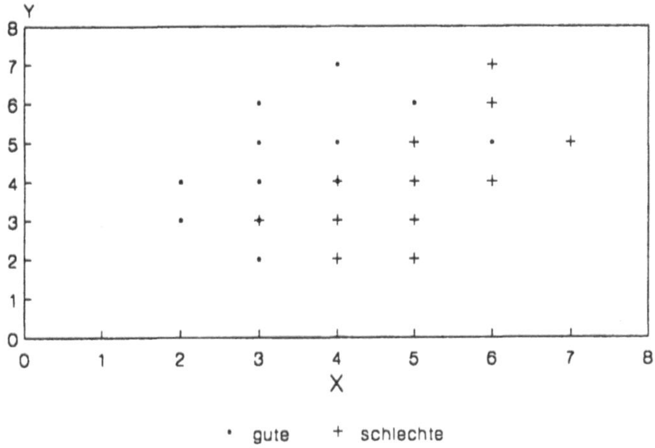

Abb. 7.3.4.1.-1.: *Scatterplot für die Kennzahlen X und Y*

Wie aus der Abbildung deutlich wird, erlaubt weder eine univariate Betrachtung der Kennzahl X, noch eine der Kennzahl Y eine brauchbare Trennung zwischen beiden Gruppen. Betrachtet man sie jedoch gleichzeitig, ergibt sich eine andere Situation.

Bei einer eindimensionalen Betrachtungsweise (univariat) ging es darum, einen Trennpunkt (Trennwert) zu finden, der es erlaubt, möglichst gut zwischen beiden Gruppen zu unterscheiden. Beim Übergang auf eine zweidimensionale Betrachtungsweise (bivariat) entspricht dies dem Finden einer Trenngeraden. Eine solche Trenngerade ist nachfolgend in das vorangegangene Diagramm eingefügt worden:

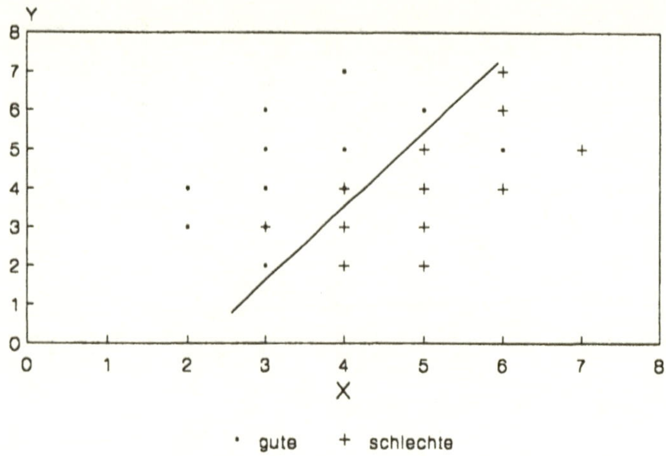

Abb. 7.3.4.1.-2.: *Scatterplot für die Kennzahlen X und Y mit Trenngeraden*

Aufgrund dieser Trenngeraden werden nun nur noch drei Jahresabschlüsse fehlklassifiziert. Bei einer bivariaten Betrachtung geht es darum, die "optimale" Trenngerade zu ermitteln. Wir wollen dies etwas näher betrachten:

Die Gleichung einer Geraden lautet:

$$Y = b\,X + c$$

Die Geradensteigung b läßt sich auch als Quotient d/e darstellen. Damit sieht die Geradengleichung wie folgt aus:

$$Y = \frac{d}{e} X + c$$

Umgeformt ergibt sich:

$$0 = d\,X - e\,Y + e\,c$$

Um für die weiteren Betrachtungen zu einer allgemeineren Schreibweise zu gelangen, wollen wir in der vorangegangenen Gleichung lediglich Umbenennungen vornehmen. Die Kennzahl X heiße k_1, die Kennzahl Y k_2, der Koeffizient d a_1, das Absolutglied e c definieren wir als a_0 und a_2 definieren wir als -e. In dieser veränderten Schreibweise lautet die Geradengleichung einfach:

$$0 = a_0 + a_1\,k_1 + a_2\,k_2$$

Die Aufgabe der MDA besteht darin, die Werte der Koeffizienten a_0 bis a_2 so zu bestimmen, daß sich eine optimale Trenngerade ergibt. Wir wollen diese Überlegungen jetzt anhand unserer Beispieldaten nachvollziehen. Dazu ist nachfolgend zunächst der Scatterplot für die beiden Kennzahlen K3 und K4 für den Zeitpunkt t-3 dargestellt. Damit er wegen der Vielzahl der Fälle nicht zu unübersichtlich wird, wurde er für die 2 * 50 Unternehmen der Testmenge bei der verkleinerten Stichprobe erstellt.

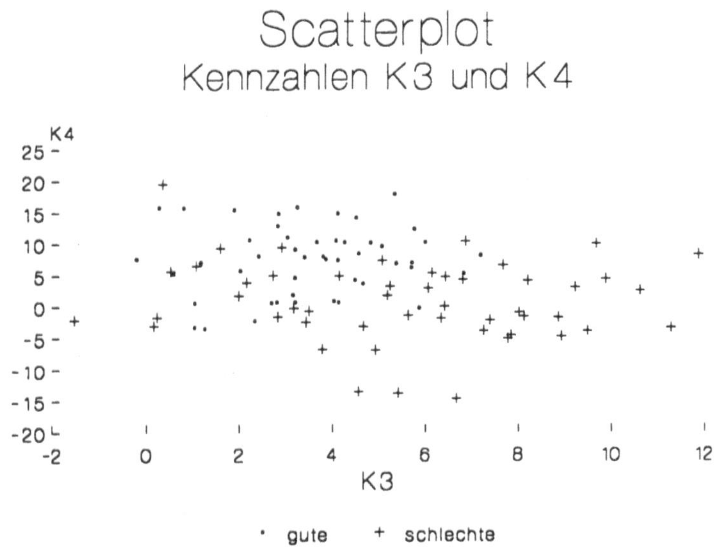

Abb. 7.3.4.1.-3.: *Scatterplot für die Kennzahlen K3 und K4*

Die Betrachtung des Scatterplots für die Kennzahlen K3 und K4 läßt eine Trenngerade vermuten, die von links unten nach rechts oben, etwa in der Mitte des Diagramms, verläuft:

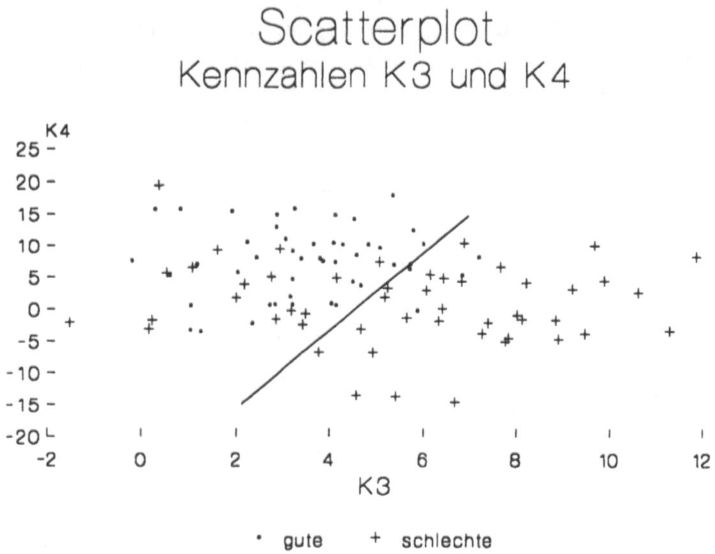

Abb. 7.3.4.1.-4.: *Scatterplot für die Kennzahlen K3 und K4 mit handgezeichneter Trenngeraden*

Die oben rein intuitiv eingezeichnete Trenngerade trennt zwar nicht so perfekt wie in dem einführend betrachteten Beispiel, aber besser als eine isolierte Betrachtung der Kennzahl K3 bzw. Der Kennzahl K4. Die genaue Lage der Trenngeraden läßt sich mit Hilfe der MDA berechnen. Mit Hilfe des Statistikprogramms SPSS wurde für das Beispiel folgende Trenngerade ermittelt:

$$0 = 0,4319 - 0,2203\ k_3 + 0,1357\ k_4$$

oder umgeformt

$$k_4 = -3,1828 + 1,6234\ k_3$$

Die (ungefähre) Lage der von der MDA ermittelten Trenngerade ist in der nachfolgenden Abbildung wiedergegeben:

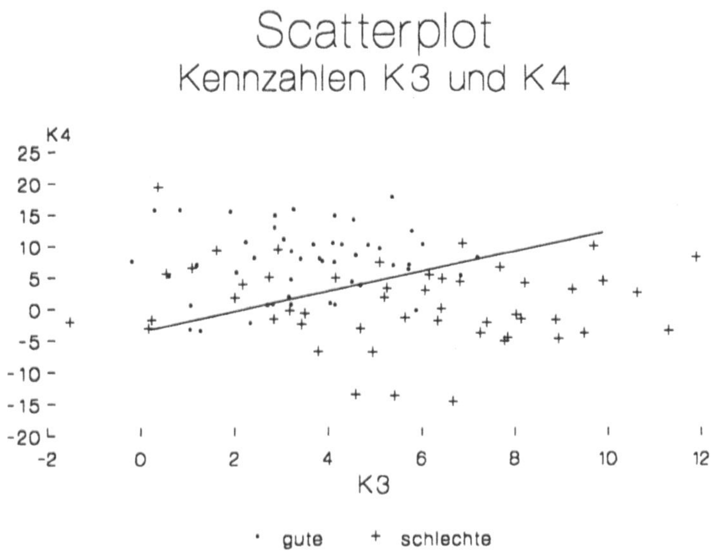

Abb. 7.3.4.1.-5.: *Scatterplot für die Kennzahlen K3 und K4 mit Trenngeraden (MDA)*

Sie trennt deutlich besser als die "intuitive" Lösung und klassifiziert immerhin 74% der Jahresabschlüsse korrekt. Auch diese Lösung nutzt die gemeinsame Trennfähigkeit beider Kennzahlen, was an ihrem schräg nach oben gerichteten Verlauf ersichtlich ist. Dabei liegen links oben von ihr die Jahresabschlüsse nicht leistungsgestörter Unternehmen, rechts unten von ihr die Jahresabschlüsse leistungsgestörter. Da alle Punkte auf der Trenngeraden den Diskriminanzwert 0 besitzen (so wurde die Trenngerade ja oben definiert), besitzen alle Punkte unterhalb von ihr einen negativen, alle Punkte oberhalb von ihr einen positiven Diskriminanzwert. Jahresabschlüsse leistungsgestörter Unternehmen besitzen im Fall der beiden oben betrachteten Kennzahlen also negative, Jahresabschlüsse nicht leistungsgestörter Unternehmen positive Diskriminanzwerte. Zwei Beispielrechnungen für zwei "eindeutige" Fälle mögen dies illustrieren.

Jahresabschluss eines leistungsgestörten Unternehmens:

$k_3 = 7, k_4 = -15$

$0{,}4319 - 0{,}2203 * 7 + 0{,}1357 * -15 = -3{,}1457$

Jahresabschluss eines nicht leistungsgestörten Unternehmens:

$k_3 = 6, k_4 = 17$

$0{,}4319 - 0{,}2203 * 6 + 0{,}1357 * 17 = 1{,}417$

Die beispielhaften Rechnungen zeigen schon, wie die Klassifikation von Jahresabschlüssen nun tatsächlich erfolgt. Dazu werden lediglich die Werte der Kennzahlen K3 und K4 des betrachteten Jahresabschlusses in die ermittelte Geradengleichung (Diskriminanzfunktion) eingesetzt und der resultierende Diskriminanzwert ermittelt. Liegt dieser unter 0, wird der betreffende Jahresabschluß der Gruppe der leistungsgestörten Unternehmen zugeordnet. Ist er dagegen größer als 0, erfolgt die Zuordnung zur Gruppe der nicht leistungsgestörten Unternehmen.

Im allgemeinen hängt die Zuordnung zu einer der beiden Gruppen von der Lage (und Orientierung) der Trenngeraden ab, die je nach betrachteten Kennzahlen auch anders verlaufen kann. Daher kann bei Betrachtung anderer Kennzahlenkombinationen die Zuordnung genau umgekehrt verlaufen, d.h. die Zuordnung zur Gruppe der leistungsgestörten Unternehmen bei positiven Diskriminanzwerten und die Zuordnung zur Gruppe der nicht leistungsgestörten Unternehmen bei negativen Diskriminanzwerten.

Im nächsten Schritt kann man von einer bivariaten zu einer trivariaten Betrachtung übergehen. Es werden nun gleichzeitig nicht mehr zwei, sondern drei Kennzahlen betrachtet. Sie spannen jetzt nicht mehr eine Ebene, wie zwei Kennzahlen, sondern einen (dreidimensionalen) Raum auf:

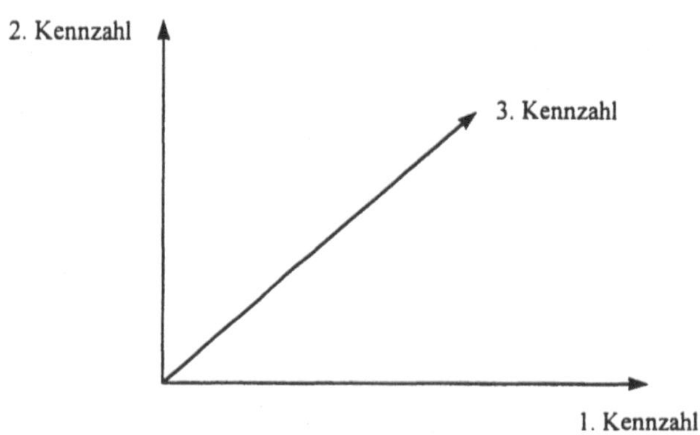

Abb. 7.3.4.1.-6.: *Gleichzeitige Betrachtung von drei Kennzahlen*

Die Jahresabschlüsse der einzelnen Unternehmen sind nun Punkte in diesem dreidimensionalen (Kennzahlen-) Raum. In Analogie zur zweidimensionalen

Betrachtungsweise, wo eine optimale Trenngerade gefunden werden sollte, ist hier eine optimale Trennebene zu finden. Ihre Ebenengleichung lautet:

$$0 = a_0 + a_1\, k_1 + a_2\, k_2 + a_3\, k_3$$

Im Kern hat sich aber sonst nichts verändert. Die Aufgabe der MDA besteht auch hier darin, die Koeffizienten der Trennebenengleichung so zu bestimmen, daß sich die beste mögliche Trennung zwischen beiden Gruppen ergibt. Für die Klassifikation eines Jahresabschlusses werden - genauso wie vorher - die Kennzahlenwerte in die Trennebenengleichung (Diskriminanzfunktion) eingesetzt. Der resultierende Diskriminanzwert erlaubt dann die Zuordnung zu einer der beiden Gruppen. Ob bei einem positiven Diskriminanzwert eine Zuordnung zur Gruppe der leistungsgestörten oder nicht leistungsgestörten Unternehmen erfolgt, hängt auch hier von den konkreten Kennzahlenkombinationen und der daraus resultierenden Lage (und Orientierung) der Trennebene im (Kennzahlen-) Raum ab.

Genauso einfach ist eine Verallgemeinerung der vorangegangenen Überlegungen auf eine beliebige Anzahl von gleichzeitig berücksichtigten Kennzahlen (multivariate Betrachtungsweise). Leider geht mit 4 und mehr gleichzeitig betrachteter Kennzahlen die geometrische Darstellungsmöglichkeit verloren, aber die vorgestellten Konzepte bleiben ebenfalls auf dieser verallgemeinerten Betrachtungsebene erhalten:

Die N gleichzeitig betrachteten Kennzahlen spannen einen N-dimensionalen (Kennzahlen-) Raum auf. Die Jahresabschlüsse der einzelnen Unternehmen stellen Punkte innerhalb dieses N-dimensionalen (Kennzahlen-) Raums dar. Es gilt nun innerhalb dieses Raums eine Trenn(hyper)ebene zu finden, die optimal zwischen beiden Gruppen trennt. Ihre (Hyper-) Ebenengleichung lautet:

$$0 = a_0 + a_1\, k_1 + a_2\, k_2 + a_3\, k_3 + \ldots + a_N\, k_N$$

Mit Hilfe der MDA werden nun die Koeffizienten dieser (Hyper-) Ebene so bestimmt, daß sich eine optimale Trennung zwischen beiden Gruppen ergibt. Für die Klassifikation eines Jahresabschlusses werden die konkreten Kennzahlenwerte in die (Hyper-) Ebenengleichung (Diskriminanzfunktion) eingesetzt. Der sich ergebende Diskriminanzwert erlaubt dann die Zuordnung zu einer der beiden Gruppen. Ob die Zuordnung bei einem positiven Diskriminanzwert zur Gruppe der leistungsgestörten bzw. nicht leistungsgestörten Unternehmen erfolgt, ist von der Kennzahlenkombination und der damit verbundenen Lage (und Orientierung) der Trenn(hyper)ebene im Raum abhängig.

7.3.4.2. Die Durchführung einer Diskriminanzanalyse zur Klassifikation von Jahresabschlüssen

Die vorangegangenen Betrachtungen der grundlegenden Konzepte zur MDA sollten ein anschauliches Verständnis dieser Methode vermitteln. Für einen präziseren und detaillierteren Einstieg möchten wir allerdings dringend auf die entsprechende Fachliteratur verweisen.

Im folgenden wollen wir einige Varianten der konkreten Anwendung der MDA betrachten. Dabei werden wir auf die wichtigen Punkte eines Auswertungsprotokolls hinweisen und deren Bedeutung erläutern. Aus Platzgründen können wir nur Auszüge aus den Protokollen vorstellen, so daß ein selbständiges Nacharbeiten der einzelnen Schritte empfohlen ist. Gleichzeitig werden die einzelnen Schritte zeigen, wie unkompliziert die rein technische Durchführung einer MDA ist.

Im zentralen Mittelpunkt des weiteren Vorgehens steht die Frage nach den in der Diskriminanzfunktion zu verwendenden Kennzahlen. Diese Frage konnte bei der Darstellung des Grundkonzepts der MDA vernachlässigt werden. Sie gewinnt aber jetzt, wo es um deren konkrete Anwendung geht, eine wichtige Bedeutung. Daß sie keinesfalls trivial zu beantworten ist, sollen einige Überlegungen verdeutlichen.

Ein erster naiver Ansatz könnte darin bestehen, die univariat am besten trennenden Kennzahlen zu kombinieren. Hier liegt aber ein vorschneller Fehlschluß vor, den wir kurz verdeutlichen wollen: Wie aus dem vorangegangenen Kapitel deutlich wurde, ist eine bivariate Betrachtungsweise einer univariaten nur dann überlegen, wenn die zweite Kennzahl zusätzliche Informationen mit hineinbringt. Würde sie dagegen lediglich die Informationen der ersten Kennzahl duplizieren, kann sich keine Verbesserung ergeben. Wie schon früher erläutert, ist aber gerade dies bei vielen Kennzahlen der Fall. In unseren Beispieldaten dupliziert etwa der ROI nach Steuern weitgehend die Informationen des ROI vor Steuern. Obwohl beide bei isolierter Betrachtung gut trennen, ergibt aus den genannten Gründen deren Kombination wenig Sinn.

Verfolgt man die letzte Überlegung etwas weiter, so darf man auch nicht unbedingt die univariat am besten trennenden Kennzahlen in einer Diskriminanzfunktion erwarten. Je mehr zusätzliche und damit von den anderen Kennzahlen unabhängige Informationen durch eine Kennzahl hinzukommen, desto besser kann die Trennung erfolgen. Aus diesem Grund sollte jede in der Diskriminanzfunktion vertretene Kennzahl so wenig wie möglich Informationen duplizieren, die bereits in den anderen stecken. Die am wenigsten Informationen duplizierende Kombination von Kennzahlen kann daher durchaus aus Kennzahlen bestehen, die bei isolierter Betrachtung nur mäßig zwischen den Gruppen trennen.

Glücklicherweise gibt es hier zwei Verfahren, mit denen man dieses Problem handhaben kann. Die einfachste Variante besteht in einer schrittweisen Diskriminanzanalyse, die sich selbst - quasi automatisch - die notwendigen Kennzahlen zusammenstellt. Eine fortgeschrittenere Vorgehensweise bedient sich einer vorgeschalteten Faktorenanalyse, deren Ergebnisse für die Durchführung der schrittweisen Diskriminanzanalyse verwendet werden. Betrachten wir aber zunächst nur die einfache Variante.

Bei der schrittweisen Diskriminanzanalyse wird Schritt für Schritt jeweils diejenige Kennzahl in die Diskriminanzfunktion aufgenommen, die ein bestimmtes Gütekriterium optimiert. Es wird also zunächst eine Diskriminanzanalyse mit einer Kennzahl, dann mit zwei Kennzahlen und so fort durchgeführt. Aus der Rangfolge der Variablen gemäß ihrer Aufnahme in die Diskriminanzfunktion läßt sich deren Wichtigkeit erkennen. SPSS bietet hier die Wahl zwischen verschiedenen Kriterien, die aber im Zwei-Gruppen-Fall identisch sind [Backhaus et al. 1994, S. 152f.].

Bei dem nachfolgenden Beispiel wurde eine solche schrittweise Diskriminanzanalyse anhand der Beispieldaten für den Zeitpunkt t-3 durchgeführt. Betrachten wir kurz die dabei ermittelten Ergebnisse:

==================================

Für die Durchführung dieses Beispiels ist die Datendatei mit den Kennzahlen für die 300 leistungsgestörten und 300 nicht leistungsgestörten Unternehmen für den Zeitpunkt t-3 ("st300_3.txt") einzulesen. Anschließend wird die schrittweise Diskriminanzanalyse mit einem entsprechenden Kommando aufgerufen.

In diesem Beispiel enthält die Variablenliste die Kennzahl K9 nicht, da wir sie bereits aufgrund der Vortests von der weiteren Betrachtung ausgeschlossen hatten. Als Gütekrierium wurde die Maximierung von Rao´s V festgelegt, auch wenn oftmals bei der schrittweisen Diskriminanzanalyse stattdessen die Minimierung von Wilks' Lambda gewählt wird. Wie bereits oben erwähnt, ist für den Zwei-Gruppen-Fall die Wahl des Gütekriteriums jedoch völlig unerheblich und führt zu identischen Ergebnissen. Als Übung kann daher auch einmal die Minimierung von Wilks' Lambda als Gütekriterium ausprobiert werden. Allgemein empfehlen Backhaus et al. die Anwendung des Kriteriums "Maximierung von Raos V" dann, wenn unwichtige (redundante) Variablen erkannt und eliminiert werden sollen [Backhaus et al. 1994, S. 152f.].

```
= = = = = = = = = = = = = = = = = = = = = = = = = = = = = = = = = = = = = = = =

--------------- Variables not in the analysis after step   6 --------------

                              Minimum
Variable  Tolerance  Tolerance  F to enter        Rao's V
K6          .3490397   .0113153    .10259E-01
K8          .8007930   .0106363    .69152
K10         .7981403   .0106237    .56661

F level or tolerance or VIN insufficient for further computation.

                                    Summary Table

          Action         Vars  Wilks'                                      Change
Step Entered Removed      In    Lambda    Sig.    Rao's V    Sig.        in V      Sig.
  1  K3                   1    .77629  .0000   172.33337  .0000    172.33337  .0000
  2  K4                   2    .64086  .0000   335.11962  .0000    162.78625  .0000
  3  K7                   3    .61339  .0000   376.90297  .0000     41.78335  .0000
  4  K2                   4    .58737  .0000   420.09150  .0000     43.18853  .0000
  5  K5                   5    .57084  .0000   449.57778  .0000     29.48628  .0000
  6  K1                   6    .56653  .0000   457.55450  .0000      7.97672  .0047
```

Der schrittweise Aufnahmeprozeß wird in der "Summary Table" zusammengefaßt. Hieraus wird ersichtlich, daß insgesamt sechs Aufnahmeschritte erfolgten. Der Aufnahmeprozeß wurde dann abgebrochen, als eine weitere Verbesserung nicht mehr möglich war. In die Diskriminanzfunktion wurden die Kennzahlen K3, K4, K7, K2, K5 und K1 aufgenommen. Das zu maximierende Gütekriterium steht in der Spalte "Rao's V" und soll hier nicht weiter behandelt werden. Jedoch zeigt die Spalte "Change in V", welche Kennzahlen welche Zunahme im Gütekriterium bewirkt haben. Danach führten die Kennzahlen K3 und K4 zur höchsten Zunahme, K7 und K2 bewirkten eine mittlere Zunahme, während bei K5 und K1 nur noch eine geringe Zunahme erfolgte. Die relative Bedeutung der Kennzahlen zueinander ist hieraus aber noch nicht unbedingt ersichtlich.

```
                        Canonical Discriminant Functions

                  Pct of    Cum   Canonical   After   Wilks'
 Fcn Eigenvalue Variance   Pct      Corr        Fcn   Lambda   Chisquare    DF  Sig
                                             :    0    .5665     338.097     6 .0000
  1*     .7651   100.00  100.00     .6584 :

  * marks the  1 canonical discriminant functions remaining in the analysis.

Standardized Canonical Discriminant Function Coefficients

             FUNC  1
K1         -1.23901
K2          -.71254
K3          -.57692
K4          2.35760
K5           .31364
K7           .38333
```

Das relative Gefüge der Kennzahlen zueinander, d.h. deren diskriminatorische Bedeutung, kommt in den standardisierten Diskriminanzkoeffizienten zum Ausdruck. Diejenigen Kennzahlen mit den höchsten Absolutbeträge besitzen die höchste, diejenigen mit den niedrigsten Absolutbeträgen die geringste Bedeutung. Danach sind die Kennzahlen K4 und K1 diejenigen mit der höchsten diskriminatorischen Bedeutung, während die Kennzahlen K5 und K7 weniger bedeutend erscheinen. Die standardisierten Diskriminanzkoeffizienten verdeutlichen nur die Bedeutung der Kennzahlen untereinander. Sie sind keinesfalls mit den Koeffizienten der Diskriminanzfunktion zu verwechseln.

Die weiter oben stehenden Angaben beschreiben die Güte der gefundenen Diskriminanzfunktion. Das wesentliche Gütemaß ist hier das "Wilks' Lambda", welches ein auf das Intervall [0,1] normiertes Maß darstellt. Es ist als der nicht von der Diskriminanzfunktion erklärte Anteil der Streuung an der Gesamtstreuung definiert. Es ist damit ein "inverses" Gütemaß, d.h. kleinere Werte bedeuten höhere Unterschiedlichkeit der Gruppen bzw. Trennkraft der Diskriminanzfunktion und umgekehrt [Backhaus et al. 1994, S. 153f.]. Die eigentliche Bedeutung von Wilks' Lambda liegt darin, daß sie eine Signifikanzprüfung der Diskriminanzfunktion erlaubt. Die getestete Hypothese lautet, daß die gefundene Diskriminanzfunktion nicht zwischen den beiden Gruppen trennt. Sie kann in unserem Beispiel aber mit einer Irrtumswahrscheinlichkeit nahe null verworfen werden. Sie trennt also hochsignifikant.

```
Unstandardized Canonical Discriminant Function Coefficients

               FUNC  1
K1            -.1541100
K2            -.1140708
K3            -.2389833
K4             .3645415
K5             .2960746E-03
K7             .1433929E-02
(constant)     .1152254

Canonical Discriminant Functions evaluated at Group Means (Group Centroids)

  Group       FUNC   1
      0          .87326
      1         -.87326
```

Die Koeffizienten der Diskriminanzfunktion sind oben angegeben. Die gefundene Diskriminanzfunktion lautet damit:

$$D = 0{,}1152 - 0{,}1541\ K1 - 0{,}1141\ K2 - 0{,}2390\ K3 + 0{,}3645\ K4 + 0{,}0003\ K5 + 0{,}0014\ K7$$

Die weiteren Angaben des Ausdrucks stellen die Werte der Diskriminanzfunktion, ausgewertet für die jeweiligen Gruppenmittelwerte, dar. Setzt man also die Mittelwerte der Kennzahlen bezüglich der Gruppe nicht leistungsgestörter

Unternehmen in die Diskriminanzfunktion ein, ergibt sich ein Diskriminanzwert von D = 0,87326. Setzt man entsprechend die Mittelwerte der Kennzahlen für die Gruppe der leistungsgestörten Unternehmen in die Diskriminanzfunktion ein, ergibt sich ein Diskriminanzwert von D = -0,87326. Jahresabschlüsse mit einem Diskriminanzwert kleiner null werden also der Gruppe der leistungsgestörten Unternehmen zugeordnet. Umgekehrt werden Jahresabschlüsse mit einem Diskriminanzwert größer null der Gruppe nicht leistungsgestörter Unternehmen zugerechnet.

```
Classification Results -

                        No. of    Predicted Group Membership
  Actual Group           Cases          0          1
--------------------    ------    --------   --------
Group        0            300        231         69
                                   77.0%      23.0%

Group        1            300         57        243
                                   19.0%      81.0%

Percent of "grouped" cases correctly classified:   79.00%
```

Der letzte Auszug gibt die erzielten Klassifikationsraten wieder. Von 300 Jahresabschlüssen der Gruppe 0 (nicht leistungsgestörte), werden 231 auch tatsächlich dieser Gruppe gemäß ihren Diskriminanzwerten zugeordnet (Predicted Group Membership). 69 werden dagegen fälschlicherweise der Gruppe 1 (leistungs-gestörte Unternehmen) zugerechnet.

Annähernd spiegelbildlich verhält es sich für die Gruppe 1 (leistungsgestörte). Hier werden nach ihren Diskriminanzwerten 243 Jahresabschlüsse der Gruppe leistungsgestörter Unternehmen zugeordnet und damit richtig klassifiziert. 57 Jahresabschlüsse werden dagegen irrtümlich der Gruppe nicht leistungsgestörter Unternehmen zugerechnet.

Unterhalb der absoluten Fallzahlen stehen die Klassifikationsquoten in Prozent. In der Hauptdiagonalen der Matrix stehen die richtigen Klassifikationen, in der Nebendiagonalen die Fehlklassifikationsquoten. Danach wurden von den Jahresabschlüssen nicht leistungsgestörter Unternehmen 77,0%, von denen der leistungsgestörten 81,0% richtig klassifiziert. Über beide Gruppen zusammen wird eine mittlere Klassifikationsquote von 79,0% erzielt.

Die erzielten Klassifikationsquoten gelten - wohlgemerkt - nur für die Trainingsmenge. Ob die gefundene Diskriminanzfunktion sich auch bei bisher unbekannten Fällen bewährt, muß mittels einer separaten Stichprobe, der Testmenge, festgestellt werden, die nicht zur Aufstellung der Diskriminanzfunktion benutzt wurde. Ferner gilt sie eigentlich nur für den Zeitpunkt drei Jahre vor Eintritt der Leistungsstörung. Da aber die Kennzahlenverteilungen mit zunehmender Nähe zum Eintritt der Leistungsstörung zumindest stabil sind, meistens aber auseinanderrücken (dies haben wir über die Vortests sichergestellt), sind für die Zeitpunkte t-2 und t-1 bei Verwendung dieser Diskriminanzfunktion zumindest keine schlechteren Ergebnisse zu erwarten. Beides wollen wir anhand der Testmenge überprüfen:

= =

Eine einfache Möglichkeit, die Klassifikationsquoten für t-3, t-2 und t-1 in der Testmenge zu ermitteln, besteht darin, mittels eines Texteditors

- die Dateien "st300_3.txt" und "sa300_3.txt" zu einer Datei "gesamt3.txt",
- die Dateien "st300_3.txt" und "sa300_2.txt" zu einer Datei "gesamt2.txt" und
- die Dateien "st300_3.txt" und "sa300_1.txt" zu einer Datei "gesamt1.txt"

zusammenzufassen. Die drei zusammengefaßten Dateien werden dann nacheinander abgearbeitet, indem eine Datei eingelesen und die Diskriminanzanalyse gestartet wird. Da die Daten der Testmenge eine andere Kennung besitzen, werden sie von der Aufstellung der Diskriminanzfunktion ausgeschlossen. Bei der Klassifikation liefert SPSS dann aber beide Klassifikationsmatrizen, nämlich eine für die Daten mit KENNUNG = 0 (die Trainingsdaten) und eine für die übrigen (die Testdaten).

= =

Drei Jahre vor Eintritt der Leistungsstörung (Testdaten)

```
Classification Results for cases not selected for use in the analysis -

                          No. of     Predicted Group Membership
   Actual Group            Cases            0          1
--------------------     ------     --------   --------
Group        0              300          231         69
                                       77.0%      23.0%

Group        1              300           57        243
                                       19.0%      81.0%

Percent of "grouped" cases correctly classified:  79.00%
```

Die Klassifikationsmatrix für die Testdaten stimmt für den Zeitpunkt t-3 exakt mit der der Trainingsdaten überein. Dieser Effekt ist jedoch auf die hohe Fallzahl und den Zufallszahlengenerator zurückzuführen, mit dem die Beispieldaten erzeugt wurden. In der Praxis werden sich solche idealen Verhältnisse keinesfalls feststellen lassen. Aber auch schon bei der Verwendung einer kleineren Stichprobe zum Aufstellen und Testen der Diskriminanzfunktion ergeben sich selbst bei unseren generierten Daten deutliche Abweichungen. Wir möchten als Übung empfehlen, dieses Vorgehen mit den Daten der verkleinerten Stichprobe (2 * 100 Jahresabschlüsse in der Trainingsmenge, 2 * 50 Jahresabschlüsse in der Testmenge) nachzuvollziehen. Die dabei zu erzielenden Ergebnisse illustrieren deutlich den Effekt der Stichprobengröße.

Zwei Jahre vor Eintritt der Leistungsstörung (Testdaten)

```
Classification Results for cases not selected for use in the analysis -

                          No. of    Predicted Group Membership
  Actual Group             Cases         0          1
--------------------     ------    --------   --------
Group       0               300        212         88
                                     70.7%      29.3%

Group       1               300        130        170
                                     43.3%      56.7%

Percent of "grouped" cases correctly classified:  63.67%
```

Ein Jahr vor Eintritt der Leistungsstörung (Testdaten)

```
Classification Results for cases not selected for use in the analysis -

                          No. of    Predicted Group Membership
  Actual Group             Cases         0          1
--------------------     ------    --------   --------
Group       0               300        243         57
                                     81.0%      19.0%

Group       1               300        103        197
                                     34.3%      65.7%

Percent of "grouped" cases correctly classified:  73.33%
```

Die oben wiedergegebenen Resultate sind insofern bemerkenswert, als daß sie nicht das erhoffte Ergebnis zeigen. Die Quote der richtig klassifizierten Jahresabschlüsse liegt für die Zeitpunkte zwei und ein Jahr vor Eintritt der Leistungsstörung niedriger als für drei Jahre vor Eintritt. In der Praxis wäre eine derartige Diskriminanzfunktion völlig unbrauchbar. Was ist hier passiert?

Mehrere Fehlerquellen sind denkbar: Zunächst könnte es sein, daß die Vortests der Kennzahlen nicht ganz korrekt durchgeführt worden sind. In einem solchen Fall empfiehlt es sich zunächst, deren Ergebnisse noch einmal zu überprüfen. Möglicherweise sind aufgrund der Überprüfung weitere Kennzahlen von der Untersuchung auszuschließen. Soweit nicht schon durchgeführt, möchten wir als Übung die vollständige Durchführung aller beschriebenen Tests für alle Kennzahlen und Zeitpunkte empfehlen. Sind hier noch andere als die Kennzahl K9 auszuschließen?

Zum anderen könnte die Diskriminanzanalyse nicht korrekt angewendet worden sein. Eine Variante könnte darin bestehen, die schrittweise Diskriminanzanalyse anhand der Daten aller Zeitpunkte durchzuführen. Dazu sind die Datendateien mit den Jahresabschlüssen für t-3, t-2 und t-1 zu einer einzigen Datendatei zusammenzusetzen. Wir möchten dies als Übung empfehlen, wobei der Vergleich der bei diesem Vorgehen erzielten Resultate mit denen der hier dargestellten interessant sein wird.

Ein anderer Aspekt betrifft die Frage, ob die Durchführung der schrittweisen Diskriminanzanalyse ohne weitere Voranalysen zu diesem Zeitpunkt schon angemessen war. So ist denn bei genauerer Betrachtung der Resultate der Diskriminanzanalyse eine gewisse Skepsis angebracht. Die Betrachtung der standardisierten Diskriminanzkoeffizienten weist etwa die Kennzahl K2 als die drittbedeutendste aus, die Kennzahl K1 als die zweitbedeutendste. Nun stellen aber beide den ROI (einmal vor, einmal nach Steuern) dar, was zu einer Duplizierung derselben Information in der Diskriminanzfunktion führt. Sie enthält also redundante Informationen. Dies ist nicht nur für die sachlogische Interpretation einer Diskriminanzfunktion ein "unschöner" Zustand, sondern kann auch zu einer verschlechterten Klassifikationsleistung geführt haben. Möglicherweise verbessert die Entfernung der Kennzahl K2 aus der Diskriminanzfunktion deren Klassifikationsleistung. Auch dies möchten wir als Übung nahelegen.

Wie schon bei der Vorstellung der grundlegenden Konzepte der Diskriminanzanalyse dargelegt, sollten in der Diskriminanzfunktion nur Kennzahlen vertreten sein, die neue, zusätzliche Informationen mit hineinbringen und damit möglichst unabhängig von den übrigen in der Diskriminanzfunktion vertretenen Kennzahlen sind. Hilfreich könnte hier eine vorherige Gruppierung von Kennzahlen zu Kennzahlengruppen sein, die dann untereinander weitgehend unabhängig sind. Dies erlaubt die Faktorenanalyse, die wir im nächsten Kapitel betrachten wollen.

Vorher muß aber noch einmal auf die Besonderheiten der Beispieldaten hingewiesen werden. Wie in Kapitel 7.2. bereits dargelegt, würde bei echten Daten ein Unternehmen mit seinen drei Jahresabschlüssen in allen drei Datendateien vertreten sein. Hier sind auch die Kennzahlenwerte in den drei Perioden vor Eintritt der Leistungsstörung voneinander abhängig und werden in aller Regel mit zunehmender Nähe zum Eintritt der Leistungsstörung sich so entwikkeln, daß diese immer zuverlässiger erkannt werden kann. Unsere Beispieldaten sind bezüglich dieses Punktes schwieriger: Hier wird so getan, als ob die Stichprobe leistungsgestörter Unternehmen ein Jahr vor Eintritt der Leistungsstörung andere enthält als die zwei Jahre vor Eintritt und diese wiederum andere als drei Jahre vor Eintritt (Gleiches gilt übrigens auch für die Vergleichsdaten). Dieser Umstand dürfte die obigen Resultate schlechter darstellen, als es bei echten Daten der Fall sein würde.

7.3.4.3. Die Identifizierung von Informationsbereichen durch eine Faktorenanalyse

Die sachgerechte Anwendung und Interpretation einer Faktorenanalyse erfordert ein gutes Verständnis der ihr zugrundeliegenden Methodik, die wir hier nicht vermitteln können. Vielmehr soll eine kurze, eher intuitive Betrachtung der Faktorenanalyse vor dem Hintergrund ihrer Anwendung bei der Klassifikation von Jahresabschlüssen erfolgen. Wie auch bei der Diskriminanzanalyse ist für einen fundierten und präziseren Einstieg auf die Fachliteratur zu verweisen.

Rekapitulieren wir den bisherigen Prozeß des Vorgehens: Nach der Erhebung der Jahresabschlüsse werden Kennzahlen definiert, anhand derer später die Jahresabschlüsse klassifiziert werden sollen. Nach der Berechnung der Kennzahlenwerte für die erhobenen Jahresabschlüsse werden sie gewissen Vortests unterzogen, in denen Kennzahlen ausgeschieden werden, die bestimmte Eigenschaften nicht besitzen. Dennoch werden beispielsweise von anfänglich 50 gebildeten Kennzahlen nach den Vortests vielleicht 35 übrig bleiben, um eine willkürlich gegriffene Anzahl zu wählen. Selbst in diesen 35 Kennzahlen werden sich viele Kennzahlen befinden, die lediglich auf andere Art und Weise denselben wirtschaftlichen Tatbestand wie andere darstellen. Bei manchen ist dies offensichtlich, wenn sie ähnlich berechnet werden. Bei den meisten dürfte dies aber nicht so offensichtlich sein, sondern eine genauere Analyse erfordern.

Der Ansatz der Faktorenanalyse kommt dieser Situation sehr entgegen. Sie geht davon aus, daß sich eine beobachtete Vielzahl von Erklärungsvariablen auf wenige, hinter ihnen stehende Faktoren reduzieren läßt, die untereinander unabhängig sind. Dies trifft aber genau auf unsere Situation zu: Viele Kennzahlen beschreiben denselben wirtschaftlichen Tatbestand (z.B. die Ertragssituation des Unternehmens) und sind damit Ausdruck dieses gemeinsamen Faktors. Wünschenswert wäre es nun, diese hinter den Kennzahlen stehenden wirtschaftlichen Tatbestände (Faktoren) zu identifizieren, um die Kennzahlen zu Gruppen zu bündeln, die denselben Tatbestand ausdrücken. Man spricht in diesem Zusammenhang auch von sogenannten "Informationsbereichen" des Jahresabschlusses, zu denen die Kennzahlen gebündelt werden. Jeder Informationsbereich (Faktor) des Jahresabschlusses stellt dabei einen von den anderen Bereichen unabhängigen Faktor dar.

Ein anderes Argument für die Verwendung möglichst gering untereinander korrelierter Diskriminanzvariablen stellt auf mögliche Verzerrungen bei der Interpretation der Diskriminanzfunktion ab, die sich bei Nichtbeachtung ergeben könnte: Beachtet man die hohen Korrelationen der einzelnen Kennzahlen untereinander nicht, so kann eine an sich trennschwache Kennzahl aufgrund ihrer hohen Korrelation mit einer anderen trennstarken Kennzahl mit einem überproportional hohen Diskriminanzkoeffizienten in die Diskriminanzfunktion eingehen. Er wird dann fälschlicherweise als Indiz für eine besonders diskriminanzstarke Kennzahl angesehen.

Mit Hilfe der Faktorenanalyse können nun

- die voneinander unabhängigen Informationsbereiche (Faktoren) identifiziert und
- die Kennzahlen zu Informationsgruppen zusammengefaßt werden.

Das Resultat einer Faktorenanalyse ist die Zusammenfassung von Kennzahlen zu Gruppen, die in einer Faktorladungsmatrix zum Ausdruck kommt. Die Durchführung einer Faktorenanalyse erfordert an mehreren Stellen (subjektive) Vorgaben des Anwenders, die das Ergebnis der Analyse nachhaltig beeinflussen können. Dies sind u.a.

- die Anzahl der zu extrahierenden Faktoren bzw. der Methode, mit der deren Anzahl bestimmt wird und
- das Verfahren zur Extraktion der Faktoren.

Wir wollen beide Punkte nicht weiter betrachten, da sie einen zu tiefen Einstieg in die Methodik erfordern. Für unsere Anwendung bewähren sich die Voreinstellungen von SPSS recht gut, so daß wir für die Behandlung dieser beiden wichtigen Punkte auf die Fachliteratur verweisen können.

Besonders schwierig gestaltet sich auf jeden Fall die Interpretation der Ergebnisse der Faktorenanalyse, da sie als ein universelles Analyseverfahren nur Gruppierungen von Erklärungsvariablen vornimmt. Die sachlogische Deutung der Gruppierungen kann dagegen nur vor dem Hintergrund der betrachteten Anwendung erfolgen. In unserem Falle werden wir also nur die Zusammenfassung von Kennzahlen zu Kennzahlengruppen erhalten. Wie der in ihnen zum Ausdruck kommende Faktor (wirtschaftliche Tatbestand) zu deuten ist, kann nur über die inhaltliche Betrachtung der in den einzelnen Gruppen vertretenen Kennzahlen erfolgen.

Nachfolgend sind die Resultate der Faktorenanalyse für unsere Beispieldaten (t-3, Trainingsmenge) wiedergegeben, anhand derer wir die vorangegangenen Darstellungen illustrieren möchten.

====================================

Nach dem Einlesen der Datendatei wird die Faktorenanalyse mit entsprechendem Kommando gestartet. Die Kennzahl K9 wird nicht berücksichtigt, da wir sie bereits ausgeschlossen hatten.

```
=====================================

DATA LIST FILE 'st300_3.txt' FREE / k1 to k10 klasse kennung.

FACTOR /VARIABLES K1 K2 K3 K4 K5 K6 K7 K8 K10 /FORMAT SORT.
The raw data or transformation pass is proceeding
    600 cases are written to the compressed active file.

              - - - -  F A C T O R   A N A L Y S I S  - - - -

Analysis Number  1  Listwise deletion of cases with missing values

Extraction  1  for Analysis  1, Principal-Components Analysis (PC)

Initial Statistics:

Variable      Communality  *  Factor   Eigenvalue   Pct of Var   Cum Pct
                           *
K1                1.00000  *     1      3.85859       42.9        42.9
K2                1.00000  *     2      2.06931       23.0        65.9
K3                1.00000  *     3      1.52073       16.9        82.8
K4                1.00000  *     4       .88970        9.9        92.6
K5                1.00000  *     5       .44056        4.9        97.5
K6                1.00000  *     6       .19635        2.2        99.7
K7                1.00000  *     7       .01828         .2        99.9
K8                1.00000  *     8       .00562         .1       100.0
K10               1.00000  *     9       .00087         .0       100.0

   PC Extracted   3 factors.
```

Aufgrund der Voreinstellungen wurden insgesamt 3 Faktoren (Informationsbereiche) in unseren Beispieldaten identifiziert. Das voreingestellte Abbruchkriterium extrahiert nur solange Faktoren, wie deren Eigenwert (vgl. Spalte "Eigenvalue") größer als 1 ist. Für den Faktor 4 wäre er nur noch 0,8897, weshalb nur drei Faktoren extrahiert wurden. Diese drei Faktoren erklären zusammen 82,8% der gesamten Streuung in den Variablen (Spalte "Cum Pct").

Ein alternatives Abbruchkriterium wäre die Vorgabe des Anteils der Gesamtstreuung, der mindestens erklärt werden soll. Setzt man diesen z.B. auf 95% (ein oftmals übliches Maß), würden 5 Faktoren extrahiert werden. Mit der Anzahl wird dann auch die spätere Interpretation anders ausfallen, womit diese kurze Betrachtung zeigt, welche subjektiven Spielräume die Faktorenanalyse offen läßt.

In unserem Beispiel wurden drei Informationsbereiche des Jahresabschlusses identifiziert, die wir im folgenden sachlogisch interpretieren müssen.

- - - - F A C T O R   A N A L Y S I S - - - -

Factor Matrix:

	FACTOR 1	FACTOR 2	FACTOR 3
K1	.95641	.02781	-.08140
K4	.95402	.03004	-.07957
K2	.93929	.07323	-.05286
K6	.70283	.06049	.54263
K8	-.18293	.95893	.16610
K10	-.18198	.95888	.17848
K5	.42877	.12573	-.65783
K7	.56464	-.00821	.60693
K3	-.29705	-.45138	.59159

Die Faktorladungsmatrix zeigt zunächst die Zusammenfassung der Gruppen. Bei drei Faktoren werden die Kennzahlen K1, K4, K2 und K6, die Kennzahlen K8 und K10 sowie die Kennzahlen K5, K7 und K3 zu Gruppen (Informationsbereichen) zusammengefaßt.

Wie oben ausgeführt, stellt ein Faktor einen (imaginären) wirtschaftlichen Tatbestand dar, der hinter den Kennzahlen steht. Die Zahlen unterhalb der Faktoren drücken Korrelationen der Kennzahlen mit ihrem Faktor aus. Je höher, dem Absolutbetrag nach, die Korrelation ausfällt, umso stärker ist die jeweilige Kennzahl Ausdruck dieses Faktors. Die Korrelationskoeffizienten sind auf das Intervall [-1, +1] normiert und man rechnet üblicherweise eine Kennzahl einem Faktor zu, wenn deren Korrelationskoeffizient mit dem jeweiligen Faktor dem Betrag nach größer als 0,5 ist [Backhaus et al. 1994, S. 228]. Allerdings kann die Situation eintreten, daß eine Kennzahl mehreren Faktoren zugeordnet werden muß (wie z.B. die Kennzahl K6 oder K7). Dann muß sie aber auch bei jedem Faktor zur Interpretation herangezogen werden.

Zur Interpretationserleichterung wird anschließend noch eine Faktorrotation durchgeführt, die wir auch nicht näher betrachten wollen. Sie dient der besseren sachlogischen Deutung, indem sie die schwierigen Fälle von Mehrfachzuordnungen verringern soll.

```
---- F A C T O R   A N A L Y S I S ----

Varimax  Rotation  1,  Extraction  1,  Analysis  1 - Kaiser Normalization.

Varimax converged in    6 iterations.

Rotated Factor Matrix:
```

	FACTOR 1	FACTOR 2	FACTOR 3
K6	.87958	.05951	-.12197
K2	.79810	-.09870	.49368
K1	.79733	-.15149	.51325
K4	.79623	-.14855	.51122
K7	.78714	.03078	-.25828
K10	-.03258	.99126	.02774
K8	-.03941	.98874	.03780
K5	.06104	-.09556	.78710
K3	.00839	-.25404	-.75984

Bei der folgenden Interpretation wollen wir - soweit nicht anders vermerkt - von der rotierten Faktorladungsmatrix ausgehen. Bei dem ersten Faktor (K6, K2, K1, K4, K7) handelt es sich um Rentabilitätskennzahlen (K1, K2, K4). Wir können diesen Faktor als Ausdruck der Ertragslage auffassen. Störend wirken hier die Kennzahlen K6 und K7 (Anlagendeckungsgrade), was mit der "Ertragslage" wenig zu tun hat. Betrachtet man die Faktorladungsmatrix näher, laden die Kennzahlen K1, K2 und K4 auch recht hoch in gleicher Weise auf den Faktor 3. Geht man auf die originäre Faktorladungsmatrix zurück, sind hier die Kennzahlen K1, K4, K2 und K6 zusammengefaßt. Die Kennzahlen K1, K4 und K2 bilden also einen festen Block. In der originären Faktorladungsmatrix wird außerdem die Kennzahl K6 auch noch dem Faktor 3 zugerechnet und weist im übrigen den geringsten Korrelationskoeffizienten aller vier Kennzahlen mit dem Faktor auf. Wir wollen daher den Faktor 1 als "Ertragslage" deuten.

Die Kennzahlen K8 und K10 bilden den zweiten Faktor. Ihre Kennzahlendefinitionen weisen sie schon als nahezu identisch aus. Sie messen die Laufzeit der Kundenforderungen, weshalb wir diesen Faktor als "Debitoren-Laufzeit" bezeichnen wollen.

Die dritte Kennzahlengruppe wird von den Kennzahlen K3 und K5 gebildet. Sie beziehen sich gemeinsam auf den Zinsaufwand, womit sie also Ausdruck der "Schuldenlast", welche auf dem Unternehmen ruht, sind. Wir wollen diesen Faktor daher als Schuldenlast deuten. In der originären Faktorladungsmatrix erscheint die Kennzahl K7 (Anlagendeckungsgrad in einer Variante) etwas merkwürdig zugeordnet, denn auch hier ist kein unmittelbarer Bezug zum wirtschaftlichen Tatbestand "Schuldenlast" ersichtlich. Diese Faktorladungsmatrix zeigt einen ähnlichen Befund wie für die Kennzahl K6. Auch die Kennzahl K7 wird gleichzeitig zwei Faktoren (noch dem Faktor 1) zugerechnet.

Da die Kennzahlen K6 und K7 sachlogisch nicht in ihren Faktor (bzw. ihre jeweiligen Faktoren bei der originären Faktorladungsmatrix) hineinpassen, sie überdies auch eine nahezu identische Definition besitzen, scheint noch ein vierter Faktor hinter den Kennzahlen zu stecken, den wir als "Finanzstruktur" bezeichnen könnten. Wir wiederholen daher die Faktorenanalyse, wobei wir die Extraktion von vier Faktoren vorgeben.

```
                - - - -   F A C T O R   A N A L Y S I S   - - - -

Varimax   Rotation  1,   Extraction  1,   Analysis  1 - Kaiser Normalization.

Varimax converged in    6 iterations.

Rotated Factor Matrix:

              FACTOR  1      FACTOR  2      FACTOR  3      FACTOR  4

K2              .96145        -.02118         .20665         .13813
K1              .95483        -.07879         .21825         .17301
K4              .95226        -.07611         .21900         .17222

K8             -.05804         .99398        -.01920         .03706
K10            -.06757         .99366        -.00031         .03819

K7              .16067        -.03641         .94372        -.01119
K6              .37741         .02379         .86300        -.00533

K3             -.11926        -.21388         .01439        -.85290
K5              .21283        -.13095         .00078         .85076
```

Die rotierte Faktorladungsmatrix bei vier Faktoren bestätigt die angestellten Vermutungen. In unseren Beispieldaten haben wir es also mit vier Informationsbereichen des Jahresabschlusses zu tun. Es sind die Ertragslage, Debitoren-Laufzeit, Schuldenlast und Finanzstruktur eines Unternehmens.

Unser kleines Beispiel hat schon angedeutet, daß eine Faktorenanalyse alles andere als unproblematisch ist. Bei einer Faktorenanalyse mit dem vollen Umfang einer echten Untersuchung bereitet die Vielzahl extrahierter Faktoren (etwa 8 bis 12) deutliche Interpretationsschwierigkeiten, da zudem die Faktorladungsmatrix weniger eindeutig ist und Konflikte sich nicht so leicht durch eine sachlogische Interpretation beseitigen lassen.

Für eine sachgerechte Anwendung der Faktorenanalyse ist im konkreten Anwendungsfall eigentlich in einem ersten Schritt zu prüfen, ob sie auf das vorliegende Datenmaterial angewendet werden darf. Hinweise hierzu liefern das Kaiser-Meyer-Olkin-Maß, welches als Maßstab dient, wie gut die verwendeten Variablen insgesamt für eine Faktorenanalyse geeignet sind, und das "measure of sampling adequacy", welches für jede Variable einzeln über deren Angemessenheit für eine Faktorenanalyse Auskunft gibt. Bei der Rotation der Faktormatrix sind ebenfalls verschiedene Verfahren denkbar, die zu unterschiedlichen Ergebnissen führen können. Auch diese Aspekte wollen wir nicht weiter vertiefen, sondern damit nur die Dringlichkeit unterstreichen, sich bei einer konkreten Anwendung vorher mit den methodischen Grundlagen vertraut zu machen.

Wie sich die Erkenntnisse aus der Faktorenanalyse verwerten lassen, wollen wir nun nachfolgend betrachten.

7.3.4.4. Verwendung der Ergebnisse aus der Faktorenanalyse zur Aufstellung der Diskriminanzfunktion

Gemäß unseren vorangegangenen Überlegungen soll die Diskriminanzfunktion nur Kennzahlen umfassen, die auch wirklich neue Informationen hineinbringen und damit weitgehend unabhängig von den übrigen Kennzahlen in der Diskriminanzfunktion sind. Mit Hilfe der Faktorenanalyse haben wir die eigentlichen wirtschaftlichen Tatbestände (Informationsbereiche) identifiziert, die tatsächlich hinter den Kennzahlen stehen. Damit lautet unsere Forderung nun, in der Diskriminanzfunktion jeweils nur einen Vertreter eines Informationsbereiches zuzulassen.

Ein erster Ansatz greift dazu auf unsere schon bisher ermittelten Ergebnisse zurück. Die Reihenfolge der diskriminatorischen Bedeutung der Kennzahlen in der Diskriminanzfunktion aus 7.3.4.2. war K4, K1, K2, K3, K7, K5. Nun entfernen wir aus der Diskriminanzfunktion alle Vertreter desselben Informationsbereiches und lassen nur denjenigen mit der höchsten diskriminatorischen Bedeutung zurück. Somit sind die Kennzahlen K1 und K2 (Informationsbereich "Ertragslage") und K5 (Informationsbereich "Schuldenlast") zu entfernen. In der Diskriminanzfunktion verbleiben die Informationsbereiche "Ertragslage" (K4), "Schuldenlast" (K3) und "Finanzstruktur" (K7).

Betrachtet man das Protokoll der schrittweisen Diskriminanzanalyse, so waren dies auch genau die Kennzahlen, die in den ersten drei Schritten aufgenommen wurden (K3 und K4 in umgekehrter Reihenfolge, aber zuerst). Die Durchführung der Diskriminanzanalyse (Aufstellung der Diskriminanzfunktion für t-3, Trainingsmenge) mit diesen drei Kennzahlen zeigt folgende Resultate:

= =

Wie in 7.3.4.2. ist für den anschließenden Test der ermittelten Diskriminanzfunktion die Datei mit den Trainingsdaten für t-3 "st300_3.txt" mittels eines Texteditors mit den Dateien der Testdaten für t-3, t-2 und t-1 zusammenzusetzen (vgl. 7.3.4.2.). Im übrigen gleicht hier die Vorgehensweise der aus 7.3.4.2., d.h. die zusammengesetzten Dateien "gesamt3.txt", "gesamt2.txt" und "gesamt1.txt" sind nacheinander einzulesen und zu bearbeiten.

```
= = = = = = = = = = = = = = = = = = = = = = = = = = = = = = = = = = = = = = = =

                      Canonical Discriminant Functions

               Pct of   Cum  Canonical  After  Wilks'
 Fcn Eigenvalue Variance  Pct     Corr       Fcn  Lambda  Chisquare  DF  Sig
                                          :    0   .6134   291.538     3  .0000
  1*     .6303  100.00  100.00    .6218  :

  * marks the   1 canonical discriminant functions remaining in the analysis.

Standardized Canonical Discriminant Function Coefficients

             FUNC  1
K3           -.72121
K4            .56035
K7            .35190


Structure Matrix:

Pooled-within-groups correlations between discriminating variables
                                  and canonical discriminant functions
(Variables ordered by size of correlation within function)

             FUNC  1
K3           -.67619
K4            .67466
K7            .38158

Unstandardized Canonical Discriminant Function Coefficients

              FUNC  1
K3          -.2987540
K4           .8664364E-01
K7           .1316387E-02
(constant)   .6792951


Canonical Discriminant Functions evaluated at Group Means (Group Centroids)

  Group       FUNC  1
      0         .79257
      1       -.79257

Classification Results for cases selected for use in the analysis -

                          No. of    Predicted Group Membership
   Actual Group           Cases          0          1
-------------------      ------   --------   --------
Group       0              300        250         50
                                     83.3%      16.7%

Group       1              300         73        227
                                     24.3%      75.7%

Percent of "grouped" cases correctly classified:  79.50%
```

```
Classification Results for cases not selected for use in the analysis -

                      No. of    Predicted Group Membership
  Actual Group         Cases          0          1
--------------------  ------    --------   --------
Group         0          300        250         50
                                  83.3%      16.7%

Group         1          300         73        227
                                  24.3%      75.7%

Percent of "grouped" cases correctly classified:  79.50%
```

Die ermittelte Diskriminanzfunktion lautet:

$$D = 0{,}6793 - 0{,}2988\ K3 + 0{,}0866\ K4 + 0{,}0013\ K7$$

Gemäß den standardisierten Diskriminanzkoeffizienten besitzen die Kennzahlen K3 und K4 die höchste Bedeutung, während K7 weniger wichtig erscheint. Die Klassifikationsergebnisse dieser Diskriminanzfunktion sind für t-3 identisch in Trainings- und Testmenge. Wie bereits erwähnt, ist dieses Ergebnis auf die hohe Fallzahl und die Herkunft der Beispieldaten zurückzuführen. Bei echten Daten ergeben sich schon aufgrund der meist kleineren Fallzahlen abweichende Klassifikationsergebnisse. Dies sollte als eigenständige Übung anhand der Daten der verkleinerten Stichprobe ausprobiert werden.

```
Classification Results for cases not selected for use in the analysis -

                      No. of    Predicted Group Membership
  Actual Group         Cases          0          1
--------------------  ------    --------   --------
Group         0          300        255         45
                                  85.0%      15.0%

Group         1          300         73        227
                                  24.3%      75.7%

Percent of "grouped" cases correctly classified:  80.33%
```

Für den Zeitpunkt t-2 klassifiziert die gefundene Diskriminanzfunktion besser als in t-3. Dies entspricht dem erhofften Ergebnis. Leider ist das Ergebnis aber für t-1 wieder schlechter:

```
Classification Results for cases not selected for use in the analysis -

                      No. of    Predicted Group Membership
  Actual Group         Cases          0          1
--------------------  ------    --------   --------
Group         0          300        258         42
                                  86.0%      14.0%

Group         1          300         98        202
                                  32.7%      67.3%

Percent of "grouped" cases correctly classified:  76.67%
```

Auf mögliche Ursachen für das Zustandekommen eines solchen Ergebnisses hatten wir bereits hingewiesen. Trotzdem sei hier noch einmal an die Herkunft der Beispieldaten erinnert, die mit zu diesem Ergebnis beiträgt. Aus den erläuterten Gründen hätte sich hier bei echten Daten ein besseres Ergebnis eingestellt. Jedoch ist es gegenüber dem aus 7.3.4.2. deutlicher besser geworden, wir befinden uns anscheinend auf dem richtigen Weg. In diesem konkreten Fall bieten sich drei Wege für das weitere Vorgehen an:

- Zunächst könnte versucht werden, die am wenigsten bedeutsame Kennzahl K7 aus der Diskriminanzfunktion zu entfernen und die Tests mit K3 und K4 zu wiederholen.
- Alternativ können die Repräsentanten der einzelnen Informationsbereiche gegeneinander ausgetauscht werden. In einem ersten Austauschschritt könnte z.B. K7 gegen K6 ausgetauscht werden. Möglicherweise läßt sich durch sukzessives Austauschen eine Lösung mit den geforderten Eigenschaften finden.
- Wie bereits hingewiesen, könnte die Diskriminanzfunktion auch anhand aller Trainingsdaten (t-3, t-2 und t-1) aufgestellt werden.

Wir wollen hier beispielhaft nur auf die erste Möglichkeit zurückgreifen und deren Resultate näher betrachten. Die beiden anderen Möglichkeiten sind als eigene Übung empfohlen.

Bei der Verwendung der Kennzahlen K3 und K4 ergeben sich folgende Resultate:

```
                     Canonical Discriminant Functions

               Pct of   Cum  Canonical  After  Wilks'
Fcn Eigenvalue Variance  Pct      Corr     Fcn  Lambda  Chisquare    DF  Sig
                                         :    0   .6409   265.631     2  .0000
1*     .5604   100.00  100.00    .5993 :

 * marks the   1 canonical discriminant functions remaining in the analysis.

Standardized Canonical Discriminant Function Coefficients

             FUNC  1
K3             .69887
K4            -.69720
```

```
Structure Matrix:

Pooled-within-groups correlations between discriminating variables
                                          and canonical discriminant functions
(Variables ordered by size of correlation within function)

             FUNC  1
K3            .71711
K4           -.71549

Unstandardized Canonical Discriminant Function Coefficients

              FUNC  1
K3           .2894997
K4          -.1078038
(constant)  -.9694935


Canonical Discriminant Functions evaluated at Group Means (Group Centroids)

  Group      FUNC   1
      0        -.74735
      1         .74735


Classification Results for cases selected for use in the analysis -

                           No. of     Predicted Group Membership
   Actual Group            Cases          0           1
--------------------      ------    --------    --------
Group       0               300         248          52
                                       82.7%       17.3%

Group       1               300          82         218
                                       27.3%       72.7%

Percent of "grouped" cases correctly classified:  77.67%


Classification Results for cases not selected for use in the analysis -

                           No. of     Predicted Group Membership
   Actual Group            Cases          0           1
--------------------      ------    --------    --------
Group       0               300         248          52
                                       82.7%       17.3%

Group       1               300          82         218
                                       27.3%       72.7%

Percent of "grouped" cases correctly classified:  77.67%
```

Die ermittelte Diskriminanzfunktion lautet:

$$D = -0{,}9695 + 0{,}2895\ K3 - 0{,}1078\ K4$$

Wertet man die Diskriminanzfunktion an den Gruppenmittelwerten der Kennzahlen aus, so besitzen leistungsgestörte positive, nicht leistungsgestörte Unternehmen negative Diskriminanzwerte. Die Kennzahlen K3 und K4 besitzen annähernd dieselbe klassifikatorische Bedeutung. Für t-3 klassifiziert sie etwas schlechter als die vorangegangene. Jedoch besitzt sie, angewendet auf die Testdaten aus t-2 und t-1, die erwünschten Eigenschaften:

```
Classification Results for cases not selected for use in the analysis -

                          No. of    Predicted Group Membership
   Actual Group           Cases          0          1
--------------------     ------    --------    --------
Group        0              300        264          36
                                     88.0%       12.0%

Group        1              300         83         217
                                     27.7%       72.3%

Percent of "grouped" cases correctly classified:  80.17%


Classification Results for cases not selected for use in the analysis -

                          No. of    Predicted Group Membership
   Actual Group           Cases          0          1
--------------------     ------    --------    --------
Group        0              300        249          51
                                     83.0%       17.0%

Group        1              300         45         255
                                     15.0%       85.0%

Percent of "grouped" cases correctly classified:  84.00%
```

Sie klassifiziert in t-2 80,17% aller Jahresabschlüsse, in t-1 sogar 84,00% aller Jahresabschlüsse richtig.

Eine weitere Variante bei der Anwendung der schrittweisen Diskriminanzanalyse besteht darin, zunächst wieder mit allen Kennzahlen zu beginnen. Nachdem die erste, trennfähigste Kennzahl ermittelt wurde, werden alle anderen Kennzahlen desselben Faktors ausgeschlossen. Dieses Vorgehen wird iterativ für die zweite, dritte usw. Kennzahl wiederholt. Durch diese sukzessive Kennzahlenreduktion wird erreicht, daß in die Diskriminanzfunktion nur gering korrelierte und gleichzeitig trennfähige Kennzahlen eingehen. Ferner kann durch Vorgabe des Toleranzkriteriums, welches den korrelativen Zusammenhang einer Variablen mit allen anderen Variablen der Gleichung mißt, die Aufnahme hoch korrelierter Kennzahlen zusätzlich verhindert werden.

7.3.5. Historische Entwicklung im Überblick

Nachdem wir in einem groben Überblick gesehen haben, wie auf dem derzeitigen Stand die Methoden der empirischen Bilanzanalyseforschung unter Einsatz des mathematisch-statistischen Verfahrens der MDA arbeiten, wollen wir abschließend in einem kurzen historischen Abriß die Entwicklung dieses Forschungszweiges betrachten. Der folgende Überblick ist keinesfalls als umfassend oder vollständig zu betrachten, sondern soll exemplarisch einige Stationen der historischen Entwicklung kurz vorstellen.

7.3.5.1. Univariate Verfahren

Fitz Patrick (1932)

Den Beginn der empirischen Bilanzanalyseforschung in dem hier betrachteten Sinne markiert eine im Jahre 1932 erfolgte Veröffentlichung von Fitz Patrick [1932]. War es bis zu diesem Zeitpunkt üblich gewesen, nur insolvente Unternehmen zu betrachten und nach typischen Merkmalen für eine Insolvenz zu suchen, führte Fitz Patrick einen ersten gegenüberstellenden Vergleich durch. In die Untersuchung wurden 19 insolvente Unternehmen einbezogen, denen jeweils ein nach Branche, Größe und Standort ähnliches, solventes Unternehmen gegenüber gestellt wurde (paarweise Selektion). Die Daten stammen aus den Jahren 1918 bis 1928. Für einen Zeitraum von 3 Jahren vor Eintritt der Insolvenz erfolgte ebenfalls in einem paarweisen Vergleich eine Betrachtung des Verlaufs von 13 Kennzahlen. Eine Ermittlung von Mittelwerten oder Trennwerten sowie Klassifikationen erfolgte allerdings noch nicht.

Merwin (1942)

In einer 1942 veröffentlichten Untersuchung stellte Merwin 200 insolventen Unternehmen 381 Vergleichsunternehmen gegenüber [Rösler 1988, S. 104 f.]. Bemerkenswert ist hier die Unternehmensgröße der einbezogenen Unternehmen, die ein Gesamtkapital zwischen 50.000 und 150.000 US-Dollar aufwiesen. In späteren Untersuchungen wurden gerade solche "kleinen" Unternehmen ausgeschlossen. Er betrachtete einen Zeitraum von 6 Jahren vor Eintritt der Insolvenz. Im Gegensatz zum paarweisen Vergleich wie bei Fitz Patrick verglich er zum ersten Mal die Mittelwerte der Kennzahlen der insolventen Unternehmen mit denen der solventen.

Beaver (1966)

Die erste Arbeit mit dem Ziel einer späteren Insolvenzprognose geht auf eine Veröffentlichung von Beaver [1966] aus dem Jahre 1966 zurück. Der Untersuchung lagen 79 Industrieunternehmen zugrunde, die in den Jahren 1954 bis 1964 insolvent wurden bzw. ernsthafte Zahlungsschwierigkeiten aufwiesen. Im Zuge einer paarweisen Selektion wurden ihnen eine gleich große Anzahl von

Vergleichsunternehmen gegenüber gestellt. Er betrachtete dabei einen Zeitraum von 5 Jahren vor Eintritt der Insolvenz bzw. Zahlungsschwierigkeit.

Ausgehend von 30 Kennzahlen, die er nach den Kriterien "Popularität in der Literatur" und "erfolgreiche Anwendung in einer früheren Untersuchung" auswählte, versuchte er als erster eine univariate Klassifikation. Dazu teilte er zunächst die 158 Unternehmen zufällig in zwei gleich große Teilmengen ("Trainings-" und "Testmenge") auf. In einem "trial-and-error-" Verfahren ermittelte er für die Trainingsmenge den Kennzahlenwert einer Kennzahl, der - als Trennwert benutzt - innerhalb dieser Gruppe die geringste Anzahl an Fehlklassifikationen ermöglichte. Die Prognosefähigkeit einer Kennzahl mit ihrem zugehörigen Trennwert wurde anhand der Testmenge überprüft.

Die größte Trennfähigkeit ermittelte er für die Kennzahl "Cash-flow / Fremdkapital", deren Klassifikationsquote ein Jahr vor Eintritt der Insolvenz bzw. Zahlungsschwierigkeit bei 87% lag. Für die früheren Jahre vor Eintritt lag die Fehlklassifikationsquote zwischen 21% und 24%.

7.3.5.2. Multivariate Verfahren

Die Hauptkritik an den univariaten Verfahren betraf in erster Linie deren noch hohe Fehlklassifikationsquoten und vor allem deren mangelnde Eindeutigkeit. So kann ein Unternehmen aufgrund der einen Kennzahl als solvent, aufgrund einer anderen aber als insolvent klassifiziert werden. Auswege könnten hier in einer Art "Mehrheitsentscheid" gesucht werden oder in der Bildung eines Risikoindexes. Ersterem kann vorgeworfen werden, die Trenngüte der einzelnen Kennzahlen nicht zu berücksichtigen, dem zweiten Verfahren dagegen das subjektive Moment bei der Gewichtung der Kennzahlen.

Altman (1968)

Ein Versuch, diesem Problem zu begegnen, findet sich 1968 in einer Arbeit von Altman, wo erstmalig die lineare MDA zum Einsatz kam [Altman 1968]. Die Untersuchung erfolgte anhand von 33 im Zeitraum 1946 bis 1965 insolvent gewordenen Unternehmen. Diesen wird aufgrund einer Art paarweisen Selektion eine gleich große Gruppe von Vergleichsunternehmen gegenüber gestellt. Ausgehend von anfänglich 22 Kennzahlen identifiziert er eine Diskriminanzfunktion mit fünf Kennzahlen. Wie auch bei dem heute üblichen Vorgehen erfolgte der Test der Diskriminanzfunktion anhand einer Gruppe von Unternehmen (nochmals 25 insolvente und 66 nicht insolvente), die nicht zu deren Ermittlung benutzt wurde. Hier war die Fehlklassifikationsquote allerdings ein Jahr vor Eintritt der Insolvenz höher als bei Beaver (17%) und stieg mit zunehmender zeitlichen Ferne des Eintritts der Leistungsstörung schnell an. Der erste Versuch erbrachte daher nicht auf Anhieb ein besseres Ergebnis als bei univariater Vorgehensweise.

Beermann (1976)

Die erste deutsche Untersuchung, die sich mit der Frage der Insolvenzprognose aufgrund von Bilanzkennzahlen auseinandersetzte, wurde 1976 von Beermann [1976] vorgelegt. Ausgangspunkt der Untersuchung waren 21 Aktiengesellschaften, die in den Jahren 1966 bis 1971 insolvent wurden bzw. erhebliche Kapitalverluste erlitten. Eine gleich große Vergleichsgruppe wurde durch paarweise Selektion ermittelt.

Für die Durchführung seiner Untersuchung benutzte er zehn Kennzahlen, deren Trennfähigkeit zunächst univariat untersucht wurde. Anschließend verwendete auch er eine lineare MDA, wobei er jedoch nicht nach einer Reduktion der Anzahl der Kennzahlen suchte, sondern alle zehn der linearen MDA fest vorgab. Dabei stellte er getrennte Diskriminanzfunktionen für ein, zwei, drei und vier Jahre vor Eintritt der Insolvenz bzw. des Kapitalverlusts auf.

Kritisch wird bei seiner Untersuchung der Test der gefundenen Diskriminanzfunktionen anhand einer nur sehr kleinen Sekundärstichprobe (zwölf scheiternde Unternehmen) angemerkt. Für die praktische Einsetzbarkeit erscheint aber die Verwendung von vier unterschiedlichen Diskriminanzfunktionen als viel gravierender, denn für eine sachgerechte Anwendung müßte man ja wissen, wieviele Jahre vor Eintritt der Insolvenz das unbekannte, noch zu klassifizierende Unternehmen steht. Würde man aber in der Praxis über diese Information verfügen, bräuchte man auch kein Prognoseverfahren mehr.

Weinrich (1978)

Eine 1978 von Weinrich [1978] vorgelegte Untersuchung umfaßte 44 Unternehmenspaare, die in eine Trainingsmenge zu 32 und eine Testmenge zu 12 Unternehmenspaaren zerlegt wurden. Bei der Auswahl der Unternehmen wurde ein weniger weitgehender Insolvenzbegriff als bei vorangegangenen Untersuchungen gewählt. In seiner Untersuchung wurden hierunter nur Konkurs, Vergleich, Betreibung einer Pfändung oder Pfandverwertung auf gerichtlichem Wege verstanden. Als kürzester Prognosezeitraum wurden zwei Jahre vor Eintritt betrachtet, da oftmals für das letzte Jahr keine Bilanz mehr vorlag. Da drei aufeinanderfolgende Jahresabschlüsse betrachtet wurden, erstreckte sich der Analysehorizont auf 2 bis 4 Jahre vor Eintritt der Insolvenz. Die Analyse basierte auf einer anfänglichen Anzahl von 28 Kennzahlen.

Neben einigen Vortests (Überprüfung der univariaten Trennfähigkeit, Faktorenanalyse) wurde die lineare MDA eingesetzt. Wie auch bei Beermann wurden für die einzelnen Zeitpunkte (zwei, drei und vier Jahre vor Eintritt) unterschiedliche Diskriminanzfunktionen aufgestellt, wobei zunächst keine Reduktion der Kennzahlen erfolgte. Er erkannte das Problem der hohen Korrelationen der Kennzahlen untereinander und versuchte zu einer sinnvollen Reduktion deren Anzahl zu gelangen. Schließlich beschränkte er sich auf fünf Kennzahlen, wobei allerdings die daraufhin erfolgende Diskriminanzanalyse zum Teil nicht mehr ökonomisch sinnvoll interpretierbare Vorzeichen hervorbrachte. Er brach daraufhin seine Bemühungen mit dieser Methode ab und entwickelte ein Punktbewertungsschema.

Gebhardt (1980)

Die 1980 von Gebhardt [1980] vorgelegte Arbeit ging der Frage nach, welche Änderungen sich aus der Reform des Aktienrechts von 1965 gegenüber den Rechnungslegungsvorschriften von 1937 ergaben. Dies untersuchte er u.a. anhand der Möglichkeiten zur Insolvenzprognose. Dazu zog er 13 Unternehmenspaare, die nach dem Aktienrecht von 1937 bilanzierten, und 28 Unternehmenspaare, die nach dem Aktienrecht von 1965 bilanzierten, heran. Er betrachtete dabei vier aufeinanderfolgende Jahresabschlüsse vor Eintritt der Insolvenz, deren Informationsgehalt in anfänglich 80 Kennzahlen zusammengefaßt wurde.

Neben verschiedenen anderen Tests wurden hier - wie auch in den beiden vorangegangenen Untersuchungen - getrennte Diskriminanzfunktionen für jeden betrachteten Zeitpunkt (vier, drei, zwei und ein Jahr(e)) vor Eintritt der Insolvenz ermittelt. Außer der linearen setzte er erstmals auch die quadratische multivariate Diskriminanzanalyse ein. Durch ein besonderes Vorgehen kommen seine Diskriminanzfunktionen mit nur zwei bis fünf Kennzahlen aus. Überdies sind seine Diskriminanzfunktionen ökonomisch sinnvoll interpretierbar. Nach wie vor erlaubt aber die Verwendung unterschiedlicher Diskriminanzfunktionen keine echten Insolvenzprognosen, sondern nur deskriptive Aussagen. Daher verwundert es nicht, daß die Untersuchungen Beermanns und Gebhardts bei einer Gegenüberstellung mit der von Altmann höhere Klassifikationsquoten aufwiesen, der ja nur mit einer für alle Zeitpunkte einheitlichen Diskriminanzfunktion arbeitete.

Niehaus (1987)

Die von Niehaus [1987] vorgelegte Untersuchung entspricht von ihrer Vorgehensweise am weitesten der in Kapitel 7.3. vorgestellten. Ausgangspunkt waren hier 141 Unternehmen, bei denen es zwischen Anfang 1982 und Mitte 1985 zu einer Leistungsstörung in Kreditengagements gekommen ist. Insofern zielte seine Arbeit eher auf eine Leistungsstörungsprognose als auf eine Insolvenzprognose ab. Ihnen wurden 141 Vergleichsunternehmen gegenüber gestellt, die zwar zufällig gezogen wurden, aber gewissen Randbedingungen - wie auch die leistungsgestörten Unternehmen - genügen mußten. Betrachtet wurde hier ein Zeitraum von drei bis ein Jahr(en) vor Eintritt der Leistungsstörung.

Niehaus ging zunächst von ca. 80 Kennzahlen aus, die aber schnell aufgrund bestimmter Vorüberlegungen auf 42 reduziert wurden. Als Vortests wurden Mittelwertvergleiche (graphische und andere), Tests auf Normalverteilung und eine Korrelations- bzw. Faktorenanalyse durchgeführt. Wie bei fast allen vorangegangenen Untersuchungen auch mußte die Normalverteilungsannahme abgelehnt werden.

Die anschließende Diskriminanzanalyse resultierte in einer Diskriminanzfunktion mit vier Kennzahlen. Sie klassifizierte drei Jahre vor Eintritt der Leistungsstörung 18,44%, zwei Jahre vorher ebenfalls 18,44% und ein Jahr vorher nur 13,83% der untersuchten Unternehmen falsch. Durch die Einführung eines "Graubereichs", innerhalb dessen keine Klassifikation erfolgte, konnten die Fehlklassifikationen weiter gesenkt werden, allerdings zulasten nun nicht mehr klassifizierter Unternehmen.

Der Test der Diskriminanzfunktionen erfolgte an 15.000 Jahresabschlüssen (500 leistungsgestörte Unternehmen, 14.500 nicht leistungsgestörte). Die Ergebnisse geben die nachfolgenden Tabellen wieder [Baetge 1989, S. 805]:

	Klassifikation als "nicht leistungsgestört"	keine Klassifikation (Graubereich)	Klassifikation als "leistungsgestört"
3 Jahre vor Störung	7,3%	10,3%	82,4%
2 Jahre vor Störung	6,6%	9,7%	83,7%
1 Jahr vor Störung	5,3%	4,9%	89,8%

Tab. 7.3.5.2.-1.: *Klassifikation leistungsgestörter Unternehmen (ca. 500 Jahresabschlüsse) [Niehaus 1987 und Baetge 1989]*

	Klassifikation als "nicht leistungs-gestört"	keine Klassifikation (Graubereich)	Klassifikation als "leistungsgestört"
1981	50,7%	22,4%	26,9%
1982	51,0%	21,7%	27,3%
1983	51,9%	21,2%	26,9%
1984	50,1%	22,5%	27,4%
1985	48,3%	23,1%	28,5%

Tab. 7.3.5.2.-2.: *Klassifikation nicht leistungsgestörter Unternehmen (ca. 14.500 Jahresabschlüsse) [Niehaus 1987 und Baetge 1989]*

Hauschildt (1988)

In einer von Hauschildt vorgestellten Untersuchung [Hauschildt 1988, S. 115 ff.] wurden anfänglich 50 insolventen Unternehmen aus den Jahren 1984 und 1985 im Zuge eines paarweisen Vergleichs 50 solvente Unternehmen gegenübergestellt. Bei näherer Betrachtung der Jahresabschlüsse genügten viele jedoch nicht bestimmten Anforderungskriterien, womit sich das Auswertungspanel auf 28 Unternehmenspaare reduzierte. Für die insolventen Unternehmen wurde dabei ein Zeitraum von zwei bis vier Jahren vor der Insolvenz betrachtet. Die Jahresabschlußdaten wurden von einem Kreditinstitut zur Verfügung gestellt.

Ein späterer Validitätstest der an dieser Stichprobe ermittelten multivariaten Diskriminanzfunktion umfaßte 33 insolvente Aktiengesellschaften, die zwischen 1976 und 1984 insolvent wurden sowie eine gleich große Anzahl solventer Aktiengesellschaften. Hier wurden folgende Klassifikationsquoten erzielt:

	Trainingsgruppe (2 * 28)	Testgruppe (2 * 33)
4 Jahre vorher	71,4	72,7
3 Jahre vorher	73,2	74,2
2 Jahre vorher	76,8	78,8

Tab. 7.3.5.2.-3.: *Klassifikationsquoten der multivariaten Diskriminanzfunktion [Hauschildt 1988]*

Hauschildt betrachtet das Ergebnis in der Testgruppe insbesondere deshalb als frappierend, da die Trainingsstichprobe unabhängig von der Rechtsform gewonnen wurde, die Testgruppe einen viel weiteren Zeitraum als die Trainingsgruppe umfaßte und die Ausgangsdaten der Trainingsgruppe (aufbereitet vom

Kreditinstitut) nicht unbedingt inhaltlich mit denen der Testgruppe (gemäß Aktiengesetz) übereinstimmen mußten.

Die Konzeption von Hauschildt wurde später von Leker [1993, 1994] um einen interessanten Aspekt erweitert. Leker konnte mit einem multiplen Diskriminanzmodell (zwei aufeinander aufbauende Diskriminanzfunktionen) eine gute Trennung der untersuchten Unternehmungen in unterschiedliche künftige Krisenstadien erreichen.

Feidicker (1992)

Eine der Untersuchungen, deren Ergebnisse wohl besonders repräsentativ sein dürften, ist die von Feidicker [1992]. Dieser benutzt insgesamt 73 Kennzahlen und setzt für die Analysestichprobe das Vorhandensein dreier aufeinanderfolgender vollständiger Jahresabschlüsse voraus. Auch diese Arbeit zeichnet sich ebenso wie die Arbeit von Niehaus vor allem dadurch aus, daß neben einer hinreichend großen Analysestichprobe von Jahresabschlüssen auch eine besonders große Teststichprobe zur Überprüfung der Ergebnisse zur Verfügung stand. Das Datenmaterial bildete dabei eine Grundgesamtheit von 8129 Unternehmen, von denen 7474 solvent und 655 insolvent waren. Aus dieser Grundgesamtheit wurde schließlich eine Analysestichprobe von 112 solventen und 112 insolventen Unternehmen (insgesamt jeweils 336 Datensätze, wobei die Rechnungslegung nach Aktiengesetz 1965 alter Fassung erfolgt war) sowie zwei Validierungsstichproben extrahiert. Die erste Validierungsstichprobe enthielt 526 Datensätze insolventer und 5340 Datensätze solventer Unternehmen aus den Jahren 1983 - 1986 (Rechnungslegung nach Aktiengesetz 1965 alter Fassung). Die zweite Validierungsstichprobe bestand aus 214 Datensätzen insolventer und 1150 Datensätzen solventer Unternehmen (Rechnungslegung nach HGB 1985). Nach Durchführung mehrerer Vortests (unter anderem Korrelationsanalyse, Clusteranalyse und Faktorenanalyse) wurden zwei Diskriminanzfunktionen mit jeweils vier Kennzahlen ermittelt. Der Unterschied zwischen den beiden Funktionen lag dabei lediglich in der Berechnung einer der in den Diskriminanzfunktionen verwendeten Kennzahlen (im ersten Fall Gesamtverschuldung **einschließlich** „Anzahlungen auf unfertige Erzeugnisse" zu Umsatz und im zweiten Fall stattdessen Gesamtverschuldung **ohne** „Anzahlungen auf unfertige Erzeugnisse" zu Umsatz). Die Ergebnisse der von Feidicker präferierten (zweiten) Funktion geben die nachfolgenden Tabellen wieder [Feidicker 1992, S. 179 ff.]:

Zeitpunkt vor Insolvenz	Richtigklassifikation insolventer Unternehmen	Richtigklassifikation solventer Unternehmen
t-3	81,2 %	73,2 %
t-2	87,5 %	72,3 %
t-1	96,4 %	69,7 %

Tab. 7.3.5.2.-4: *Klassifikationsergebnisse der Analysestichprobe (112 gute und 112 schlechte Unternehmen, also jeweils 336 Jahresabschlüsse) [Feidicker 1992]*

526 Jahresabschlüsse insolventer Unternehmen	
Zeitpunkt vor Insolvenz	Richtigklassifikation der insolventen Unternehmen
t-3	85,8 %
t-2	90,8 %
t-1	89,4 %
5340 Jahresabschlüsse solventer Unternehmen	
Jahr	Richtigklassifikation der solventen Unternehmen
1983	65,6 %
1984	61,8 %
1985	60,0 %
1986	62,6 %

Tab. 7.3.5.2.-5.: *Klassifikationsergebnisse der ersten Validierungsstichprobe (Rechnungslegung nach Aktiengesetz 1965 alter Fassung) [Feidicker 1992]*

214 Jahresabschlüsse insolventer Unternehmen	
Zeitpunkt vor Insolvenz	Richtigklassifikation der insolventen Unternehmen
t-2	89,6 %
t-1	94,2 %
1150 Jahresabschlüsse solventer Unternehmen	
Jahr	Richtigklassifikation der solventen Unternehmen
1987	65,6 %
1988	64,4 %
1989	57,7 %

Tab. 7.3.5.2.-6.: *Klassifikationsergebnisse der zweiten Validierungsstichprobe (Rechnungslegung nach HGB 1985) [Feidicker 1992]*

Feidickers Untersuchung diente als Grundlage für die spätere Studie von Krause [Krause 1993. Auf diese Arbeit wird in Kapitel 7.4.4. eingegangen], der Künstlichen Neuronalen Netzwerke zur Jahresabschlussanalyse einsetzte.

Schöppner (1992)

Die Untersuchung von Schöppner [1992] umfaßt die Jahresabschlussanalyse französischer und amerikanischer Unternehmen. Für die Arbeiten zu den amerikanischen Unternehmen standen die Daten von insgesamt 204 Unternehmen zur Verfügung, wovon die Hälfte leistungsgestört war. Diese Gesamtheit wurde nochmals in eine Trainingsstichprobe mit je 66 Unternehmen und eine Teststichprobe mit je 36 Unternehmen aufgeteilt. Für jedes Unternehmen standen drei aufeinanderfolgende Jahresabschlüsse zur Verfügung. Der Kennzahlenkatalog enthielt 61 Kennzahlen. Bezüglich des Datenmaterials zur Untersuchung mit den französischen Unternehmen kann auf Abbildung 7.2.-1. verwiesen werden, da es sich hierbei um die dort vorgestellten Daten handelt. Für jede Untersuchung ermittelte Schöppner sechs unterschiedliche Diskriminanzfunktionen, wovon vier auf rein stichtagsbezogenen Daten basierten, während eine weitere nur Veränderungsdaten benutzte. Schließlich wurde jeweils auch eine Diskriminanzfunktion entwickelt, die als Grundlage sowohl Veränderungsdaten als auch stichtagsbezogene Daten heranzog. Die ermittelten Diskriminanzfunktionen enthielten drei Kennzahlen. Bemerkenswert ist, daß Schöppner zu dem Ergebnis kam, daß insbesondere im Frankreich-Fall die Diskriminanzfunktion auf Basis der Veränderungsdaten sehr schlecht abschnitt. Exemplarisch seien an dieser Stelle die Ergebnisse der am besten klassifizierenden Diskriminanzfunktionen der Frankreich-Untersuchung aufgeführt [Schöppner 1992, S. 73, 75, 77 und 78]:

<table>
<tr><th colspan="5">Richtigklassifikationen</th></tr>
<tr><th>Zeitpunkt</th><th colspan="2">Trainingsgruppe
(600 Jahresabschlüsse)</th><th colspan="2">Testgruppe
(300 Jahresabschlüsse)</th></tr>
<tr><td>t-3</td><td colspan="2">71,5 %</td><td colspan="2">80,0 %</td></tr>
<tr><td>t-2</td><td colspan="2">80,0 %</td><td colspan="2">88,0 %</td></tr>
<tr><td>t-1</td><td colspan="2">82,5 %</td><td colspan="2">89,0 %</td></tr>
<tr><td>Gesamt</td><td colspan="2">78,0 %</td><td colspan="2">85,67 %</td></tr>
<tr><td></td><td>Schlechte</td><td>Gute</td><td>Schlechte</td><td>Gute</td></tr>
<tr><td>t-3</td><td>71,0 %</td><td>72,0 %</td><td>78,0 %</td><td>82,0 %</td></tr>
<tr><td>t-2</td><td>83,0 %</td><td>77,0 %</td><td>88,0 %</td><td>88,0 %</td></tr>
<tr><td>t-1</td><td>90,0 %</td><td>75,0 %</td><td>88,0 %</td><td>90,0 %</td></tr>
<tr><td>Gesamt</td><td>81,33 %</td><td>74, 67 %</td><td>84,67 %</td><td>86,67 %</td></tr>
</table>

Tab. 7.3.5.2.-7.: *Klassifikationsergebnisse der Diskriminanzfunktion, für deren Ermittlung nur die Trainingsdaten aus t-2 herangezogen wurden [Schöppner 1992]*

Zeitpunkt	Trainingsgruppe (600 Jahresabschlüsse)	Testgruppe (300 Jahresabschlüsse)
t-3	nicht ausgewiesen	79,0 %
t-2	nicht ausgewiesen	88,0 %
t-1	nicht ausgewiesen	90,0 %
Gesamt	78,17 %	85,67 %

Tab. 7.3.5.2.-8.: *Klassifikationsergebnisse der Diskriminanzfunktion, die auf der Basis aller Trainingsdaten (t-3, t-2, t-1) erstellt wurde [Schöppner 1992]*

Die hier verwendeten Jahresabschlüsse französischer und teilweise auch amerikanischer Unternehmen wurden anschließend in den weiteren Untersuchungen zur Jahresabschlussanalyse unter Einsatz Künstlicher Neuronaler Netze [Rehkugler/Poddig 1992a, Kerling 1992 und 1996, Arz 1994 und Kerling/Poddig 1994] herangezogen, die in Kapitel 7.4.4. beschrieben sind.

7.3.6. Abschließende Hinweise

Die streifzugartige Betrachtung der Anwendung der MDA auf die Klassifikation von Jahresabschlüssen wollen wir nicht beenden, ohne auf einige wichtige Aspekte hinzuweisen:

Zwar finden in den meisten Untersuchungen zur Jahresabschlussanalyse unter Einsatz der MDA nur drei oder vier Kennzahlen Verwendung, jedoch muß dies nicht zwangsläufig so sein. Beispielsweise wurden in der wohl jüngsten Arbeit in diesem Bereich [Hüls 1995] sechs bzw. sieben Kennzahlen in die Diskriminanzfunktion aufgenommen, um das Informationspotential des Jahresabschlusses besser erfassen und abbilden zu können. Auch konnte in dieser großzahligen Untersuchung erneut gezeigt werden, daß die lineare multivariate Diskriminanzanalyse selbst bei einer Verletzung der Normalverteilungsannahme und der Annahme der Gleichheit der Varianz-Kovarianz-Matrizen zu sehr guten Ergebnissen gelangt. Im Falle einer früher ermittelten Diskriminanzfunktion [Feidicker 1992] konnte im Rahmen dieser Arbeit anhand einer Kontrollstichprobe von über 10500 Jahresabschlüssen eine hohe Stabilität der Ergebnisse nachgewiesen werden.

An vielen Stellen der weiter oben beispielhaft vorgeführten Anwendung der MDA waren alternative Vorgehensweisen denkbar. Auf einige haben wir hingewiesen und sie als Übung empfohlen. Das oben an den Beispieldaten erzielte Ergebnis ist rein exemplarisch. Es kann unter Verwendung der skizzierten alternativen Vorgehensweisen weiter verbessert werden, d.h. es werden sich andere, auch bessere Lösungen ergeben. Schon aus diesem Grund dürften die vorgeschlagenen Übungen einen gewissen Reiz besitzen.

Allgemein wollen wir aber ausdrücklich darauf hinweisen, daß unsere Darstellungen, einschließlich der vorgeschlagenen Übungen, lediglich einen detaillierteren Einblick in die Anwendung der MDA zur Klassifikation von Jahresabschlüssen vermitteln soll, als dies sonst gewöhnlich geschieht. Keinesfalls dürfen sie dagegen als eine Art "Kochrezept" für die Anwendung der MDA in der Praxis mißverstanden werden. Dazu erfordert die Anwendung der vorgestellten Verfahren tiefergehende Methodenkenntnisse, als die vorangegangenen Ausführungen vermitteln könnten. Sie stellen lediglich eine Anregung dar, sich intensiver mit diesem Zweig der Jahresabschlussanalyse zu beschäftigen. Für die Umsetzung in der Praxis sollte die Anwendung dieser Verfahren daher nur bei entsprechender Methodenkenntnis durchgeführt werden.

Inhaltlich mag kritisiert werden, daß die Anwendung dieser Verfahren weitgehend losgelöst von dem betriebswirtschaftlichen Hintergrund erscheint. Genausogut hätten sich die vorangegangenen Ausführungen mit der Klassifikation von Krankheitssymptomen zu Krankheiten beschäftigen können. Außerdem basieren sie auf rein empirischen Beobachtungen und lassen jegliche betriebswirtschaftlich-theoretische Durchdringung der Thematik vermissen. Gerade der letzte Aspekt ist ein Hauptstreitpunkt zwischen Gegnern [Schneider 1985, S. 1489 ff. und 1989, S. 633 ff. sowie Burger 1994, S. 1165-1179 und 1193-1197] und Befürwortern [Baetge 1989, S. 809 ff. sowie Baetge et al. 1994a, S. 1181-1191] der Anwendung der MDA (und Künstlicher Neuronaler Netze).

Wir wollen diese Diskussion nicht im Detail aufgreifen, sondern lediglich eine Anmerkung abgeben: Der Vorwurf einer fehlenden theoretischen Fundierung ist sicherlich gerechtfertigt, aber eigentlich belanglos. Wie jedes Verfahren der Mustererkennung soll auch die MDA erlauben, zuverlässige Objekterkennungen (d.h. Klassifikationen) durchzuführen. Dies geschieht durch Identifizierung diskriminierender Merkmale zwischen den zu unterscheidenden Objekten, ohne daß erklärt wird, warum diese Objekte sich gerade bezüglich der identifizierten Merkmale unterscheiden. Als Beurteilungskriterium für die Anwendung ist aber allein deren Leistungsfähigkeit entscheidend. So hat es wenig Sinn, darüber nachzudenken, warum sich ein Löwe und eine Katze bezüglich bestimmter Merkmale unterscheiden. Hauptsache ist allein, den Löwen rechtzeitig von der Katze zu unterscheiden und geeignete Schutzmaßnahmen zu ergreifen. Genauso verfehlt wäre es, in der Medizin auf ein Verfahren, welches zuverlässige Erkennungen von Krankheiten erlaubt, solange zu verzichten, bis man über gesicherte Theorien verfügt, warum es so gut funktioniert. Bezogen auf das Problem der Klassifikation von Jahresabschlüssen gilt Gleiches: Es gibt keinen einsichtigen Grund, auf ein leistungsfähiges Klassifikationsverfahren zu verzichten, nur weil bisher eine betriebswirtschaftliche Theorie fehlt, die die unterschiedlichen Merkmalsausprägungen leistungsgestörter und nicht leistungsgestörter Unternehmen zu erklären vermag. Natürlich sind wir als Wissenschaftler gefordert, an einer solchen Theorie zu arbeiten. Die Praxis kann aber nicht darauf warten, sondern muß tätig sein. Der Einsatz bestimmter Verfahren wird dabei durch die Güte der erzielten Klassifikationsergebnisse gerechtfertigt.

Diese Bemerkung darf keinesfalls als bedingungslose Propagierung der Anwendung der MDA verstanden werden, dafür weist sie noch zu hohe Fehlklassifikationen auf, als daß etwa eine Kreditvergabeentscheidung per "Knopfdruck auf den Computer" auch nur in Betracht gezogen werden darf. Nur ist deren grundsätzliche Ablehnung sicherlich genauso unsinnig. Die Anwendung der MDA innerhalb der Jahresabschlußanalyse ist nur ein Baustein. Signalisiert sie eine drohende Insolvenz, darf dies lediglich als Hinweis für eine intensivere Analyse verstanden werden. Genausowenig ist eine positive Klassifikation durch die MDA ein "Freibrief", jegliche weitere Analyse zu unterlassen.

7.4. KNN zur Klassifikation von Jahresabschlüssen

7.4.1. Einführung

"Künstliche Neuronale Netzwerke" (KNN) ist ein Sammelbegriff für eine bestimmte Klasse von Verfahren aus dem Bereich der Künstlichen Intelligenz (KI), von denen sich manche sehr gut als Klassifikationssysteme einsetzen lassen, andere schon per definition als ein solches konzipiert sind. Sie sind daher grundsätzlich für die Klassifikation von Jahresabschlüssen tauglich.

Vielen dürfte dieser Ansatz neu sein, andere mögen damit eine recht ungenaue Vorstellung verbinden, die diese Verfahren als etwas sehr Kompliziertes oder Unverständliches erscheinen lassen. Ein Grund liegt sicherlich in der Neuartigkeit dieser Verfahren, außerdem ist deren Einsatz für die Klassifikation von Jahresabschlüssen noch sehr jungen Datums. Obwohl der praktische Einsatz zur Jahresabschlußanalyse erst am Beginn steht und ihre Anwendung sich immer noch weitgehend in der wissenschaftlichen Erforschung befindet, möchten wir sie dem an neuen Verfahren interessierten Leser als Alternative zur MDA vorstellen.

Hierfür sprechen mehrere Gründe: Das im folgenden vorzustellende Modell basiert auf einem verblüffend einfachen Prinzip, das sehr viel leichter verständlich als die MDA ist. Ein tiefergehendes Verständnis der MDA setzt immerhin gute mathematisch-statistische Kenntnisse voraus. Außerdem unterliegt deren Anwendung streng genommen einigen wichtigen Anwendungsvoraussetzungen wie beispielsweise

- Normalverteilung der Kennzahlenwerte (= Merkmalsausprägungen),
- Gleichheit der Varianz-Kovarianz-Matrizen und
- Unabhängigkeit der Kennzahlen (= Merkmale),

gegen die man bei der Klassifikation von Jahresabschlüssen im Regelfall verstößt. Eigentlich dürfte man die MDA also nicht anwenden. Wird sie trotzdem angewendet, so kann dies zur Folge haben, daß anhand der ermittelten Diskriminanzfunktion nicht bestmöglich klassifiziert werden kann. Zudem können sich die Ergebnisse bei der Anwendung der Funktion auf nicht in die Untersuchung einbezogene Unternehmen als labil herausstellen [Lachenbruch 1975, S. 40; Schönbrodt 1981, S. 157; Niehaus 1987, S. 88].

Dagegen erfordert ein Verständnis des folgenden Verfahrens keine tiefgehenden mathematisch-statistischen Kenntnisse. Ferner arbeitet es voraussetzungsfrei, womit man bei dessen Anwendung auch keine verletzen kann. Aus puristischer Sicht ist damit die Anwendung des folgenden Verfahrens "sauberer" als die der MDA. Sein entscheidender Vorteil könnte darüberhinaus in seiner Fähigkeit liegen, nicht-lineare Zusammenhänge in den Daten zu entdecken, was für die lineare MDA ein unlösbares Problem darstellt. So ist es beispielsweise unmöglich, bei der Kennzahl Finanzerfolg mittels einer Trenngeraden eine zufriedenstellende Klassifikationsgüte zu erreichen, da „sowohl ein besonders hoher als auch ein besonders niedriger Finanzerfolg eine Krise anzeigen“ [Gemünden 1988, S. 137] können. Alles zusammengenommen stellen KNN einen sehr viel allgemeingültigeren Ansatz als die MDA dar. Der Nachteil dieses Verfahrens ist allerdings sein deutlich höherer Rechenaufwand. Ein selbständiges Nacharbeiten der Beispiele erfordert daher leider einen sehr leistungsfähigen PC. Für die Praxis erwächst aus dieser Anforderung aber bei der Entwicklungsgeschwindigkeit und dem Preisverfall bei Rechnern kein entscheidendes Hindernis. Das dazu erforderliche Programm befindet sich ebenfalls auf der Übungsdiskette.

Künstliche Neuronale Netzwerke (KNN) sind einfache mathematische Modelle natürlicher neuronaler Netzwerke, die in biologischen Organismen für die Verarbeitung von Reizen und dessen Steuerung zuständig sind (wie z.B. unser Gehirn). Diese Modelle dienen nicht nur zur Erforschung und dem Verständnis der Arbeitsweise unseres Gehirns, sondern werden bereits für vielfältige Anwendungen eingesetzt. Diese sind oftmals naturwissenschaftlicher, technischer oder militärischer Art (z.B. Erkennung von Unterseebooten anhand ihres Sonargeräusches), aber immer häufiger finden sie Anwendung auf wirtschaftliche Problemstellungen. So arbeiten bereits heute schon amerikanische Kreditkartenfirmen bei der Klassifikation von Kartenanträgen mit KNN. Die Problemstellung ist der hier betrachteten sehr ähnlich, soll doch aufgrund der im Kartenantrag erhobenen Merkmale eine Klassifikation des Antragstellers zur Klasse der „einwandfreien" oder „problematischen" Antragsteller erfolgen.

Die Anwendung von KNN auf die Klassifikation von Jahresabschlüssen ist erst seit Anfang der 90er Jahre Gegenstand der Forschung. Die dabei erzielten Ergebnisse sind nicht schlechter, oftmals aber um einiges besser als die der MDA, so daß die MDA möglicherweise in nicht allzu ferner Zukunft ersetzt werden kann.

Wir wollen die KNN hier dagegen nur vorstellen, um zu zeigen, daß der Ansatz der Klassifikation von Jahresabschlüssen nicht zwangsläufig an die MDA gekoppelt ist. Hier soll also kein "besseres" Verfahren vorgestellt oder der Diskussion nachgegangen werden, welches denn nun das überlegene ist. Wir wollen lediglich zeigen, wie ein alternativer Ansatz aussehen könnte, was beiden gemeinsam ist und worin sie sich unterscheiden.

Wie bereits erwähnt, stellt „KNN" einen Sammelbegriff für eine Reihe von Verfahren dar, die ebenso reich an Varianten ist wie die Gehirnstrukturen, die sie modellieren sollen. Es handelt sich dabei um einfache mathematische Modelle, die sich am biologischen Vorbild natürlicher neuronaler Netze (Gehirn und Zentralnervensystem) orientieren. Diese Orientierung erstreckt sich sowohl auf die Struktur (Netzstruktur) als auch auf die Art der Informationsverarbeitung (Signalverarbeitungsprozeß), wobei netzförmig miteinander verknüpfte Neuronen[3] verteilt ankommende Eingangsinformationen zu einer aggregierten höherwertigen Ausgangsinformation verarbeiten. Auf diese Weise sollen einige herausragende Eigenschaften biologischer neuronaler Netze nutzbar gemacht werden [Poddig 1992, S. 183 ff.].

Eine wichtige Eigenschaft, die Künstliche Neuronale Netzwerke besitzen, ist die Lernfähigkeit. Dadurch können sie die in einem System vorherrschenden Strukturen anhand von Beispieldaten erkennen. Dies wird erreicht, indem im Verlauf einer Trainingsphase dem Netzwerk ausgewählte Beispieldatensätze (sog. Trainingsdaten) präsentiert werden, anhand derer Merkmale und Gesetzmäßigkeiten gelernt und abstrahiert werden können. Anstelle eines Programms mit festgelegten Regeln und Befehlen tritt eine Lernphase, in der die Anpassungsschritte der einzelnen Neuronenverbindungen mit Hilfe einer Lernregel festgelegt werden. Ein KNN orientiert sich folglich nicht an einem vom Menschen erstellten Verfahrenshandbuch, sondern es verhält sich so, wie es dies vorher aus den Beispielen „gelernt" hat. Das dabei im Netzwerk enthalte-

3 Aus diesem Grund wird dieser Ansatz der Künstlichen Intelligenz auch als „Konnektionismus" bezeichnet. Ein weiterer Begriff, der für diesen Ansatz verwendet wird, ist der Begriff „subsymbolischer Ansatz". [Poddig 1992, S. 183]

ne „Wissen“ ist dezentral in den gewichteten Verbindungen zwischen den Neuronen gespeichert. [Hohler 1991, S. 58 f.; Rehkugler/Poddig 1992b, S. 414; Poddig 1992, S. 184]

Übertragen auf das Problem der Klassifikation von Jahresabschlüssen mittels Bilanzkennzahlen bedeutet dies, daß das Netzwerk lernen kann, einen Zusammenhang zwischen den Ausprägungen von Kennzahlen und der Klassenzugehörigkeit zur Klasse der Jahresabschlüsse potentiell „leistungsgestörter“ oder potentiell „nicht leistungsgestörter“ Unternehmen herzustellen. Die so extrahierte „Klassifikationsfunktion“ soll es anschließend ermöglichen, anhand von Bilanzkennzahlen die Jahresabschlüsse auch solcher Unternehmen zu klassifizieren, deren Daten nicht für das Training benutzt wurden, womit die Generalisierungsfähigkeit von Netzwerken angesprochen ist. Da diese von herausragender Bedeutung ist, werden sich die folgenden Ausführungen zunächst mit dieser Fragestellung beschäftigen.

7.4.2. Der Learning Vector Quantizer (LVQ)

Unter den KNN existieren viele Modelle, die für unsere Aufgabenstellung tauglich sind. Für die Klassifikation von Jahresabschlüssen wurde in den meisten Untersuchungen der Typ des "Multilayer-Perceptrons" (MLP) verwendet. Aufgrund des einführenden und beispielhaften Charakters der nachfolgenden Betrachtungen greifen wir jedoch einleitend auf ein einfacheres Modell zurück, welches rechentechnisch weniger anspruchsvoll und didaktisch leichter darstellbar ist. Dennoch ist es recht leistungsfähig und dürfte dem MLP bei dieser Aufgabenstellung recht nahe kommen. Bei dem vorzustellenden Verfahren handelt es sich um den "Learning Vector Quantizer" (LVQ).

7.4.2.1. Das Grundkonzept des LVQ

Für die Vorstellung der Arbeitsweise des LVQ greifen wir auf unsere Überlegungen zur MDA zurück, die in der nachfolgenden Abbildung noch einmal idealisierend zusammengefaßt sind.

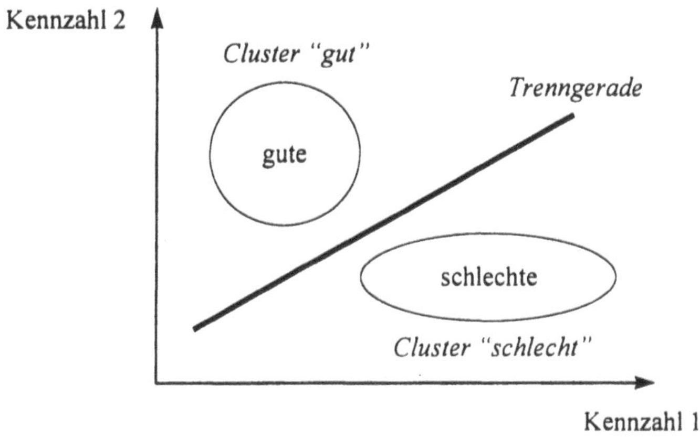

Abb. 7.4.2.1.-1.: *Clusterdarstellung der Jahresabschlüsse*

In dieser Abbildung werden die zu klassifizierenden Jahresabschlüsse hinsichtlich zweier Kennzahlen betrachtet (bivariate Betrachtungsweise). Trägt man jeden Jahresabschluss als Punkt (mit seinen Kennzahlenwerten als Koordinaten) in dieses Diagramm ein, ergeben sich in unserer idealtypischen Betrachtung zwei Punktwolken. Die Jahresabschlüsse nicht leistungsgestörter Unternehmen ("gute") bilden die links oben liegende Punktwolke, die wir als Cluster (Klumpen) "gut" bezeichnen wollen. Die Jahresabschlüsse leistungsgestörter Unternehmen ("schlechte") mögen die unten rechts liegende Punktwolke (Cluster "schlecht") bilden. In der Realität überlappen zwar diese Punktwolken sehr stark (vgl. die Scatterplots aus Kapitel 7.3.), wir wollen aber für einen Moment davon absehen.

Die Diskriminanzanalyse trennt zwischen den beiden Punktwolken, indem sie eine Trenngerade ermittelt. In der Abbildung würden alle Jahresabschlüsse, die entsprechend ihrer Kennzahlen Punkte oberhalb der Trenngerade darstellen, der Gruppe nicht leistungsgestörter Unternehmen zugerechnet. Punkte unterhalb der Trenngeraden werden der Gruppe leistungsgestörter Unternehmen zugerechnet.

Die Klassifikation der Jahresabschlüsse kann aber auch nach einem anderen Prinzip erfolgen: Statt einer Trenngeraden wird zunächst für jeden Cluster (Punktwolke) dessen Mittelpunkt berechnet:

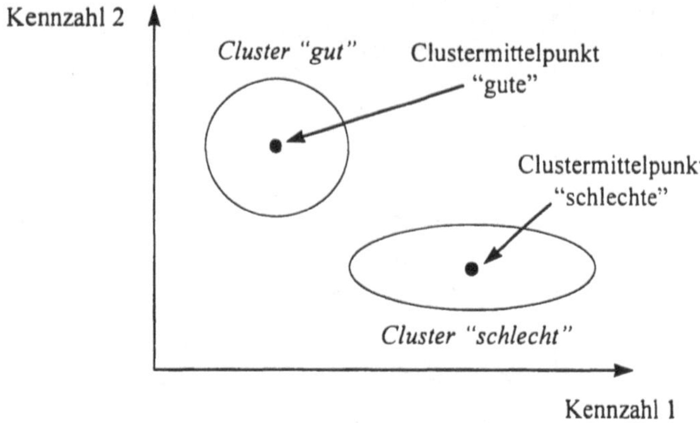

Abb. 7.4.2.1.-2.: *Cluster und Clustermittelpunkte*

Soll nun ein Jahresabschluß klassifiziert werden (er stellt ja entsprechend seiner Kennzahlenwerte ein Punkt in dem Diagramm dar), wird dessen Distanz zu den beiden Clustermittelpunkten bestimmt:

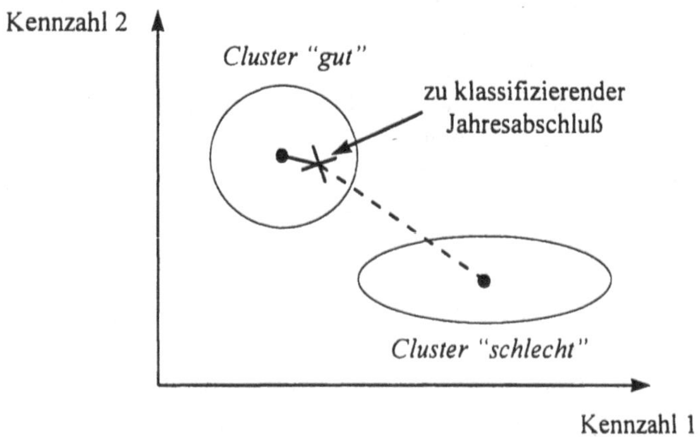

Abb. 7.4.2.1.-3.: *Klassifikation eines Jahresabschlusses*

Im Beispiel der Abbildung wird deutlich, daß der zu klassifizierende Jahresabschluss (durch das Kreuz gekennzeichnet) näher zum Clustermittelpunkt "gut" liegt als zum Clustermittelpunkt "schlecht". Also wird der Jahresabschluss der Gruppe nicht leistungsgestörter Unternehmen zugerechnet.

Dies ist das Funktionsprinzip, nach dem der LVQ arbeitet. Es basiert auf zwei einfachen Schritten: Zunächst werden anhand der Trainingsmenge die Clustermittelpunkte für die Gruppe der Jahresabschlüsse leistungsgestörter und die der Jahresabschlüsse nicht leistungsgestörter Unternehmen ermittelt. Soll dann ein neuer, bisher nicht bekannter Jahresabschluss klassifiziert werden, wird anhand dessen Kennzahlenwerten bestimmt, zu welchem der beiden Clustermittelpunkte er näher liegt. Diesem wird er dann zugeordnet.

Man kann sich auf anschauliche Weise klar machen, daß im Zwei-Cluster-Fall der LVQ im Prinzip wie die MDA arbeitet. Dazu verbinden wir zunächst die beiden Clustermittelpunkte mit einer Geraden. Der Mittelpunkt dieser Geraden stellt den Punkt dar, der die gleiche Distanz zu den beiden Clustermittelpunkten hat. Ziehen wir nun rechtwinklig zu diesem Punkt eine Gerade, so repräsentiert diese neue Gerade den geometrischen Ort aller Punkte, die dieselbe Distanz zu den beiden Clustermittelpunkten aufweisen. In der nachfolgenden Abbildung ist z.B. der Punkt A genauso weit vom Clustermittelpunkt "gut" wie von Clustermittelpunkt "schlecht" entfernt:

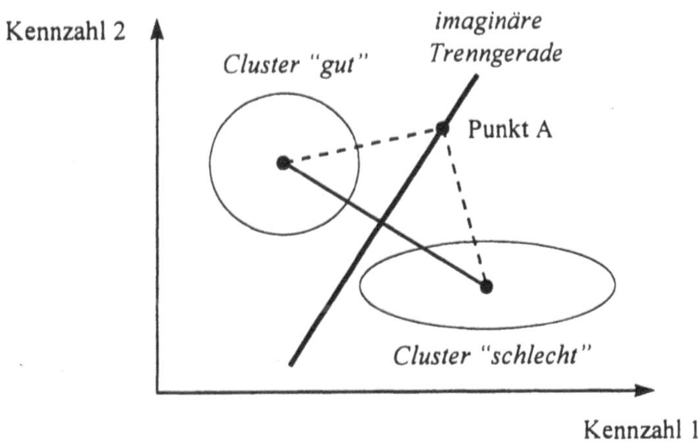

Abb. 7.4.2.1.-4.: *Cluster und Trenngerade*

Alle Punkte links oberhalb dieser imaginären Trenngeraden sind näher am Clustermittelpunkt "gut", alle rechts unterhalb näher am Clustermittelpunkt "schlecht". Im Zwei-Cluster-Fall läßt sich die Arbeitsweise eines LVQ wie die der MDA interpretieren. Beide sind für diesen Fall äquivalent.

Wenn aber LVQ und MDA äquivalent sind, was bringt dann die Betrachtung des LVQ gegenüber der MDA Neues? Der Unterschied zwischen beiden wird schon beim Drei-Cluster-Fall deutlich:

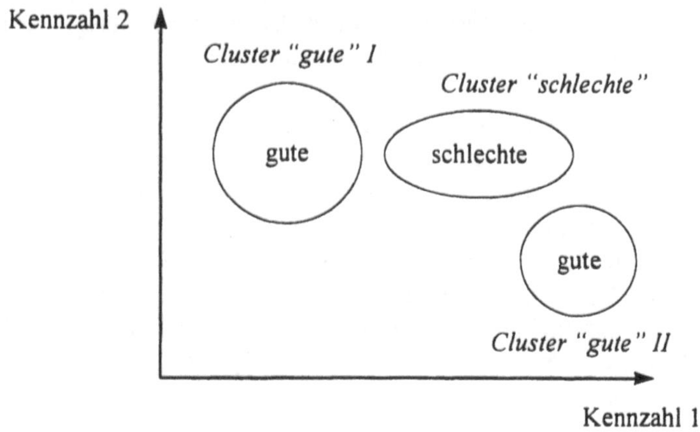

Abb. 7.4.2.1.-5.: *Drei-Cluster-Fall*

Nehmen wir an, die Jahresabschlüsse würden nicht zwei, sondern drei Punktwolken bilden, wie es die vorangegangene Abbildung illustriert. Dann gibt es keine einzelne Trenngerade, welche erlaubt, alle drei Cluster voneinander zu trennen. Obwohl die Kennzahlen der Jahresabschlüsse eine eindeutig erkennbare Struktur im Kennzahlenraum aufweisen, ist diese mittels einer einzigen Trenngeraden nicht extrahierbar. Die MDA würde in diesem Fall scheitern. Sie ist nicht in der Lage, derartige, nicht-lineare Strukturen zu nutzen.

Für den LVQ stellt dies jedoch kein Problem dar. In diesem Fall würde er drei Clustermittelpunkte identifizieren. Die Klassifikation von Jahresabschlüssen folgt nach wie vor dem dargestellten Prinzip, welches ohne Schwierigkeiten mit dieser Situation fertig wird:

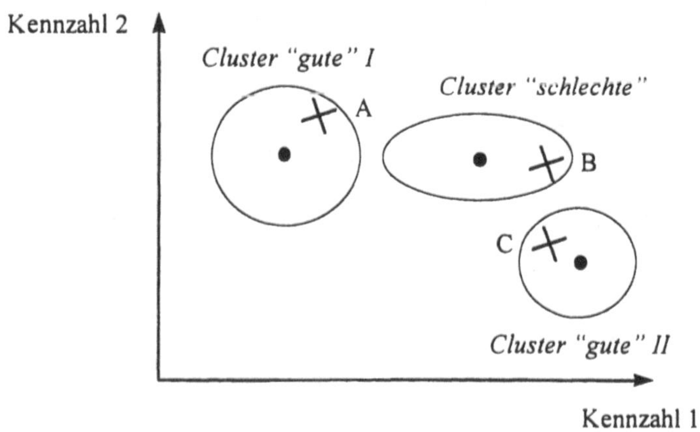

Abb. 7.4.2.1.-6.: *Klassifikation von Jahresabschlüssen im Drei-Cluster-Fall*

Das Distanzkonzept des LVQ erlaubt auch in diesem Fall eine problemlose Klassifikation der Jahresabschlüsse A, B und C. Wir wollen hier den oben dargestellten Fall nicht in aller Tiefe analysieren und dem weiter interessierten Leser nur einige Hinweise geben. Im oben dargestellten Fall ergeben sich insgesamt drei imaginäre Trenngeraden, die den Kennzahlenraum in mehrere Sektoren zerlegen. Für alle Punkte innerhalb eines Sektors kann über das Distanzkonzept bestimmt werden, welcher Klasse Jahresabschlüsse, die in dem betreffenden Sektor liegen, zugeordnet werden.

Der LVQ ist keinesfalls auf den Drei-Cluster-Fall beschränkt, sondern kann eine beliebige Anzahl von Clustern mit zugehörigen Clustermittelpunkten identifizieren. Ferner kann ebenfalls eine beliebige Anzahl von Kennzahlen betrachtet werden (multivariate Betrachtung). Beschränkt man die Anzahl zu extrahierender Cluster auf zwei, arbeitet der LVQ wie eine MDA. Ohne Beschränkung der Clusteranzahl kann er auch potentiell höherwertige, nicht-lineare Strukturen in den Daten identifizieren. Der LVQ stellt somit einen sehr viel allgemeineren Ansatz als der der MDA dar. Im Gegenteil: Die MDA läßt sich als der Spezialfall eines auf zwei Clustern beschränkten LVQ interpretieren.

Damit soll aber keinesfalls die MDA herabgewürdigt werden: Der LVQ ist nur dann der MDA überlegen, wenn das Problem (hier die Klassifikation von Jahresabschlüssen) eine nutzbare nicht-lineare Struktur besitzt, die einen sinnvollen Einsatz von drei oder mehr Clustern erlaubt. Wesentliches Problem ist hier die Güte der Jahresabschlussdaten, die infolge bilanzpolitischer Spielräume gegenüber den "wahren" Sachverhalten erhebliche Verzerrungen aufweisen können. Nicht nur aufgrund dieses Umstands steckt ein erhebliches "Rauschen" in den Daten. Es "verschmiert" die Grenzen zwischen den Clustern und verursacht die großen Überlappungen der Punktwolken, wie es die Abbildungen des Kapitels 7.3. illustrieren. Daher mögen die "wahren" Jahresabschlussdaten vielleicht mehrere Cluster bilden, die aber aufgrund des Rauschens so "verschmiert" sind, daß diese nicht-lineare Struktur nicht nutzbar ist.

Das Rauschen kann darüber hinaus nicht nur die wahren Strukturen verwischen, sondern sogar Scheinstrukturen (Scheincluster) bilden, die aber nur der Trainingsmenge innewohnen. In einem solchen Fall kann der LVQ schlechter abschneiden als die MDA: Läßt man eine hohe Anzahl potentiell identifizierbarer Cluster während der Trainingsphase zu, wird er Cluster identifizieren, die auf reinen Zufälligkeiten (Rauschen) beruhen. Wird er nun auf neue, bisher unbekannte Fälle angesetzt, werden diese aufgrund vermeintlicher, aber nicht existenter Strukturen klassifiziert. Die dabei erhaltenen Klassifikationen sind wertlos.

Die Anwendung des LVQ bewegt sich im Spannungsfeld des Aufdeckens möglicher nicht-linearer Strukturen und des Umgangs mit dem Rauschen in den Daten. Die Begrenzung auf zwei Cluster erlaubt robuste Klassifikationen, allerdings auch keinen Fortschritt gegenüber der MDA. Die Verwendung von mehr als zwei Clustern gestattet die Aufdeckung nicht-linearer Zusammenhänge, macht den LVQ aber zunehmend empfindlicher gegenüber dem Datenrauschen.

Wir wollen diesen Punkt nicht ausweiten. Unsere Beispieldaten enthalten keine nicht-linearen Strukturen, so daß der LVQ hier gar nicht besser als die MDA abschneiden kann. Für die Demonstration der Überlegenheit des LVQ hätten sicherlich Daten mit nicht-linearen Strukturen erstellt werden können. Diese wäre aber rein spekulativer, ja fiktiver Natur, da die Frage nach den nicht-linearen Strukturen des Problems der Klassifikation von Jahresabschlüssen noch Gegenstand der Forschung ist. Unsere eigenen Forschungen scheinen deren Existenz anzudeuten, aber genauere Aussagen über deren Eigenschaften sind noch nicht möglich.

7.4.2.2. Die Arbeitsweise des LVQ

Im Gegensatz zur MDA läßt sich die Arbeitsweise des LVQ relativ einfach und ohne Rückgriff auf mathematische Herleitungen zumindest dem Prinzip nach aufzeigen. Seine Arbeitsweise soll im folgenden an einem Beispiel demonstriert werden. Auf diese Weise läßt sich der "Black-Box"-Charakter besser als bei der MDA beseitigen, was nicht nur für ein tiefergehendes Verständnis sinnvoll erscheint, sondern auch für die spätere Durchführung des Anwendungsbeispiels hilfreich ist.

Bei der Erläuterung der Arbeitsweise gehen wir wieder von einer gleichzeitigen Betrachtung zweier Kennzahlen aus, die einen Jahresabschluss charakterisieren. Für mehr als zwei Kennzahlen ist die Arbeitsweise identisch, nur läßt sie sich für zwei leichter graphisch darstellen. Im folgenden beschreiben wir eine Variante des LVQ, die auch dem Programm auf der Übungsdiskette zugrundeliegt. Außerdem orientieren sich die Darstellungen - wie bereits mehrfach betont - an dem Hintergrund der Klassifikation von Jahresabschlüssen. Sie finden sich daher so nicht in der Fachliteratur zu KNN, sind aber mit ihnen konsistent.

Für die Darstellung der Arbeitsweise wollen wir den Beginn der Trainingsphase betrachten, wo sich der LVQ im Initialstadium befindet und noch kein Jahresabschluss (Kennzahlensatz) mit zugehöriger Klassifikation verarbeitet wurde. Der Trainingsprozeß beginnt nun mit der Präsentation des ersten Kennzahlensatzes (Jahresabschluss). Da dieser nur aus zwei Kennzahlenwerten bestehen möge, läßt er sich als ein Punkt in einem Diagramm einzeichnen, dessen Achsen von den beiden Kennzahlen gebildet werden. Der Jahresabschluss sei dabei zufällig aus der Trainingsmenge ausgewählt worden. Außerdem handele es sich um den Jahresabschluss eines nicht leistungsgestörten Unternehmens. Dem LVQ wurde die maximale Anzahl zu bildender Cluster auf zwei beschränkt.

Da bei der Präsentation des ersten Jahresabschlusses vorher noch kein Cluster gebildet wurde (der LVQ befindet sich noch im Initialstadium), kann auch noch keine Klassifikation vorgenommen werden. Stattdessen wird der erste Cluster angelegt und dessen Mittelpunkt oder Zentrum auf die Kennzahlenkoordinaten des ersten Jahresabschlusses gesetzt. Dieser bildet nach der ersten Präsentation (vorläufig) das Zentrum des ersten Clusters. Die folgende Abbildung illustriert diesen Vorgang:

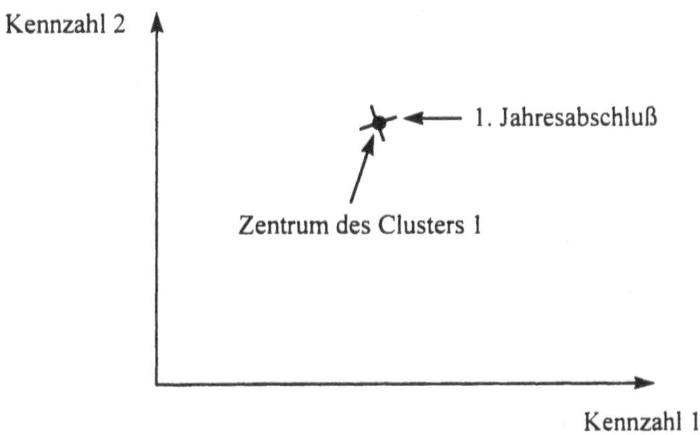

Abb. 7.4.2.2.-1.: *Clustermittelpunkt nach der ersten Präsentation*

Nun wird im zweiten Schritt ebenfalls zufällig ein weiterer Jahresabschluss aus der Trainingsmenge ausgewählt. Dabei möge es sich ebenfalls um den Jahresabschluss eines nicht leistungsgestörten Unternehmens handeln. Auch dessen Kennzahlenwerte definieren einen Punkt im Kennzahlenraum:

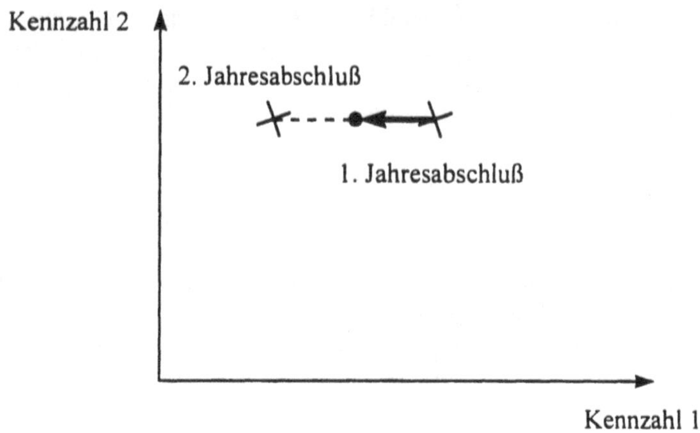

Abb. 7.4.2.2.-2.: *Clustermittelpunkt nach der zweiten Präsentation*

Da bisher nur ein Cluster existiert, ist auch die Distanz des 2. Jahresabschlusses zum ersten Clustermittelpunkt am geringsten. Daher wird der Jahresabschluss der Gruppe nicht leistungsgestörter Unternehmen zugeordnet, was - zufällig - richtig ist. Kennzeichnend für die Trainingsphase ist nun, daß ein Anpassungschritt erfolgt. Dabei wird der bisherige Clustermittelpunkt entlang der Verbindungslinie zum zweiten Jahresabschluss ein kleines Stück in dessen Richtung verschoben. Die Stärke eines solchen Anpassungschritts wird während der Trainingsphase durch die sogenannte "Lernrate" bestimmt. Je höher sie ausfällt, umso größer ist der Anpassungschritt in Richtung auf den neuen Jahresabschluss.

Im dritten Schritt werde nun der Jahresabschluss eines leistungsgestörten Unternehmens ausgewählt. Zeichnet man den Punkt, der von dessen Kennzahlenkoordinaten gebildet wird, in das Diagramm ein, ergibt sich folgende Situation:

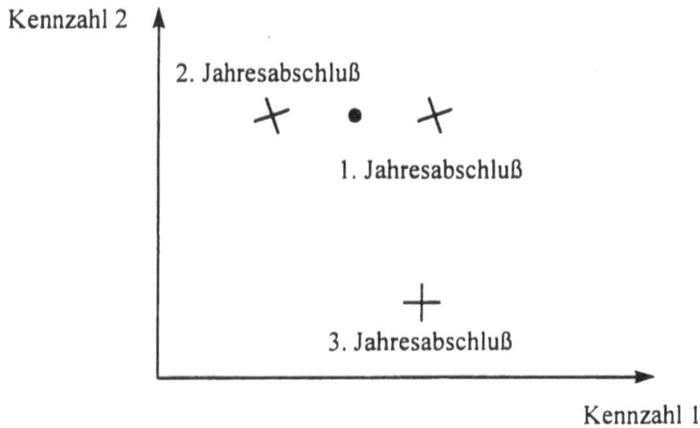

Abb. 7.4.2.2.-3.: *Fehlklassifikation im dritten Präsentationsschritt*

Die Klassifikation erfolgt genau wie im vorangegangenen Schritt: Da bisher nur ein Cluster existiert, ist die Distanz zwischen dem dritten Jahresabschluss und dem Clustermittelpunkt minimal. Der Jahresabschluss wird der Gruppe der nicht leistungsgestörten Unternehmen zugeordnet. Dies ist allerdings eine Fehlklassifikation. Deshalb wird - da die maximale Anzahl erlaubter Cluster noch nicht erreicht ist - ein neues Cluster angelegt, dessen Zentrum (anfänglich) auf die Koordinaten des dritten Jahresabschlusses gesetzt wird. Es ergibt sich folgende Situation:

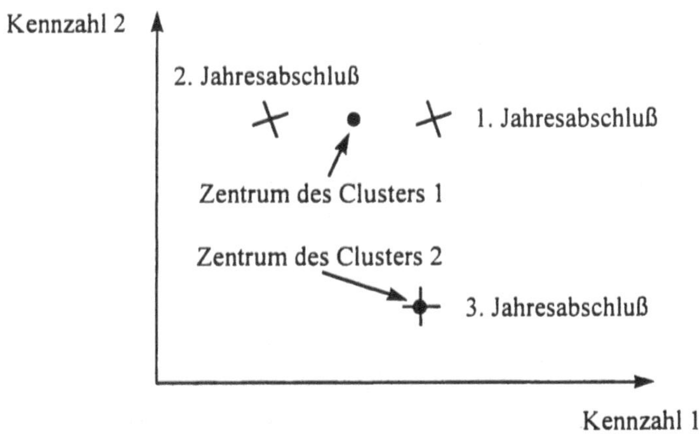

Abb. 7.4.2.2.-4.: *Bildung des zweiten Clusters*

Ein Anpassungsschritt ist nicht erfolgt, wohl aber existieren nun zwei Cluster. Im vierten Schritt werde wiederum der Jahresabschluss eines leistungsgestörten Unternehmens ausgewählt. Aufgrund dessen Kennzahlenkoordination möge er in der Nähe des ersten Clusters liegen:

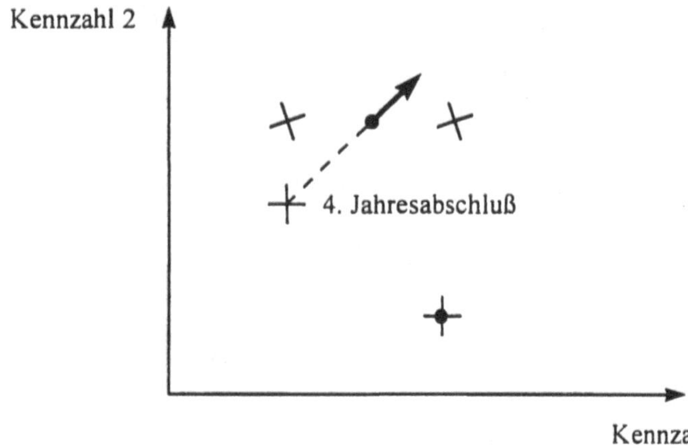

Abb. 7.4.2.2.-5.: *Fehlklassifikation im vierten Präsentationschritt*

Da der vierte Jahresabschluss näher zum ersten Clustermittelpunkt als zum zweiten liegt, wird er der Gruppe der nicht leistungsgestörten Unternehmen zugeordnet, was wiederum eine Fehlklassifikation bedeutet. Ein weiterer Cluster kann nicht mehr angelegt werden, weil die vorgebenene Beschränkung auf maximal zwei Cluster bereits erreicht ist. Stattdessen erfolgt ein Anpassungsschritt, wobei aber diesmal der Mittelpunkt des ersten Clusters entlang der Verbindungslinie zum vierten Jahresabschluss von diesem ein Stück fortgeschoben wird.

Damit haben wir aber bereits alle vier Fälle, die im Verlauf der Trainingsphase auftreten können, kennengelernt. Der Algorithmus des LVQ läßt sich damit wie folgt zusammenfassen:

Wähle fortlaufend zufällig Jahresabschlüsse aus der Trainingsmenge aus. Wenn bisher kein Cluster gebildet wurde, bilde den ersten und setze dessen Zentrum auf die Kennzahlenkoordinaten des ersten Jahresabschlusses. Sonst bestimme die minimale Distanz zu den bereits existierenden Clustermittelpunkten und ordne den Jahresabschluss dieser Gruppe zu. Handelt es sich um eine richtige Klassifikation, dann passe den Clustermittelpunkt in Richtung auf den Jahresabschluss an. Handelt es sich um eine Fehlklassifikation, prüfe zunächst, ob noch weitere Cluster gebildet werden dürfen. Ist dies der Fall, bilde einen neuen Cluster und setze dessen Mittelpunkt auf die gerade betrachteten Kennzahlenkoordinaten. Dürfen keine weiteren Cluster gebildet werden, dann schiebe den Clustermittelpunkt in die entgegengesetzte Richtung fort.

Die Lernrate (Anpassungschrittweite) nimmt dabei kontinuierlich während des Trainingsprozesses ab. Es läßt sich nun zeigen, daß für eine unendliche Anzahl von Lernschritten die anfänglich zufällig gesetzten Clustermittelpunkte gegen die genauen konvergieren. Für praktische Zwecke sind diese bereits nach einigen hundert bis tausend Trainingszyklen hinreichend gut angenähert.

Es mag vielleicht verblüffen, daß ein derartig simples Verfahren die im vorangegangenen Kapitel beschriebene Leistungsfähigkeit und Universalität aufweisen soll. Aber gerade dessen Einfachheit bedingt diese Eigenschaften. Außerdem setzt dieses Verfahren keinerlei Prämissen über die Verteilung der Kennzahlenwerte voraus, weshalb man auch bei dessen Anwendung keine verletzen kann. Aus puristischer Sicht ist daher die Anwendung des LVQ der der MDA vorzuziehen, da sie von Prämissen ausgeht, die bei deren Anwendung oftmals nicht eingehalten werden.

Der Nachteil des LVQ ist ebenfalls in dessen Einfachheit zu suchen. Wie die Zusammenfassung des Algorithmus illustriert, handelt es sich hier um ein rein iteratives Verfahren, welches mehrere hundert bis tausend Male durch die Trainingsmenge durchgehen muß, damit die Clustermittelpunkte hinreichend genau konvergieren können. Während eine MDA recht schnell, selbst auf leistungsschwachen Rechnern durchführbar ist, erfordert das Training eines LVQ leistungsstarke Rechner oder einen hohen Zeitbedarf. Aber im Zuge immer leistungsfähiger werdender Hardware wird sich dieses Argument schnell verflüchtigen.

7.4.2.3. Anwendung des LVQ zur Klassifikation von Jahresabschlüssen

Die Anwendung des LVQ auf das Problem der Klassifikation von Jahresabschlüssen ist weitgehend unproblematisch und soll im folgenden an unseren Beispieldaten demonstriert werden.

Vor dessen Anwendung ist allerdings noch ein Problem zu behandeln, dessen Vernachlässigung eine verminderte Leistungsfähigkeit des LVQ nach sich ziehen könnte. Die Distanz zwischen zwei Punkten im Kennzahlenraum (z.B. die Distanz zwischen einem Jahresabschluss, repräsentiert durch seine Kennzahlenkoordinaten, und einem Clustermittelpunkt) wird - wie in unseren Abbildungen zum Ausdruck kam - als direkte Verbindung der beiden Punkte im Raum gemessen. Man bezeichnet dies auch als die Euklidsche Distanz d zweier Punkte.

In einem zweidimensionalen Raum ist diese als

$$d = \sqrt{a^2 + b^2}$$

mit
- a: Differenz der beiden Punkte bezüglich der ersten Kennzahl (Kennzahlenwert der ersten Kennzahl für den ersten Punkt abzüglich Kennzahlenwert der ersten Kennzahl für den zweiten Punkt)
- b: Differenz der beiden Punkte bezüglich der zweiten Kennzahl

definiert. Dieses Abstandsmaß besitzt aber den Nachteil, nicht skaleninvariant zu sein. "Skaleninvarianz" bedeutet hier, daß die unterschiedlichen Intervalle, in denen die verschiedenen Kennzahlen variieren, keinen Einfluß auf die Bestimmung der Distanz zweier Punkte ausüben. Dies ist aber beim Euklidschen Distanzmaß nicht der Fall: Schwankt z.B. die Kennzahl 1 im Intervall [-10.000 bis +10.000], die Kennzahl 2 aber nur im Intervall [-0,01 bis +0,01], kommt bei der Bestimmung des Abstandes zweier Punkte der Kennzahl 1 überragende Bedeutung zu. Dies ist aber dann besonders fatal, wenn sich leistungsgestörte und nicht leistungsgestörte Unternehmen hinsichtlich der Kennzahl 1 überhaupt nicht, hinsichtlich der Kennzahl 2 aber sehr deutlich unterscheiden.

Würde man also die Kennzahlenwerte in ihrer originären Form verwenden, könnte dieser Effekt zum Tragen kommen und die Leistungsfähigkeit des LVQ verringern. Daher sind vorher die Kennzahlenwerte hinsichtlich ihrer Schwankungsbreite gleichartig zu machen. Ein hierzu übliches Verfahren ist in der Statistik die Standardisierung: Dazu wird zunächst für eine Kennzahl über alle Unternehmen deren Mittelwert und Standardabweichung ermittelt. Der standardisierte Kennzahlenwert x' ergibt sich dann aus dem originären Kennzahlenwert x wie folgt:

$$x' = \frac{\text{x - Mittelwert der Kennzahl}}{\text{Standardabweichung der Kennzahl}}$$

Beispiel: Das erste Unternehmen unserer Beispieldaten aus t-3 weist bei der Kennzahl K1 den Wert 9,82 auf. Die Kennzahl K1 besitzt über alle Jahresabschlüsse und Zeitpunkte den Mittelwert 2,28 und die Standardabweichung 12,54. Der standardisierte Kennzahlenwert lautet damit:

$$x' = \frac{9{,}82 - 2{,}28}{12{,}54} = 0{,}60$$

Die Standardisierung bewirkt einen einheitlichen Mittelwert von null und eine einheitliche Standardabweichung von eins für alle Kennzahlen, womit das Problem unterschiedlicher Schwankungsbereiche der Kennzahlen beseitigt wird.

Nach der entsprechenden Vorverarbeitung der Kennzahlenwerte kann der LVQ eingesetzt werden. Bei seiner Anwendung ist aber im Vergleich zur MDA entgegengesetzt vorzugehen: Bei der MDA gibt es die Möglichkeit der schrittweisen MDA, d.h. ein Algorithmus bestimmt sukzessive die aufzunehmenden Kennzahlen. Beim LVQ gibt es leider keinen derartigen Algorithmus, sondern man muß sich in umgekehrter Richtung vorarbeiten. Dazu startet man zunächst mit allen Kennzahlen und entfernt dann sukzessive die am wenigsten bedeutenden.

Als erste Frage stellt sich hier bereits, ob man mit allen Kennzahlen beginnen, oder aber zunächst im Rahmen von Vortests Kennzahlen mit unerwünschten Eigenschaften eliminieren sollte? Dies hängt davon ab, ob man potentielle, nicht-lineare Strukturen in den Daten aufdecken möchte. Da die Vortests hierüber keine Aussage liefern, sollte man bei vermuteten Nicht-Linearitäten grundsätzlich keine Kennzahlen von der weiteren Untersuchung ausschließen. Will man sich dagegen auf die Analyse der linearen Struktur beschränken, kann man dieselben Vortests wie bei der MDA durchführen. Da unsere Beispieldaten keinerlei Nicht-Linearitäten enthalten und wir auf eine Analyse der linearen Struktur beschränkt sind, greifen wir auf die Ergebnisse unserer Vortests zurück. Wir schließen damit die Kennzahl K9 von der weiteren Analyse aus.

Wie schon bei der MDA, wollen wir alle Beispiele nachvollziehbar gestalten und zum selbständigen Nacharbeiten empfehlen. Die Abschnitte, die der Erläuterung des Vorgehens beim Nacharbeiten dienen, sind wiederum vom übrigen Text abgegrenzt. Wer auf ein Nacharbeiten verzichten möchte, kann daher diese Passagen unbesorgt überspringen.

= =

Der erste Schritt der Anwendung des LVQ besteht immer in der Standardisierung der Kennzahlenwerte. Dies kann mit Hilfe von Tabellenkalkulationen erfolgen oder aber einfacher durch das ebenfalls auf der Übungsdiskette befindliche Programm "mkdat.exe". Dieses generiert darüber hinaus die Trainings- und Testdateien in dem vom LVQ benötigten Format. Im folgenden setzen wir voraus, daß sich alle Dateien der Übungsdiskette in demselben Verzeichnis befinden. Das Vorverarbeitungsprogramm wird mit

```
mkdat
```

gestartet. Es liest zunächst die Datendateien "st300_3.txt", "st300_2.txt", "st300_1.txt", "sa300_3.txt", "sa300_2.txt" und "sa300_1.txt" ein und erstellt im Arbeitsspeicher die standardisierten Kennzahlenwerte. Die Dateiinhalte der genannten Dateien bleiben dagegen unverändert. Vor der Ausgabe der standardisierten Kennzahlenreihen erfolgt von Benutzer die Abfrage, welche Kennzahlenreihen in Form von Trainings- und Testdateien für den LVQ erzeugt werden sollen. Die Eingabe einer "1" bedeutet dabei, daß die entsprechende Reihe ausgegeben werden soll, die Eingabe "0" unterdrückt deren Ausgabe. Für unseren ersten Lauf sind gemäß den vorangegangenen Überlegungen die Reihen der Kennzahlen K1, K2, K3, K4, K5, K6, K7, K8 und K10 auszugeben. Bei deren Abfrage ist also eine "1", bei der Abfrage der Kennzahl K9 eine "0" einzugeben.

Die Generierung der Trainings- und Testdateien aus den ursprünglichen Datendateien erfolgt nun automatisch. Es werden dabei jedes Mal folgende Dateien angelegt:

lvqtt_3.txt:	Trainingsdatei mit 2 * 300 Kennzahlensätzen für die Jahresabschlüsse drei Jahre vor Eintritt der Leistungsstörung (t-3)
lvqtt_2.txt:	Trainingsdatei mit 2 * 300 Kennzahlensätzen, t-2
lvqtt_1.txt:	Trainingsdatei mit 2 * 300 Kennzahlensätzen, t-1
lvqat_3.txt:	Testdatei mit 2 * 300 Kennzahlensätzen, t-3
lvqat_2.txt:	Testdatei mit 2 * 300 Kennzahlensätzen, t-2
lvqat_1.txt:	Testdatei mit 2 * 300 Kennzahlensätzen, t-1
trainkz.txt:	Trainingsdatei mit den Kennzahlensätzen über alle Unternehmen und Zeitpunkte (2 * 300 * 3 = 1.800 Datensätze)
testkz.txt:	Testdatei mit den Kennzahlensätzen über alle Unternehmen und Zeitpunkte (2 * 300 * 3 = 1.800 Datensätze)
lanaly.txt:	Mittelwerte und Standardabweichungen der Kennzahlen (bezogen auf alle Unternehmen und Zeitpunkte der Trainingsmenge)

Möchte man mit verkleinerten Stichprobenumfängen arbeiten, sind mittels eines Texteditors die Dateien entsprechend zu verkürzen. Es ist darauf zu achten, daß beim manuellen Nachbearbeiten der generierten Dateien die Satzaufbauten nicht verändert werden und die Dateiendemarke unmittelbar hinter der letzten Zahl stehen bleibt (keine Absatzschaltung einfügen!).

Bei dem beiliegenden LVQ handelt es sich eigentlich um einen universelleren Simulator für KNN aus der "Familie" der LVQ, so daß er einen ungleich höheren Leistungsumfang bietet, als hier beschrieben werden kann. Aufgrund dieser Eigenschaft ist er aber nicht nur speziell auf unsere Anwendung zugeschnitten (was SPSS ja auch nicht ist), so daß manche Dinge etwas anders benannt worden sind, nämlich entsprechend der KNN-Terminologie. Dies macht jedoch nichts aus, da wir erklären werden, was die einzelnen Punkte in unserem Sinne bedeuten.

Der LVQ wird mit

nstrkhn

gestartet. Nach dem Drücken der <RETURN>-Taste gelangt man in das Grundmenü mit folgendem Aufbau:

1. Network
2. Parameters
3. Options
4. Learning
5. Query
6. Analysis

99. Quit

Das Menü ist in der Reihenfolge der Schritte, die im einzelnen zu durchlaufen sind, aufgebaut. Der erste Schritt umfaßt die Festlegung wichtiger Größen für den LVQ, wie z.B. die Anzahl der Kennzahlen pro Datensatz und die maximale Anzahl zu bildender Cluster. Dazu ist der Menüpunkt "1. Network" auszuwählen. Es erscheint ein Untermenü mit folgendem Aufbau:

1. New
2. Load
3. Save
4. Reset
5. Close

99. Mainmenu

Da die zugehörige Bedienungsanleitung alle Punkte im Detail behandelt, beschränken wir uns nur auf diejenigen, die für ein Nacharbeiten notwendig sind. Dazu ist der Menüpunkt "1. New" auszuwählen und folgende Angaben zu machen:

- LEARNING MODE: hier ist 'a' für "Kohonen" zu wählen. Dies bedeutet die Auswahl des LVQ-Modus des Simulators.

- MEASURE: hier ist 'a' für die Auswahl des Euklidschen Distanzmaßes einzugeben. Das alternativ existierende Distanzmaß wollen wir nicht weiter betrachten.

- INPUT UNITS: Bezogen auf unsere Anwendung bedeutet dies die Abfrage nach der Anzahl der Kennzahlen pro Kennzahlensatz in den Dateien. Hier ist genau die Anzahl einzugeben, die vom Vorverarbeitungsprogramm auch generiert wurde. Für den ersten Lauf haben wir 9 Kennzahlen benutzt, d.h. hier ist jetzt die Zahl 9 einzugeben.

- KOHONEN UNITS (HIDDEN): Hier ist die maximal erlaubte Anzahl zu bildender Cluster einzugeben. Wir geben hier eine 2 für maximal 2 Cluster ein.

Danach gelangt man in das letzte Menü zurück. Weitere Angaben sind nicht erforderlich und durch Eingabe einer "99" gelangen wir in das Hauptmenü zurück.

Im nächsten Schritt wählen wir die Parameter für den Trainingsprozeß aus. Wir geben dazu zunächst die 2 für "2. Parameters" ein und nehmen folgende weitere Eingaben vor:

- ITERATIONS MAX.: Hier wird die maximale Anzahl von Lernzyklen (kompletter Durchgänge durch die Trainingsdatei) abgefragt, nach deren Erreichen der Trainingsprozeß abgebrochen wird. Je mehr Lernzyklen der Trainingsprozeß umfaßt, umso genauer konvergieren die Clustermittelpunkte gegen die genauen Mittelpunkte. Meist reichen hier 5.000 bis 10.000 Lernzyklen. Ein wichtiger Gesichtspunkt ist dabei der zur Verfügung stehende Rechner. Wer einen leistungsfähigen PC besitzt, kann sich sicherlich den "Luxus" von 10.000 Lernzyklen leisten, andere sollten dagegen eine geringere Genauigkeit in Kauf nehmen und sich mit ca. 2.000 bis 5.000 begnügen.

- TYPE OF LEARNING RATE: Wie bei der Vorstellung der Arbeitsweise des LVQ erwähnt, nimmt die Anpassungsschrittweite (learning rate) während des Lernprozesses ständig ab. Zwei unterschiedliche Methoden stehen hier zur Auswahl, wobei wir 'b' (degressive Abnahme) wählen.

- LEARNING RATE: Diese Angabe betrifft die Anpassungsschrittweite, die Werte zwischen 0 und 1 annehmen kann. Je höher sie ausfällt, umso schneller läuft der Trainingsprozeß ab. Zu hohe Werte sind aber auch nicht ratsam, da dies ein Konvergieren der Clustermittelpunkte gegen die genauen verhindern kann. Empfohlene Werte liegen hier zwischen 0,001 und 0,05. Wir geben hier eine "0.01" ein (Achtung: Eingabe mit Dezimalpunkt!).

- DECREASING RATE: Dies bezeichnet die Abnahmerate der Lernrate. Ein Wert von 0,01 bedeutet z.B., daß nach jedem Lernzyklus die Lernrate um ein Prozent gesenkt wird. Empfohlene Werte liegen hier zwischen 0,01 und 0,001. Wir geben hier eine "0.001" ein (Achtung: Eingabe mit Dezimalpunkt!).

- TOLERATION: An dieser Stelle kann die Eingabe einer akzeptierbaren Fehlergrenze erfolgen. So würde z.B. die Eingabe von 0,05 bedeuten, daß eine Fehlklassifikationsquote von 5% erlaubt ist. Sobald diese vorgegebene Toleranzgrenze erreicht ist, wird der Trainingsprozeß abgebrochen. Wir geben hier einmal optimistisch "0.05" ein (Achtung: Eingabe mit Dezimalpunkt!).

Weitere Angaben sind eigentlich nicht mehr erforderlich. Dennoch wollen wir unter "3. OPTIONS" noch einige weitere Kontrollparameter setzen:

- CONSCIENCE: 'a' für "kein Gewissen", was wir nicht weiter behandeln wollen.

- UNITS PER ZYKLUS: Hier ist 0 einzugeben; auch diesen Punkt wollen wir nicht weiter behandeln.

- ITERATIONS MIN: Minimale Anzahl an Lernzyklen, bevor überhaupt abgebrochen werden darf. Diese Angabe ist in Verbindung mit der nachfolgenden Angabe bei RANDOM unbedingt erforderlich. Wird RANDOM auf 'y' gesetzt (s.u.), werden die Kennzahlensätze zufällig ausgewählt. Da jetzt während eines Lernzyklus derselbe Kennzahlensatz mehrfach gezogen werden kann, andere dagegen nicht, können auch die Fehlklassifikationsraten leichten Schwankungen unterliegen. Um aufgrund zufälliger Schwankungen einen Abbruch wegen Unterschreitens der akzeptierbaren Fehlergrenze zu verhindern, setzen wir hier die Mindestanzahl geforderter Lernzyklen fest. Diese sollte 1.000 nicht unterschreiten.

- NORMALIZATION: Hier ist 'n' einzugeben. Dieser Punkt wird nicht weiter behandelt.

- RANDOM: Bewirkt das zufällige Auswählen der Trainingssätze ('y') oder arbeitet die Trainingsdatei immer in ihrer Reihenfolge ab ('n'). Hier sollte stets 'y' benutzt werden, wenn die Kennzahlensätze in Blökken (erst die guten, dann die schlechten) angeordnet sind.

Mit der Auswahl des Menüpunktes 4. "4. Learning" wird der Trainingsprozess gestartet. Als erstes wird hier nach dem Namen der Trainingsdatei gefragt. Wie auch bei unserem Vorgehen bei der MDA, wollen wir den LVQ mit den Daten aus t-3 trainieren und mit den Testdaten aus t-3, t-2 und t-1 abfragen. Wir geben hier also "lvqtt_3.txt" ein.

Es erfolgt die Abfrage "STATUS REPORT". Hier kann die Anzahl an Lernzyklen eingegeben werden, nachdem ein kurzer Statusreport des Trainingsprozesses erfolgt. Auf diese Weise kann der Lernfortschritt am Bildschirm verfolgt werden. Je nachdem, wie gespannt man ist, kann man hier (beliebige) Werte wie z.B. 10 (alle 10 Zyklen), 50, 100 oder 500 eingeben. Bei 0 erfolgt keine Anzeige.

Nach der Eingabe beginnt der Trainingsprozess, der je nach verwendetem Rechner einige Zeit dauern kann (bei älteren PC´s ohne Coprozessor sollte vielleicht ein Kinobesuch erwogen werden). Wer nicht auf das Ende des Trainingsprozesses warten möchte, kann diesen jederzeit durch Tastendruck beenden.

Mit dem Menüpunkt "5. Query" können nach Abschluß des Trainingsprozesses Daten klassifiziert werden. Um uns den Ausgang des Trainingsprozesses auf der Trainingsmenge noch einmal genau anzuschauen, klassifizieren wir deren Daten als erstes. Dazu geben wir nach der Auswahl dieses Menüpunktes noch einmal den Namen der Trainingsdatei "lvqtt_3.txt" an. Als nächstes erfolgt die Abfrage nach dem Namen einer Textdatei, in der der Klassifikationsreport geschrieben werden soll. Hier ist ein entsprechender Name einzugeben. Als folgende Option kann dabei zwischen einem ausführlichen oder verkürzten Report gewählt werden. Er wird in die angegebene Datei geschrieben. Sie kann dann später ausgedruckt oder in einen Texteditor geladen werden.

Auf dem Bildschirm erscheint ein kurzer Klassifikationsreport, der die Anzahl der insgesamt klassifizierten Fälle, der richtigen und falschen Klassifikationen sowie die prozentuale Fehlklassifikationsrate anzeigt.

Den Menüpunkt "5. Query" führen wir nun für die Testdaten aus t-3 ("lvqat_3.txt"), t-2 ("lvqat_2.txt") und t-1 ("lvqat_1.txt") durch. Bei einem

Nacharbeiten der folgenden Beispiele können sich vielleicht geringfügig abweichende Klassifikationsquoten in Abhängigkeit von der Anzahl der Lernzyklen oder den übrigen Parametereinstellungen, aber auch aufgrund der zufälligen Reihenfolge, ergeben.

= =

Der erste Lauf mit dem LVQ benutzt unter Ausschluß von Kennzahl K9 die verbleibenden neun Kennzahlen. Es ergeben sich folgende Klassifikationsquoten:

	Trainingsmenge	Testmenge
t-3	77,7%	77,7%
t-2	nicht benutzt	82,0%
t-1	nicht benutzt	82,5%
Gesamt		80,7%

Tab. 7.4.2.3.-1.: *Klassifikationsquoten des LVQ nach dem ersten Lauf unter Berücksichtigung der Ergebnisse von Vortests (9 Kennzahlen)*

Hätte man keine Vortests vorgenommen und den LVQ gleich auf alle zehn Kennzahlen gleichzeitig angewendet, hätten sich folgende Klassifikationsquoten ergeben:

	Trainingsmenge	Testmenge
t-3	78,2%	78,2%
t-2	nicht benutzt	81,8%
t-1	nicht benutzt	82,7%
Gesamt		80,9%

Tab. 7.4.2.3.-2.: *Klassifikationsquoten des LVQ nach dem ersten Lauf ohne Berücksichtigung der Ergebnisse von Vortests (10 Kennzahlen)*

Anders als bei der MDA führt hier die Benutzung einer Vielzahl von Kennzahlen nicht zu einer Verschlechterung der Klassifikationsleistung mit zunehmender Nähe zum Eintritt der Leistungsstörung. Mit einer Interpretation dieses Befundes in Bezug auf echte Daten sollte man aber vorsichtig sein. So haben wir bei der MDA bereits auf die Verzerrung der Ergebnisse aufgrund der Herkunft unserer Beispieldaten hingewiesen. Eines Urteils über die Leistungsfähigkeit beider Verfahren im Vergleich wollen wir uns deshalb enthalten.

Die erstmalige Benutzung des LVQ mag vielleicht etwas kompliziert wirken, aber dies dürfte für jedes neuartige Programm gelten. Seine inhaltliche Anwendung ist - wie das Beispiel zeigt - recht unproblematisch. Er ist ein recht robust arbeitender Klassifikator, bei dem es kaum etwas falsch zu machen gibt. Die MDA ist dagegen ein Instrument, welches eine gute Methodenkenntnis bei deren Anwendung erfordert. Unter dem Aspekt der leichteren inhaltlichen Anwendung besitzt der LVQ Vorteile. Zusätzlich kann durch eine weitergehende Analyse das Ergebnis verbessert werden:

Zur Identifikation der relevanten Kennzahlen genügt im **Zwei-Cluster-Fall** eine Analyse der Lage der Clustermittelpunkte, was auch die nachfolgende Abbildung illustriert:

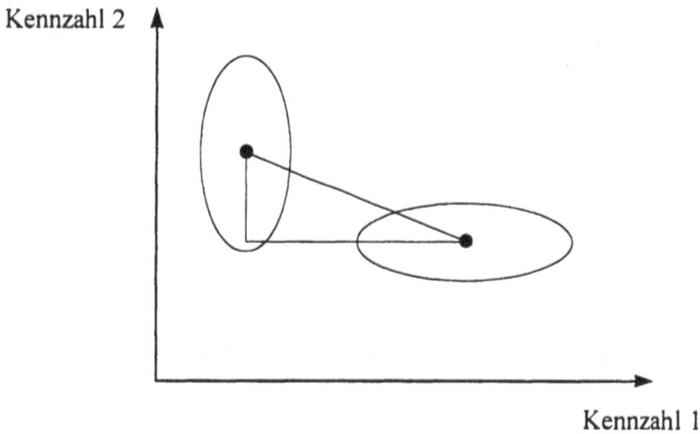

Abb. 7.4.2.3.-1.: *Analyse der Clustermittelpunkte*

In dem Beispiel der vorangegangenen Abbildung wird deutlich, daß sich die beiden Cluster mehr hinsichtlich der 1. Kennzahl unterscheiden als hinsichtlich der 2. Kennzahl. Dies zeigt die Lage der Clustermittelpunkte: Sie besitzen in der 1. Kennzahl-Koordinate einen größeren Abstand als in der 2. Kennzahl-Koordinate. Umgekehrt bedeutet dies: Je geringer der Abstand der Clustermittelpunkte in der betrachteten Kennzahlenkoordinaten ist, umso weniger trägt diese zur Unterscheidung zwischen den Gruppen bei.

Um jetzt im vorangegangenen Beispiel der Anwendung des LVQ auf 9 Kennzahlen die am wenigsten wichtige Kennzahl zu identifizieren, brauchen wir uns nur die Lage der Clustermittelpunkte im 9-Kennzahlenraum anzuschauen und diejenige Dimension zu identifizieren, in der sie sich am geringsten unterscheiden. Die Clustermittelpunkte besitzen folgende Koordinaten:

==================================

Zum Ausdrucken der Clusterkoordinaten ist im Hauptmenü der Punkt "6. Analysis" auszuwählen". Es erscheint folgendes Untermenü:

1. Show/Save/Print Netparameters
2. Show/Save/Print Unitfeatures
3. Show/Save/Print Unitparameters
4. Suppression after Learning
5. Suppression after Query
6. Delete single Hidden-Unit
7. Show/Save/Print Distancematrix
8. Show/Save/Print Weightmatrix
9. Show/Save/Print Average of Unitfeatures
10. Show/Save/Print all Analysis

99. Mainmenu

Hier ist der Punkt "8. Show/Save/Print Weightmatrix" auszuwählen. Es erfolgt die Abfrage nach dem Namen einer Textdatei, in die die Ausgabe erfolgen soll. Diese kann später mittels eines Texteditors betrachtet oder ausgedruckt werden.

==================================

```
WEIGHTMATRIX

Input-Unit:           0     1     2     3     4     5     6     7     8
Hidden-Unit: 0/2   0.67  0.48 -0.81  0.72  0.86  0.53  0.18 -0.12 -0.10
Hidden-Unit: 1/1  -0.52 -0.45  1.17 -0.68 -0.29 -0.37 -0.03 -0.01 -0.01
```

Die erste Zeile ("Input-Unit") trägt die Bezeichnung der Dimensionen ab, wobei die Zählung mit 0 beginnt. Unterhalb der mit "0" bezeichneten Spalte stehen also die Koordinaten der Clustermittelpunkte bezüglich der Kennzahl K1, unterhalb der mit "1" bezeichneten Spalte die bezüglich der Kennzahl K2 usw. Es ist lediglich zu beachten, daß die mit "8" bezeichnete Spalte die Kennzahl K10 meint, da wir ja die Kennzahl K9 von den weiteren Untersuchungen ausgeschlossen hatten.

In den folgenden Zeilen stehen nun die Cluster mit den Koordinaten ihrer Mittelpunkte. Der Cluster "Hidden-Unit: 0/2" bezeichnet den Cluster mit der Nummer 0. Der Zusatz "/2" bezeichnet die Gruppe, die diesen Cluster bildet. Die "2" ist hier die Klasse der nicht leistungsgestörten Unternehmen. Im Gegensatz zur MDA, wo sie durch die Ziffer 0 gekennzeichnet waren, ist bei dem verwendeten Programm die Ziffer "0" reserviert, weshalb eine andere Kennzeichnung für die Jahresabschlüsse der nicht leistungsgestörten Unternehmen notwendig wurde. Es folgen die Koordinaten der Mittelpunkte bezüglich der verwendeten neun Kennzahlen. Beispielsweise ist die Kennzahlenkoordinate des Clustermittelpunktes der Jahresabschlüsse nicht leistungsgestörter Unternehmen bezüglich der Kennzahl K1 0.67, bezüglich der Kennzahl K2 0.48 usw.

Die folgenden Zeilen sind gleich aufgebaut. Sie enthalten die Angaben für den Clustermittelpunkt der Jahresabschlüsse leistungsgestörter Unternehmen. Die Angaben lassen sich nun benutzen, um die am wenigsten wichtige Kennzahl zu identifizieren, wie es die folgende Tabelle zeigt:

Kennzahl	Mittelpunkt "gut"	Mittelpunkt "schlecht"	Abstand (absolut)	Rang
K1	0.67	-0.52	1.19	3
K2	0.48	-0.45	0.93	5
K3	-0.81	1.17	1.98	1
K4	0.72	-0.68	1.40	2
K5	0.86	-0.29	1.15	4
K6	0.53	-0.37	0.90	6
K7	0.18	-0.03	0.21	7
K8	-0.12	-0.01	0.11	8
K10	-0.10	-0.01	0.09	9

Tab. 7.4.2.3.-3.: *Bedeutung der einzelnen Kennzahlen nach dem ersten Lauf*

Ordnet man die Kennzahlen gemäß dem Absolutbetrag der Abstandsdifferenzen, werden die Kennzahlen K3 und K4 als die wichtigsten ausgewiesen, was mit den Ergebnissen der MDA konsistent ist. Als am wenigsten bedeutende Kennzahl wird K10 ausgewiesen.

Im nächsten Schritt wird damit neben der Kennzahl K9 auch die Kennzahl K10 fortgelassen und der gesamte Prozeß wiederholt. Auf diese Weise läßt sich sukzessive eine Kennzahl nach der anderen eliminieren, bis zum Schluss nur noch die trennfähigsten übrig bleiben. Zur Auswahl der "optimalen" Kennzahlenkombination aus den vielen im Zuge dieses Entwicklungsprozesses getesteten Kombinationen stehen verschiedene Kriterien zur Verfügung. Diese zu betrachten erfordert jedoch umfangreichere Überlegungen. Aus didaktischen Gründen wollen wir hier für unsere Übungsdaten nach einer Kombination aus zwei Kennzahlen suchen, um so die Ergebnisse mit denen der MDA zu vergleichen.

Um den Entwicklungsprozess zu beschleunigen, kann in einem Schritt auch mehr als eine Kennzahl ausgesondert werden. Startet man etwa mit 40 Kennzahlen, wäre ein Verfahren, bei dem pro Schritt nur eine Kennzahl ausgesondert wird, zu langwierig. Zu viele Kennzahlen sollten aber auch nicht pro Schritt eliminiert werden, da die Rangfolge nicht unbedingt stabil bleiben muß. Erfahrungsgemäß können pro Schritt etwa 10% bis 20% der vorhandenen Kennzahlen (mindestens aber eine) ausgesondert werden.

Die nachfolgenden Tabellen illustrieren die Entwicklungsschritte der sukzessiven Elimination von Kennzahlen.

= =

Bei der Durchführung der einzelnen Schritte wurden dieselben Parametereinstellungen für den LVQ beibehalten (s.o.). Um das - je nach zur Verfügung stehende Rechnertyp - mehr oder weniger langwierige Nacharbeiten abzukürzen, können auch alternativ pro Schritt zwei Kennzahlen ausgesondert werden. Wenn nur noch fünf Kennzahlen übrig sind, sollte jedoch nur noch eine pro Schritt entfernt werden.

= =

8 Kennzahlen (K1, K2, K3, K4, K5, K6, K7 und K8)

	Traingsmenge	Testmenge
t-3	78,2%	78,2%
t-2	nicht benutzt	82,0%
t-1	nicht benutzt	82,7
Gesamt		81,0%

Tab. 7.4.2.3.-4.: *Klassifikationsquoten nach dem zweiten Lauf (8 Kennzahlen)*

Kennzahl	Mittelpunkt "gut"	Mittelpunkt "schlecht"	Abstand (absolut)	Rang
K1	0.66	-0.51	1.17	3
K2	0.48	-0.44	0.92	5
K3	-0.79	1.15	1.94	1
K4	0.71	-0.66	1.37	2
K5	0.84	-0.28	1.12	4
K6	0.53	-0.35	0.88	6
K7	0.18	-0.02	0.20	7
K8	-0.12	-0.02	0.10	8

Tab. 7.4.2.3.-5.: *Bedeutung der einzelnen Kennzahlen nach dem zweiten Lauf*

Im nächsten Schritt ist die Kennzahl K8 zu entfernen.

7 Kennzahlen (K1, K2, K3, K4, K5, K6 und K7)

	Trainingsdaten	Testdaten
t-3	78,2%	78,2%
t-2	nicht benutzt	82,0%
t-1	nicht benutzt	82,7%
Gesamt		81,0%

Tab. 7.4.2.3.-6.: *Klassifikationsquoten nach dem dritten Lauf (7 Kennzahlen)*

Kennzahl	Mittelpunkt "gut"	Mittelpunkt "schlecht"	Abstand (absolut)	Rang
K1	0.66	-0.50	1.16	3
K2	0.48	-0.43	0.91	5
K3	-0.78	1.16	1.94	1
K4	0.71	-0.66	1.37	2
K5	0.84	-0.28	1.12	4
K6	0.53	-0.35	0.88	6
K7	0.18	-0.02	0.20	7

Tab. 7.4.2.3.-7.: *Bedeutung der einzelnen Kennzahlen nach dem dritten Lauf*

Im nächsten Schritt ist die Kennzahl K7 zu entfernen.

6 Kennzahlen (K1, K2, K3, K4, K5 und K6)

	Trainingsdaten	Testdaten
t-3	78,2%	78,2%
t-2	nicht benutzt	82,0%
t-1	nicht benutzt	83,0%
Gesamt		81,1%

Tab. 7.4.2.3.-8.: *Klassifikationsquoten nach dem vierten Lauf (6 Kennzahlen)*

Kennzahl	Mittelpunkt "gut"	Mittelpunkt "schlecht"	Abstand (absolut)	Rang
K1	0.66	-0.50	1.16	3
K2	0.48	-0.43	0.91	5
K3	-0.78	1.16	1.94	1
K4	0.71	-0.65	1.37	2
K5	0.84	-0.28	1.12	4
K6	0.53	-0.34	0.87	6

Tab. 7.4.2.3.-9.: *Bedeutung der einzelnen Kennzahlen nach dem vierten Lauf*

Im nächsten Schritt ist die Kennzahl K6 zu entfernen.

5 Kennzahlen (K1, K2, K3, K4 und K5)

	Trainingsdaten	Testdaten
t-3	76,3%	76,3%
t-2	nicht benutzt	81,3%
t-1	nicht benutzt	82,5%
Gesamt		80,0%

Tab. 7.4.2.3.-10.: *Klassifikationsquoten nach dem fünften Lauf (5 Kennzahlen)*

Kennzahl	Mittelpunkt "gut"	Mittelpunkt "schlecht"	Abstand (absolut)	Rang
K1	0.72	-0.52	1.24	3
K2	0.53	-0.44	0.97	5
K3	-0.77	1.31	2.08	1
K4	0.77	-0.68	1.45	2
K5	0.94	-0.26	1.20	4

Tab. 7.4.2.3.-11.: *Bedeutung der einzelnen Kennzahlen nach dem fünften Lauf*

Im nächsten Schritt ist die Kennzahl K2 zu entfernen.

4 Kennzahlen (K1, K3, K4 und K5)

	Trainingsdaten	Testdaten
t-3	76,8%	76,8%
t-2	nicht benutzt	80,3%
t-1	nicht benutzt	83,7%
Gesamt		80,3%

Tab. 7.4.2.3.-12.: *Klassifikationsquoten nach dem sechsten Lauf (4 Kennzahlen)*

Kennzahl	Mittelpunkt "gut"	Mittelpunkt "schlecht"	Abstand (absolut)	Rang
K1	0.73	-0.49	1.22	3
K3	-0.72	1.34	2.06	1
K4	0.78	-0.65	1.43	2
K5	0.93	-0.25	1.18	4

Tab. 7.4.2.3.-13.: *Bedeutung der einzelnen Kennzahlen nach dem sechsten Lauf*

Im nächsten Schritt ist die Kennzahl K5 zu entfernen.

3 Kennzahlen (K1, K3 und K4)

	Trainingsdaten	Testdaten
t-3	77,2%	77,2%
t-2	nicht benutzt	82,8%
t-1	nicht benutzt	83,5%
Gesamt		81,2%

Tab. 7.4.2.3.-14.: *Klassifikationsquoten nach dem siebten Lauf (3 Kennzahlen)*

Kennzahl	Mittelpunkt "gut"	Mittelpunkt "schlecht"	Abstand (absolut)	Rang
K1	0.74	-0.46	1.20	3
K3	-0.70	1.32	2.02	1
K4	0.81	-0.60	1.41	2

Tab. 7.4.2.3.-15.: *Bedeutung der einzelnen Kennzahlen nach dem siebten Lauf*

Im nächsten Schritt ist die Kennzahl K1 zu entfernen.

2 Kennzahlen (K3 und K4)

	Trainingsdaten	Testdaten
t-3	77,2%	77,2%
t-2	nicht benutzt	79,2%
t-1	nicht benutzt	83,8%
Gesamt		80,1%

Tab. 7.4.2.3.-16.: *Klassifikationsquoten nach dem achten Lauf (2 Kennzahlen)*

Kennzahl	Mittelpunkt "gut"	Mittelpunkt "schlecht"	Abstand (absolut)	Rang
K3	-0.64	1.38	2.02	1
K4	0.86	-0.54	1.40	2

Tab. 7.4.2.3.-17.: *Bedeutung der einzelnen Kennzahlen nach dem achten Lauf*

Die letzte Lösung für zwei Kennzahlen enthält die Kennzahlen K3 und K4, was mit der Lösung der MDA übereinstimmt. Die Klassifikationsquoten von MDA und LVQ liegen bei dieser Lösung in etwa gleich, wobei die des LVQ vernachlässigbar schlechter ausfallen.

Die vorangegangene Vorgehensweise zur Identifikation der wenigsten Kennzahlen besitzt zwei Nachteile: Der erste gravierende Nachteil besteht darin, nur die Distanzdifferenzen in den Koordinaten der Clustermittelpunkte zu betrachten. Im Regelfall existieren zu einer gut trennenden Kennzahl im anfänglichen Kennzahlenkatalog eine Reihe anderer Kennzahlen, die sachlogisch dasselbe aussagen, damit also auch gut trennen, aber keine zusätzlichen Informationen tragen. Diese werden ebenfalls in den von ihnen gebildeten Kennzahlenkoordinaten zu hohen Differenzen bezüglich der Clustermittelpunkte führen. Anders dagegen Kennzahlen, die weniger gut trennen, dafür aber neue, zusätzliche Informationen tragen: Sie führen in den von ihnen gebildeten Kennzahlenkoordinaten bezüglich der Clustermittelpunkte zu geringeren Differenzen. Geht man nun exakt wie oben vor, kann im Extremfall zum Schluß nur noch die Kennzahlengruppe mit der höchsten Trennfähigkeit übrig bleiben. Sie repräsentiert jedoch lediglich ein und denselben wirtschaftlichen Tatbestand, ohne die Informationen in den anderen Kennzahlen auszunutzen. Das oben skizzierte Verfahren garantiert also auf keinen Fall, daß wirklich die trennfähigste Kombination weniger Kennzahlen gefunden wird.

Eine mögliche Lösung würde wie bei der Diskriminanzanalyse in einer vorhergehenden Faktorenanalyse bestehen. Man würde dann genau wie oben skizziert vorgehen, allerdings die Kennzahlen nicht streng nach dem Prinzip der geringsten Distanzdifferenzen entfernen, sondern versuchen, Faktoren zu erhalten. Dies bedeutet, die letzte Kennzahl eines Faktors erst dann zu entfernen, wenn keiner der übrigen Faktoren mehr mit mehr als einer Kennzahl vertreten ist.

Will man ohne eine Faktorenanalyse auskommen, kann man sich mit der Beobachtung der Veränderung der Klassifikationsquoten von Schritt zu Schritt behelfen. Solange man wirklich unwichtige oder redundante Kennzahlen entfernt, werden die Klassifikationsquoten sich von Schritt zu Schritt nur marginal verändern. Tritt dagegen bei einem Eliminationsschritt eine deutliche Verschlechterung ein, kann dies das Entfernen einer möglicherweise doch wichtigen Kennzahl signalisieren.

Betrachten wir hierzu die Entwicklung der Klassifikationsquoten bei der sukzessiven Elimination von Kennzahlen: Für acht, sieben und sechs Kennzahlen blieben die Klassifikationsquoten für t-3 konstant. Nach der Entfernung der Kennzahl K6 tratt dagegen eine sprunghafte Verschlechterung in t-3 ein. Dies signalisiert möglicherweise, daß die Kennzahl K6 doch wichtige Informationen trägt. Daher wäre dieser Entfernungsschritt rückgängig zu machen. Stattdessen würde man nun die in der Rangfolge nächste Kennzahl (hier K2) entfernen und diesen Schritt wiederholen.

Sicherlich verlängert das letzte Vorgehen den Prozess der Identifikation einer trennfähigen Kennzahlenkombination. Allerdings dürfte auch bei realen Problemen der beschriebene Effekt erst in einem späten Stadium einsetzen, wodurch sich die Identifikation nicht gravierend verzögern würde.

Bei **mehr als zwei Clustern** ist das beschriebene Verfahren in dieser einfachen Form **nicht mehr anwendbar**. Dieser Punkt betrifft aber die Aufdeckung der nicht-linearen Struktur des Problems der Klassifikation von Jahresabschlüssen, den wir nicht weiter betrachten wollen.

Als eigenständige Übung empfehlen wir, die beiden Lösungsvorschläge anhand der Beispieldaten auszuprobieren. Wer selber keine Faktorenanalyse durchführen möchte, kann auf die oben dargestellten Ergebnisse zurückgreifen. Für den zweiten Vorschlag empfiehlt es sich, das Entfernen von K6 rückgängig zu machen und stattdessen K2 zu eliminieren. Ab hier ist der Entwicklungsprozeß in der skizzierten Weise durchzuführen, wobei auch im weiteren auf Sprünge in den Klassifikationsquoten zu achten ist.

7.4.2.4. Schlußbetrachtungen zum LVQ

Die vorangegangenen Betrachtungen haben gezeigt, daß die MDA nicht das einzig denkbare Verfahren zur Klassifikation von Jahresabschlüssen ist. Eine Alternative stellt hierzu der LVQ dar. Seine Arbeitsweise ist dabei leicht verständlich und von einschränkenden Prämissen frei, wodurch er einen universell einsetzbaren Klassifikator darstellt. Die Anwendung auf unser Problem ist recht einfach, wenn auch vom Rechenaufwand her zeitintensiv.

Bei der inhaltlichen Vorgehensweise sind ebenfalls wie bei der MDA Variationen denkbar. Hier ist insbesondere an eine Zusammenfassung der Trainingsdaten aus t-3, t-2 und t-1 zu einer gemeinsamen, großen Trainingsdatei zu denken. Mit ihr ist dann die oben beschriebene Vorgehensweise zu wiederholen. Ob sich damit bessere Ergebnisse erzielen lassen, möchten wir dem Leser als eigenständige Übung überlassen.

Einen Vergleich beider Verfahren hinsichtlich ihrer Leistungsfähigkeit wollen wir hier nicht vornehmen, da unsere Beispieldaten letztlich doch keine echten Daten darstellen. Stattdessen wollen wir nur auf einige Aspekte hinweisen:

Die inhaltliche Anwendung der MDA, insbesondere in Verbindung mit einer Faktorenanalyse, sollte nicht erfolgen, ohne sich vorher mit der zugrundeliegenden Methodik vertraut zu machen. Bei ihrer Anwendung auf das Problem der Klassifikation von Jahresabschlüssen wird man zudem gegen gewisse Anwendungsvoraussetzungen verstossen müssen, was aber - die Statistiker mögen es uns nachsehen - nicht allzu eng gesehen werden sollte. Ferner liegen diesen Verfahren mathematisch-statistische Theorien zugrunde, die wichtige zusätzliche Aussagen, wie etwa Signifikanztests, erlauben.

Der LVQ ist in seiner Arbeitsweise dagegen leicht verständlich und voraussetzungslos. Sein Einsatz erfordert daher keine tiefergehenden Methodenkenntnisse. Inhaltlich ist im Gegensatz zur MDA eine Standardisierung der Kennzahlenwerte notwendig, ansonsten ist aber die Anwendung völlig unproblematisch. Andererseits erfordert das Training des LVQ (nicht die spätere Klassifikation!) gerade bei echten Problemen mit anfänglich vielen Kennzahlen einen recht hohen Rechenaufwand, der nur auf leistungsstarken PC´s in vertretbarer Zeit ablaufen wird. Die Ermittlung der trennfähigsten Kennzahlen ist vom reinen Rechenaufwand her deutlich aufwendiger. Bei der späteren Klassifikation arbeiten beide dagegen gleich schnell.

Soweit man nur die linearen Strukturen dieses Problems für eine Klassifikation nutzen möchte, wird eine Entscheidung für das eine oder andere Verfahren wahrscheinlich von der Vorbildung und dem persönlichen Geschmack abhängen. Wer bereits in anderen Zusammenhängen mit der Faktorenanalyse oder

der MDA gearbeitet hat, dürfte höchstwahrscheinlich deren Anwendung präferieren. Wem dagegen beide Verfahren neu sind, hat beim LVQ den Vorteil, sich nicht in die Methodik der MDA und Faktorenanalyse einarbeiten zu müssen.

Sollen dagegen die nicht-linearen Strukturen der Daten genutzt werden, ist vom Prinzip her der LVQ der MDA klar überlegen, denn letztere kann nur die lineare Struktur nutzen. Ob das Problem der Analyse von Jahresabschlüssen (bzw. das jeweils betrachtete Problem) allerdings eine nutzbare nicht-lineare Struktur besitzt, hängt nicht zuletzt auch von der zur Verfügung stehenden Datenmenge ab. Je kleiner die Fallzahlen sind, umso größer wird die Gefahr, auf zufällige, nur scheinbar existierende Nicht-Linearitäten in den Trainingsdaten hereinzufallen. Die Beschränkung auf die lineare Struktur erlaubt hier robustere Klassifikationen, wodurch die Entscheidung für eines der beiden Verfahren wiederum eine Frage der persönlichen Präferenzen werden dürfte.

Schließlich muß betont werden, daß es eine Fülle von weiteren Verfahren gibt, die auf dieses Problem passen. Die beispielhafte Betrachtung der MDA und des LVQ darf hierüber nicht hinwegtäuschen. Allein innerhalb der KNN dürften ca. 5 bis 10 Typen potentiell für diese Aufgabenstellung in die engere Auswahl kommen. So wurde bereits oben auf das Multilayer-Perceptron hingewiesen, welches üblicherweise bisher bei der Klassifikation von Jahresabschlüssen zum Einsatz kam. Welches der vielen Verfahren sich letztlich durchsetzen wird, kann zu diesem Zeitpunkt nicht entschieden werden.

7.4.3. Perceptron-Modelle

7.4.3.1. Aufbau und Funktionsweise der Perceptron-Modelle

Nachdem wir uns im vorangegangenen Kapitel mit dem recht einfachen Modell des LVQ beschäftigt haben, wollen wir im folgenden zumindest streifzugartig die komplexeren, zugleich aber am meisten verwendeten Verfahren der KNN beim Einsatz auf finanzanalytische Fragestellungen, nämlich das Single-Layer-Perceptron (SLP) und das Multilayer-Perceptron (MLP) betrachten.

7.4.3.1.1. Das Single-Layer-Perceptron

Die Grundbausteine eines Single-Layer-Perceptrons[4] sind mathematisch formalisierte Neuronenäquivalente - auch Units oder processing elements genannt -, die in Abhängigkeit von ihren **aktuellen Eingabe- ($net_i(t-1)$)** und **Zustandswerten ($a_i(t-1)$)** ihren **neuen Aktivierungszustand ($a_i(t)$)** bestimmen und eine **Ausgabe ($o_i(t)$)** produzieren. Konkret bedeutet dies, daß eine Unit (Neuron i) die von anderen Neuronen (Neuron 1, Neuron k, Neuron n) abgesandten Signale ($o_j(t-1)$) aufnimmt, mit einem Gewichtungsfaktor (w_{i1}, w_{ik}, w_{in}) multipliziert ($w_{ij} * o_j(t-1)$) und anschließend zu einem Nettoeingangssignal ($net_i(t-1)$) zusammenfaßt. Ausgehend von diesem Nettoeingangssignal und eventuell der Vorgeschichte der Unit ($a_i(t-1)$) ergibt sich mit Hilfe der Aktivierungsfunktion $F(net_i(t-1), a_i(t-1))$ der neue Aktivitätszustand ($a_i(t)$) des Neurons. Auf der Basis dieses aktuellen Aktivitätszustands wird nun mittels einer Ausgangswertfunktion, auch Output- oder Ausgabefunktion genannt, ($f_i(a_i)$) ein Ausgabesignal ($o_i(t)$) produziert, welches entweder an andere Zellen oder nach „außen" gesendet wird. Da es sich beim Single-Layer-Perceptron um ein sog. Zwei-Schichtenmodell handelt, sind die Ausgabesignale der Neuronen der zweiten Schicht gleichzeitig die Ausgabeinformationen des Netzwerks.

Exemplarisch wird der Aufbau des Single-Layer-Perceptrons in der nachfolgenden Abbildung [Werntges/Eckmiller 1988, S. 74] veranschaulicht:

4 Im folgenden wird in Anlehnung an Rumelhart et al. 1988a, S. 45 ff., Rumelhart et al. 1988b, S. 318 ff., Poddig 1992, S. 234 ff. und S. 242 ff. sowie Kemke 1988, S. 143 ff. eine sehr verallgemeinerte Darstellung des Single-Layer-Perceptron gegeben.

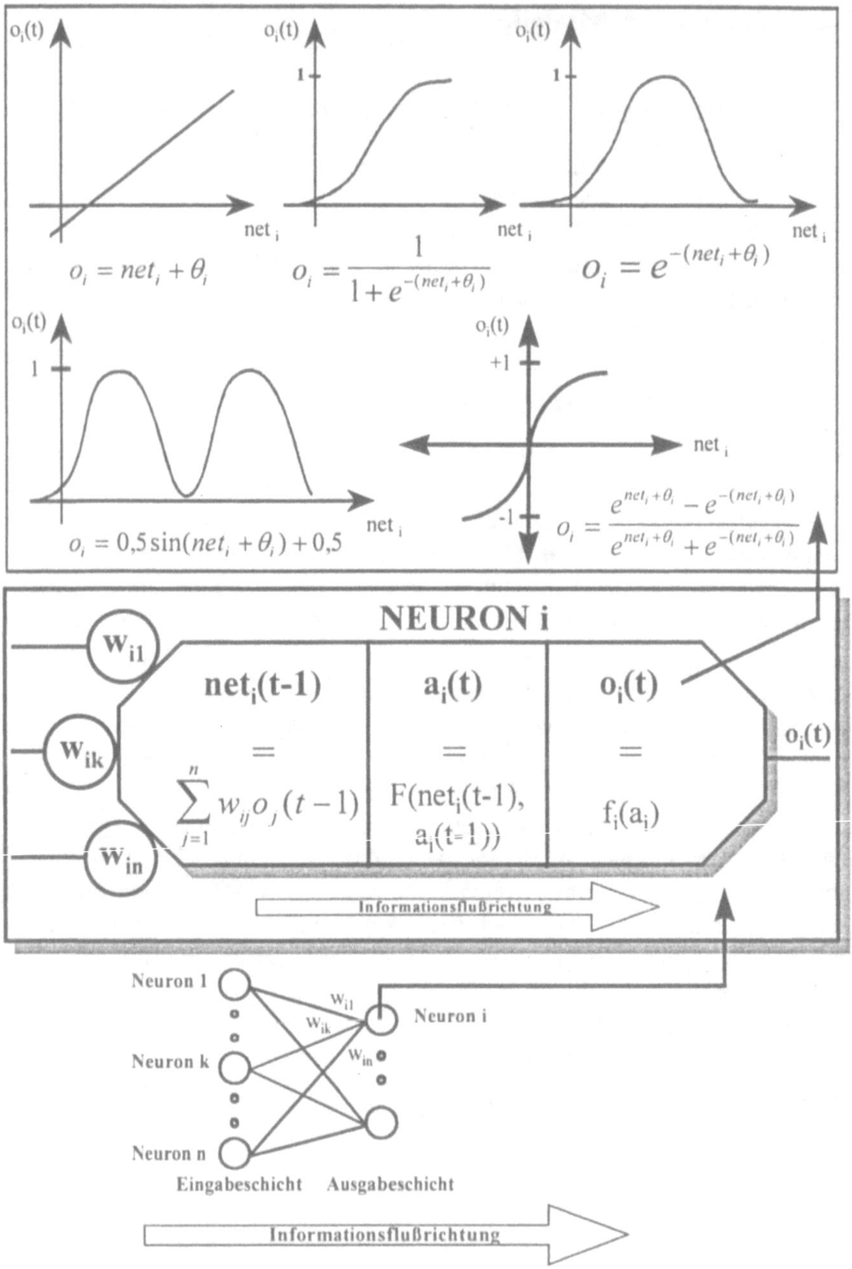

Abb. 7.4.3.1.1.-1.: *Das Single-Layer-Perceptron*

Legende:

t-1, t:	Zwei aufeinanderfolgende Zeitpunkte in der Simulation
o_i (t):	Ausgangswert (Output) von Neuron i
w_{ij}:	Synaptisches Gewicht zwischen Neuron j (Sender) und Neuron i (Empfänger)
$w_{i.}$:	Vektor (w_{i1}, ..., w_{in}) der synaptischen Gewichte von Neuron i
net_i:	Gewichtete Summe aller Eingänge in Neuron i (Netto-Eingangssignal)
a_i (t):	Aktivitätsgrad von Neuron i zum Zeitpunkt t
F_i ()	Aktivierungsfunktion von Neuron i
f_i ()	Ausgangswertfunktion (Outputfunktion) von Neuron i
θ_i:	Schwellwert von Neuron i

Wie aus der vorangehenden Abbildung zu ersehen ist, findet im Single-Layer-Perceptron der Informationsfluss stets von der vorgelagerten zur nachgelagerten Schicht statt (feed forward), d.h. die Neuronen der zweiten Schicht empfangen ihre Informationen nur von Neuronen der ersten Schicht. Zudem besitzen nur die Neuronen der Ausgabeschicht die eingehend beschriebene Verarbeitungskapazität. Die Eingabeneuronen leiten also lediglich die angelegten Inputwerte (etwa Kennzahlenwerte) an die Ausgabeneuronen weiter, wo diese dann entsprechend verarbeitet werden. In der folgenden Abbildung wird dieser Vorgang anhand eines einfachen Beispiels, für das die folgenden Angaben gelten sollen, verdeutlicht:

Klassifikation eines Jahresabschlusses anhand von 3 Kennzahlen, für die die folgenden Werte ermittelt wurden:

Kennzahl 1:	16
Kennzahl 2:	31
Kennzahl 3:	165

Die Gewichte des Netzwerks seien 0.8, 0.3 und 0.01. Außerdem wird vereinfachend angenommen, daß die Vorgeschichte der Zelle (a_4 (t-1)) keinen Einfluß auf die aktuell zu bestimmende Aktivität hat. Der Schwellwert (θ_4) sei 1.5.

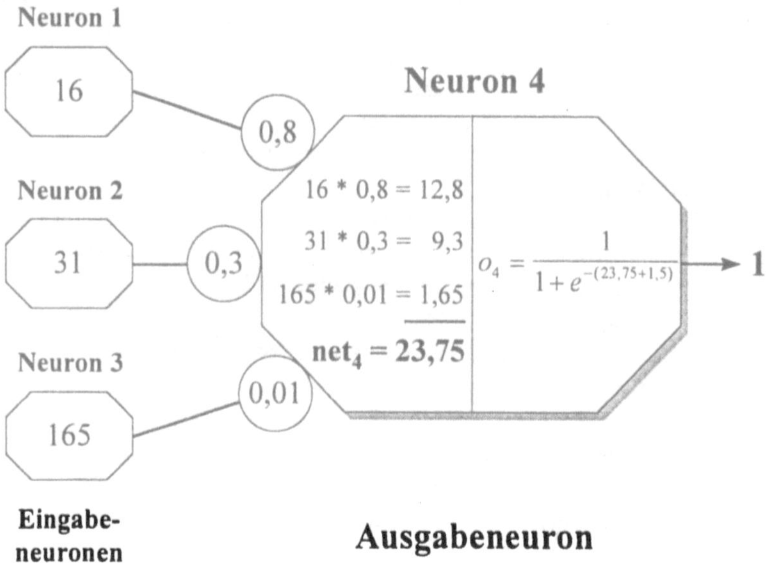

Abb. 7.4.3.1.1.-2.: *Klassifikation eines Jahresabschlusses mit einem Single-Layer-Perceptron*

Im obigen Beispiel wurde bereits vorausgesetzt, daß das Netz die Klassifikation von Jahresabschlüssen beherrscht. Die Lösung einer gestellten Aufgabe vollzieht sich jedoch auch beim SLP - wie wir es schon aus dem vorangegangenen Kapitel zum LVQ kennen - in zwei Phasen: einer **Trainingsphase**, in der das Netzwerk anhand von Trainingsdaten trainiert wird (d.h. in der es lernen soll, die gestellte Aufgabe zu lösen) und einer **Testphase**, in der das Gelernte überprüft werden soll. Unser Beispiel bezieht sich also lediglich auf die Testphase, da das Netz bereits „gelernt" hat, die gestellte Aufgabe „Klassifikation von Jahresabschlüssen" zu lösen (auch wenn dies nicht bedeutet, daß keine Fehlklassifikationen mehr auftreten können). Unter „Lernen" in einem Perceptron versteht man dabei die zielgerichtete Anpassung der Gewichte in einem Netzwerk derart, daß die dem Netzwerk vorgegebene Aufgabenstellung in Form von Trainingsbeispielen möglichst gut erfüllt wird [Rehkugler/Poddig 1992b, S. 414]. Die Gewichtsanpassung wird wiederum von einer vorgegebenen **Lernregel** bestimmt. Für das Perceptron wurden mittlerweile die unterschiedlichsten Typen von Lernregeln entwickelt, von denen im folgenden die weit verbreitete generalisierende Delta-Regel zur Darstellung des Lernprozesses herangezogen wird.

Ausgangspunkt der generalisierenden Delta-Regel ist die Berechnung eines Fehlermaßes (δ_i), das die Differenz zwischen dem tatsächlichen Output des Netzwerks (o_i) und dem gewünschten Zieloutput (t_i) beinhaltet. Ziel des Lernprozesses ist es nun, diesen Fehler zu minimieren. Der Ablauf der generalisierenden Delta-Regel kann damit folgendermaßen beschrieben werden [Poddig 1992, S. 237 f.]:

1. Initialisierung der Gewichte w_{ij} (und Schwellwerte θ_i) mit kleinen Zufallszahlen.
2. Präsentiere das nächste Input-Output-Muster (etwa Kennzahlenwerte eines Unternehmens (= Input) und der dazugehörige Output „kreditwürdig") aus der Beispieldatenmenge. Wurden alle Beispieldaten (also alle Input-Output-Muster) abgearbeitet, beginne wieder mit dem ersten Datensatz (falls das Abbruchkriterium noch nicht erfüllt ist).
3. Berechne den aktuellen Output des Netzwerkes (o_i).
4. Bestimme die Gewichtsanpassung (und die Anpassung der Schwellwerte) unter Anwendung der Delta-Regel.
   Dieser Vorgang setzt sich aus zwei Schritten zusammen:
   a) Fehlerberechnung: $\delta_i = (t_i - o_i) * f_i'(net_i)$
      mit δ_i: Fehlersignal (Fehlermaß) von Neuron i
   b) Gewichtsanpassung (Lernregel): $\Delta w_{ij} = \eta * \delta_i * o_j$
      mit η: Lernrate (Lernparameter), wobei gilt: $0 < \eta \leq 1$
   Die neuen Werte für die Gewichte sind somit: $w_{ij}(t) = w_{ij}(t-1) + \Delta w_{ij}$
5. Gehe zu Schritt 2, solange bis das gewählte Abbruchkriterium (Anzahl der Lernzyklen bzw. vorgegebene Fehlertoleranz) erfüllt ist.

Desweiteren ist bei der generalisierenden Delta-Regel zu beachten, daß die Gewichtsanpassung entweder sofort nach jedem Muster (Online-learning) oder aber nach Kumulation der Gewichtsänderungen nach einem vollständigen Musterdurchgang (Batch-learning) erfolgen kann. Das theoretisch „richtigere" Verfahren ist die zuletzt genannte Variante.

7.4.3.1.2. Das Multilayer-Perceptron

Das Multilayer-Perceptron [Rumelhart et al. 1988b, S. 319 ff.; Kemke 1988, S. 143 ff.] baut als erweiterte Variante auf dem Grundmodell des Single-Layer-Perceptrons auf. Der wesentliche Unterschied besteht dabei darin, daß es zusätzlich zur Ein- und Ausgabeschicht noch über eine oder mehrere Zwischenschichten (auch Hidden-Schichten genannt) verfügt, welche es zum Aufbau interner Repräsentationen befähigen; d.h. es eignet sich auch zur Lösung komplexerer Aufgaben, die mit Hilfe eines Single-Layer-Perceptrons nicht mehr bewältigt werden können. Da auch im MLP das Lernverhalten (also die geeignete Anpassung der Gewichte) durch einen Fehlerminimierungsprozess gesteuert wird, ergibt sich das Problem, daß für die Neuronen der Zwischenschichten keine direkten Soll-Outputs (t_i) zur Bestimmung eines Fehlermaßes zur Verfügung stehen. Dieser Engpaß wurde durch den **Backpropagation-Algorithmus** überwunden, auf den im folgenden jedoch nicht näher eingegangen werden soll.

Als Lernregel kann unter anderem die bereits oben dargestellte generalisierende Delta-Regel angewandt werden. Der Lernprozeß in einem Multilayer-Perceptron kann demnach wie folgt beschrieben werden [Poddig 1992, S. 253]:

1. Initialisierung der Gewichte w_{ij} und Schwellwerte θ_i mit kleinen Zufallszahlen.
2. Präsentiere das nächste Input-Output-Muster aus der Beispieldatenmenge. Wurden alle Beispieldaten abgearbeitet, beginne wieder mit dem ersten Datensatz (falls das Abbruchkriterium noch nicht erfüllt ist).
3. Berechne den aktuellen Output des Netzwerkes.
4. Berechne rekursiv die Fehlersignale δ_i auf jeder Schicht, wobei mit der höchsten Schicht beginnend das Netz sukzessive zur niedrigsten Schicht abgestiegen wird. Danach werden die Gewichte und Schwellwerte unter Anwendung der gewählten Lernregel (z.B. generalisierende Delta-Regel) aktualisiert.
5. Gehe zu Schritt 2, solange bis das gewählte Abbruchkriterium (Anzahl der Lernzyklen bzw. vorgegebene Fehlertoleranz) erfüllt ist.

Eine graphische Veranschaulichung des Multilayer-Perceptrons bietet Abbildung 7.4.3.1.2.-1.

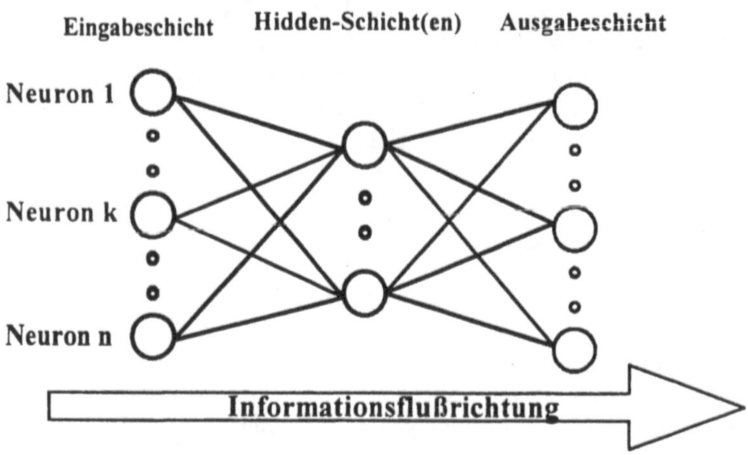

Abb. 7.4.3.1.2.-1.: *Das Multilayer-Perceptron*

7.4.3.2. Das Problem der Generalisierungsfähigkeit

Bevor wir uns mit der Anwendung des MLP auf das Problem der Jahresabschlussanalyse beschäftigen, müssen wir zunächst auf eine in diesem Zusammenhang äußerst wichtige Problematik eingehen, nämlich die Generalisierungsfähigkeit.

Die Fähigkeit zur Verallgemeinerung ist zwar eine wichtige Eigenschaft von KNN, jedoch besteht immer die Gefahr, daß sich ein Netzwerk zu sehr an die Trainingsdaten anpaßt, ja im Extremfall sogar jeden einzelnen Datensatz „auswendig lernt". Vergleichbar ist dies etwa mit einem Schüler, der zwar auswendig gelernt hat, daß 2 * 2 = 4 ist, nicht jedoch die Multiplikation an sich verstanden hat. Daher ist er dann auch nicht in der Lage, andere, ihm unbekannte Multiplikationsaufgaben (z.B. 2 * 3), zu lösen. Er kann also in Bezug auf die Aufgabenstellung „Multiplikation" nicht generalisieren (also verallgemeinern).

Besonders schwer dürfte es für unseren Schüler jedoch dann werden, die Multiplikation an sich zu verstehen, wenn er zum Erlernen nicht nur eine Fülle von Beispielen richtig gelöster Multiplikationsaufgaben (also 2 * 2 = 4; 5 * 6 = 30 usw.) zur Verfügung hat, sondern wenn sich stattdessen eine Vielzahl von Näherungslösungen (z.B. 2 * 2 = 3,8; 5 * 6 = 26,7 usw.) oder gar falschen Lösungen (z.B. 2 * 2 = 7; 5 * 6 = 100 usw.) unter den Beispieldatensätzen befinden. Dieser als „Rauschen" bezeichnete Tatbestand ist jedoch gerade für wirtschaftswissenschaftliches Datenmaterial besonders charakteristisch. Zudem kommt noch erschwerend hinzu, daß dieses oft unvollständig ist. Ursächlich für solches Rauschen können - wenn es beispielsweise um die Beurteilung der Kreditwürdigkeit von Unternehmen aus Jahresabschlussdaten geht - die unterschiedliche Branchenzugehörigkeit von Unternehmen, unterschiedlich angewendete Bewertungs- und Bilanzierungswahlrechte, Insolvenzgründe, die gar nicht aus dem Jahresabschluss ersichtlich sind, oder - im Extremfall - sogar Bilanzfälschung sein.

Da nun KNN - wie bereits vorangehend ausgeführt - ihre Informationen ebenfalls aus einem gegebenen Datenbestand extrahieren, hängt auch ihre spätere Leistungsfähigkeit sehr stark davon ab, inwieweit die in diesem Datenbestand - der ja in der Regel nur eine (kleine) Stichprobe darstellt - vorherrschenden Strukturen (etwa die Verteilungen der Kennzahlenwerte „guter" und „schlechter" Unternehmen) mit denen der Grundgesamtheit übereinstimmen. Diesem Problem kann lediglich durch eine **geeignete Stichprobenwahl** (Größe und Zusammensetzung) begegnet werden. Als nicht ganz einfach zu bewältigende Aufgabe stellt sich dann in einem nächsten Schritt das **Herausfiltern der in der Stichprobe enthaltenen „wahren" Strukturen** dar, ist doch gerade wirtschaftswissenschaftliches Datenmaterial - wie bereits angesprochen - meist stark „verrauscht“ und/oder unvollständig.

Diese dem Datenmaterial anhaftenden Mängel verschärfen das Problem der Entwicklung „optimaler“ Netzwerke zusätzlich. Ein „optimales“ Netzwerk zeichnet sich nämlich dadurch aus, daß es „ein Maximum aus den vorliegenden Trainingsdaten extrahiert, ohne in seiner Generalisierungsfähigkeit einzubrechen“ [Rehkugler/Poddig 1992a, S. 14]. Dies ist genau dann der Fall, wenn die **relevanten Eingabegrößen** (also etwa diejenigen Kennzahlen, die die größtmögliche Trenngenauigkeit „guter“ von „schlechten“ Unternehmen in der Grundgesamtheit gewährleisten), vom Netz extrahiert werden konnten und zusätzlich die **Netzstruktur optimal** ist. Eine optimale Netzstruktur liegt dann vor, wenn sie die geringstmögliche Anzahl an Gewichten enthält, bevor die Klassifikationsleistung (bei gegebenen Eingabegrößen) „einbricht“ [Rehkugler/Poddig 1992a, S. 19]. Für dieses Netzwerk kann dann vermutet werden, daß es an der Schwelle zum Overfitting, also zur Überanpassung, steht.

Overfitting äußert sich darin, daß das Netz auch das Rauschen mitlernt, sich also an dieses anpaßt, oder anders ausgedrückt, es beginnt damit - vergleichbar mit unserem Schüler aus dem eingehenden Beispiel -, die Einzelfälle „auswendig“ zu lernen. Damit sinkt nun die Zahl der vom Netz in der Trainingsmenge falsch klassifizierten Jahresabschlüsse kontinuierlich, während stattdessen gleichzeitig in zunehmendem Maße unbekannte Jahresabschlüsse falsch beurteilt werden (vgl. die Abbildungen 7.4.3.2.-1. und 7.4.3.2.-2.).

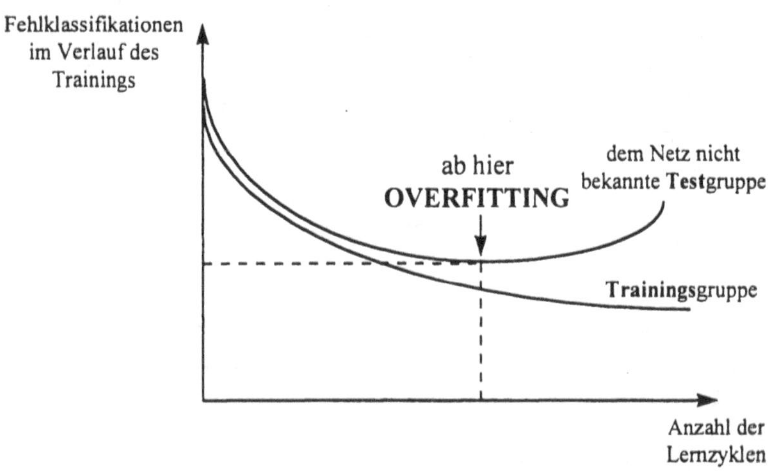

Abb. 7.4.3.2.-1.: *Verlauf der Fehlklassifikationen während des Trainings eines Netzwerks bei überdimensionierter Netzstruktur*

Dieses „Auswendiglernen“ wird durch eine zu groß dimensionierte Netzstruktur und/oder durch zu viele Eingabegrößen (also etwa Kennzahlen) begünstigt. Erst unter diesen Voraussetzungen kann sich das Netz, **bei entsprechend langen Trainingszeiten**, zu stark an die Trainingsdaten anpassen. Die Generalisierungsfähigkeit eines Netzwerks ist also dann sehr hoch, wenn dieses nur die „wahren“ und keine Scheinstrukturen aus den Trainingsdaten erlernt hat. Exemplarisch wird dieser Sachverhalt in Abbildung 7.4.3.2.-2. am Beispiel der Klassifikation von Jahresabschlüssen anhand der Kennzahlen x und y illustriert.

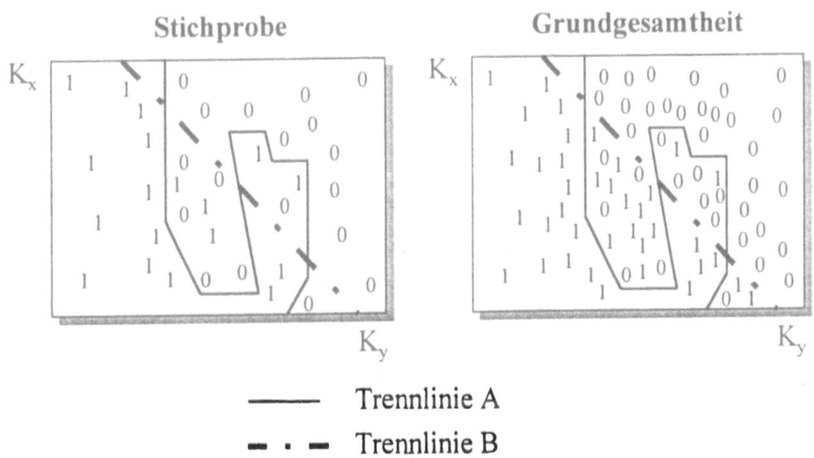

Abb. 7.4.3.2.-2.: *Das Problem des „Overfitting“*

Wie der Abbildung entnommen werden kann, klassifiziert die an die (Trainings-) Stichprobe überangepaßte Trennlinie A in dieser deutlich besser als die Trennlinie B. In der Grundgesamtheit oder in einer hinreichend großen - dem Netz unbekannten - Teststichprobe ermöglicht die „ideale“ Trennlinie B dagegen eine deutlich bessere Klassifikation von „guten“ (0) und „schlechten“ (1) Jahresabschlüssen. Da die nicht-lineare Trennlinie A jedoch nur mit Hilfe eines sehr komplexen Netzwerks mit mindestens einer Hiddenschicht, bestehend aus entsprechend vielen Neuronen und Gewichten, erzeugt werden kann, wird deutlich, daß die **Generalisierungsfähigkeit sehr stark von der Netzstruktur abhängt**. Dementsprechend müßte man im vorliegenden Fall mit Hilfe geeigneter Verfahren eine „optimale“ Netzstruktur entwickeln, die letztlich die Trennlinie B repräsentiert. Dies erweist sich aber besonders dann als eine sehr schwierige Aufgabenstellung, wenn zusätzlich auch diejenige Kombination von Kennzahlen, die eine möglichst hohe Überschneidungsfreiheit der Klassen gewährleistet, erst vom Netzwerk selbst ermittelt werden muß und nicht wie im obigen Beispiel vorgegeben wird. Dann besteht nämlich nicht nur die Aufgabe, innerhalb einer vorgegebenen Netzstruktur bei entsprechend vorgegebenen Inputdaten die „optimale" Netzstruktur zu ermitteln, sondern es muß zusätzlich aus einer Vielzahl möglicher Kombinationen aus Eingabegrößen (also Kennzahlen) und Netzstrukturen die bestmögliche extrahiert werden.

Die hier beschriebene Problemstellung der Entwicklung eines Modells zur Jahresabschlussanalyse auf Basis einer oft sehr geringen Datenmenge bei gleichzeitig hohem Rauschen in den Daten tritt jedoch nicht nur im Zusammenhang mit KNN auf. Auch bei der Anwendung statistischer Verfahren wie etwa der Diskriminanzanalyse wird es dadurch schwerer, unverzerrte Schätzer der Diskriminanzkoeffizienten zu berechnen, Signifikanztests durchzuführen und eine Abschätzung über die tatsächliche Fehlklassifikationsquote bezüglich der unbekannten Grundgesamtheit zu erhalten. Das Problem des „Overfitting" ist jedoch bei KNN aufgrund der deutlich höheren Anzahl von Freiheitsgraden ungleich ernsthafter [Poddig 1993].

Insoweit ist es nicht verwunderlich, daß sich wesentliche Teile der Forschung zur Anwendung von KNN auf wirtschaftswissenschaftliche Aufgabenstellungen mit der Entwicklung „optimaler" Netzwerke beschäftigt. Da es sich hierbei jedoch um eine recht komplexe Materie handelt, deren Betrachtung den Rahmen dieses Lehrbuches sicherlich sprengen würde, wollen wir auf die Handhabung dieses Problems im folgenden Kapitel nur ansatzweise eingehen, wobei wir uns außerdem auf das MLP beschränken, da für den LVQ derzeit unseres Wissens keine Algorithmen zur Entwicklung optimaler Netze existieren, die zu entsprechend guten Ergebnissen führen können.

7.4.3.3. Anwendung des MLP zur Klassifikation von Jahresabschlüssen

Die gravierendsten Probleme bei der Anwendung des Multilayer-Perceptrons auf wirtschaftswissenschaftliche Aufgabenstellungen sind in der [Rehkugler/Poddig 1992a, S. 14]

- Identifikation der für eine Aufgabenstellung relevanten Inputdaten (also der relevanten Kennzahlen),
- der Identifikation der optimalen Anzahl an Gewichten und Schwellwerten und
- der Identifikation der optimalen Anzahl von Hiddenunits zu sehen.

Um diesen Problemen begegnen zu können, wurden insbesondere seit Ende der 80er Jahre verschiedene Verfahren entwickelt, die sich zur Gewinnung „optimaler" Netze einsetzen lassen [Vgl. zusammenfassend Rehkugler/Poddig, 1992a, Zimmermann 1994, Kerling/Poddig 1994 und Kerling 1996]. Es sind dies beispielsweise das „Stopped-Training" auf Basis einer ständigen Cross-

Validierung [Weigend et al. 1990] oder verschiedene Verfahren der Gewichtselimination („Weight-Pruning“) wie etwa die Penalty Term-Methode [Rumelhart 1988], die Weight Decay-Methode [Hertz et al. 1991, S. 156 ff.], der Finnoff/Zimmermann-Test [Finnoff/Zimmermann 1992] oder der Jackknife-Ansatz [Mosteller/Tukey 1968, S. 134 ff. i.V.m. Poddig 1993, 1994a und 1994b].

Mit Hilfe des Stopped Training unter Einsatz ständiger Cross-Validierung möchte man dem Effekt entgegenwirken, daß eine Überanpassung des Netzes aufgrund einer zu langen Trainingsphase erfolgt. Zu langes Training ermöglicht es dem Netz nämlich, auch das in den Daten enthaltene Rauschen zu erlernen. Um dieses Problem in den Griff zu bekommen, wird im Falle der einfachen Cross-Validierung (SCV) der gesamte Datenbestand (also die ganze Stichprobe) zunächst - wie bereits in unseren Kapiteln zur MDA und zum LVQ dargestellt - in eine Trainings- und eine Testgruppe unterteilt. Während auch hier die erste Gruppe zur Entwicklung des Netzes herangezogen werden soll, soll die Testgruppe lediglich die Klassifikationsleistung eines bereits fertig entwickelten Netzes aufzeigen. Im Gegensatz zur bisher dargestellten Vorgehensweise (vgl. die Kapitel zur MDA und zum LVQ) wird nun jedoch die Trainingsgruppe ebenfalls in zwei Stichproben aufgeteilt, nämlich in eine „echte“ Trainingsmenge, anhand derer das Netz trainiert wird, und eine Cross-Validierungsmenge, die während des Netzwerk-Entwicklungsprozesses eingesetzt wird, um die Generalisierungsfähigkeit des Netzes zu kontrollieren.

Dazu wird der Fehler, den das Netz während der Trainingsphase macht, sowohl in der Trainingsgruppe als auch in der Cross-Validierungsgruppe gemessen. Unterstellt man nun, daß in beiden Stichproben die gleichen Strukturen bestehen (etwa gleiche Verteilungen der Kennzahlenwerte „guter“ und „schlechter“ Unternehmen), so würde ein Ansteigen des Fehlers in der Cross-Validierungsgruppe bei gleichzeitig sinkendem Fehler in der Trainingsgruppe bedeuten, daß das Netz damit beginnt, sich der Trainingsmenge zu sehr anzupassen (etwa indem es Einzelfälle „auswendig“ lernt). Daher wird das Training an dieser Stelle abgebrochen.

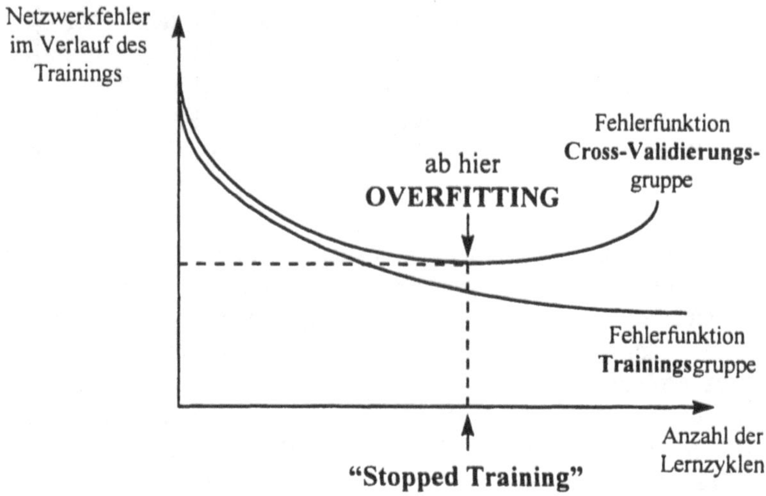

Abb. 7.4.3.3.-1.: *Verlauf des Netzwerkfehlers während des Trainings bei überdimensionierter Netzstruktur und „Stopped Training"*

Der nächste Schritt bei der Netzentwicklung ist nun die Feststellung der Bedeutung der einzelnen Gewichte im Netzwerk und das Entfernen einer gewissen Anzahl unbedeutender Gewichte. In diesem zweiten Schritt werden daher Verfahren der Gewichtselimination eingesetzt, mit deren Hilfe überflüssigen Gewichte identifiziert und aus dem Netz entfernt werden sollen (Weight-Pruning), wobei damit im Extremfall automatisch auch überflüssige Hidden-Neuronen oder gar Input-Größen (etwa Kennzahlen) eliminiert werden. Insoweit sind das sog. Neuron- und das Input-Pruning lediglich Spezialfälle des Weight-Pruning [Kerling/Poddig 1994, S. 464]. Damit derartige Gewichtseliminationsverfahren problemlos eingesetzt werden können, empfiehlt es sich - ebenso wie beim LVQ - die Daten zu standardisieren. Zusätzlich zur Standardisierung kann eine Ausreisserglättung vorgenommen werden.

Bei der Entwicklung optimaler Netze muß nun methodenabhängig vorgegangen werden. Je nach Wahl eines bestimmten Gewichtseliminationsverfahrens sieht auch der Entwicklungsprozeß unterschiedlich aus. Werden beispielsweise die Penalty Term Method und die Weight Decay Method eingesetzt, so könnte sich der Netzwerk-Entwicklungsprozess wie folgt gestalten [Rehkugler/Poddig 1992a, S. 19 f.; Poddig 1995a, S. 317; Poddig 1995b, S. 134]:

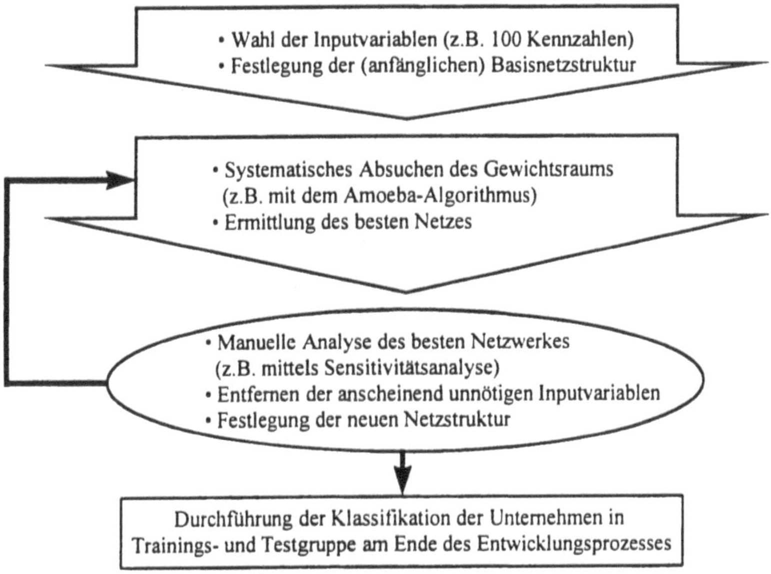

Abb. 7.4.3.3.-2.: *Möglicher Netzwerk-Entwicklungsprozess bei Einsatz der Penalty Term Method und der Weight Decay Method*

Der so beschriebene iterative Prozess muß so lange fortgesetzt werden, bis eine nachhaltige Verschlechterung der Klassifikationsleistung des Netzwerks eintritt. Wie der Abbildung entnommen werden kann, ist das systematische Absuchen des Gewichtsraums z.B. auf Basis des Amoeba-Algorithmus unter Einsatz einer Lernregel des konjugierten Gradientenabstiegs (z.B. nach Polak-Ribière) bei dieser Vorgehensweise hilfreich. Nachteilig ist bei dieser Methodik jedoch der hohe zeitliche Entwicklungsaufwand selbst schon bei Netzwerken kleiner Größenordnung.

Eine effizientere Vorgehensweise zur Entwicklung optimaler MLP-Netzwerke ergibt sich bei Einsatz einer automatisierten Variante des Finnoff/Zimmermann-Tests (im folgenden als „Auto-Pruning" bezeichnet). Schematisch läßt sich der Entwicklungsprozeß hierbei wie folgt darstellen [Rehkugler/Poddig 1992a, S. 20 f.; Poddig 1995a, S. 317 und 1995b, S. 135]:

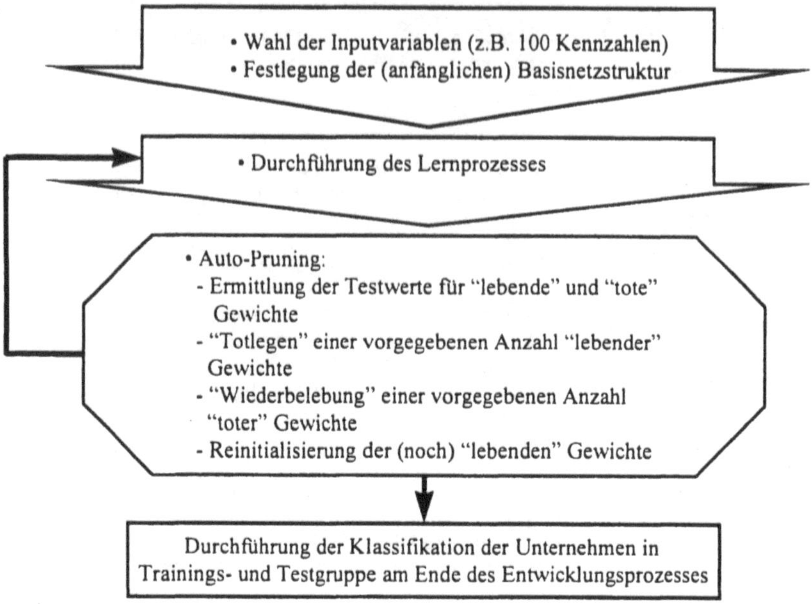

Abb. 7.4.3.3.-3.: *Der Netzwerk-Entwicklungsprozess bei Einsatz des Auto-Pruning*

Nach Beendigung eines Lernprozesses führt das Auto-Pruning zunächst den Finnoff/Zimmermann-Test (FZ-Test) durch. Mit Hilfe des FZ-Tests wird dabei die Bedeutung der einzelnen Gewichte ermittelt. Gemäß der anfänglichen Benutzervorgabe wird nun ein bestimmter Prozentsatz der „lebenden" Gewichte (mindestens jedoch eine vorgegebene Mindestanzahl) null gesetzt (also eliminiert) und ein bestimmter Prozentsatz zuvor „totgelegter" Gewichte (mindestens jedoch eine vorgegebene Mindestanzahl) „wiederbelebt". Danach erfolgt eine Neuinitialisierung der lebenden Gewichte, und der Lernprozeß wird erneut gestartet. Je nachdem, welche Parametereinstellungen zu Beginn vom Benutzer gewählt wurden, konvergiert das Netzwerk so im Zuge dieses iterativen Entwicklungsprozesses auf eine endgültige Anzahl lebender Gewichte hin oder setzt alle langsam auf null. Die nach jedem Lernzyklus ermittelten Netzwerke werden dabei automatisch abgespeichert, um entsprechend gute Lösungen anschließend „per Hand", z.B. unter Einsatz einer Sensitivitätsanalyse oder des FZ-Tests nachzuoptimieren. Dies ist notwendig, da der FZ-Test seine volle Leistungsfähigkeit eigentlich nur bei manueller Anwendung ausspielt.

Neben den hier - wenn auch nur andeutungsweise - beschriebenen Verfahren zur Entwicklung optimaler MLP-Netzwerke bestehen derzeit bereits eine Vielzahl weiterer Ansätze, auf die wir im Rahmen dieser Einführung jedoch nicht weiter eingehen werden [siehe dazu z.B. Rehkugler/Zimmermann 1994, Poddig

1995a und 1995b sowie Kerling 1996]. Anzumerken ist lediglich, daß der Forschungsschwerpunkt derzeit nach wie vor in diesem Bereich liegt, so daß hier die Entwicklung sicherlich noch weiter voranschreiten wird.

7.4.4. Historische Entwicklung im Überblick

Seit Beginn der 90er Jahre wurde eine Reihe von Untersuchungen mit KNN zur Jahresabschlussanalyse vorwiegend mit dem Ziel der Beurteilung der Kreditwürdigkeit durchgeführt. Die wohl ersten Arbeiten in diesem Bereich erstellten Bell/Ribar/Verchio [1990], Odom/Sharda [1990] und Tam/Kiang [1990]. Gemeinsam ist diesen Arbeiten, wie auch den meisten nachfolgenden Untersuchungen, daß mindestens ein statistisches Verfahren als Vergleichsmaßstab für die KNN herangezogen wurde. In der überwiegenden Zahl der Fälle ist dies die multivariate lineare Diskriminanzanalyse, gefolgt von der logistischen Regression (LR). Auch wurden in mehreren Untersuchungen verschiedene Verfahren der KNN einander gegenübergestellt. Beispielhaft seien hier die Arbeiten von Bischoff/Bleile/Graalfs [1991], Krause [1993] und nicht zuletzt auch die Reihe unserer Untersuchungen [Rehkugler/Poddig 1992; Kerling 1992; Arz 1994; Kerling/Poddig 1994; Kerling 1996] genannt. Eine genauere und zusammenfassende Beschreibung unserer Untersuchungen zur Jahresabschlussanalyse mit KNN findet sich bei Kerling/Poddig 1994 sowie Poddig 1995a und 1995b und Rehkugler 1995 entnommen werden.

Das am häufigsten eingesetzte Instrument aus dem Bereich der KNN ist jedoch zweifellos das MLP. Dies ist wahrscheinlich darauf zurückzuführen, daß diesem Verfahren bereits vor Beginn der 90er Jahre in der Forschung die größte Aufmerksamkeit gewidmet wurde, so daß bezüglich des Umgangs mit dem MLP auch auf die meiste Erfahrung - wenn auch auf anderen oder, seit Ende der 80er Jahre, auch auf angrenzenden Gebieten (z.B. Bond-Rating) - zurückgegriffen werden konnte.

Trotzdem wird in zahlreichen Untersuchungen auch im Zusammenhang mit dem MLP immer wieder das Problem der Entwicklung einer geeigneten Netzstruktur angesprochen. Hinzu kommt die Schwierigkeit, aus einem gegebenen Variablenbestand (etwa Kennzahlen) diejenigen Größen zu identifizieren, die im Zusammenwirken eine größtmögliche Trennfähigkeit von „guten“ und „schlechten“ Unternehmen bzw. Jahresabschlüssen gewährleisten sollen. So ist es dementsprechend nicht verwunderlich, daß eine Gemeinsamkeit vieler Arbeiten auch darin besteht, daß die Kennzahlen, die für das statistische Vergleichsmodell - etwa die Diskriminanzanalyse - als besonders trennfähig ermittelt wurden, den KNN fest vorgegeben wurden. Dieses Vorgehen hat jedoch den Nachteil, daß die KNN mit solchen Inputgrößen arbeiten mußten, die hinsichtlich des (linearen) statistischen Verfahrens optimal waren. Auch der Versuch, die Eingabevariablen für die KNN durch statistische Vortests oder Datenanalysen zu extrahieren, kann nur dann der richtige Lösungsweg sein, wenn diese Tests KNN-spezifisch angepaßt sind (was wiederum bei so mancher Untersuchung leider nicht der Fall war).

Aus diesem Grund muß die vornehmliche Zielrichtung der Forschung zur Anwendung von KNN bei der Jahresabschlussanalyse die Entwicklung leistungsfähiger Methoden sein, die sowohl die **Identifikation der relevanten Variablen** als auch den **Aufbau einer optimalen Netzstruktur** erlauben, wobei **größtmögliche Validität der Ergebnisse anzustreben** ist. Erst mit Hilfe derartiger Methoden lassen sich nämlich auch die Vorteile, die KNN bieten können, in vollem Umfang nutzen.

Mit unserer Untersuchung im Jahre 1992 [Rehkugler/Poddig 1992a] hatten wir daher einen ersten Schritt in diese Richtung unternommen. Dabei wurde neben weiteren Fragestellungen insbesondere die Leistungsfähigkeit verschiedener Optimierungsstrategien für das MLP einschließlich mehrerer Pruning-Verfahren getestet, mit deren Hilfe allein unter Einsatz eines Netzwerksimulators die relevanten Inputgrößen extrahiert werden konnten. Auch hinsichtlich der Entwicklung einer geeigneten Netzstruktur konnten gute Ergebnisse erzielt werden. Die logische Fortsetzung dieser Untersuchung erfolgte in den Arbeiten von Kerling [1992 und 1996], Arz [1994] und Kerling/Poddig [1994], in denen diesbezüglich weitere wichtige Erkenntnisse gewonnen werden konnten. Die folgende Abbildung gibt eine Übersicht zu einigen Klassifikationsergebnissen der genannten Untersuchungen, wobei das mit diesen Daten erzielte Ergebnis der MDA [Schöppner 1992] als Benchmark dient.

Untersuchung	Richtigklassifikationen	
	Trainingsgruppe	Testgruppe
Schöppner 1992 (MDA)	78,17 %	85,67 %
Rehkugler/Poddig 1992a (MLP)	86,8 %	87,0 %
Kerling 1992 (ELVQ)	79,41 %	84,7 %
Arz 1994 (MLP)	87,0 %	89,0 %
Kerling/Poddig 1994 (GRNN)	keine Angaben	84,7 %

Tab. 7.4.4.-1.: *Klassifikationsergebnisse von MDA und KNN im Überblick*

In der bislang letzten Studie, in der insbesondere die Erzielung möglichst valider Ergebnisse bei kleinen Datenmengen im Vordergrund stand, konnten die folgenden Klassifikationsleistungen erreicht werden [Kerling 1996, S. 415 ff.].

Verfahren	Richtigklassifikationen		
	Trainingsgruppe	Cross-Gruppe	Testgruppe
MDA-Jackknife (Frankreich)	76,21 %	76,00 %	81,98 %
MLP (Frankreich)	84,52 %	84,17 %	83,53 %
MDA-Jackknife (USA)	79,81 %	78,73 %	79,56 %
MLP (USA)	82,87 %	81,25 %	81,44 %

Tab. 7.4.4.-2.: *Klassifikationsleistung von MDA und MLP unter besonderer Berücksichtigung der Validität bei kleinen Datenmengen*

Gerade im Verlauf dieser Studien zeigte sich sehr eindrucksvoll, daß die Qualität der erzielten Ergebnisse in nicht unerheblichem Ausmaß von den gewählten Optimierungsstrategien und damit auch von der Leistungsfähigkeit der eingesetzten Pruning-Verfahren abhängt. Dies ist wohl letztlich auch der Grund, weshalb der ELVQ und das GRNN - wie auch der nachfolgenden tabellarischen Übersicht entnommen werden kann - schlechter abschnitten als das MLP. Während wir für letzteres bereits seit Jahren über leistungsfähige Optimierungsstrategien verfügen (auch wenn hier sicherlich noch weitere Verbesserungen möglich sind), ist für ELVQ und GRNN diesbezüglich noch viel Entwicklungsarbeit nötig.

Die Klassifikationsgüte hängt aber nicht nur von der Leistungsfähigkeit des jeweiligen Werkzeugs und des Entwicklungs-Know-hows des betreffenden Entwicklers ab, sondern auch von den **zugrundegelegten Variablen**. Bei nährerer Betrachtung der Vielzahl an Untersuchungen läßt sich nun feststellen, daß die Variablen, anhand derer die Kreditwürdigkeit von Firmenkunden oder Kreditinstituten beurteilt werden sollte, in der Regel Bilanzkennzahlen waren. Ein Grund hierfür - so etwa auch in unserem Fall - ist sicherlich darin zu sehen, daß häufig nur Jahresabschlussdaten in hinreichend großer Zahl für derartige Untersuchungen zur Verfügung standen. Es wurden daher nur in wenigen Arbeiten neben Jahresabschlussdaten auch qualitative Merkmale einbezogen. So setzen beispielsweise Baestaens/van den Bergh/Hervé [1993] neben fünf Bilanzkennzahlen auch 21 qualitative Variablen ein. Die größte Bedeutung kommt dieser Art von Merkmalen wohl in der Studie von Anders/Szczesny [1996] zu, die fast ausschließlich qualitative Merkmale heranziehen. Dies ist durchaus naheliegend, geht es in ihrer Arbeit doch um die Bonitätsbeurteilung kleiner und mittlerer Unternehmen mit maximal 500 Beschäftigten. Gerade bei dieser Gruppe von Unternehmen ist das Schicksal eng mit dem des „Unternehmers" verknüpft. Außerdem liegen - wenn überhaupt - häufig nur verkürzte Bilanzen vor, so daß ein Bonitätsbeurteilungssystem für kleine und mittlere Unternehmen, das nur auf reinen Jahresabschlussdaten aufbaut, sicherlich nicht sehr sinnvoll ist.

Auch in der großzahligen Untersuchung von Uthoff [1997] spielen qualitative Indikatoren, wie etwa die Managementqualität, neben Bilanzkennzahlen eine wichtige Rolle. Bemerkenswert ist dabei unter anderem, daß für diese Arbeit ein Datenbestand aus etwa 16000 Jahresabschlüssen und über 13200 Wirtschaftsauskünften verfügbar war, wobei in über 9400 Fällen sowohl der Jahresabschluss als auch die Wirtschaftsauskunft des Unternehmens zur Verfügung stand. Dementsprechend konnte den Wirtschaftsauskünften eine Vielzahl qualitativer Indikatoren entnommen und gemeinsam mit den Jahresabschlussdaten analysiert werden. Das hauptsächliche Ziel dieser Arbeit lag in der Entwicklung eines Klassifikators **auf der Basis von Auskunfts- und Jahresabschlussdaten**, der die **Bonität eines Unternehmens erfolgsoptimal beurteilt**. Im Vordergrund der Betrachtungen standen als zentrale Problemstellungen somit sowohl die Frage, ob durch die zusätzliche Hinzunahme qualitativer Daten zu den Jahresabschlüssen die Klassifikationsleistung gesteigert werden kann, als auch in welcher Weise Kosten- und Leistungswirkungen des Kreditvergabeprozesses berücksichtigt werden können, um ein erfolgsoptimales Klassifikationsinstrument zu generieren.[5]

Obwohl die Entwicklungsarbeit zur Anwendung von KNN bei der **Jahresabschluss**analyse nicht als abgeschlossen betrachtet werden kann, läßt sich trotzdem als **Fazit aus den bisherigen Untersuchungen** festhalten, daß KNN ein brauchbares Instrument für diese Aufgabenstellung darstellen. Zieht man den Vergleich zu den bisher gängigen Verfahren - etwa zur MDA -, so läßt sich feststellen, daß die KNN in der Mehrzahl der Fälle bessere Ergebnisse erzielen konnten als die Vergleichsverfahren, auch wenn diese Ergebnisse häufig nicht deutlich besser ausfielen. Bedenkt man jedoch, daß die Forschung in diesem Bereich bei weitem noch nicht abgeschlossen ist und die Diskriminanzanalyse ohnehin als Spezialfall einer bestimmten Architektur eines MLP angesehen werden kann, so könnte man durchaus daran denken, diese in Zukunft durch das MLP zu ersetzen. Hierfür spricht auch, daß die KNN im Gegensatz zur MDA zukünftig sicherlich über das größere Entwicklungspotential verfügen. Auch konnten große Fortschritte - zumindest was das MLP betrifft - hinsichtlich der Entwicklung optimaler Netze und einer Erklärungskomponente erzielt werden. Gerade die Nachvollziehbarkeit der Urteile des Netzes ist für die **Akzeptanz in der Praxis** von herausragender Bedeutung. Eine entsprechend leistungsfähige Erklärungskomponente[6] kann dem Bilanzanalysten sogar eine zielgerichtete Analyse ermöglichen und damit den Analysevorgang vereinfa-

5 Einige Ergebnisse dieser Untersuchung können der nachfolgenden tabellarischen Übersicht entnommen werden.

6 Eine detaillierte Beschreibung von Ansätzen, die der Analyse des Netzwerk-Outputs dienen und ohne weiteres zu einer leistungsfähigen Erklärungskomponente für den LVQ und das SLP/MLP ausgebaut werden können, kann Kerling/Poddig, 1994 S. 481 ff. entnommen werden.

chen und beschleunigen. Dementsprechend befassen sich auch die jüngsten Veröffentlichungen des Instituts für Revisionswesen der Westfälischen Wilhelms-Universität Münster mit der Erklärung der Bonitätsurteile von KNN [Baetge et al. 1994b, 1995, 1996; Baetge/Jerschensky 1996; Uthoff 1996].

Zusammenfassend kann somit festgehalten werden, daß der **praktische Einsatz von KNN zur Jahresabschlussanalyse** nicht nur in greifbare Nähe rückt, sondern vereinzelt finden sie bereits Anwendung in der Analysepraxis.

Eine abschließende tabellarische Übersicht über Untersuchungen zur Jahresabschlussanalyse mit Künstlichen Neuronalen Netzen bietet die nun folgende Tabelle 7.4.4.-3[7].

Autor(en)	**BELL/RIBAR/VERCHIO (1990)**[8]
Samplegröße und Einteilung	**2067 Banken** - Tr.: **1008 ges.** 102 insolvent (Abschluß aus 1984, Insolvenz 1985), 906 solvent (Abschluß aus 1984) - Te.: **1059 ges.** 131 insolvent (Abschluß aus 1985, Insolvenz 1986), 928 solvent (Abschluß aus 1985)
Zeit, aus der die Daten stammen	1984 - 1985
Variablen, anhand derer klassifiziert werden soll	28 Kennzahlen, aus denen für das Logit-Modell 8 Kennzahlen extrahiert wurden. Für das MLP wurden 11 Kennzahlen anhand von Datenanalysen ermittelt und diesem fest vorgegeben (hierunter sind auch die 8 Kennzahlen des Logit-Modells).
Verfahren	- LR - MLP
Netzwerkstruktur	11 - 6 - 1[9], von Schicht zu Schicht voll verknüpft
Ergebnis	Beide Verfahren klassifizieren ungefähr gleich gut. Kein Modell kann entlang der gesamten Tradeoff-Grenze, die sich aufgrund verschieden gewählter Cut-offs ergibt (Variation von Fehler 1. und 2. Art), das andere dominieren.

7 Die Beschreibung der in der Tabelle verwendeten Abkürzungen kann dem Abkürzungsverzeichnis entnommen werden.

8 Vergleiche zu dieser Untersuchung auch Coleman et al., 1993

9 Diese Schreibweise bedeutet, daß das Netz 11 Neuronen auf der Inputschicht, 6 Neuronen auf der Hiddenschicht und 1 Neuron auf der Outputschicht hat.

Autor(en)	ODOM/SHARDA (1990) und (1993)
Samplegröße und Einteilung	**129 Unternehmen**, je 65; matched - Te.: **55 ges.**, 27 insolvent, 28 solvent - Tr.: **74 ges.**, Aufteilung der Tr.-Daten im Verhältnis 1. ungefähr 50 : 50: 36 solvent, 38 insolvent 2. 80 : 20: 36 solvent, 9 insolvent 3. 90 : 10: 36 solvent, 4 insolvent
Zeit, aus der die Daten stammen	1975 - 1982
Variablen, anhand derer klassifiziert werden soll	5 Bilanzkennzahlen fest vorgegeben, die selben Kennzahlen wie Altman [1968, S. 594].
Verfahren	- MDA - MLP
Netzwerkstruktur	5 - 5 - 1, von Schicht zu Schicht voll verknüpft
Ergebnis	Das KNN klassifizierte jeweils besser als die MDA. Die Fehlklassifikationen des KNN waren auch für die MDA ein Problem.
Autor(en)	TAM/KIANG (1990/1992/1993)
Samplegröße und Einteilung	**162 Banken, 320 Abschlüsse** t-1: **162 ges.**, je 81 t-2: **158 ges.**, je 79 → matched 1. Fall: t-1: Tr.: **118 ges.**, je 59 Te.: **44 ges.**, je 22 t-2: Tr.: **118 ges.**, je 59 Te.: **40 ges.**, je 20 2. Fall: Jackknife
Zeit, aus der die Daten stammen	1985 - 1987
Variablen, anhand derer klassifiziert werden soll	19 Bilanzkennzahlen, bei ID3: Reduzierung auf 6 Kennzahlen für t-1 und 8 Kennzahlen für t-2
Verfahren	- MDA - LR - kNN mit k = 1 und k = 3 - ID3 - SLP - MLP → für jede Periode (t-1, t-2) je ein Modell

Netzwerkstruktur	- SLP: 19 - 1 - MLP: 19 - 10 - 1, von Schicht zu Schicht voll verknüpft
Ergebnis	Das SLP erzielt bei beiden Tests ähnliche Ergebnisse wie die MDA. Das MLP schneidet von allen Verfahren am besten ab.
Autor(en)	**ERXLEBEN/KOCH (1991)**[10]
Samplegröße und Einteilung	**3539 Abschlüsse** - Tr.: **672 ges.**, je 336 (aus t-1 bis t-3) - Te.: **2867 ges.**, 2020 solvent, 847 insolvent (aus t-1 bis t-5)
Zeit, aus der die Daten stammen	1973 - 1987
Variablen, anhand derer klassifiziert werden soll	72 Kennzahlen, aus denen für die MDA 4 Kennzahlen extrahiert wurden. - MLP: a) 4 Bilanzkennzahlen der MDA b) 7 Bilanzkennzahlen einer Faktoranalyse
Verfahren	- MDA - MLP
Netzwerkstruktur	4 - 2 - 2, 4 - 3 - 3 - 2, 4 - 4 - 4 - 2, 4 - 3 - 3 - 3 - 2, 4 - 4 - 4 - 4 - 2, jeweils von Schicht zu Schicht voll verknüpft
Ergebnis	Beide Verfahren klassifizierten ungefähr gleich gut.

10 Vergleiche zu dieser Untersuchung auch Koch 1991, S. 100 ff. sowie Erxleben et al. 1992 und 1996.

Autor(en)	BISCHOFF/BLEILE/GRAALFS (1991)
Samplegröße und Einteilung	**81 Unternehmen**, 40 positiv, 41 negativ[11] - Tr.: **28**, **43** und **71 ges.** - Te.: **10 ges.**, je 5
Zeit, aus der die Daten stammen	keine Angaben
Variablen, anhand derer klassifiziert werden soll	19 Bilanzkennzahlen aus den letzten beiden Jahresabschlüssen
Verfahren	- MDA - Perceptron - Adaline - Madaline - MLP
Netzwerkstruktur	MLP: unterschiedliche Netzstrukturen (Variation der Hidden-Layer und Anzahl Hidden-Units)
Ergebnis	KNN erreichen tendenziell ein besseres Ergebnis.
Autor(en)	COATS/FANT (1991)
Samplegröße und Einteilung	**188 Unternehmen, 564 Abschlüsse**
Zeit, aus der die Daten stammen	keine Angaben
Variablen, anhand derer klassifiziert werden soll	5 Kennzahlen fest vorgegeben
Verfahren	- MDA - MLP
Netzwerkstruktur	keine Angaben
Ergebnis	Das MLP erzielt bessere Ergebnisse als die MDA.

11 Hierbei handelt es sich um die Einschätzung von Kreditsachbearbeitern einer Bank. Die getesteten Verfahren sollten folglich die von den Sachbearbeitern vorgegebene Beurteilung reproduzieren.

Autor(en)	SALCHENBERGER/CINAR/LASH (1992/1993)
Samplegröße und Einteilung	**862 Abschlüsse**; matched - Tr.: je 100 - Te.: 1. Sample: - je 58, 6 Monate vor Konkurs, - je 47, 12 Monate vor Konkurs, - je 24, 18 Monate vor Konkurs. 2. Sample: 75 insolvent, 329 solvent
Zeit, aus der die Daten stammen	1986 - 1987
Variablen, anhand derer klassifiziert werden soll	5 Bilanzkennzahlen (durch schrittweise Regression aus 29 Kennzahlen ermittelt)
Verfahren	- LR - MLP
Netzwerkstruktur	5 - 3 - 1, von Schicht zu Schicht voll verknüpft[12]
Ergebnis	Bei jedem Datensample klassifizierte das KNN besser oder gleichauf mit dem Vergleichsmodell.
Autor(en)	REHKUGLER/PODDIG (1992a)
Samplegröße und Einteilung	**300** französiche **Unternehmen** (mit je 3 aufeinanderfolgenden Jahresabschlüssen = **900 Abschlüsse**), 150 leistungsgestört und 150 nicht leistungsgestört - Tr.: **200 ges.** (**600 Abschlüsse**), je 100 weitere Aufteilung dieser Gruppe: - echte Tr.: 170 ges. (510 Abschlüsse) - Cross-Gr.: 30 ges. (90 Abschlüsse) - Te.: **100 ges.** (**300 Abschlüsse**), je 50
Zeit, aus der die Daten stammen	1985 - 1990 (Leistungsstörung zwischen Mitte 1988 und Mitte 1991)
Variablen, anhand derer klassifiziert werden soll	45 Bilanzkennzahlen, aus denen für die beiden MDA's je 3 Kennzahlen extrahiert wurden. Die KNN benutzen i.d.R. zwischen 6 und 17 Kennzahlen, die mittels verschiedener *Pruning-Verfahren* (z.B. Weight Decay, PTM, FZ-Test, Sensitivitätsanalyse) ermittelt wurden.
Verfahren	- MDA / SLP mit SCV / MLP mit SCV
Netzwerkstruktur	MLP: unterschiedliche Strukturen, hauptsächlich jedoch Processing Inputs[13]

12 Diese Struktur wurde ausgewählt, nachdem Versuche mit vierlagigen Netzen keine besseren Ergebnisse lieferten.

Ergebnis	1. Die KNN (sowohl SLP als auch MLP) erzielen bessere und vor allem homogenere Ergebnisse als die MDA. 2. Bei der Aufdeckung der linearen Struktur erwiesen sich die KNN als das leistungsfähigere Instrument. Das Ausnutzen der nicht-linearen Struktur brachte nur leichte Vorteile. 3. Die Entwicklung „optimaler" Netze ist kein reines „Trial-and-error" mehr, da mit etlichen Optimierungsstrategien gute Ergebnisse erzielt werden konnten. 4. Das *individuelle Bonitätsurteil* des KNN kann unter Einsatz einer Erklärungskomponente nachvollzogen werden.
Autor(en)	**KERLING (1992)** **KERLING/PODDIG (1994)**
Samplegröße und Einteilung	siehe Rehkugler/Poddig (1992a)
Zeit, aus der die Daten stammen	siehe Rehkugler/Poddig (1992a)
Variablen, anhand derer klassifiziert werden soll	45 Bilanzkennzahlen, aus denen beim Einsatz des ELVQ mittels *Pruning* 5 bzw. 7 Kennzahlen extrahiert wurden. Zudem wurden Netze (ELVQ und GRNN) mit den jeweils 3 Kennzahlen der beiden MDA's entwickelt.
Verfahren	- MDA - ELVQ - GRNN
Netzwerkstruktur	- ELVQ: 5 - 2 - 2 bei 5 Kennzahlen sowie 7 - 2 - 2 bei 7 Kennzahlen - GRNN: keine Angaben
Ergebnis	Wenn der ELVQ und das GRNN die Kennzahlen der MDA benutzten, erreichen sie etwa deren Ergebnisse. Werden die Kennzahlen jedoch unter Einsatz spezieller Pruning-Verfahren (z.B. für den ELVQ Mittelwertanalyse und Sensitivitätsanalyse) extrahiert, so schneidet die MDA besser ab, da diese Pruning-Verfahren noch stark verbesserungsbedürftig sind.

13 Hierbei handelt es sich vom Prinzip her um ein dreilagiges Netz, bei dem die Zahl der Hiddenunits gleich der Zahl der Inputunits ist, wobei jede Hiddenunit nur mit einer Inputunit verbunden ist.

Autor(en)	KRAUSE (1993)
Samplegröße und Einteilung	**6538 Abschlüsse** - Tr.: **672 ges.**, je 336 (aus t-1, t-2, t-3) - Te.: **5866 ges.**, 526 insolvent, 5340 solvent
Zeit, aus der die Daten stammen	1973 - 1986
Variablen, anhand derer klassifiziert werden soll	73 Bilanzkennzahlen - MDA: 4 Kennzahlen - KNN: meist 4 Kennzahlen der MDA (fest vorgegeben). Es wurden jedoch auch Netze entwickelt, bei denen die *Extraktion der relevanten Kennzahlen durch das KNN* erfolgte. Das beste Netz, das nach diesem Vorgehen ermittelt wurde, verwendete 13 Kennzahlen.
Verfahren	- MDA[14] - MLP - CPN
Netzwerkstruktur	MLP: variabel
Ergebnis	Die KNN klassifizieren etwas besser als die MDA. Das beste Ergebnis erreichte ein CPN mit den Kennzahlen der MDA. Ähnlich gut schnitt das MLP mit 13 Kennzahlen ab.
Autor(en)	**RAHIMIAN/SINGH/THAMMACHOTE/VIRMANI (1993)**[15]
Samplegröße und Einteilung	siehe Odom/Sharda, jedoch Aufteilung der Tr-Daten nur im Verhältnis 50 : 50. Unterschied zu Odom/Sharda: Normierung der Daten für MLP und SLP (Intervall -0.5/+0.5) sowie Änderung der Zielausgabe (statt 0/1 jetzt -0.5/+0.5)
Zeit, aus der die Daten stammen	siehe Odom/Sharda (1990)
Variablen, anhand derer klassifiziert werden soll	siehe Odom/Sharda (1990)
Verfahren	- MLP - Athena - SLP
Netzwerkstruktur	für MLP: siehe Odom/Sharda

14 Hierbei handelt es sich um die von Feidicker [1992] entwickelten Diskriminanzfunktionen.

15 Bei dieser Untersuchung werden die Arbeiten von Odom/Sharda (1990) als Vergleichsmaßstab herangezogen.

Ergebnis	Alle KNN klassifizieren in der Testgruppe gleich gut. Dabei ist die Klassifikation höher als bei der MDA (von Odom/Sharda). Die Normierung der Daten führt beim MLP zu einer drastischen Reduzierung der Trainingszeit und der Lernzyklen. Athena benötigt die geringste Trainingszeit.
Autor(en)	**RAGHUPATHI/SCHKADE/RAJU (1993)**
Samplegröße und Einteilung	**102 Unternehmen**, je 51; matched - Tr.: **50 ges.**, je 25 - Te.: **52 ges.**, je 26
Zeit, aus der die Daten stammen	1980 - 1988
Variablen, anhand derer klassifiziert werden soll	13 Bilanzkennzahlen + 1 Trendvariable[16]
Verfahren	- MLP
Netzwerkstruktur	14 - 10 - 1, 14 - 15 - 1, 14 - 20 - 1, 14 - 10 - 2 - 1, 14 - 10 - 4 - 1, 14 - 15 - 2 - 1
Ergebnis	Das Netz mit der Struktur 14 - 15 - 2 - 1 erzielte das beste Ergebnis in der Testgruppe, es lag aber in der Trainingsruppe deutlich hinter den anderen vierlagigen Netzen.

16 Die Trendvariable sollte die Häufigkeit von Verlusten innerhalb der letzten drei Jahre vor Konkurs anzeigen (wobei sich „Konkurs" selbstverständlich nur auf die insolventen Unternehmen bezieht).

Autor(en)	COATS/FANT (1993)
Samplegröße und Einteilung	**282 Unternehmen,** 94 notleidend und 188 nicht notleidend (mit jeweils 4 aufeinanderfolgenden Jahresabschlüssen: t-0, t-1, t-2 und t-3) - Tr.: 47 notleidend, 94 nicht notleidend - Te.: 47 notleidend, 94 nicht notleidend
Zeit, aus der die Daten stammen	1970 - 1989
Variablen, anhand derer klassifiziert werden soll	5 Kennzahlen fest vorgegeben analog Coats/Fant (1991)
Verfahren	- MDA - CASCOR → für jede Periode (t-0, t-1, t-2, t-3) je ein Modell
Netzwerkstruktur	keine Angaben
Ergebnis	CASCOR klassifiziert besser als die MDA.
Autor(en)	**ARZ (1994)**
Samplegröße und Einteilung	siehe Rehkugler/Poddig (1992)
Zeit, aus der die Daten stammen	siehe Rehkugler/Poddig (1992)
Variablen, anhand derer klassifiziert werden soll	45 Bilanzkennzahlen, aus denen mittels *mehrstufiger paralleler Entwicklung optimaler Netzwerke* unter Einsatz von *Pruning-Verfahren* jeweils 11 Kennzahlen (1 mal auf 2-lagiger Basis und 1 mal auf 3-lagiger Basis) extrahiert wurden. Zudem wurden Netze mit den 3 Kennzahlen der beiden MDA's entwickelt.
Verfahren	- MDA - SLP mit SCV - MLP mit SCV
Netzwerkstruktur	• mit Kennzahlen der MDA I[17]: SLP: 3 - 1 MLP: 3 - 4 - 1 (nicht voll verknüpft, gemischte Struktur[18]) • mit Kennzahlen der MDA II[19]:

17 Diese Diskriminanzfunktion wurde auf Basis des hier verwendeten Zahlenmaterials vom Mitarbeiter einer deutschen Großbank entwickelt, vgl. hierzu Pytlik 1995, S. 249ff.

18 Diese Netzstruktur setzt sich aus 2-lagigen und 3-lagigen Komponenten zusammen.

19 Hierbei handelt es sich um die von Schöppner auf Basis dieser Daten entwickelte Diskriminanzfunktion [Schöppner 1992].

	SLP: 3 - 1 MLP: 3 - 4 - 1 (nicht voll verknüpft, gemischte Struktur) • mit 45 Kennzahlen: SLP: - Ausgangsnetz: 45 - 1 - optimales Netz: 11 - 1 MLP: - Ausgangsnetz: 45 - 62 - 1 (nicht voll verknüpft) - optimales Netz: 11 - 4 - 1 (nicht voll ver knüpft, gemischte Struktur)
Ergebnis	1. Mit Hilfe der eingesetzten Pruning-Verfahren können bereits auf recht einfache Weise Netze entwickelt werden, die sogar besser klassifizieren als die MDA. 2. Das MLP erwies sich bei der Aufdeckung der linearen Struktur als das leistungsfähigere Werkzeug. 3. SLP und MLP klassifizieren deutlich besser und homogener als die MDA 4. Die getestete Basisnetzstruktur liefert sehr gute Resultate. 5. Entsprechend gute Ergebnisse setzen voraus, daß die Kennzahlen der MDA den KNN nicht fest vorgegeben werden dürfen, wobei selbst dann die KNN tendenziell etwas besser klassifizieren als die MDA.
Autor(en)	**ALTMAN/MARCO/VARETTO (1994)**
Samplegröße und Einteilung	**3465** kleine und mittlere **Industrieunternehmen**; matched - Tr.: **1212 ges.**, je 404 gesund, anfällig, nicht gesund (mit Daten aus t-3, t-2, t-1) - Te.: 1. Sample: **453 ges.**, je 151 gesund, anfällig, nicht gesund (mit Daten nur aus t-1) 2. Sample: **1800 ges.**, je 900 gesund bzw. anfällig (mit Daten aus t-3, t-2, t-1)
Zeit, aus der die Daten stammen	1985 - 1992
Variablen, anhand derer klassifiziert werden soll	- MDA: 2 Funktionen, die sequentiell eingesetzt werden: F1 unterscheidet in **gesund** und **nicht gesund oder anfällig**, während F2 in einem 2. Schritt die 2. Kategorie nochmals in **anfällig** oder **nicht gesund** klassifiziert. Variable: 9 Kennzahlen - MLP: unterschiedlich, eine gute Lösung verwendet 10 Kenn-

	zahlen; es wurden aber auch die Kennzahlen der MDA fest vorgegeben.
Verfahren	- MDA - MLP
Netzwerkstruktur	unterschiedlich
Ergebnis	1. Beide Verfahren erzielen ungefähr gleich gute Ergebnisse, wobei das MLP manchmal sogar etwas besser abschneidet. 1. Der Einsatz „integrierter Familien" einfacher Netzwerke und von Netzen mit einem „Gedächtnis" (Netze, die die Veränderung von Kennzahlenwerten im Zeitablauf berücksichtigen sollen) führt fast immer zu besseren Ergebnissen als die einzelner Netzwerke mit komplexer Architektur.
Autor(en)	**BAETGE/SCHMEDT/HÜLS/KRAUSE/UTHOFF (1994b)**
Samplegröße und Einteilung	1. **6667 Abschlüsse** deutscher Unternehmen nach AktG 1965 • Trainingsstichprobe: **672 ges.**, je 336 solvent bzw. insolvent • Validierungsstichprobe: **3029 ges.**, 2686 solvent, 343 insolvent • Teststichprobe: **2966 ges.**, 2654 solvent, 312 insolvent 2. **12295 Abschlüsse** nach HGB 1985 als zweite Validierungsstichprobe, 11205 solvent, 1090 insolvent
Zeit, aus der die Daten stammen	1. 1973 - 1986 2. 1987 - 1992
Variablen, anhand derer klassifiziert werden soll	73 bzw. 59 Kennzahlen (nach Aussonderung von 14 Kennzahlen aufgrund von Vorüberlegungen)
Verfahren	- MLP - CPN[20]
Netzwerkstruktur	- Ausgangsnetz: 59 - 8 - 1, wobei die 8 Hidden-Neuronen jeweils einen durch eine Clusteranalyse ermittelten Informationsbereich repräsentieren. Jedes Hidden-Neuron ist demnach nur mit den Eingabeneuronen (Kennzahlen) verbunden, die zu diesem Informationsbereich gehören. Das Ausgabe-Neuron besitzt eine Verbindung zu jedem Hidden-Neuron. - Bestes Netz: 10 - 3 - 1, wobei der Informationsbereich

20 Hierbei handelt es sich um das von Krause [1993] entwickelte Netz.

	Kapitalstruktur mit 4 Kennzahlen, Rentabilität mit 4 Kennzahlen und Zahlungsverhalten mit 2 Kennzahlen vertreten ist.
Ergebnis	Von den beiden getesteten *Verfahren zur Kennzahlenreduktion* erwies sich das Verfahren als das leistungsfähigere, bei dem in jedem Durchgang geprüft wird, wie sich die Klassifikation in der Parameter-Teststichprobe verändert, wenn das KNN ohne eine Kennzahl oder einen bestimmten Informationsbereich trainiert wird. Aufgrund der gewählten Netzwerkarchitektur können auch die Funktionswerte der Hidden-Neuronen interpretiert werden, so daß der Anwender die gefällten Bonitätsurteile nachvollziehen und selbst begründen kann. Dies wird auch anhand eines Beispiels vorgeführt.
Autor(en)	**BAETGE/HÜLS/UTHOFF (1995)** **BAETGE/KRUSE/UTHOFF (1996)** **BAETGE/JERSCHENSKY (1996)**
Samplegröße und Einteilung	**11427 Abschlüsse**, 10515 solvent und 912 insolvent • Trainingsstichprobe: **786 Abschlüsse**, je 393 (je 131 Unternehmen mit 3 aufeinanderfolgenden Jahresabschlüssen) • Validierungsstichprobe: **5321 Abschlüsse**, 5061 solvent, 260 insolvent • Teststichprobe: **5320 Abschlüsse**, 5061 solvent, 259 insolvent
Zeit, aus der die Daten stammen	Jahresabschlüsse nach neuem Bilanzrecht (HGB 1985)
Variablen, anhand derer klassifiziert werden soll	259 Kennzahlen, von denen nach Voranalysen noch 209 verblieben. Dieser Kennzahlenkatalog wurde nach einem *gewichtsorientierten Pruning* auf 50 Kennzahlen reduziert, um dann nach dem anschließenden *relevanzorientierten Pruning* (Input-Pruning) ein „optimales" Netz zu erhalten (hier: 14 Kennzahlen).
Verfahren	- MDA - MLP
Netzwerkstruktur	- Ausgangsnetz: 209 - 2 - 1 voll verknüpft von Schicht zu Schicht - Bestes Netz („BP14"): enthält 14 Kennzahlen. Außerdem wurde ein Netz mit den 13 Kennzahlen, die auf Basis der Daten nach AktG 1965 ermittelt wurden („BP13", vgl. Krause, 1993), mit neuen Daten nach HGB trainiert („BP13Neu").

Ergebnis	1. Ein an den AktG-Daten entwickelter Klassifikator trennt die Abschlüsse, die nach neuem Recht (HGB) erstellt wurden, deutlich schlechter als ein an HGB-Daten entwickelter Klassifikator (BP13 vs. BP13Neu und BP14). 2. Es reicht nicht aus, bei einem (alten) Klassifikator lediglich die Gewichte neu zu adjustieren, sondern es müssen sowohl Kennzahlenauswahl und -gewichtung als auch die netzspezifischen Parameter an den neuen Daten optimiert werden (BP13Neu vs. BP14). 3. Mit dem entwickelten Bilanzbonitätsindikator kann die innere Widerstandskraft eines Unternehmens mit relativ hoher Sicherheit beurteilt werden (BP14). Dabei ist sowohl eine Klassifikation in „solvent" und „insolvent" als auch eine darüber hinausgehende Differenzierung in Güte- und Risikoklassen möglich. 4. Das MLP (BP14) erreicht sowohl in der Test- als auch der Validierungsstichprobe etwas bessere Ergebnisse als die MDA.
Autor(en)	**ALICI (1996)**
Samplegröße und Einteilung	**682 Unternehmen** - Tr.: **92 ges.**, 46 solvente und 46 insolvente Unternehmen mit 5 aufeinanderfolgenden Jahresabschlüssen; matched - Te.: **590 ges.**, 280 solvente und 310 insolvente Unternehmen mit 5 aufeinanderfolgenden Jahresabschlüssen
Zeit, aus der die Daten stammen	1987 - 1992
Variablen, anhand derer klassifiziert werden soll	Aus über 100 Kennzahlen wurden 28 mittels Mittelwertvergleich im Zeitablauf (Profilanalyse) und T-Test extrahiert.
Verfahren	Zur Kennzahlengruppierung und -reduktion: - PCA - SOFM Zur Klassifikation: - MDA - LR - MLP
Netzwerkstruktur	keine Angaben
Ergebnis	Es wurden 4 Modelle entwickelt: - <u>Modell 1:</u> MLP mit den 28 Kennzahlen, die mittels

	Profilanalyse ermittelt wurden; - Modell 2: MLP mit 9 Kennzahlen, die aus den 28 Kennzahlen der Profilanalyse mittels PCA extrahiert wurden; - Modell 3 und 4: LR und MDA mit je 4 Kennzahlen, die mittels schrittweiser Elimination aus den 9 Kennzahlen der PCA extrahiert wurden. Zudem wurde bei Modell 1 und 2 ein *Pruning* (Skeletonisation) durchgeführt, mit dessen Hilfe schwache Verbindungen im Netz entfernt wurden, um dadurch eine „optimale" Netzstruktur aufzubauen. Als Ergebnis läßt sich festhalten, daß die SOFM zur Kennzahlengruppierung sehr gut geeignet sind. Von den getesteten Verfahren zur Klassifikation schneidet das MLP am besten ab (beste Lösung: Modell 1).
Autor(en)	**TYREE/LONG (1996)**
Samplegröße und Einteilung	**146** britische **Unternehmen**, 91 solvent, 55 insolvent (Abschlüsse aus t-1) - Tr.: 2/3 der Daten - Te.: 1/3 der Daten Diese Aufteilung wurde insgesamt dreimal vorgenommen, so daß jedes Unternehmen einmal in der Test- und zweimal in der Trainingsgruppe enthalten war.
Zeit, aus der die Daten stammen	keine Angaben
Variablen, anhand derer klassifiziert werden soll	61 Kennzahlen, aus denen 2 verschiedene Kennzahlen-Sets extrahiert wurden: - Set 1: 4 Kennzahlen mittels Jackknife und MDA ermittelt; - Set 2: 4 Kennzahlen mittels Jackknife und PNN er mittelt. Beide Sets wurden als Inputs für beide Verfahren verwendet.
Verfahren	- MDA - PNN (PBC)
Netzwerkstruktur	4 - ?[21] - 2 - 1
Ergebnis	Die PNN erzielen signifikant bessere Ergebnisse als die MDA. Bemerkenswert ist auch, daß die Diskriminanzfunktion, die mit den „PNN-Kennzahlen" entwickelt wurde, etwas besser abschnitt als die auf Basis der „MDA-Kennzahlen".

21 Keine Angaben.

Autor(en)	KERLING (1996)
Samplegröße und Einteilung	- Untersuchung zu französischen Unternehmen: siehe Rehkugler/Poddig (1992) - Untersuchung zu US-Unternehmen: **204** amerikanische **Unternehmen** (mit je 3 aufeinanderfolgenden Jahresabschlüssen = **612 Abschlüsse**), 102 leistungsgestört und 102 nicht leistungsgestört - Tr.: **132 ges.** (**396 Abschlüsse**), je 66 → weitere Aufteilung dieser Gruppe in Trainings- und Crossvalidierungsdaten - Te.: **72 ges.** (**216 Abschlüsse**), je 36
Zeit, aus der die Daten stammen	1985 - 1990 (Leistungsstörung zwischen Mitte 1988 und Mitte 1991)
Variablen, anhand derer klassifiziert werden soll	Die Basis bilden 62 Kennzahlen, aus denen dann mittels *Pruning-Verfahren* die relevanten Größen extrahiert wurden.
Verfahren	- MDA mit Jackknife - MLP mit 1. FZ-Test und Stopped Training (MCV) sowie FZ-Test und Forced Overfitting (NCV) 2. JKN-Test und Stopped Training (MCV) sowie JKN-Test und Forced Overfitting (NCV)
Netzwerkstruktur	keine Angaben
Ergebnis	1. Das MLP extrahiert sowohl in Verbindung mit dem FZ-Test als auch dem JKN-Test stabile Lösungen, die die Generalisierungsfähigkeit des Netzes jedoch leicht überschätzen. 2. Die Ergebnisse des MLP bewegen sich insgesamt auf einem etwas höheren Niveau als bei der MDA, auch wenn die Ergebnisse dieser nicht deutlich überboten werden konnten. 3. Die Ergebnisse der beiden Untersuchungen (Frankreich und USA) bewegen sich auf einem ähnlich hohen Niveau, wobei sich im Frankreich-Fall eine andere Kennzahlenkombination als besonders trennfähig erwies als im US-Fall. 4. In jeder der beiden Untersuchungen gab es bestimmte Kennzahlen, die immer wieder - unabhängig vom verwendeten Werkzeug - Teil guter Lösungen waren.

Autor(en)	ANDERS/SZCZESNY (1996)
Samplegröße und Einteilung	**302** kleine und mittlere westdeutsche **Unternehmen** (max. 500 Beschäftigte), 151 solvent, 151 insolvent - Tr.: **242 ges.**, je 121 - Te.: **60 ges.**, je 30
Zeit, aus der die Daten stammen	1990 - 1993
Variablen, anhand derer klassifiziert werden soll	11 Kenngrößen (Unternehmensumsatz und Umsatzentwicklung sowie 9 qualitative Variablen), aus denen für die logistische Regression mittels LR-Tests 6 Variablen extrahiert wurden. Diese wurden auch dem MLP vorgegeben.
Verfahren	- LR - MLP
Netzwerkstruktur	„Optimales" Netz: 6 - 1 - 1, nicht voll verknüpft, gemischte Struktur (die Netzarchitektur wurde mittels statistischer Verfahren ermittelt)
Ergebnis	1. Das MLP erzielt sowohl hinsichtlich Trefferquote als auch Trennschärfe bessere Ergebnisse. 2. Mit Hilfe eines neuronalen Netzes lassen sich sehr nuancierte Aussagen über die Wirkungszusammenhänge zwischen den Unternehmensmerkmalen und dem Insolvenzrisiko treffen, so daß Kreditgeber eine differenziertere Konditionengestaltung vornehmen könnten.

Tab. 7.4.4.-1.: *Übersicht über bisherige Untersuchungen zur Jahresabschlussanalyse mit Künstlichen Neuronalen Netzen*

7.5. Ausblick

Wie der kurze, wohlgemerkt unvollständige Abriß einiger Stationen innerhalb der empirischen Bilanzanalyseforschung deutlich gemacht haben dürfte, wurde der heutige Forschungsstand durch eine Vielzahl kleiner Schritte nach und nach erreicht. Für die weitere Forschung ist Ähnliches zu erwarten. Dabei stehen zur Zeit insbesondere Methoden der Künstlichen Intelligenz im Mittelpunkt des Interesses. Für die Insolvenzprognose dürfte die Untersuchung weiterer Verfahren, wie z.B. von Neuro-Fuzzy [vergleiche dazu Dichtl 1995, S. 15 ff. und Neuneier/Tresp 1994, S. 121 ff.] in näherer Zukunft zu erwarten sein.

Die hier betrachteten Verfahren (und die zukünftigen) sind nicht zwangsläufig mit der engen Frage nach der Insolvenzprognose verbunden. Häufig genug wurde darauf hingewiesen, daß die skizzierte Vorgehensweise sich in ähnlicher Form auch auf andere bilanzanalytische Fragestellungen übertragen ließe. So wurde in der Vergangenheit auch schon der Versuch unternommen, die lineare MDA zu Wachstums- oder Fusionsprognosen einzusetzen. Insgesamt dürfte die Ausweitung des hier vorgestellten Instrumentariums auf solche bilanzanalytischen Fragestellungen ein sehr viel breiteres Betätigungsfeld darstellen.

Ein anderes Instrumentarium der Künstlichen Intelligenz, nämlich die sogenannten „Expertensysteme", finden ebenfalls zunehmende Beachtung. Hier geht es aber zumeist um eine umfassende, aber qualitative Beurteilung eines Jahresabschlusses. Dazu wird zunächst während der Entwurfphase eines solchen Systems das Wissen menschlicher Experten zur Bilanzanalyse erhoben und in geeigneter Form codiert (z.B. in „Wenn-dann-Regeln"). Nach der Fertigstellung eines solchen Systems können dann Jahresabschlüsse automatisch „analysiert" und die Ergebnisse in Form einfacher „Expertisen" ausgedruckt werden. Da das Niveau der heute möglichen automatischen Bilanzanalysen auf dieser Basis die Qualität menschlicher Bilanzanalytiker noch nicht mit Sicherheit übertrifft, ist in dieser Richtung mit weiteren Forschungsanstrengungen zu rechnen.

Ein wesentlicher Zweig der modernen Bilanzanalyseforschung wird sich insgesamt in Zukunft immer stärker mit der Formalisierung der Bilanzanalyse beschäftigen. Die Vorteile dieser Vorgehensweise erstrecken sich dabei nicht nur auf die Möglichkeit zur rechnergestützten Bilanzanalyse, sondern insbesondere auf präzisere Darstellungen und Interpretationen bilanzanalytischer Sachverhalte.

Literaturverzeichnis

Albach, Horst; Hunsdiek, Detlef; Kokalj, Ljuba, Finanzierung mit Risikokapital, Stuttgart, 1986

Alici, Yurt, Neural Networks in Corporate Failure Prediction: The UK Experience, in: Refenes, A.-P. N.; Abu-Mostafa, Y.; Moody, J; Weigend, A. (Hrsg.): Neural Networks in Financial Engineering: Proceedings of the Third International Conference on Neural Networks in the Capital Markets, Singapore 1996, S. 393 ff.

Altman, Edward I., Financial Ratios, Discriminant Analysis and the Prediction of Corporate Bankruptcy, in: Journal of Finance, 4/1968, S. 589 ff.

Altman, Edward I.; Marco, Giancarlo; Varetto, Franco, Corporate distress diagnosis: Comparisons using linear discriminant analysis and neural networks (the Italian experience), in: Journal of Banking and Finance, Vol. 18, 1994, S. 505 ff.

Amen, Matthias, Erstellung von Kapitalflußrechnungen, München, Wien, 1994

Anders, Ulrich; Szczesny, Andrea, Prognose von Insolvenzwahrscheinlichkeiten mit Hilfe logistischer neuronaler Netzwerke. Eine Untersuchung von kleinen und mittleren Unternehmen, Discussion Paper No. 96 - 27, International Finance Series, Zentrum für Europäische Wirtschaftsforschung GmbH (ZEW), 1996

Antoine, Herbert, Kennzahlen, Richtzahlen, Planungszahlen, Wiesbaden, 1956

Arbeitskreis „Externe Unternehmensrechnung" der Schmalenbach-Gesellschaft: Empfehlungen zur Vereinheitlichung von Kennzahlen in Geschäftsberichten, in: DB, 1996, S. 1989 ff.

Arz, Erward, Künstliche Neuronale Netzwerke versus Multivariate Diskriminanzanalyse im Rahmen der Bonitätsprüfung von Firmenkunden: ein Leistungsvergleich, Diplomarbeit im Studiengang Betriebswirtschaftslehre in der Fakultät Sozial- und Wirtschaftswissenschaften der Otto-Friedrich-Universität Bamberg, 1994

Backhaus, Klaus; Erichson, Bernd; Plinke, Wulff; Weiber, Rolf, Multivariate Analysemethoden, 7. Auflage, Berlin, 1994

Baestaens, Dirk Emma; van den Bergh, Willem Max; Vaudrey, Hervé, Qualitative Credit Assessment Using a Neural Classifier, in: Refenes, A. N. (Hrsg.): Proceedings of the first International Workshop on Neural Networks in the Capital Markets, London, November 18 - 19, 1993

Baetge, Jörg, Erfolgskontrolle mit Kennzahlen, in: Fortschrittliche Betriebsführung und Industrial Engineering, 1979, S. 375 ff. und 1980, S. 13 ff.

Baetge, Jörg, Früherkennung negativer Entwicklungen der zu prüfenden Unternehmung mit Hilfe von Kennzahlen, in: WPg, 1980, S. 651 ff.

Baetge, Jörg, Möglichkeiten der Früherkennung negativer Unternehmensentwicklungen mit Hilfe statistischer Jahresabschlußanalysen, in: ZfbF, 9/1989, S. 792 ff.

Baetge, Jörg, Bilanzen, 3. Auflage, Düsseldorf, 1994

Baetge, Jörg; Fischer, Thomas R., Zur Aussagefähigkeit der Gewinn- und Verlustrechnung nach neuem Recht, in: ZfB, Ergänzungsheft 1/87, S. 177 ff.

Baetge, Jörg; Hüls, Dagmar; Uthoff, Carsten, Früherkennung der Unternehmenskrise. Neuronale Netze als Hilfsmittel für Kreditprüfer, in: Corsten, Hans; May, Constantin (Hrsg.): Neuronale Netze in der Betriebswirtschaft. Anwendung in Prognose, Klassifikation und Optimierung. Ein Reader, Wiesbaden 1996a, S. 151 ff.

Baetge, Jörg; Huß, Michael; Niehaus, Hans-Jürgen, Die statistische Auswertung von Jahresabschlüssen zur Informationsgewinnung bei der Abschlußprüfung, in: WPg, 1986, S. 605 ff.

Baetge, Jörg; Jerschensky, Andreas, Beurteilung der wirtschaftlichen Lage von Unternehmen mit Hilfe von modernen Verfahren der Jahresabschlußanalyse. Bilanzbonitäts-Rating von Unternehmen mit Künstlichen Neuronalen Netzen, in: Der Betrieb, 32/1996, S. 1581 ff.

Baetge, Jörg; Krause, Clemens; Mertens, Peter, Zur Kritik an der Klassifikation von Unternehmen mit Neuronalen Netzen und Diskriminanzanalysen. Stellungnahme zum Beitrag von Anton Burger (ZfB 64. Jg. (1994), S. 1165 - 1179), in: Zeitschrift für Betriebswirtschaft, 9/1994, S. 1181 ff.

Baetge, Jörg; Kruse, Ariane; Uthoff, Carsten, Bonitätsklassifikationen von Unternehmen mit Neuronalen Netzen, in: Wirtschaftsinformatik, 3/1996b, S. 273 ff.

Baetge, Jörg; Schmedt, Ulrich; Hüls, Dagmar; Krause, Clemens; Uthoff, Carsten, Bonitätsbeurteilung von Jahresabschlüssen nach neuem Recht (HGB 1985) mit Künstlichen Neuronalen Netzen auf der Basis von Clusteranalysen, in: Der Betrieb, 7/1994b, S. 337 ff.

Bamberg, Günter; Baur, Franz, Statistik, 6. Auflage, München, 1989

Baker, C.Richard; Rapaccioli, Donna; Solomon, Morton B., United States of America - Individual Accounts, in: TRANSACC, Transnational Accounting, Hrsg. Ordelheide, Dieter und KPMG, London, 1995, S. 2957 ff.

Ballwieser, Wolfgang, Die Analyse von Jahresabschlüssen nach neuem Recht, in: WPg, 1987, S. 57 ff.

Beaver, William H., Financial Ratios as Predictors of Failure, Diss. University of Chicago, 1965

Beaver, William H., Financial Ratios as Predictors of Failure, in: Empirical Research in Accounting, Selected Studies, Supplement to Journal of Accounting Research, 1966, S. 71 ff.

Beaver, William H., Alternative Accounting Measures as Predictors of Failure, in: The Accounting Review, 1968, S. 113 ff.

Beermann, Klaus, Prognosemöglichkeiten von Kapitalverlusten mit Hilfe von Jahresabschlüssen, Düsseldorf, 1976

Bell, Timothy B.; Ribar, Gary S.; Verchio, Jennifer, Neural Nets Versus Logistic Regression: A Comparison of Each Models's Ability to Predict Commercial Bank Failures, in: Auditing Symposium X., Proceedings of the 1990 Deloitte & Touche / University of Kansas Symposium on Auditing Problems (Hrsg. R.P. Srivastava, Lawrence), Kansas, S. 29 ff.

Betriebwirtschaftlicher Ausschuß des Verbandes der Chemischen Industrie, Das Unternehmen in der Gesellschaft, in: DB, 1975, S. 161 ff.

Bischoff, Rainer; Bleile, Clemens; Graalfs, Jürgen, Der Einsatz Neuronaler Netze zur betriebswirtschaftlichen Kennzahlenanalyse, in: Wirtschaftsinformatik, 5/1991, S. 375 ff.

Bötzel, Stefan, Diagnose von Konzernkrisen, Band 1, Köln, 1993

Booth, Geoffrey; Broussard, John P.; Loistl, Otto, German Stock Returns and the Information Content of DVFA Earnings, Beiträge zur Wertpapieranalyse Nr. 30, DVFA, Dreieich, 1994

Born, Karl, Bilanzanalyse international: deutsche und ausländische Jahresabschlüsse lesen und beurteilen, Stuttgart, 1994

Braune, Gerhard; Streck, Bernhard, Praktische Methoden der Bilanzanalyse und Bilanzkritik mit dem Personalcomputer, Landsberg am Lech, 1984

Brause, Rüdiger, Neuronale Netze. Eine Einführung in die Neuroinformatik, Stuttgart 1991

Burger, Anton, Zur Klassifikation von Unternehmen mit neuronalen Netzen und Diskriminanzanalysen, in: Zeitschrift für Betriebswirtschaft, 9/1994a, S. 1165 ff.

Burger, Anton, Plädoyer für eine theoretische Fundierung der Jahresabschlußanalyse. Anmerkungen zur Stellungnahme von Jörg Baetge, Clemens Krause und Peter Mertens (ZfB 64. Jg. (1994), S. 1181 - 1191), in: Zeitschrift für Betriebswirtschaft, 9/1994b, S. 1193 ff.

Busse von Colbe, Walther, Aufbau und Informationsgehalt von Kapitalflußrechnungen, in: ZfB, 1. Ergänzungsheft 1966, S. 82 ff.

Busse von Colbe, Walther; et al., Ergebnis nach DVFA/SG, 2. Auflage, Stuttgart, 1996

Cassier, Siegfried C., Die spezifischen Finanzierungsmöglichkeiten der mittelständischen Unternehmungen, in: Finanzierung mittelständischer Unternehmungen in Deutschland, 1. Bayreuther Symposium für Betriebswirtschaft, Bayreuth, 3.-4. März 1983, hrsg. von: Wossidlo, Peter Rütger, Berlin, 1985, S. 298 ff.

Chmielewicz, Klaus, Anmerkungen zum Umsatzkostenverfahren, in: DBW, 1987, S. 165 ff.

Chmielewicz, Klaus; Caspari, Britta, Zur Problematik von Finanzierungsrechnungen, in: DBW, 1985, S. 156 ff.

Coats, Pamela K.; Fant, L. Franklin, A Neural Network Approach to Forecasting Financial Distress, in: The Journal of Business Forecasting, Vol. 10, 1991, S. 9 ff.

Coats, Pamela K.; Fant, L. Franklin, Recognizing Financial Distress Patterns Using a Neural Network Tool, in: Financial Management, 1993, S. 142 ff.

Coenenberg, Adolf G., Jahresabschluß und Jahresabschlußanalyse, München, 1974

Coenenberg, Adolf G., Jahresabschluß und Jahresabschlußanalyse, 15. Auflage, Landsberg am Lech, 1994

Coleman, Kevin G.; Graettinger, Timothy J.; Lawrence, William F., Neural Networks for Bankruptcy Prediction: The Power to Solve Financial Problems, in: Trippi, Robert R.; Turban, Efraim (Hrsg.): Neural Networks in Finance and Investing: Using Artificial Intelligence to Improve Real-World Performance, Chicago/Cambridge, 1993, S. 187 ff.

Deakin, Edward B., A Discriminant Analysis of Predictors of Business Failure, in: Journal of Accounting Research, 1972, S. 167 ff.

Deakin, Edward B., Distributions of Financial Accounting Ratios, Some Empirical Evidence, in: Accounting Review, 1/1976, S. 90 ff.

Dellmann, Klaus, Kapitalflußrechnungen - eine Bestandsaufnahme, in: DBW, 1987, S. 471 ff.

Deutsche Bank, Das neue Bilanzrecht, Deutsche Bank AG, Frankfurt am Main, 1986

Deutsche Bundesbank, Ertragslage und Finanzierungsverhältnisse der Unternehmen im Jahre 1985, in: Monatsberichte der Deutschen Bundesbank, November 1986

Deutsche Bundesbank, Ertragslage und Finanzierungsverhältnisse der Unternehmen im Jahre 1986, in: Monatsberichte der Deutschen Bundesbank, November 1988

Deutsche Bundesbank, Ertragslage und Finanzierungsverhältnisse der Unternehmen im Jahre 1990, in: Monatsberichte der Deutschen Bundesbank, November 1991

Deutsche Bundesbank, Ertragslage und Finanzierungsverhältnisse westdeutscher Unternehmen im Jahre 1995, in: Monatsberichte der Deutschen Bundesbank, November 1996

Dichtl, Hubert, Zur Prognose des Deutschen Aktienindex DAX mit Hilfe von Neuro-Fuzzy-Systemen, Beiträge zur Theorie der Finanzmärkte Nr. 12, Institut für Kapitalmarktforschnung an der J. W. Goethe-Universität Frankfurt a. M. (Hrsg.), Frankfurt am Main, 1995

Donleavy, Gabriel D.: Cash flow accounting, London, 1994

Dresdner Bank, Rechnungslegung nach dem Bilanzrichtlinien-Gesetz, herausgegeben von der Treuhand-Vereinigung Aktiengesellschaft, Wirtschaftsprüfungsgesellschaft und Steuerberatungsgesellschaft; verfasst von: Förschle, Gerhard; Kropp, Manfred; Wöste, Renate, Frankfurt am Main, ohne Jahresangabe

Edmister, Robert O., An Empirical Test of Financial Ratio Analysis for Small Business Failure Prediction, in: Journal of Financial and Quantitative Analysis, 1972, S. 1477 ff.

Erxleben, Karsten; Baetge, Jörg; Feidicker, Markus; Koch, Heidi; Krause, Clemens; Mertens, Peter, Klassifikation von Unternehmen, Ein Vergleich von Neuronalen Netzen und Diskriminanzanalyse, in: ZfB, 11/1992, S. 1237 ff.

Erxleben, Karsten; Koch, Heidi, Früherkennung von Unternehmenskrisen - ein Vergleich von Neuronalen Netzen und Diskriminanzanalyse, Arbeitspapier 4/1991, Universität Erlangen-Nürnberg, Abteilung Wirtschaftsinformatik

Everling, Wolfgang, Zusätzliche Erkenntnisse durch Kennziffern, in: BetriebsWirtschaftsMagazin, 7/1985, S. 21 ff.

Feidicker, Markus, Kreditwürdigkeitsprüfung - Entwicklung eines Bonitätsindikators, dargestellt am Beispiel von Kreditversicherungsunternehmen -, Düsseldorf 1992

Finnoff, W.; Zimmermann, Hans Georg, Detecting Structure in Small Datasets by Network Fitting and Complexity Constraints, Siemens AG, Corporate Research and Development, ZFE IS INF 24, München 1992

Fitz Patrick, Paul J., A Comparison of Ratios of Successful Industrial Enterprises with Those of Failed Firms, in: Certified Public Accountant, 1932, S. 598 ff., S. 656 ff., S. 727 ff.

Franke, Günter, Kapitalflußrechnungen und Risikoanalyse als Instrument der Kreditprüfung, in: WiSt, 1987, S. 157 ff.

Gabele, Eduard; Sahm, Bernhard, Finanz- und Bilanzplanung FIBIP-K für Kapitalgesellschaften nach neuem Recht: mit Lotus 1-2-3, Landsberg am Lech, 1986

Gebhardt, Günter, Insolvenzprognosen aus aktienrechtlichen Jahresabschlüssen, Wiesbaden, 1980

Gebhard, Günter, Kapitalflußrechnungen als Mittel zur Darstellung der "Finanzlage", in: WPg, 1984, S. 481 ff.

Gemünden, Hans Georg, Defizite der empirischen Insolvenzforschung, in: Hauschildt, Jürgen (Hrsg.): Krisendiagnose durch Bilanzanalyse, Köln 1988, S. 135 ff.

Glaum, Martin; Mandler, Udo: Rechnungslegung auf globalen Kapitalmärkten, Wiesbaden, 1996

Göllert, Kurt, Auswirkungen des Bilanzrichtlinien-Gesetzes auf die Bilanzanalyse, in: BB, 1984, S. 1845 ff.

Göllert, Kurt; Ringling, Wilfried, Bilanzanalyse nach dem Bilanzrichtlinien-Gesetz: Fallbezogener Kennzahlenvergleich, in: Die Bank, 1986, S. 124 ff.

Gräfer, Horst, Einführung in die Bilanzanalyse, Herne/Berlin, 1978

Gräfer, Horst, Einführung in die Bilanzanalyse, 3. Auflage, Herne/Berlin, 1985

Gräfer, Horst, Einführung in die Bilanzanalyse, 4. Auflage, Herne/Berlin, 1988

Gutenberg, Erich, Grundlagen der Betriebswirtschaftslehre, Band 3, Die Finanzen, 8. Auflage, Berlin, Heidelberg und New York, 1980

Haeseler, Herbert R., Dynamische Verhältniszahlen, Potential-Kennzahlen und Kennzahlen-Matrizen, in: Jahrbuch für Controlling und Rechnungswesen '89, Wien, 1989, S. 83 ff.

Haller, Axel, Wesentliche Ziele und Merkmale US-amerikanischer Rechnungslegung, in: Ballwieser, Wolfgang (Hrsg.), US-amerikanische Rechnungslegung, Stuttgart, 1995, S. 1 ff.

Haller, Axel, Wertschöpfungsrechnung, Stuttgart, 1997

Härle, Dietrich, Finanzierungsregeln und ihre Problematik, Schriftenreihe für Kreditwirtschaft und Finanzierung, Hrsg. K.F. Hagenmüller, Band 4, Wiesbaden, 1961

Harms, Jens E., Küting, Karlheinz, Das Dilemma der Eigenkapitalbeurteilung im Rahmen der externen Bilanzanalyse, in: BB, 1983(a), S. 1067 ff.

Harms, Jens E.; Küting, Karlheinz, Ermittlung und Ausweis des Eigenkapitals nach dem Bilanzrichtlinien-Gesetz, in: DB, 1983(b), S. 1449 ff.

Harris, Trevor S.; Lang, Mark; Möller, Hans Peter, Zur Relevanz der Jahresabschlußgrößen - Erfolg und Eigenkapital für die Aktienbewertung in Deutschland und den USA, in: ZfbF, 11/1995, S. 996 ff.

Hartung, Joachim; Elpelt, Bärbel, Multivariate Statistik, 5. Auflage, München, 1995

Hauschildt, Jürgen, Erfolgs- und Finanz- und Bilanzanalyse: Analyse der Vermögens-, Finanz- und Ertragslage von Kapital und Personengesellschaftten DATEV-Schriften Nr. 6, Hrsg. DATEV Datenverarbeitungsorganisation des steuerberatenden Berufes in der Bundesrepublik Deutschland eG, 3. Auflage, Köln, 1996

Hauschildt, Jürgen, Vorgehensweise und Ergebnisse der statistischen Insolvenzdiagnose, in: Hauschildt, Jürgen (Hrsg.): Krisendiagnose durch Bilanzanalyse, Köln 1988, S. 115 ff.

Hauschildt, Jürgen (Hrsg), Krisendiagnose durch Bilanzanalyse, Köln, 1988

Hauschildt, Jürgen; Rösler, Joachim; Gemünden, Hans Georg, Der Cash Flow - Ein Krisensignalwert?, in: DBW, 1984, S. 353 ff.

Heinhold, Michael, Der Jahresabschluß, 3. Auflage, München,Wien, 1995

Herbst, Manfred; Hentze, Joachim, Bilanzanalyse in der betrieblichen Praxis, Köln, 1975

Hertz, John A.; Krogh, Anders S.; Palmer, Richard G., Introduction to the Theory of Neural Computation, Addison-Wesley, Redwood City, California, 1991

HFA 1/1978, Die Kapitalflußrechnung als Ergänzung des Jahresabschlußes, in: WPg, 1978, S. 207 f.

HFA 1/1978 i.d.F. 1990, in: Die Fachgutachten und Stellungnahmen des Instituts der Wirtschaftsprüfer auf dem Gebiete der Rechnungslegung und Prüfung, 8. Erg.-Lfg. Dezember 1990, S. 53 ff.

HFA 1/1995, Die Kapitalflußrechnung als Ergänzung des Jahres- und Konzernabschlusses, in: ZfbF, 5/1995, S. 476 ff.

Hild, Dieter, Zur Wertschöpfung einer warenproduzierenden Aktiengesellschaft, in: WPg, 1970, S. 476 ff.

Hilke, Wolfgang: Bilanzpolitik: mit Aufgaben und Lösungen, 4. Auflage, Wiesbaden, 1995

Hoffmann, Rolf, Bilanzkennzahlen, 4. Auflage, Wiesbaden, 1977

Hohler, Bernd, Nicht nur Theorie: Neuronale Netze sichern Produktqualität, in: Computerwoche, 40, 4. Oktober 1991, S. 58 ff.

Hub, Hanns; Strebel, Heinz, Neuere Methoden der Erfolgsanalyse anhand veröffentlichter Jahresabschlüsse, in: WPg, 1976, S. 264 ff. und S. 299 ff.

Hüls, Dagmar, Früherkennung insolvenzgefährdeter Unternehmen, Düsseldorf 1995

Jacobs, Otto H: Bilanzanalyse, EDV-gestützte Jahresabschlußanalyse als Planungs- und Entscheidungsrechnung, 2. Auflage, München, 1994

Jacobs, Otto H.; Staiger, Jürgen, EDV-gestützte Jahresabschlußanalyse, Informationsbedürfnisse und Aussagemöglichkeiten im Rahmen der externen Jahresabschlußanalyse, in: WiSt, 1987, S. 477 ff.

Jacobs, Otto H.; Staiger, Jürgen, EDV-gestützte Jahresabschlußanalyse, Die Jahresabschlußanalyse mit Hilfe von Kennzahlen, in: WiSt, 1987, S. 551 ff.

Käfer, Karl, Kapitalflußrechnungen, Stuttgart, 1967

Kemke, Christel, Der Neuere Konnektionismus. Ein Überblick, in: Informatik-Spektrum, 11/1988, S. 143 ff.

Kerling, Matthias, Anwendungsperspektiven der Handhabung betrieblicher Entscheidungsprobleme durch den Learning Vector Quantizer und das Restricted Coulumb Energy-Netzwerk, Theoretische Betrachtung und Anwendung auf das Problem der Kreditwürdigkeitsprüfung mittels Bilanzkennzahlenanalyse, Diplomarbeit im Studiengang Wirtschaftsinformatik in der Fakultät Sozial- und Wirtschaftswissenschaften der Otto-Friedrich-Universität Bamberg, Bamberg, 1992

Kerling, Matthias, Corporate Distress Diagnosis - An International Comparison, in: Refenes, A.-P. N.; Abu-Mostafa, Y.; Moody, J; Weigend, A. (Hrsg.): Neural Networks in Financial Engineering: Proceedings of the Third International Conference on Neural Networks in the Capital Markets, Singapore 1996, S. 407 ff.

Kerling, Matthias; Poddig, Thorsten, Klassifikation von Unternehmen mittels KNN, in: Rehkugler, Heinz; Zimmermann, Hans Georg (Hrsg.): Neuronale Netze in der Ökonomie, München 1994, S. 427 ff.

Kerth, Albin; Wolf, Jakob, Bilanzanalyse und Bilanzpolitik, München, Wien, 1986

Koch, Heidi, Ausgewählte Weiterentwicklungen einer wissensbasierten Unternehmensanalyse für Steuerberater unter besonderer Berücksichtigung von Integrationserfordernissen, Dissertation, Friedrich-Alexander-Universität Erlangen-Nürnberg, 1991

Köllhofer, Dietrich, Moderne Verfahren der Bilanz- und Bonitätsanalyse im Firmenkundengeschäft der Bayerischen Vereinsbank AG, in: ZfbF, 11/1989, S. 974 ff.

Krakl, Johann; Nolte-Hellwig, K. Ulf, Computergestützte Bonitätsbeurteilung mit dem Expertensystem "CODEX", in: Die Bank, 1990, S. 625 ff.

Krause, Clemens, Kreditwürdigkeitsprüfung mit Neuronalen Netzen, Düsseldorf, 1993

Krumnow, Jürgen, Bilanzanalyse auf der Basis der neuen Rechnungslegungsvorschriften, in: ZfbF, 1985, S. 783 ff.

Küting, Karlheinz, Auswirkungen des Europäischen Bilanzrechts auf Fragen der praktischen Bilanzanalyse, in: BB, 1981, S. 1982 ff.

Küting, Karlheinz, Externe Liquiditätsanalyse auf der Grundlage der Bilanz nach künftigem Bilanzrecht, in: DB, 1985, S. 1089 ff.

Küting, Karlheinz, Jahresabschlußanalyse als Kennzahlenrechnung (Teil I), in: Deutsches Steuerrecht, 14/1991, S. 1324 ff.

Küting, Karlheinz, Grundlagen der qualitativen Bilanzanalyse (Teil I und Teil II), in: Deutsches Steuerecht 20 und 21/1992, S. 691 ff. und 728 ff.

Küting, Karlheinz; Weber, Claus-Peter; Zündorf, Horst, Praxis der Konzernbilanzanalyse: Grundsatzfragen zur Erstellung einer Konzernstrukturbilanz, Schäffer Verlag, Stuttgart, 1990

Küting, Karlheinz; Weber, Claus-Peter, Die Bilanzanalyse, 2. Auflage Stuttgart, 1994

Lachnit, Laurenz, Ein Beitrag zur gesellschaftsbezogenen Rechnungslegung der Unternehmung, in: ZfbF, 1976, S. 453 ff.

Lachnit, Laurenz, Externe Erfolgsanalyse auf der Grundlage der GuV nach dem Gesamtkostenverfahren, in: BFuP, 1987, S. 33 ff.

Lachnit, Laurenz, Kennzahlensysteme als Instrument der Unternehmensanalyse, dargestellt an einem Zahlenbeispiel, in: WPg, 1975, S. 39 ff.

Lachnit, Laurenz, Wesen, Ermittlung und Aussage des Cash Flow, in: ZfbF, 1973, S. 59 ff.

Lägel, Rudolf, Bilanzanalyse und Bilanzkritik, Wiesbaden, ohne Jahresangabe

Lange, Christoph, Jahresabschlußinformationen und Unternehmensbeurteilung, Stuttgart, 1989

Leffson, Ulrich, Bilanzanalyse, 3. Auflage, Stuttgart, 1984

Leker, Jens, Fraktionierende Frühdiagnose von Unternehmenskrisen - Bilanzanalysen in unterschiedlichen Krisenstadien, Köln, 1993

Leker, Jens, Fraktionierende Frühdiagnose von Unternehmenskrisen anhand von Jahresabschlüssen, in: ZfBf, 9/1994, S. 732 ff.

Loistl, Otto, Computergestütztes Wertpapiermanagement, 4. Auflage, München, 1992

Mayer, Leopold; Mayer, Leopold, Bilanz- und Betriebsanalyse, 4. Auflage, Wiesbaden, 1970

McCord Nelson, Marilyn; Illingworth, W. T., A Practical Guide to Neural Nets, Reading, Massachusetts u.a. 1991

Mertens, Peter, Expertisesysteme als Variante der Expertensysteme zur Frühinformation, in: ZfbF 1989, S. 835 ff.

Mervin, Charles L., Financing Small Corporations in Five Manufacturing Industries, 1926-1936, National Bureau of Economic Research, New York, 1942 (Reprint 1979)

Meyer, Claus, Kunden-Bilanz-Analyse der Kreditinstitute, Eine Einführung in die Jahresabschluß-Analyse und die Analyse-Praxis der Kreditinstitute, Stuttgart, 1989

Mills, Roger W.; Robertson, John, Fundamentals of Managerial Accounting and Finance, ohne Ortsangabe, 1990

Moxter, Adolf, Bilanzlehre, Band I, Einführung in die Bilanztheorie, 3. Auflage, Wiesbaden, 1984

Moxter, Adolf, Bilanzlehre, Band II, Einführung in das neue Bilanzrecht, 3. Auflage, Wiesbaden, 1986

Näger, Lorenz, Jahresabschlußanalyse mit Expertensystemen, in: WiSt 1991, S. 628 ff.

Neibecker, Bruno, Jahresabschlußanalyse mit Expertensystemen, in: WiSt 1990, S. 550 ff. und S. 584 ff.

Neuneier, Ralph; Tresp, Volker, Radiale Basisfunktionen, Dichteschätzungen und Neuro-Fuzzy, in: Rehkugler, Heinz; Zimmermann, Hans Georg (Hrsg.): Neuronale Netze in der Ökonomie, München 1994, S. 88 ff.

Niehaus, Hans-Jürgen, Früherkennung von Unternehmenskrisen, Düsseldorf, 1987

Odom, Marcus; Sharda, Ramesh, A Neural Network Model for Bankruptcy Prediction, IJCNN International Joint Conference on Neural Networks, San Diego, California, June 17-21, 1990, Vol. II, S. II-163 ff.

Perlitz, Manfred, Empirische Bilanzanalyse, in: ZfB, 1979, S. 835 ff.

Perridon, Louis; Steiner, Manfred, Finanzwirtschaft der Unternehmung, 8. Auflage, München, 1995

Poddig, Thorsten, Künstliche Intelligenz und Entscheidungstheorie, Wiesbaden, 1992

Poddig, Thorsten, Short-Term Forecasting the USD/DM-Exchange Rate, in: Refenes, A.-P. (Hrsg.): Proceedings of the first international Workshop on „Neural Networks in the Capital Markets“, 18. - 19. November 1993, London Business School, London, 1993

Poddig, Thorsten, Ein Jackknife-Ansatz zur Strukturextraktion in Multilayer-Perceptrons bei kleinen Datenmengen, 17. Fachtagung für Künstliche Intelligenz, Workshop „KI-Methoden in der Finanzwirtschaft“, 1993, in: Kirn, Stefan; Weinhardt, Christof (Hrsg.): Künstliche Intelligenz in der Finanzberatung. Grundlagen - Konzepte - Anwendungen, Wiesbaden 1994a, S. 333 ff.

Poddig, Thorsten, Mittelfristige Zinsprognosen mittels KNN und ökonometrischer Verfahren. Eine Fallstudie über den Umgang mit kleinen Datenmengen, in: Rehkugler, Heinz; Zimmermann, Hans Georg (Hrsg.): Neuronale Netze in der Ökonomie, München 1994b, S. 209 ff.

Poddig, Thorsten, Bankruptcy Prediction: A Comparison with Discriminant Analysis, in: Refenes, Apostolos-Paul (Hrsg.): Neural Networks in the Capital Markets, Chichester u.a. 1995a, S. 311 ff.

Poddig, Thorsten, Application de l'analyse discriminante et des réseaux de neurones à la prédiction de faillite: une nouvelle approche, in: de Bodt, Eric; Henrion, Emmanuel-Frédéric (Hrsg.): Les Réseaux de Neurones en Finance: Conception et Applications, 1995b, S. 125 ff.

Poddig, Thorsten, Analyse und Prognose von Finanzmärkten, Bad Soden/Ts., 1996

Popp, Michael; Hantke, Hans, Der Einzelabschluß nach dem neuen Bilanzrichtlinien-Gesetz, Herne/Berlin, 1986

Press, William H.; Flannery, Brian P.; Teukolsky, Saul A.; Vetterling, William T., Numerical Recipes in C, The Art of Scientific Computing, Cambridge, 1990

Pytlik, Martin, Diskriminazanalyse und künstliche Neuronale Netze zur Klarifizierung von Jahresabschlüssen, Frankfurt, 1995

Raghupathi, Wullianallur; Schkade, Lawrence L.; Raju, Bapi S., A Neural Network Approach to Bankruptcy Prediction, in: Trippi, Robert R.; Turban, Efraim (Hrsg.): Neural Networks in Finance and Investing: Using Artificial Intelligence to Improve Real-World Performance, Chicago/Cambridge 1993, S. 141 ff.

Rahimian, Eric; Singh, Seema; Thammachote, Thongchai; Virmani, Rajiv, Bankruptcy Prediction by Neural Network, in: Trippi, Robert R.; Turban, Efraim (Hrsg.): Neural Networks in Finance and Investing: Using Artificial Intelligence to Improve Real-World Performance, Chicago/Cambridge 1993, S. 159 ff.

Rehkugler, Heinz, Aufwandsrückstellungen und Bilanzanalyse, in: Das Wirtschaftsstudium, 1993, S. S. 322 ff. und S. 438 ff.

Rehkugler, Heinz, Internationale Finanzierungsgesellschaften: erhoffte und realisierte Vorteile ihrer Nutzung, in: Siegwart, Hans; Mahari, Julian; Abresch, Michael (Hrsg.), Meilensteine im Management - Finanzielle Führung, Finanzinnovationen&Financial Engineering, Teilband 1, Stuttgart, Zürich, Wien 1994, S. 175 ff.

Rehkugler, Heinz, Neuronale Netze als Instrument der Jahresabschlußanalyse, in: Scheer, A.-W. (Hrsg.) Rechnungswesen und EDV, Aus Turbulenzen zum gestärkten Konzept? Heidelberg, 1995, S. 247 ff.

Rehkugler, Heinz; Poddig, Thorsten, Klassifikation von Jahresabschlüssen mittels Multilayer-Perceptrons, Bamberger Betriebswirtschaftliche Beiträge, Nr. 87/1992, Bamberg, 1992a

Rehkugler, Heinz; Poddig, Thorsten, Neuronale Netze im Bankbetrieb, in: Die Bank, 7/1992b, S. 413 ff.

Rehkugler, Heinz; Schindel, Volker, Finanzierung, 6. Auflage, München 1994

Rehkugler, Heinz; Zimmermann, Hans Georg (Hrsg.), Neuronale Netze in der Ökonomie. Grundlagen und finanzwirtschaftliche Anwendungen, München 1994

Reichmann, Thomas, Controlling mit Kennzahlen, 2. Auflage, München, 1990

Riebell, Claus, Die Praxis der Bilanzauswertung, 3. Auflage, Stuttgart, 1979

Riebell, Claus, Neues Bilanzrecht und künftige Bilanzanalyse, Auswirkungen des Bilanzrichtlinie-Gesetzes auf die Auswertung von Kreditnehmerbilanzen, in: B.Bl., 1984, S. 459 ff.

Riemer, Rudy, Bilanzanalysen, 2. Auflage, Bonn, 1979

Rösler, Joachim, Die Entwicklung der statistischen Insolvenzdiagnose, in: Hauschildt, J., Krisendiagnose durch Bilanzanalyse, Köln, 1988, S. 102 ff.

Rumelhart, David E.; Hinton, Geoffrey E.; McClelland, James L., A General Framework for Parallel Distributed Processing, in: Rumelhart, David E.; McClelland, James L.; and the PDP Research Group, Parallel Distributed Processing. Explorations in the Microstructure of Cognition. Volume 1: Foundations, MIT Press, Cambridge, Massachusetts, eighth printing, 1988a, S. 45 ff.

Rumelhart, David E.; Hinton, Geoffrey E.; Williams, Ronald J., Learning Internal Representations by Error Propagation, in: Rumelhart, David E.; McClelland, James L.; and the PDP Research Group, Parallel Distributed Processing. Explorations in the Microstructure of Cognition. Volume 1: Foundations, MIT Press, Cambridge, Massachusetts, eighth printing, 1988b, S. 318 ff.

Salchenberger, Linda M.; Cinar, E. Mine; Lash, Nicholas A., Neural Networks: A New Tool for Predicting Thrift Failures, in: Decision Sciences, Vol. 23, No. 4, S. 899 ff.

Sachverständigenrat, Jahresgutachten 1978/79: Zur Begutachtung der gesamtwirtschaftlichen Entwicklung, BT-Drucksache

Schildbach, Thomas, Der handelsrechtliche Jahresabschluß, Herne/Berlin, 1987

Schmidt, Karl Gerhard, Die Funktionen des Eigenkapitals aus der Sicht der Unternehmungen und Banken, in: Finanzierung mittelständischer Unternehmungen in Deutschland, a.a.O., S. 134 ff.

Schmidt, Reinhard H.; Terberger, Eva, Grundzüge der Investitions- und Finanzierungstheorie, 3. Auflage, Wiesbaden, 1996

Schneider, Dieter, Eine Warnung vor Frühwarnsystemen, in: DB, 1985, S. 1489 ff.

Schneider, Dieter, Erste Schritte zu einer Theorie der Bilanzanalyse, in: Die Wirtschaftsprüfung, 22/1989, S. 633 ff.

Schneider, Dieter, Investition, Finanzierung und Besteuerung, 7. Auflage, Wiesbaden, 1992

Schneider, Dieter, Betriebswirtschaftslehre, Band 2: Rechnungswesen, 2. Auflage, München, Wien, 1997

Schöning, Hans, Praktische Bilanzanalyse zur sicheren Beurteilung der Unternehmenssituation, Kissing, 1979

Schöppner, Peter, Einsatz und Anwendung der multivariaten Diskriminanzanalyse zur Bonitätsbeurteilung von Unternehmen im Rahmen des Kreditvergabeentscheidungsprozesses von Banken, Diplomarbeit im Studiengang Betriebswirtschaftslehre in der Fakultät Sozial- und Wirtschaftswissenschaften der Otto-Friedrich-Universität Bamberg, 1992

Schoppen, Willi, Darstellung der Finanzlage mit Hilfe der Kapitalflußrechnung, Schriftenreihe des Instituts für Revisionswesen der Westfälischen Wilhelms-Universität Münster, Hrsg. Ulrich Leffson, Band 15, Düsseldorf, 1982

Schult, Eberhard, Bilanzanalyse, 8. Auflage, Freiburg im Breisgau, 1991

Schulte, Jörn, Rechnungslegung und Aktienkursentwicklung, Wiesbaden, 1996

Schwarzecker, Josef, Cash-flow, Gewinn und Eigenkapital: Analyse der Finanzkraft und Liquidität; FASB statement no. 95, Wien, 1992

Seicht, Gerhard, Cash-flow Illusionen, in: Jahrbuch für Controlling und Rechnungswesen '89, Wien, 1989, S. 11 ff.

Siener, Friedrich, Der Cash-Flow als Instrument der Bilanzanalyse, Stuttgart, 1991

Steiner, Manfred, Formeln und Kennzahlen der betrieblichen Finanzwirtschaft, in: WiSt, 1982, S. 471 ff.

Steiner, Manfred; Rössler, Martin, Zukunftsorientierte Bilanzanalyse und ihre Prognosequalität, in: BFuP, 1976, S. 440 ff.

Stickney, Clyde P., Financial Statement Analysis, 2nd edition, Orlando, 1994

Stüdemann, Klaus, Die cash flow-Untersuchung als Mittel der Unternehmensanalyse, in: WPg, 1970, S. 392 ff.

Tam, Kar Yan; Kiang, Melody, Managerial Application of Neural Networks: The Case of Bank Failure Predictions, in: Management Science, 1992, Vol. 38, No. 7, S. 926 ff.

Tam, Kar Yan; Kiang, Melody, Predicting Bank Failures: A Neural Network Approach, in: Applied Artificial Intelligence, Vol. 4, 1990, S. 265 ff.

Tamari, Meir, Financial Ratios as a Means of Forecasting Bankruptcy, in: Management International Review, 4/1966, S. 15 ff.

Thomas, Karl, Aussagen quantitativer Kreditnehmeranalysen, in: Innovation im Kreditmanagement, hrsg. Krümmel, Hans J.; Rudolph, Bernd, Frankfurt am Main, 1985, S. 196 ff.

Tyree, Eric W.; Long, J. A., Assessing Financial Distress With Probabilistic Neural Networks, in: Refenes, A.-P. N.; Abu-Mostafa, Y.; Moody, J; Weigend, A. (Hrsg.): Neural Networks in Financial Engineering: Proceedings of the Third International Conference on Neural Networks in the Capital Markets, Singapore 1996, S. 423 ff.

Uhlir, Helmut, Die Bedeutung von Kennzahlenanalysen zur Früherkennung negativer Unternehmensentwicklungen (Insolvenzen) aus der Sicht der Anteilseigner, in: ZfB, Ergänzungsheft 2/79, S. 89 ff.

Uthoff, Carsten, Erfolgsoptimale Kreditwürdigkeitsprüfung auf der Basis von Jahresabschlüssen und Wirtschaftsauskünften mit Künstlichen Neuronalen Netzen, Stuttgart 1997

Volk, Gerrit, Das Informationsinteresse der Jahresabschlußadressaten, in: BB, 1987, S. 723 ff.

Wagner, Jürgen, Die Aussagefähigkeit von cash-flow-Ziffern für die Beurteilung der finanziellen Lage einer Unternehmung, in: DB, 1985, S. 1601 ff. und 1649 ff.

Weber, Helmut Kurt, Wertschöpfungsrechnung, Stuttgart, 1980

Weigend, Andreas S.; Huberman, Bernardo A.; Rumelhart, David E., Predicting the Future: A Connectionist Approach, Stanford University, Stanford, California, 1990

Weinrich, Günter, Kreditwürdigkeitsprognosen. Steuerung des Kreditgeschäfts durch Risikoklassen, Schriftenreihe des Instituts für Kredit- und Finanzwirtschaft, Hrsg. Joachim Süchting, Band 6, Wiesbaden, 1978

Weinrich, Günter, Wann ist eine Unternehmung noch kreditwürdig?, in: Management Zeitschrift, 1/1980, S. 52 ff.

Weinrich, Günter, Insolvenzprognosen an Hand von Risikoprofilen, in: Buchführung, Bilanz, Kostenrechnung, 1981, S. 339 ff.

Werntges, Heinz; Eckmiller, Rolf, Neuronale Computer. Grundlagen, Stand der Forschung und erste Ergebnisse, in: c't, 10/1988, S. 70 ff.

Wöhe, Günter, Bilanzierung und Bilanzpolitik. Betriebswirtschaftlich - Handelsrechtlich - Steuerrechtlich, 6. Auflage, München, 1984

Woll, Artur, Allgemeine Volkswirtschaftslehre, 11. Auflage, München, 1990

WP Handbuch, Band 1, 10. Auflage, Düsseldorf,1992

Wysocki, Klaus v., Die Kapitalflußrechnung als Ergänzung des Jahresabschlusses, in: WPg, 1976, S. 14 ff.

Zimmermann, Hans Georg, Neuronale Netze als Entscheidungskalkül. Grundlagen und ihre ökonometrische Realisierung, in: Rehkugler, Heinz; Zimmermann, Hans Georg (Hrsg.): Neuronale Netze in der Ökonomie, München 1994, S. 1 ff.

ZVEI: Betriebswirtschaftlicher Ausschuß des Zentralverbandes Elektrotechnik und Elektronikindustrie e. V. (Hrsg.), ZVEI-Kennzahlensystem, 4. Auflage, Frankfurt, 1989

Geschäftsberichte:

Krupp Stahl AG, 1986

Schering AG, 1985

Schering AG, 1986

Stichwortverzeichnis

www.ingramcontent.com/pod-product-compliance
Lightning Source LLC
La Vergne TN
LVHW092151300926
849161LV00002B/249